KB120531

응용
인지심리학

박창호 · 곽호완 · 김보성 · 김영진
남종호 · 박광배 · 신미경 · 안서원
이재식 · 이태연 · 정혜선 · 한유화 공저

**Applied
Cognitive
Psychology**

학지사

머리말

 마음의 여러 능력 중 특히 지적 능력을 중심으로 연구하는 분야가 인지심리학이다. 인지심리학은 심리학의 기초일 뿐만 아니라, 인지과학, 뇌과학 등 첨단 학문을 구성하는 주요 분야이다. 그러면서도 인지심리학이 응용 영역에서 매우 중요한 기여를 하고 있다는 점이 종종 간과된다. 인지심리학은 지난 수십 년 동안 산업 장면에서 인간요인, 산업디자인, 광고와 마케팅, 선거와 투표, 수사와 법정, 학습과 교수, 임상 집단의 행동 분석 등 다양한 분야에 응용되어 왔다. 응용 인지심리학의 범위는 매우 다양하고 넓어서 한 권의 책으로 포괄하기는 어렵지만, 여러 저자가 그동안 다루어 온 응용 연구들을 바탕으로 인지심리학의 주요한 응용 주제들을 소개하기로 뜻을 모았다.

 응용 연구는 기초적 혹은 이론적 연구를 현실 문제에 적용하는 것 이상의 의미를 갖는다. 응용 연구는 이론적 연구를 보완하고, 다양한 연구를 현실 문제에 통합적으로 연결하며, 새로운 이론적 주제를 발견하도록 한다. 그래서 종종 이론가들이 간과하기 쉬운 현실의 다층적 혹은 다면적 측면을 재발견하고 심리학 연구에 생동하는 실재감을 준다. 응용 주제들은 종종 여러 인접 분야와 관련되어 있어서, 응용 주제들을 중심으로 여러 분야의 연구자들이 협력하는 기회가 생긴다. 다양한 지식과 기술이 교차되면서 인지심리학의 응용 연구는 더 현실적이고 더 풍부해질 것이다. 그래서 응용 연구에 관심이 있는 사람은 종종 인접 분야를 살펴보는 것이 좋다.

　　한국에서 응용 연구는 심리학 초창기부터 산발적으로 수행되어 왔다. 인지심리학이 한국에 널리 알려지기 시작한 무렵인 1995년 일단의 연구자들이 인지공학심리연구회를 만들고 모임을 가지기 시작했다. 2007년에는 회원들이 『인지공학심리학』을 저술하였으며, 곧이어 각기 다른 역자들이 응용 인지심리학 책 두 권을 번역하였다. 그 이후에는 새 책이 나오지 못하였는데, 이 책은 그간의 발전상을 반영하고 이전 책에서 다루어지지 않았던 새 연구 영역들을 소개한다. 다양한 응용 주제를 고려할 때 이 책이 다루는 범위는 제한적이지만, 이 책을 통해 한국 인지심리학자들의 응용적 관심사를 엿볼 수 있을 것이다.

　　이 책은 인지심리학 교재의 한 주제로 소개되거나 혹은 다른 전공 영역 교재에서 쉽게 접할 수 있는 것들을 제외한 주요 응용 주제들을 다루고자 하였다. 그럼에도 인지와 정서, 예술과 인지, 문화적 영향, 인지노화, 인지에 대한 약물의 영향 등 흥미로운 여러 주제를 미처 다루지 못하여 유감스럽다. 관련 저술이 곧 나오기를 기대한다. 나름대로 순서를 정했지만 각 장은 비교적 독립적으로 저술되어 있어서, 독자는 흥미 있는 순서대로 읽어도 좋을 것이다. 각 장에는 주제와 관련된 심화 정보 혹은 논점을 '생각 상자'에서 소개하였으며, 각 장의 끝에 있는 '생각할 거리'에서는 본문에 대한 심화 질문을 담았다. 각 장의 내용을 간략하게 소개하면 다음과 같다(괄호 안은 집필자를 나타낸다).

　　응용 인지심리학의 이해(전북대학교 박창호 교수)　인지심리학의 응용 연구의 의의를 논의하고, 여러 응용 분야를 소개한다. 그리고 응용문제를 이해하는 개념적 틀로서 인간, 활동, 기술 및 맥락을 제안하고 응용 인지심리학의 몇 가지 접근을 소개한다. 마지막으로 서양과 한국의 응용 인지심리학 발전 과정을 간략히 소개한다.

　　학습과 기억의 향상(한서대학교 이태연 교수)　기억과 학습에 관한 오해를 불식시키고 기억과 학습을 올바르게 향상시킬 수 있는 방안을 살펴본다. 인지심리학의 여러 개념을 동원하여 공부하는 동안에 어떤 정보처리가 중요한지를 설명한다. 이를 바탕으로 효과적인 학습을 위한 여러 활용법을 제언한다.

　　디스플레이 인지와 디자인(가톨릭대학교 남종호 교수, 전북대학교 박창호 교수)　인간 정보처리와 수행을 지원하는 데 중요한 디스플레이 인지와 관련된 감각, 지각 및 주의 특성들을 살펴본다. 그다음 디스플레이 디자인의 몇 가지 기초들과 상위 수준의 고려사항을 살펴본다. 마지막으로 디스플레이의 발전 가능성을 논의한다.

공간인지와 항행(부산대학교 이재식 교수) 공간인지와 공간 속에서의 운동 및 항행과 관련된 다양한 측면을 소개한다. 먼저, 모델-기반 접근과 생태학적 접근을 비교·설명하고, 공간 지식의 특성에 대해 기술한 다음, 자동차 운전자와 항공기 조종사의 경우에 항행 과제와 항행 보조수단의 특성을 소개한다.

운동 수행의 심리과정(고려대학교 세종캠퍼스 신미경 박사) 운동 생성과 제어, 운동 학습, 운동 지각에 대해 알아본다. 전통적인 운동프로그램 이론의 발전을 살펴본 다음, 생태심리학적 기초를 소개하고 이에 기반을 두는 다이내믹 운동 이론을 소개한다. 마지막으로 운동 학습과 관련된 함축을 살펴본다.

팀 인지(한림대학교 정혜선 교수) 전통적인 인지심리학은 개인 내적 사건(예, 정보처리)에 주된 관심을 가지고 있다. 그러나 현대에 와서는 학교와 조직 장면에서 집단과 팀 단위로 일어나는 문제해결과 의사결정이 증가하고 또한 중요해지고 있다. 이 장은 소집단과 팀을 단위로 한 집단 정보처리의 특성을 살펴보고, 응용 방안을 살펴본다.

마케팅 속의 인지심리학(서울과학기술대학교 안서원 교수) 마케팅에 인지심리학적 개념들이 어떻게 활용되고 있는지를 소개한다. 소비자의 제품 구매는 문제해결과 정으로 이해될 수 있는데, 각 단계와 관련된 인지 과정 및 특징, 최종 제품에 대한 평가와 선택, 그리고 소비자의 학습에 대한 이론을 소개한다.

적법절차를 위한 인지심리학(충북대학교 박광배 교수, 한유화 박사) 사법절차를 수사 절차와 사실인정 절차로 구분하여 각 절차에 개입하는 인지적 요소들을 검토한다. 수사 절차와 관련해서는 목격자 증언, 용의자 신문 등의 문제를 다루며, 사실인정 절차와 관련해서는 관련 법적 규칙들 및 사실판단자들(예, 배심원)의 인지적 특성을 소개한다.

사고와 인간 오류의 인지심리학(전북대학교 박창호 교수) 인간 오류를 사고 발생의 원인으로 보는 모형들을 살펴보고, 사고와 관련하여 인간 오류의 유형들을 분류하고 설명한다. 그리고 인간 오류의 인지심리학적 기제를 살펴보고, 이를 바탕으로 사고와 인간 오류를 줄이는 데 도움이 될 대책을 논의한다.

환경요소들과 인지행동(동의대학교 김보성 교수) 인간의 인지행동과 관련된 물리적 환경요소들에는 어떤 것들이 존재하며, 각각의 요소들이 인지행동에 어떤 영향을 미치는지를 살펴본다. 특히 온도와 습도, 배경색과 조명, 소리와 음악의 영향을 살펴보고, 이들의 실용적 적용을 위한 시사점을 논의한다.

인지 수행의 개인차 측정(아주대학교 김영진 교수)　언어이해 과정과 인지과정을 측정하는 20여 개의 인지과제를 통해 피험자의 수행 결과들을 분석하여 인지과정의 개인차를 측정하는 도구를 개발하는 과정을 소개한다. 추후 인지과정의 개인차 측정과 활용 방법, 인지 증진 훈련에 응용할 가능성을 소개한다.

인지 실험과제의 임상적 응용(경북대학교 곽호완 교수)　인지심리학적인 실험과제는 임상 집단의 인지 특성을 정밀하게 평가하고 이해하며, 나아가 적절한 개입 또는 치료를 개발하는 데 도움이 된다. 이 장은 임상 집단의 수행 분석에 응용된 여러 실험적 인지과제와 분석 기법을 소개한다.

공동 작업에서 불가피하게 지체된 일정을 모든 집필자가 인내해 준 탓에 마침내 이 책이 나오게 되었다. 이 책의 제작비에 보태도록 인지공학심리연구회 기금의 사용을 허락해 준 연구회의 전 회장(고려대학교 김성일 교수)과 현 회장(경북대학교 곽호완 교수)께 감사한다. 그리고 이 책의 출판을 기꺼이 맡아 준 학지사와 편집을 맡은 박나리 담당자에게 감사를 전한다.

집필자 대표
박창호

차례

응용 인지심리학의 이해

인지심리학과 그 응용
인지심리학의 응용 영역
응용 인지심리학의 틀
응용 인지심리학의 간략한 역사
맺음말

　응용 인지심리학은 인지심리학과 응용 심리학의 공통 영역으로 정의될 수 있다. 인지심리학은 지적 능력의 기초로서 지각, 주의, 기억, 사고, 언어 등을 주요 연구 주제로 하는 현대 심리학의 핵심 영역이다. 인지심리학적 접근은 정서, 발달, 성격, 사회행동 등을 연구하는 데에도 채택되어 많은 성과를 내고 있다. 응용 심리학은 심리학적 지식과 기술을 실제 문제의 해결에 응용하고자 하는 분야이다. 사회적 혹은 산업 장면에서 제기되는 많은 문제 중 일부는 응용 심리학의 연구 주제로 확립되어 왔는데, 교통, 법, 소비자행동 및 광고, 산업 및 조직, 환경 등의 영역에서 많은 응용 심리학 연구가 이루어지고 있다. 이러한 영역에서 인지적 연구들뿐만 사회행동, 정서, 발달, 성격, 건강, 임상 등에 관한 연구들이 교차적으로 응용되고 있다. 그중 응용 인지심리학은 인지심리학적 배경을 가진 응용 연구를 가리킨다고 할 수 있다. 인지심리학적 접근은 심리학 내부에 국한된 것이 아니라, 심리학 바깥에서, 즉 교육학, 경영학, 언어 연구, 커뮤니케이션 이해, 컴퓨터 과학과 산업, 신경과학, 인류학, 예술학, 디자인,

안전과학, 스포츠과학 등 다른 분야에도 큰 영향을 끼치고 있다.

인지심리학과 그 응용

인지심리학은 마음의 지적 능력과 작용에 대한 연구이다. 지적 활동의 범위는 산수 문제를 푸는 것부터 언어를 이해하고 나아가 상대방의 감정을 해석하는 데까지 폭넓다. 행동주의 심리학자들이 기대한 것과 달리, 인간은 외부 자극에 대해 단순히 반사적으로 반응하지 않는다. 사실 특정 자극(S)과 특정 반응(R)의 결합이라는 단순한 도식은 동물의 행동을 설명하는 데에도 어려움이 많다. 인간이 지적 행동을 할 수 있는 바탕은 자극과 반응 사이에 개재하는 두뇌 혹은 정신 활동이 있기 때문이다. 두뇌 혹은 마음은 자극을 식별하고, 상황 속에서 그 의미를 해석하고, 과거 경험과 지식을 바탕으로 적절한 반응을 선택한다. 그 결과로 인간은 말초적으로 행동하는 대신 좀 더 사려 깊은 행동을 할 수 있다. 초창기의 인지심리학자들은 이 정신활동을 일종의 정보처리라고 생각하였으며, 마음은 일종의 정보처리 시스템이라는 모형을 정교하게 다듬어 왔다.[1]

[그림 1-1]은 마음을 몇 개의 장치와 이들을 연결하는 처리과정으로 묘사한다. 예를 들어, 내가 보고 있는 글자들(예, '시작' 단추를 누르시오)은 짧은 순간 단기감각 저장소에 머물렀다가 그 형태와 이름이 지각되고, 이 중 일부가 선택되어 작업기억에서 의식된 다음, 단어('시작')가 요구하는 적절한 반응이 선택되고 실행된다. 매우 익숙하거나 반사적인 반응을 일으키는 자극(예, 경고음)은 작업기억을 거치지 않고 바로 반응을 일으킬 수 있다. 작업기억의 내용은 장기기억에 저장될 수도 있고, 장기기억의 내용이 작업기억으로 인출되어 의식될 수 있다. 방금 묘사한 장치들이나 처리과정은 고정된 것이 아니라 주의 자원([그림 1-1]에서 동그라미로 표시)의 투입(량)에 따라 융통성 있게 조절된다. 그리고 인간이 실행한 반응은 (시스템) 환경에 영향을 미치고, 그 결과는 피드백되어 다시 감각기관에 자극으로 주어진다. 이런

---

1 현대 인지심리학 및 인지과학에는 정보처리 모형 외에도 병행분산처리 모형, 분산 인지, 체화된 인지, 동역학 모형 등 여러 모형이 있다. 이 책에서 언급하는 인지심리학의 응용은 정보처리 모형으로 대체로 다뤄질 수 있으므로, 다른 모형은 언급하지 않는다.

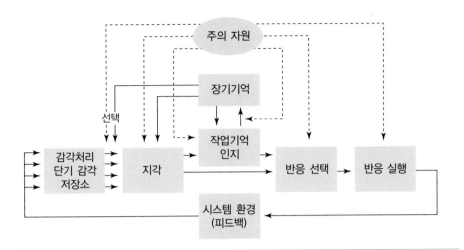

[그림 1-1] 인간 정보처리 시스템에 대한 모형(Wickens, Hollands, Banbury, & Parasuraman, 2017)

모형에서 보면 인간은 환경에서 오는 정보를 끊임없이 내적으로 처리한 결과를 다시 환경에 되돌려 주는 일종의 정보처리 시스템인 것이다.

방금 언급한 정보처리 모형은 대략 1960년대 이후, 많은 연구의 결과로 점차로 다듬어진 것이다. 인지심리학적 연구들은 인지과정을 밝히기 위해, 여러 조건의 인지과제들을 사람들이 얼마나 잘 수행하는지를 비교해 왔다. 인지과제는 주로 단어, 문장, 도형, 그림, 소리와 말 등 여러 자극의 제시와 그 자극에 대해서 어떻게 반응할 것인지 대한 지시로 이루어진다. 간단한 예는 화면에 제시된 두 도형(예, ℝ과 ♭, ℧과 ♭)이 (그중 어느 하나를 평면상에서 회전시키면) 일치하는지 아닌지를 판단하게 하는 것이다. 이때 반응시간은 도형이 회전된 각도에 따라 달라질 것이다. 다른 예는 '+' 위에 '☆'이 있는 그림과 설명문('십자가가 별 위에 있지 않다.')이 일치하는지 아닌지를 판단하게 하는 것이다. 실험실의 인지심리학 연구에서 사용된 자극들과 과제는 종종 현실에서 사람들이 경험하는 것들이다. 그래서 인지 연구는 종종 이론적 측면과 응용적 측면의 양면성을 가진다. 예컨대, 문자 지각에 대한 연구는 기초적 심리과정에 대한 연구이면서, 표지판이나 글꼴의 디자인에 대한 함축을 지닌다.

하지만 모든 이론적인 실험실 연구가 즉각 현실에 응용될 수 있는 것은 아니다. 이론적 연구가 타당한 것이 되려면, 그것은 소위 생태적으로 타당해야 한다. 즉, 실험에 사용된 자극이나 과제가 현실에서 경험 가능하거나 혹은 현실적 자극과 과제를 잘 대표할 수 있는 것이어야 한다. 만일 그런 대표성이 확보된다면 연구자들은 실험실 연구 결과를 현실 문제에 쉽게 적용할 수 있을 것이다. 그러나 이런 즉각적인 관련성을 확보하기는 쉽지 않다. 왜냐하면 실험으로 다룰(모사할) 수 있는 범위에 한계가 있으며, 현실에는 실험실에서 조작할 수 있는 것보다 훨씬 더 많고 다양한 변수가 개입하기 때문이다. 무엇보다 인간에 대한 연구는 자칫 잘못하면 부당한 영향, 사적 정보의 누설, 인권 침해 등 윤리적인 문제를 일으킬 가능성이 있으므로, 실험적인 방법에도 제한이 있다. 예를 들어, 재난에 대한 인간의 대처 행동을 연구하기 위해 연구자가 고의로 재난을 일으킬 수는 없는 것이다.

현장에서는 연구자가 조작하기 힘든 일들이 생기거나, 혹은 생각해 보지 않았던 문제들이 주어진다. 여기에서 응용심리학 연구의 의의가 드러난다. 응용 장면 혹은 현장은 단지 이론적 연구를 실제 문제에 적용해 보는 대상에 불과한 것이 아니라, 심리학적 이론의 적용 가능성을 시험하고 나아가 그것의 확장 가능성을 알아보는 무대를 제공한다. 그러나 현실은 단순하지 않다. 현장에서 해결해야 할 문제에는 다양한 고려사항이 있으며, 제각기 여러 변수(요인)가 작용하고 있다. 이런 복잡성을 단일 이론을 통해 포괄적으로 묘사하는 것은 거의 불가능하다. 그러므로 구체적인 문제해결을 위해서는 종종 여러 분야의 다양한 이론을 동원할 필요가 있다. 이런 일들은 종종 이론적 연구자에게 하나의 난제가 되지만, 또한 이론의 생태적 타당성을 시험하고 이론을 발전시킬 기회가 된다.

인지심리학의 응용 연구들은 이론적 측면 외에도, 실용적 측면에서도 종종 높은 가치를 발휘한다. 기업체가 제품을 마케팅하거나 정부 기관에서 정책을 홍보할 때에도 인지심리학의 원리는 유용하게 쓰이며, 범죄 수사와 법정의 변호와 판결에서도 인지심리학적 원리가 고려된다. 게다가 현대인의 삶은 매우 지능적인 환경을 필요로 하며, 그 속에서 우리는 지적 활동에 점점 더 많은 시간을 보내고 있다. 예컨대, 우리는 스마트폰을 가지고 얼마나 많은 시간을 보내는가! PC를 포함한 지능적 장치가 없는 학교나 사무실 환경은 거의 상상하기 힘들게 되지 않았는가? 인간이 사건을 경험하고, 활동하는 여러 측면이 정보처리와 연관되고 있다. 이런 기기와 환경은 인간의 인지에 대한 이해를 바탕으로 가능한 것이다. 그래서 인간 인지에 대한 연구는 이런 환경의 이해와 설계에 도움을 주며, 응용문제에 대한 연구는 이런 환경 속에서 인간의 적응과 활동을 통합적으로 이해하는 데에 도움을 준다. 그 결과, 응용 인지심리학은 인간이 환경에서 더 유능하게 활동하고, 전보다 뛰어난 성취를 할

수 있도록 기여할 것이다. 이미 그런 가능성이 최근 여러 온라인 시스템, 사이버공
간, 학습기술, 지능적 (관리)시스템 등의 발달에서 싹을 보이고 있다.

인지심리학의 응용 영역

  심리학의 여러 기초 및 응용 분야의 문헌에서 소위 '인지(심리학)적 접근/모형' 혹
은 '정보처리적 접근/모형' 등을 찾아볼 수 있듯이, 인지심리학적 관점은 여러 심리
학 연구의 기초를 제공하고 있다. 그러면 인지심리학적 관점을 적용하는 구체적인
연구들은 어떤 것이 있을까? Herrmann, Yoder, Gruneberg 및 Payne(2009)은 『응
용 인지심리학(Applied Cognitive Psychology)』『인지기술(Cognitive Technology)』『실
험심리학회지: 응용(Journal of Experimental Psychology: Applied)』 등에 실린 논문들
과 『응용인지 편람(Handbook of Applied Cognition)』(Durso, 1999)에서 다룬 주제들
을 추출하여, 인지심리학의 응용 주제들을 <표 1-1>과 같이 정리하였다. 여기에는
비교적 익숙한 교육, 비즈니스, 정신 기능에서부터 요리법, 군사에 이르기까지 다
양한 주제가 포함되어 있다.

✎ **표 1-1 응용 인지심리학 영역들의 목록**

건강 – 의료 처치
공학 – 컴퓨터 조작, 기계 및 환경 디자인
교육 – 교습, 학습, 평가
군사
레크리에이션
법 – 경찰 활동, 라인업 및 심문; 목격자 증언; 법정
비즈니스 – 광고, 경영, 판매
산업 – 제조 및 생산
스포츠
예술 – 실연: 음악, 무용; 시각: 회화, 조각
요리법
운송 – 자동차 운전, 항공, 안전
정신 기능 – 진단, 처치, 독해, 일상생활에서 인지 평가, 자서전적 기억 측정, 기억 문제의 처치
커뮤니케이션 산업 – 뉴스 매체, 조사 영역

출처: Herrmann et al., 2009, p. 59.

이 주제들 중 일부는 심리학의 하위 분과에서 다뤄지기도 하는데, 예컨대 임상심리학(인지신경심리학), 소비자행동과 마케팅 심리학, 광고심리학, 공학심리학, 스포츠 심리학, 환경심리학, 교통심리학, 법정심리학, 교육심리학, 예술심리학 등에서 이런 주제들을 다룬다. 응용 주제들은 특히 복합적인 측면을 가지고 있으므로, 심리학의 여러 하위 분과 및 타 학문과의 학제적 혹은 융합적 연구를 통해서 더 잘 연구될 가능성이 있다. 〈표 1-1〉에서 언급된 여러 주제가 다른 학문 혹은 다른 분과의 명칭이 되기도 하는 사실이 이 점을 보여 준다. 그러므로 인지심리학은 여러 응용 연구를 시작하는 출발점 혹은 기초로서 역할을 할 수 있다.

〈표 1-1〉에 군사(military), 레크리에이션, 요리법(culinary arts) 등이 포함되어 있는 것은 흥미롭다. 서구에서는 군사 문제에 대한 인지심리학적 응용이 많이 연구되어 왔으며(Pezdek, Deffenbacher, Lam, & Hoffman, 2006), 한국에서도 이에 대한 관심이 필요하다. 앞으로 한국 사회가 발전함에 따라 이런 주제들을 포함한 다양한 주제에 대한 관심이 생길 것이다. 기술 문명과 산업 사회의 성장과 더불어 로봇, 시스템 등 첨단 기술과 인간의 관계를 다루는 응용 영역도 크게 발전할 것이다. 예를 들어, 가상 현실감의 구현, 로봇과 인간의 상호작용, 뇌파 컴퓨터 제어, 무인 자율시스템(예, 자동차) 등의 연구에 인지심리학이 응용된다. 또한 사회 변화의 이면에 등장하는 새로운 사회문제, 예컨대 고령화 및 단독 주거와 관련된 여러 문제(예, 노인요양, 고독사, 반려동물 문제 등)와 관련해서도 심리학 및 인지심리학의 역할이 중요해질 것이다.

생각 상자

 한 가지 응용문제를 해결하는 한 가지 공부가 있는가?

〈표 1-1〉은 인지심리학이 응용되는 여러 분야를 보여 준다. 그런데 특정한 문제의 해결을 위해서는 어느 한 분야의 지식이나 기술만으로는 불충분한 경우가 다반사이고 여러 가지 관련 분야의 지식과 기술의 종합이 필요한 경우가 많다. 예를 들어, 산업 혹은 상업 장면에서 작업자의 행동을 연구한다면, 관련 시스템의 이해뿐만 아니라 구성원의 인적 특성, 조직 문화, 제도 등에 대한 이해가 필요할 것이다. 인지적 결함을 찾아내기 위한 검사를 개발하려면 인지심리학뿐만 아니라, 신경심리학 그리고 임상 집단에 대한 이해가 필요할 것이며, 그럴 때 더 좋은 성과를 낼 것이다

(Baddeley, 2013). 응용문제들은 각기 다양한 조합의 배경지식(학문)을 필요로 할 것이다. 관심 있는 응용 주제나 응용 분야가 있다면, 그것과 관련되는 어떤 종류의 배경지식이 필요한지를 찾아보자. 그리고 주변에서 경험하는 실제 문제의 해결을 중심으로 하는 단체나 연구기관이 있는지를 찾아보고, 거기에서 얼마나 많은, 다양한 영역이 서로 어떻게 협력하는지를 살펴보자. 기회가 된다면 그런 단체에 참여하거나 응용 프로젝트에 동참하는 것은 응용의 실제를 배우는 좋은 경험이 될 것이다.

인지심리학의 응용 주제들을 살펴보았는데, 심리학 혹은 인접 영역에서 응용인지심리학(applied cognitive psychology)은 어디에 위치하는 것인가? 인지심리학은 주로 실험 연구법을 사용하며, 실험심리학과 많은 주제에서 공통된다. 그러므로 응용 인지심리학은 응용 실험심리학(applied experimental psychology)의 한 분야 혹은 유관 분야로 볼 수 있다. 응용 인지심리학의 여러 주제는 산업 장면과 관련되어 있으며, 여기에서 인간 혹은 심리학적 문제를 다루는 인간요인심리학(human factors psychology) 혹은 인간공학(ergonomics) 연구는 실험 및 인지심리학적 접근을 하는 경우가 많다. 그런 점에서 응용 인지심리학은 인간요인심리학 혹은 인간공학에서 인지심리학적 측면을 다루는 영역으로 볼 수 있다. 그리고 특히 컴퓨터 및 시스템과 관련해서 인간과 시스템의 상호작용을 다루는, 인지심리학적 응용 주제들은 인간-컴퓨터 상호작용(human-computer interaction: HCI) 및 인지공학(cognitive engineering)과도 깊은 관련성이 있다. 그리고 학습(learning) 및 교수(teaching) 문제를 다루는 응용 인지심리학 영역은 학습 및 교수 기술 향상에 인지심리학을 비롯한 관련 연구 성과를 응용하고자 하는 학습과학(learning science)의 한 부문을 이룬다고 볼 수 있다.

응용 인지심리학의 틀

응용 인지심리학이란 현장 문제에 인지심리학을 응용하는 것이라고 요약할 수 있다. 그러면 응용 인지심리학에서 현장 혹은 응용문제를 어떻게 이해할 것인가 하는 문제가 제기된다.

여러 가지 현장이 있다. 흔한 장면은 사무실이나 생산 현장에서(다른 사람과 함께) 기기를 다루면서 주어진 일(업무)을 하는 것이다. 현장에 개입하는 요소들은 종류에 따라 다양할 것이지만, 몇 가지 공통 요소들을 추려낼 필요가 있다. 우선 현장에는 응용문제가 발생하는 맥락이 있다. 심리학은 기본적으로 사람을 연구하기 때문에 인간이 주요 요소가 되는 것은 당연한 일이다. 그러면 다른 사람은 어떻게 파악될 수 있는가? 다른 사람은 현장(혹은 맥락)의 일부로 파악될 수 있고, 혹은 현장에 있는 집단이 전체적으로 사람으로 파악될 수 있다. 산업 장면에서는 여러 가지 도구나 장치가 쓰이며 이것들은 전체 시스템의 일부인 경우가 많다. 이런 것들을 나타내기 위해 이 장에서는 '기술'이라는 용어를 쓰고자 한다. 기술(기기)이 그다지 중요하지 않은 장면도 있는데, 법정이나 소비자행동 연구에서 대체로 그렇다. 이런 경우 기술은 맥락의 일부로 파악될 수 있을 것이다. 현장에서 사람은 대체로 주어진 임무를 수행하거나 어떤 목적을 가지고 활동한다(그러나 광고 시청자의 경우처럼 특히 주어진 활동이 없는 경우도 있다). 사람들이 수행하는 일 혹은 과제도 활동의 범위에 포함되는 것으로 볼 수 있다. 그래서 활동이 현장을 이해하는 요소가 된다. 지금까지 살펴본 것을 그림으로 나타낸 것이 [그림 1-2]이다. 맥락 속에서 인간, 기술 및 활동이 전부 혹은 일부 중첩되어 있는 영역이 응용 인지심리학의 관심사가 될 것이다. 이 모형은 현장 혹은 응용문제를 이해하기 위한 대략적인 틀에 불과하므로, 구체

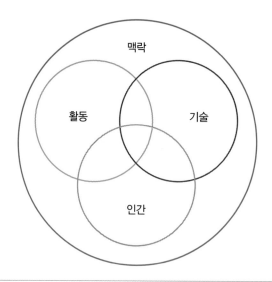

[그림 1-2] 응용 인지심리학의 틀

적인 응용문제에 따라 문제 이해의 틀은 더 정교하게 다듬어져야 할 것이다.

인간

현실에서 사람은 제각기 특색이 있으며, 소위 보통 사람(즉, 평균적 인간)이란 존재하지 않는다. 학술 연구에서, 비록 어떤 소집단으로 제한되더라도, 인간은 보편적인 모습으로 그려지기 일쑤이다. 그러나 현장이 구체적이듯이, 사람도 구체적이며, 현장에 참여하는 모든 사람의 특성이 때로는 응용문제의 이해에 중요한 역할을 한다.

인간에 대해 간단히 생각할 수 있는 측면은 연령과 성별, 그리고 신체적 특성이다. 예컨대, 이들 요인에 따라 선호하는 스마트폰의 크기나 색깔이 다를 수 있다. 이런 외적 측면도 중요하지만 응용 인지심리학 관점에서는 특히 인지 역량을 고려할 필요가 있다. 예를 들어, 성인이라 할지라도 훈련을 받지 않아서 혹은 심리신체적인 이유로 인지 역량이 낮을 수 있고, 결과적으로 적절한 활동을 수행하지 못할 수 있다(예, 지적장애인의 법정 증언의 문제). 그러므로 어떤 일에 대한 경험(학습) 혹은 사전 지식의 수준도 중요한 고려사항이다. 사회의 고령화, 그리고 동시에 진행되는 기술사회화는 고령자들의 적응을 어렵게 하는데, 특히 학습을 필요로 하는 응용 장면은 과제가 얼마만큼의 학습 혹은 훈련을 필요로 하는지, 혹은 과제 수행을 통해 무엇이 학습되는지를 고려해야 할 것이다.

목적이나 요구는 상황에 따라 달라지겠지만, 집단별 특징도 있을 것이다. 예컨대, 활동적인 사업가와 고령의 은퇴자가 스마트폰에서 기대하는 것이 다를 것이다. 또한 관리자인지, 사용자인지에 따라 제품에 대해 원하는 특징이 다를 것이다. 이런 문제는 노약자나 장애인, 혹은 그 밖의 특수 집단의 경우에는 더 중요해질 것이다. 한 집단에게 당연한 것이 다른 집단에게는 엉뚱한(예상치 않은) 것이 될 수 있으며, 한 집단에게 편리한 것이 다른 집단에게는 불편한 것이 될 수 있다.

인지 요인 외에도, 정서와 동기, 생리작용, 사회적 관계와 같은 비인지 요인도 고려해야 한다. 인지과제의 수행에 정서와 동기가 중요한 역할을 한다는 것은 잘 알려져 있다. 즐거운 일도 오래 하다 보면 피로가 축적되어 스트레스가 될 것이다. 그리고 힘든 일도 동료들과 함께하면 좀 더 견디어 낼 수 있다. 이런 예들은 과제 수

행을 단지 인지 수행의 문제로 볼 수 없으며 이에 동반하는 신체생리 및 사회적 요
인들을 적절하게 고려할 필요가 있음을 가리킨다.

맥락

현장은 일단의 인적 · 물적 조건, 제도 및 일련의 사건들로 구성된다고 볼 수
있다. 이런 것들이 구체적 심리활동이 벌어지는 맥락(context)을 이룬다. 구체적이
고 현실적인 맥락의 유무로 응용 연구와 실험실 연구를 구별할 수 있다. 그러므로
응용 인지심리학은 현장 문제가 벌어지는 맥락을 제대로 파악해야 할 것이다.[2] 맥
락에는 인적 요소, 물적 요소, 그리고 상황적 요소들이 있다. 이를테면 함께 일하
거나 우연히 같이 있는 다른 사람들은 인적 맥락을 이루고, 여러 기기나 장치, 건물
등은 물적 맥락을 이루며, 어떤 시점 혹은 사건의 발생은 상황적 맥락을 제공한다.

많은 경우 맥락은 활동 혹은 과제 수행이 벌어지는 배경이 되거나, 혹은 주행
(driving)이나 항행(navigation)의 경우처럼 과제의 일부로 지각된다. 우리의 행위는
종종 맥락에 따라 달라지며(context-aware), 어떤 맥락에서는 옳은 행동이 다른 맥
락에서는 오류가 될 수 있다(예, 기름에 불이 붙었을 때에는 물을 끼얹어서는 안 된다).
맥락은 때로 미묘하게 작용할 수 있다. PC, 태블릿, 스마트폰이 모두 비슷한 기능
을 가지고 있지만 우리가 이것들을 가지고 하는 일은 조금씩 다른데, 그 이유는 이
런 기기가 활동의 맥락을 달리 제공하기 때문이다. 학습 이론으로 보면, 맥락은 조
건 자극으로 기능하여서 특정한 반응 혹은 행동이 발생하도록 할 수도 있고, 변별
자극으로서 행동을 통제하는 힘을 가질 수도 있다. 이런 일은 맥락을 충분히 의식
하지 못하는 가운데 벌어질 수 있다. 그러므로 응용 연구자는 맥락의 숨은 힘을 잘
드러낼 수 있어야 할 것이다.

사회문화적 맥락이 사람의 행위에 미치는 영향은 민족지(ethnography) 연구를 통
해서 잘 드러나 있다. 예컨대, 권위주의적 사회에서 한 사람의 행동이 그곳에 자신
의 상급자가 있는지에 따라 달라진다. 사회문화적 맥락은 규범 혹은 도덕 수준에서

---

2 맥락을 대신할 수 있는 말로, 상황과 환경이 있다. 이 장에서는 환경의 구체성과 상황의 구조화를 강
  조하기 위해 '맥락'을 사용한다.

행동을 조절한다. 그래서 그것은 종종 상식적인 것으로 혹은 당연한 것으로 생각되는 경향이 있기 때문에, 현장에 있는 사람들은 그 맥락의 특성 혹은 구조를 잘 파악하지 못할 수 있다. 그리고 현장에 새로 들어오는 신참자는 명시적 지시가 없어도 이런 맥락을 암묵적으로 학습하는 경향이 있다. 이 때문에 국외자는 (말로 정확히 설명할 수 없는) 어떤 사회문화적 장벽을 경험하게 된다. 사회문화적 맥락을 파악하면 사회 집단 혹은 문화에 따라 왜 같은 기술이 다르게 사용되거나 같은 활동이 다르게 수행되는지를 더 잘 이해할 수 있다.

현대 사회에서 아주 강력한 힘을 발휘하는 맥락은 법과 제도이다. 어떤 활동은 불필요하고 불편하더라도 제도 혹은 규정에 의해 강제되기 때문에 수행된다. 종업원은 불필요한 행동일지라도 규정을 지키지 않으면 불이익을 받을지를 염려한다. 사회적으로 바람직한 행동도 자신에게 성가시거나 이익이 되지 않는다고 이행하지 않는 경우도 있다. 소위 착한 사마리아인 법은 그런 점을 보완하기 위해 제안되었다. 그러나 법과 제도는 여러 가지 고려사항에 의해 만들어진다. 예를 들어, 자동차, 자전거, 스쿠터, 전동보드, 전동 휠체어 등의 다양한 '탈것'을 도로 혹은 인도에서 허용할 것인가 하는 문제는 단지 개인의 선택 문제가 아니라, '자동차'에 대한 법적 정의, 「도로교통법」, 보험에 관한 법 등과 관련되어 결정된다. 이런 점을 보통사람이나 말단의 작업자가 세세하게 알기는 힘들기 때문에 우리는 종종 통념이나 관습에 따라 행동한다. 그래서 현장 연구자는 응용문제 배후에 어떤 제도와 법이 있으며 이것이 응용문제와 어떻게 관련될 것인지를 숙고할 필요가 있다.

활동

활동(activity)은 사람이 하는 여러 행위를 일반적으로 지칭하기 위해 사용되었다. 구체적으로, 과제(수행), 행위, 조작 등 여러 가지가 활동에 포함되며, 직무(job)는 여러 활동으로 구성된다고 볼 수 있을 것이다. 종종 맥락에 따라 용어들이 다양하게 사용되지만, 이 장에서 활동은 어떤 목적을 달성하기 위한 여러 행위를 포괄적으로 가리킨다. 좀 더 구체적인 목적을 갖는 활동은 과제(task)라고 부를 수 있는데, 과제를 수행하는 일을 행동(behavior) 혹은 행위(act, action)라고 부를 수 있다. 이러한 구분은 상대적인데, 예를 들어 '운전'은 활동의 한 가지로서 속도 조절, 차로 유지 등의 여러 과제로 구성되어 있고, 이 과제들은 각각 가속페달과 브레이크 조작 및 운전대 조작 등으로 구성되어 있다고 볼 수 있다. 그러나 '여행'과 같이 더 거시적 수준에서 보면 '운전'은 과제의 한 가지로 파악될 수 있다.

인지심리학 연구의 상당 부분은 과제를 정의하고 과제 수행을 분석하는 것과 관련된다. 종종 과제는 여러 가지 행위로 수행될 수 있다. 예컨대, 휴대폰으로 전화를 걸 때, 전화번호 직접 누르기에서부터 단축번호를 누르기, 주소록 검색하기, 통화 기록 조회하기 등 여러 가지 방법이 있다. 그렇지만 과제의 목표나 제약에 의해 실제로 선택되는 행위는 달라진다. 일반적으로 행위는 여러 단계의 조작(operation)을 통해 수행되며, 각 단계는 그것과 관련된 인지 역량을 필요로 한다. 예를 들어, 휴대폰에 저장된 음악을 찾아서 듣는 일은, 관련 앱으로 이동하기, 저장된 음악 혹은 재생목록을 찾는 일, 재생단추를 조작하는 일 등을 순차적으로 필요로 한다. 이 과정에 기억, 검색, 선택, 운동 수행 등의 조작(혹은 처리과정)을 수행해야 한다. 이런 조작들은 종종 습관적으로 수행되기 때문에, 이런 조작들이 요구하는 인지 부담이—문제가 생기기 전까지—잘 의식되지 않는다. 응용 인지심리학자는 사용자 혹은 작업자가 어떤 과제를 수행해야 하며, 그 과제가 어떤 인지 조작들과 인지 역량을 필요로 하는지를 세밀하게 분석해야 한다.

어떤 임무를 수행하기 위해서 일련의 단계를 거쳐서 자원을 동원하는 일은 과정(process)이란 말로 묘사된다. 예컨대, 온라인 쇼핑은 주문 확인, 재고 확인, 결제, 발송 등의 과정으로 이루어진다. 이런 분석은 특히 시스템의 활동을 묘사하는 데에 주로 쓰인다. 종종 시스템은 여러 가지 요구를 동시에 처리해야 하고, 각각이 비슷하거나 상이한 시스템 자원을 필요로 하며, 어느 한쪽의 변화가 다른 과정에 연쇄적인 영향을 주는 일이 생긴다. 예컨대, 어느 한 사람의 주문(과 변경)은 재고에 영향을 주고, 인기 있는 항목은 사이트 접속에 과부하를 주고 시스템이 제대로 기능하지 못하게 할 수 있다. 그러므로 시스템 수준에서 자원 및 관련된 대상들(상품, 접속자 등)의 전체적인 관리가 요청된다. 협동 작업을 지원하는 시스템은 참여자들의 다양한 요구와 활동에 대응하면서도 전체적인 일의 통합과 흐름을 유지하여야 하는데, 일들의 관계를 단순히 파악해서는 해내기 어려운 일이다. 이런 일에 시스템 수준의 분석이 필요한 이유이다.

기술

사회가 발달하면서 각 분야에 기술이 점차 더 많이 도입되고 있으며, 기술이 사용되지 않은 일과 삶을 생각하기가 어렵게 되었다. 여기에서 기술(technology)이란 말은 전통적인 도구를 포함해서 기계와 기기, 컴퓨터 및 여러 문명 시스템과 콘텐츠를 포괄하는 용어이다. 기술은 사람들이 활동하는 수단이 되는 동시에, 사람들의 활동에 영향을 미친다. 뒤에 나올 행위자네트워크이론(ANT)에서는 기술을 능동적인 행위자(actor)로 간주한다. 펜을 사용하여 종이에 쓴 메모는 스캔하여 그림으로 저장하게 되는 반면, 디지털 기기에 입력한 메모는 문서 파일로 저장하고 편집하기가 쉽다. PC와 큰 모니터를 쓰는지 혹은 스마트폰을 쓰는지에 따라 활동 패턴이 달라진다.

이처럼 기술에 따라 인간 행동은 상이하게 조직될 수 있으며, 또한 가치도 상이하게 된다. 예를 들어, 타자와 산수가 컴퓨터로 쉽게 대체되면서 비서나 창구 계원의 역할이 달라졌으며 지위도 달라졌다. 기술수용모형([그림 1-3] 참조)은 새로운 기술이 사용자에 의해 수용되는 과정에 대한 모형인데, 유용성(혹은 효과)과 사용용이성 같은 기능적 측면뿐만 아니라 태도(와 규범)와 같은 사회적 측면이 기술을 사용할 의도에 중요한 영향을 미치고 있음을 보여 준다. 특정 기술에 대한 태도나 가치 부여에 따라 그 기술은 다른 용도로 사용될 수 있다.

기술은 전통적으로 '기계(machine)'로 대표되어 왔다. 현대에 와서는 컴퓨터와 같은 전자 기기가 점차 기계의 중심이 되고 있다. 그뿐 아니라, 여러 장치가 점차 복잡하게 연결되면서(network), 기계나 컴퓨터는 단일 장치로 작동하는 것이 아니라 시스템으로 통합되고 있다. 예를 들면, 교통망, 전력시스템, 보안 및 뱅킹 시스템

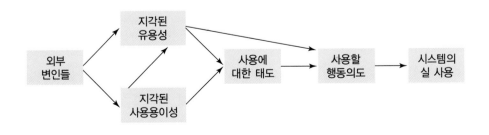

[그림 1-3] 기술수용모형(Davis, Bagozzi, & Warshaw, 1989)

등이 그렇다. 가게에서 하는 결제는 결제 시스템에 접속하는 것이며, 스마트폰으로 문자를 보내는 것은 통신 시스템에 접속하는 것이다. 그러므로 많은 인간 활동은 시스템을 배경으로 이루어지고 있다.

기술은 인간 활동의 배후에 있는 환경처럼 보이기도 한다. 특히 기술이 수동적인 도구로 한정될 때 그렇다. 그러나 기술이 고도화되면서 주변의 기기들은 점차 지능화되어 가고 있다. 그것들은 더 이상 수동적인 도구에 머물지 않고, 인간과 함께 일하는 동료 혹은 파트너가 되어 가고 있다. 많은 사람들이 자신의 장비를 애칭으로 부르기도 하는데, 이것은 어떤 동반자적 관계를 암시한다. 기술이 지능적이고 강력 (powerful)해지는 만큼 인간의 역량도 높아질 것이지만, 또한 그만큼 인간은 기술에 의존하게 될 것이다. 이런 상호의존적인 관계가 미래에는 일반적일 것이다.

흔히 기술이라고 불리지는 않지만, 음악, 영화, 및 자료 등을 구성하는 콘텐츠 (contents)는 기술의 산물이다. 예컨대, 어떤 광고는 많은 연구와 기술을 동원하여 제작된다. 현대 사회에서도 여가 및 산업 활동에서 점차 콘텐츠의 비중이 높아지고 있다. 그에 따라 기술이 점차 배후로 물러서고, 사람들은 콘텐츠 중심으로 활동하게 될 것이다. 미래에는 자동차가 어떻게 움직이는가는 관심사가 되지 않고, 단지 차를 어떻게 쓸 것인가 혹은 즐길 것인가가 관심사가 될 것이다. 공연장에서 듣는 노래의 경우처럼 콘텐츠는 기기와 독립적인 것처럼 보이지만, 어떤 기술 혹은 제품(혹은 시스템)에 묶여 있는 경우가 많다. 예컨대, CD에 담긴 음악은 CD 재생기 (player) 없이 들을 수 없으며, 이북(eBook)의 콘텐츠는 이북리더기(eBook reader)에 묶여 있어서, 다른 어떤 이북리더기로 읽기 어려우며, 스마트폰의 특정 앱은 OS에 묶여 있는 경우가 많다. 그러므로 배후 기술이 바뀌면 콘텐츠의 형식(format)도 따라 변한다. 우리가 디즈니영화를 보는 방식은 비디오테이프에서, DVD로, VOD 혹은 메모리로, 현재는 온라인 데이터로 바뀌어 왔는데, 대부분의 사람에게는 다른 선택지가 주어지지 않는다.

이상과 같이 응용 인지심리학을 이해하는 측면으로서 인간, 맥락, 활동 및 기술을 살펴보았다. 이것들은 서로 연관되어 있기 때문에, 각각을 요소나 성분으로 엄밀하게 분리하기는 어렵다. 이런 분류는 응용의 여러 측면을 포섭하는 데에 한계가 있지만, 응용문제를 이해하는 출발점이 될 수 있다. 응용 주제에 따라 어떤 측면이 더 중요해지거나 덜 중요해질 수 있다. 예를 들어, 법정 장면에서는 '기술' 측면이 그다지 중요하지 않을 것이며, 광고 장면에서는 '활동' 측면의 비중이 낮을 수 있다. 반면에 사람과 맥락은 거의 모든 장면에서 중요하게 고려되어야 할 것이다.

생각 상자

기계는 인간을 어떻게 바꾸는가?

인간은 기계나 컴퓨터를 발명해 왔기 때문에 자신을 창조자로, 기계들을 피조물로 생각하기 쉽다. 그러나 인간의 인지와 행동은 이 피조물에 의해 영향을 받고 바뀌기도 한다. 그 영향은 단지 인간의 생각이나 개념이 바뀌는 것에 국한되는 것이 아니다. 동물의 사고와 행동에 대한 연구가 인간의 이성 및 인간성에 대한 정의를 바꾸었고 또 인간이 스스로를 보는 견해에도 심각한 변화를 일으켰다. 반려동물의 증가는 동물을 보는 견해를 크게 바꾸었다.

현재 세계의 여러 산업체 및 연구소들은 여러 가지 종류의 로봇을 개발하고 있다. 미국 연구진은 인간의 감정을 지각할 뿐 아니라 흉내 낼 수 있는 로봇을 만들었으며, 일본 연구진들은 인간의 외모와 행동 패턴을 흡사하게 흉내 내며 간단한 대화를 주고받을 수 있는 로봇들을 개발해 왔다. 이런 로봇들은 손님을 안내하고, 요구받은 정보를 알려 주고, 간단한 주문을 대행할 수 있다. 어떤 연구자들은 인간과 흡사해 보이는 로봇을 만드는 데 진력하고 있다. 장차 인간과 로봇은 어떻게 구별될 것인가? 미래에는 영화 <블레이드 러너>에 나오는 것처럼 특수한 구별 방법을 동원해야 할 것이다. 반려동물에게 일부 권리가 주어지는 것처럼, 로봇도 일종의 인격체로서 권리를 갖는 시대가 올지 모른다. 이런 변화가 일어난다면, 인간의 정체성은 혼란스럽게 될 것이다. 주인과 하인이라는 이분법이 더 이상 통하지 않을 것이다. 당신은 로봇을 종이 아니라, 친구 혹은 파트너로 대접해야 할지 모른다. 그런 미래에 응용 인지심리학의 관심사는 어떻게 달라질 것인가?

응용 인지심리학의 여러 접근

응용 인지심리학의 여러 측면은 어떻게 관련되어 있는가? 그 관련성은 문제를 보는 관점에 따라 달리 파악될 수 있다. 인지심리학자들이 마음을 연구할 때 가장 흔히 취하는 관점 중의 하나는 정보처리 접근([그림 1-1] 참조)이다. 인지 과제와 수행의 분석에는 정보처리 관점, 혹은 나아가 인지시스템 관점이 적절히 사용될 수 있다. 이런 접근은 인지심리학의 응용문제에도 유용하게 채택될 수 있다. 그러나 응용 장면을 더 풍부하게 이해하는 데에 도움을 줄 수 있는 대안적 관점들도 필요하다.

정보처리 관점은 인간을, 주어진 입력 정보로부터 여러 단계의 변형과 저장을 거쳐서 요구하는 출력 행위를 낳는 시스템으로 본다. 인간의 출력은 기술 시스템 혹은 환경에 대한 입력이 되며, 여기에서의 유의한 변화는 인간에게 입력되어야 한다. 이처럼 인간과 시스템(환경) 간에 발생하는 정보의 흐름이 중요한 연구대상이다(예, Rasmussen의 인지시스템공학). 인간과 시스템 간의 정보 순환에 오류를 최소화하기 위해서는 둘 간의 활동이 최대한 명백하고 단순해질 필요가 있다. 이런 관점에서 인간은 대체로 주어진 규칙에 따라 수행하는 피동적인 존재로 비추어지기 쉽다. Neisser(1976)가 탐색 개념으로 정보처리 모형의 확장을 시도하였고, 상황인지(situated cognition) 및 분산인지(distributed cognition) 접근이 인지의 현장성과 상호관계성을 강조하고 있지만, 대체로 인간의 목적적 행동은 인지심리학적 연구의 중심에 놓여 있지 않았다.

응용의 여러 측면이 언제나 객관적으로 그리고 단순하게 정의될 수 있는 것은 아니다. 기술수용모형에서도 언급되었듯이 사람들의 태도와 규범에 따라 무엇이 기술로 받아들여질지가 결정된다. 예를 들면, '화약'은 중국에서는 폭죽놀이를 하는 데 사용되었지만 서양에서는 무기를 만드는 데 사용되었다. 달리 말해, 기술에 대한 사회적 인식이 기술을 어떻게 사용할지에 영향을 준다(사회구성론). 마찬가지로 현장에 개입하는 사람들의 역할과 지위, 혹은 사회문화적 배경에 따라, 같은 사건, 같은 문제도 달리 해석되거나 문제의 초점이 달라질 수 있다. 상사와 부하 직원의 관계가 문화에 따라, 권위의 문제로 혹은 역할의 문제로 비칠 수 있다. 예컨대, 권위주의적 문화에서는 하급자의 지적을 정당한 직무 수행의 일환으로 보는 대신, 상급자의 권위에 대한 도전으로 보는 경향이 있다. 그러므로 맥락과 기술에 대한 관계자들의 인식(표상)과 태도는 문제의 이해에 핵심적으로 중요할 가능성이 있다.

인간 행동의 목적적 측면은 이론심리학에서 주목되어 왔으며, 연구자들은 행동(behavior) 대신에 행위(action)나 활동(activity)이란 용어를 선호한다. 이런 관점에 따르면, 인간은 환경의 자극에 단순 반응하고, 나아가 조성(shape)되는 존재가 아니라, 어떤 동기를 갖고 환경을 적극 탐색하고 목적 달성을 위해 의도적으로 환경을 조절하며 성장하는 존재이다. 이런 변화 과정에 환경의 여러 요소와의 상호작용이 벌어진다. 이런 생각은 실증주의적 정보처리 접근에 반대하는 여러 관점에 의해 다소간 공유되고 있다. 그중 활동 이론(activity theory)은 객관적 현실의 구성에서 인간 활동(의식)과 도구의 중요성을 강조한다(김영진, 2007). Vygotsky와 Leont'ev 등 러시아 심리학자들이 활동 이론의 기초를 놓았으며 Engeström 등 북유럽 연구자들은 이를 발전시켜 HCI(human-computer interaction)와 시스템을 이해하는 데 응용하였다. Engeström의 개념화를 바탕으로 체계화한 틀이 [그림 1-4]이다. 어떤 결과(동기)를 얻고자 하는 활동의 주체(행위자)와 객체 사이를 도구(그리고 기구, 인공물 등)가 중개한다. 도구는 주체와 객체의 상호작용 수단인데, 활동을 가능하게 하는 동시에 활동을 제한할 수 있다. 예를 들어, 프로그래머(주체)는 인지훈련 앱(객체)의 완성(결과)을 위해 프로그램 제작 툴, 메신저 등(도구)을 사용하여 진행 중인 상태(객체)를 변형시킨다. 만일에 동료나 부하 직원(공동체)이 있으면 일을 분담할 수 있을 것

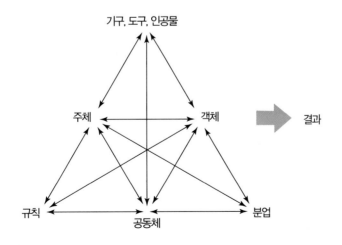

[그림 1-4] 활동체계의 구조(Kuutti, 1996)

이며, 이러한 일의 배후에는 명시적 혹은 암묵적 관습이나 규칙(예, 밤 늦게 전화하지 않기)이 적용된다. 활동 이론은 엄밀한 행동적 예측을 하는 것은 아니지만, 응용 장면에서 인간 행위의 여러 수준, 그리고 여러 측면과의 상호관련성을 들여다보는 틀을 제공한다. Kuutti(1996)에 따르면 활동 수준 아래에는 행위 수준과 조작 수준이 있는데, 이 두 개념에 대해서는 앞의 '활동' 절을 참조하기 바란다.

기술은 그동안 '만들어지고 이용되는' 것이며 인간에 의해 존폐가 결정되는 것으로 그려져 왔다. 그러나 기술은 인간 활동과 의식에 지대한 영향을 주어 왔으며, 인간은 점차 기술에 의존하고 있다. 어느 한 기술은 독자적인 것이 아니라, 다른 기술과 연관되어 존재하며, 사람은 이런 기술의 네트워크 속에서 활동한다. 예를 들어, 전국 범위의 통신망은 통신만 가능하게 하는 것이 아니라 전국적 결제, 교통, 보안, 사무 및 제어 시스템을 가능하게 한다. 더 이상 기술은 수동적인 것이 아니며, 기술이 인간의 삶에 적극적으로 개입하고 있다(행위자네트워크이론, Actor-Network Theory). 인간이 기술을 만들지만 기술이 또한 인간을 만들고 있다. 인간과 기술은 공생(symbiosis) 관계에 놓이게 되었으며(Norman, 2009), 앞으로 양자는 함께 발전하는 양상, 즉 공진화(co-evolution)를 겪을 것이다(이정모, 이건효, 이재호, 2004). 이러한 전망에서 보면 응용 인지심리학은 응용문제의 해결만을 목적으로 하는 것이 아니라, 인간과 현실의 관계를 분석하고 성찰하는 이론적 틀을 제공하는 역할을 할 수 있을 것이다.

응용 인지심리학의 간략한 역사

한 분야의 유래와 역사를 분명히 찾는다는 것은 매우 어려운 일이다. Hoffman과 Deffenbacher(1992)에 따르면 응용심리학적인 관심은 1800년대로까지 소급된다. 그러나 응용심리학에서 인지심리학적 영향이 뚜렷이 드러나는 시기는 아무래도 인지심리학이 한 분과로 성립되는 시기와 겹칠 것이다. 그렇지만 응용 인지심리학이라 부르기 이전에도 인지심리학적 특성을 보이는 연구들이 있었다고 할 수 있다. 이런 점을 염두에 두고 응용 인지심리학의 내력을 간단히 살펴보자(응용 인지심리학과 관련되지만, 사회심리학이나 산업심리학적 연구와 같이 이미 확립된 분과의 내력은 해

당 분야의 저술을 찾아보기 바란다). 그리고 한국의 응용 인지심리학의 내력도 간략
히 서술하고, 이 분야에 대한 미래의 스케치도 간단히 그려 보고자 한다.

서양의 응용 인지심리학

인지심리학의 응용은 오래전부터, 인간의 지적 한계를 고려하고 보완하는 방법
을 생각했을 때부터 시작되었을 것이다. 예를 들어, 표나 구구셈, 기억술 등이 그
런 역할을 하였다. 그러나 역사적으로 심리학과의 연관성을 의식하면서 응용문제
를 다룬 것은, 과학으로서의 심리학의 역사와 마찬가지로, 그리 오래되지 않는다.
근대 심리학의 창시자로 불리는 Wundt는 응용 주제를 별로 다루지 않은 것처럼 보
인다. 반면에 실용주의 성향의 미국 심리학은 20세기 초반부터 응용 주제들에 많은
관심을 보였다.

근대 심리학의 초기에 응용심리학에 가장 많은 기여를 한 인물은 Hugo Münsterberg
(1863~1916)이다.[3] 그는 W. James의 초청으로 독일에서 하버드대학교에 온 이후
로 여러 응용 주제를 연구하였다. 그는 기차의 기관사가 철로를 가로지르는 차와
충돌을 피하려면 언제 정지를 해야 하는지를 조사하기 위해, 기관사의 반응시간을
연구하는 등 실제적 상황에서 인간 수행을 연구하는 여러 실험과제를 개발하였는
데, 이런 성과들은 『Psychology and Industrial Efficiency』(1913)라는 책으로 발간되
었다. 이 외에도 『On the Witness Stand』(1908)를 써서 목격자 증인의 지각과 기억
의 비신뢰성을 보여 주었고 법정 분야에서 심리학의 기여 가능성을 주장하였으며,
『Business Psychology』(1915)에서는 비즈니스와 관련된 지각, 기억 및 주의 문제를
다루었다.

제2차 세계대전은 응용 인지심리학의 발달에 중요한 기폭제가 되었으며, 인간
수행과 인간 조작자의 한계에 관한 많은 연구를 낳았다(Esgate & Groome, 2008). D.
E. Broadbent는 연구 결과를 『Perception and Communication』(1958)으로 발표했
는데, 초창기 인지심리학의 대표적 저작 중 하나가 되었다. 또한 전후의 컴퓨터과

---

3 여기에서 소개되는 역사적인 저술은 책이름 뒤에 연도를 붙였으며, 참고문헌 목록에 따로 표시하지
  않았다.

학, 전산언어학 등의 발달은 인간의 정보처리와 과제 수행 모형을 만드는 데에 도움을 주었다. 마침내 1960년대에 인지심리학 및 인지과학이 출현하였으며, 소위 인지혁명(cognitive revolution)이 일어났다. 전쟁 중 J. Gibson은 조종사들이 공항에 착륙할 때 어떤 환경적인 단서에 예민한지를 연구하였는데, 이는 그가 생태심리학을 일으키는 계기가 되었다.

제2차 세계대전은 인간공학 혹은 인간요인심리학(human factors 혹은 ergonomics)의 성립에도 큰 기여를 하였다. 제2차 세계대전 동안에 무기 혹은 기계를 다루는 인간 조작원(operator), 예컨대 레이더 요원 혹은 조종사로 적합한 특성, 작업 시간의 길이, 훈련 방법, 과제 수행에 영향을 주는 인간요인 등에 대한 많은 연구가 있었다. 전후에 Fitts는 자극과 반응의 부합성, 자극 강도, 요구되는 반응 정확도 등 여러 조건에서 반응시간에 대한 연구를 발표하였다. 1950년대에는 정보이론에 기초해서 선택지의 수와 반응시간에 대한 소위 Hick-Hyman의 법칙이 발표되었다. 이런 연구들은 조작판(panel)을 공학적으로 설계하는 문제와 맞닿아 있었는데, 이후에는 문제 영역이 항공관제 디스플레이, 내비게이션 등으로 복잡해졌다. 여러 영역의 연구들에 대해서는 Wickens, Gordon 및 Liu(2001)를 참조하기 바란다. 1980년대 이후에는 판단 및 의사결정에 관한 여러 연구가 발표되었으며(Kahneman, Slovic, & Tversky, 1982), 곧 경영, 법, 위험과 사고 등 여러 영역으로 응용되었다.

컴퓨터의 발전과 대중화는 인지심리학 및 응용 인지 연구를 촉진하는 강력한 계기가 되었다. 1960년대 인간 지능을 모사하는 데 컴퓨터를 사용하려는 인공지능 연구가 시작되면서, 컴퓨터과학은 인지심리학에 여러 가지 수단과 비유(적 언어)를 제공해 왔다. 컴퓨터가 산업의 여러 장면에 사용되고 또한 가정에까지 보급되면서 인간과 컴퓨터를 중개하는 접면(interface)에 대한 연구가 발달하였는데, 오늘날의 HCI 영역의 기초가 되었다. 인터페이스가 어떤 형태인가에 따라 시스템과 인간의 상호작용은 크게 영향을 받는다. 예를 들어, 명령어를 입력해야 하는 DOS를 사용하던 시대에 PC는 전문가나 훈련받은 사람들이 사용하는 것이었다. 1980년대 Norman은 인지심리학 연구를 시스템 디자인(특히 소프트웨어)에 응용하고자 하는 인지공학(cognitive engineering)을 제안하였다(Norman & Draper, 1986). Rasmussen(1986)은 발전소와 같이 복합적인 산업 시스템에서 일하는 사람들의 인지와 행동에 대한 연구를 기초로, 시스템과 인지의 관계에 대한 '인지시스템공학' 영역을 개척하였다. 인터넷 및 네트워크의 발달, 그리고 가상현실 영역의 등장으로 인간과 시스템의 상호작용은 한층 복합적이 되었으며, 사이버심리학(cyberpsychology)은 가상공간에서 인간 행동과 상호작용에 대해 관심을 가지고 있다.

1980년대 이전까지 동물 학습이 아닌 교육 현장에서 인간 학습의 문제는 주로 교육학에서 다루어졌다. 인지심리학의 발달을 통해 인간의 기억, 사고 및 학습에 대한 연구가 축적되면서 이러한 성과를 인간 학습에 적용하고자 하는 학습과학(learning science)이 1990년대 초에 등장하였다. 비슷한 시기에 인터넷이 등장하면서 온라인을 통한 학습과 교육에 대한 이러닝(e-Learning) 연구가 생겼다. 학습과학의 문제는 교실 학습뿐만 아니라 성인 학습, 인지 재활 등 여러 영역과 연결된다.

한국의 응용 인지심리학

한국의 심리학 연구는 1960년대에 들어와서야 비로소 실질적으로 수행되기 시작한 것으로 보인다.[4] 초창기 연구들은 대체로 기초 분야 위주였던 것으로 보인다. 그런데 1968년에 장동환, 오원철, 이창우가 '한글타자기 건반배열의 인간공학적 연구'를 수행하였고, 이 자료는 한글 2벌식 타자기의 자판 배열의 기초가 되었다. 1969년에는 한충효가 '교통안전 및 운전사 과실방지를 위한 산업심리학적 접근방법'을 발표하였다. 1979년에 '스포츠와 심리학', 1983년에 '상업 장면에서의 심리학의 응용'이란 심포지엄이 한국심리학회 주최로 열렸다.

1980년대에 들어서 전국 각지에 심리학과가 설립되었으며, 심리학 전반에 대한 관심이 높아졌다. 인지심리학에 대한 관심과 연구도 활발해졌고, 1980년대 후반에 한국인지심리학회, 한국인지과학회 등 관련 학회가 창립되었다. 1989년과 1992년에 한국심리학회에서 인간요인에 대한 심포지엄이 잇따라 열렸는데, 한국 사회가 산업화되면서 응용심리학의 역할에 대한 관심이 높아지기 시작했음을 짐작할 수

---

4 여기에 소개된 문헌 중 저술을 제외한 논문들은 『한국심리학회지: 일반』 『한국심리학회지: 인지 및 생물』 『한국심리학회지: 산업 및 조직』 『한국심리학회지: 사회문제』 『한국심리학회지: 법정』 『인지과학』 등의 학술지, 혹은 한국심리학회 및 산하 학회의 심포지엄이나 학술대회에 발표된 것으로서, 연구자와 발표년도만 표시되었다. 정확한 서지사항과 내용은, 한국심리학회 및 인지과학회의 논문 검색 시스템에 접속하여 확인 가능하다.

있다. 초기의 관심 주제 중 하나는 한글 글꼴(font; 예, 김정오, 1982; 김호영, 정찬섭, 1992; 정우현, 한재준, 정찬섭, 1993; 이준석, 진영선, 1998), 타자 자판(예, 조양석, 이만영, 1993; 이창환, 이만영, 1994) 문제였다. 다른 주제는 운전 행동 등 교통심리학 주제(예, 이재식, 이순철, 조대경, 1990; 김정오, 박창호, 이상훈, 1993; 이재식, 1996; 이순철, 2000)였다. 이 외에 김정오, 박민규, 이상훈(1996)은 에어컨 바람의 온도와 패턴에 관한 인지심리학적 응용 연구를 하였다.

1995년에 인지공학심리학 연구회가 만들어져 인지심리학의 응용문제를 논의하기 시작하였고(이광오, 1996), 회원들이 Norman의 인지공학 저술들, Wickens 등의 공학심리학 관련 저술을 번역하였다. 1990년대 중반에 인지심리학 및 인지과학의 응용과 관련하여, 소프트과학(Soft Science) 프로젝트가 있었는데, 이것은 인터넷과 멀티미디어 환경, 제품 등에서 감성 및 인지 기능에 관심을 두었다. 연구 결과들이 학술지 『인지과학』의 '소프트과학' 특집호에 발표되었다(예, 도경수, 신현정, 이재식, 최양규, 1998; 박창호 외, 1998, 2000; 이정모, 김성일, 황상민, 1998; 곽호완 외, 2000; 조경자, 한광희, 2002). 『감성과학』 학술지가 1998년부터 색, 조명, 질감 등 감성 관련 응용 연구들을 싣기 시작하였다. 1998년에 한국심리학회에서 '인지공학-인지심리학의 응용' 주제의 연구 세미나를 개최하였으며, 같은 해에 인지공학심리학 연구회는 '인간-기계 상호작용의 이해' 주제의 워크숍을 개최하였고, 그 결과는 『인지공학심리학』(박창호 외, 2007)으로 출판되었다. 1990년대 후반에 대한산업공학회 산하 인지공학연구회가 만들어져 인터페이스, 디자인 관련 연구들을 발표하기 시작하였다.

1990년대 중반 이후 인터넷과 휴대폰이 대중화되기 시작하는 등, 한국의 정보통신과 사회에서 큰 변화가 일어났으며, 1997년에 한국심리학회는 가상공동체 및 정보화 사회를 주제로 하는 심포지엄을 열어 이런 변화에 응답했다. 또한 당시는 산업경쟁력의 제고에 도움이 되는 독자적 디자인의 제품 개발이 절실하였고 이를 위한 기초 기술이 요청되던 시대였으며, 인지심리학 전공자들이 기업체나 관련 연구소에 들어가 연구 및 개발 업무를 수행하기 시작하였다. 2000년대 수행된 유비쿼터스 컴퓨팅 관련 프로젝트에서 연구자들은 현장 인력들과 더불어 미래 컴퓨팅 기술이 산업과 사회에 미칠 영향을 검토하였다. 관련 연구들은 2004년에 『한국심리학회지: 실험』(나중에 『한국심리학회지: 인지 및 생물』로 개칭) 학술지의 '사이버세계의

인지' 라는 주제하에 발표되었다. 1997년 이후, 교통 관련 응용 연구들은『한국심리
학회지: 사회문제』(나중에『한국심리학회지: 문화 및 사회문제』로 개칭)에 주로 발표되
었다.

　재난과 안전은 줄곧 한국 사회의 큰 이슈였는데, 2003년에는『한국심리학회지:
사회문제』가 사고와 안전에 관한 특집호를 발간하였으며, 2005년『한국심리학회
지: 실험』은 '재난방지와 안전의 심리과학'이라는 특별 섹션에서 여러 논문을 발표
하였다. 위험지각(예, 이나경, 이영애, 2006) 및 항공 안전(예, 권오영, 이강준, 2005)에
관한 연구들이 간간이 발표되었다. 2015년에는 한국심리학회가 '한국인의 위험지
각: 안전불감증에 대한 심리학적 접근'이라는 심포지엄을 개최하였다.『한국심리학
회지: 산업 및 조직』은 산업안전, 소비자광고, 마케팅 등을 포함한 연구들을 발표해
왔는데, 2000년 이후『한국심리학회지: 소비자광고』가 별도 창간되었다.『한국심리
학회지: 사회 및 성격』에 실리던 법정 문제, 수사, 목격자 진술과 관련한 인지 연구
들이 2010년 이후『한국심리학회지: 법』에서 발표되기 시작하였다. 스포츠에 인지
가 중요한 요인임에도 불구하고 관련 연구는 소수(신미경, 2007)에 불과했는데, 이
는 한국심리학회와 별도로 '한국스포츠심리학회'가 독자적으로 활동하기 때문일
것이다.

미래의 응용 인지심리학

　몇 십 년 전에 사람들이 상상했던 물건이 오늘날 사용되는 것을 보면 신기하지
만, 모든 예측이 들어맞는 것은 아니다(Norman, 2016). 그렇듯이 미래에 인지심리
학이 어떻게 응용될 것인가를 자신 있게 말하기는 어렵지만, 응용 인지심리학의 네
가지 틀, 즉 맥락, 기술, 활동 및 인간을 중심으로 예상되는 변화를 생각해 보자.

　이제 환경이 곧 시스템이 되고 있다. 예컨대, 네트워크로 연결되고 지능시스템에
의해 제어되는 빌딩이 그렇다. 네트워크는 물질적 변화만을 일으키는 것이 아니라,
일과 삶의 방식에도 변화를 일으킨다. 예컨대, 자율주행 자동차와 지능적 교통 시
스템은 운전의 의미를 바꿀 것이다. 맥락은 더 이상 물리적 공간으로 구분되지 않
을 것이며, 어디든 원하면 일터가 되고 또한 놀이터가 될 수 있을 것이다. 이런 장
면에서 업무의 대부분은 네트워크 시스템을 필요로 하게 될 것이며, 환경의 시스템

적 특성이 매우 중요하게 될 것이다. 매스컴, 그리고 여행과 상품은 대중적으로 공유하고 이해할 수 있는 부분을 늘릴 것이지만, 사회와 산업의 발달로 직종과 전문 영역이 세분화되면서 소통의 어려움이 증가할 것이다.

질병이나 경제, 사회기반 시스템 등 여러 장면에서 점차 더 복잡한 기술과 복잡한 문제가 대두되고 있다. 사회의 여러 부문이 연결되면서 이익도 생기지만, 문제가 생길 경우 파국의 위험도 증가하고 있다. 오래전부터 사람들은 문제해결에 기계를 이용해 왔는데, 최근에는 인공지능(AI)이 등장하고 있다. 기술의 발전은 어떤 인간적인 측면의 희생을 필요로 한다. 더 이상 예전의 비서가 필요하지 않게 되었고, 필기도 중요하지 않게 되었다. 비행기 조종사는 드론을 원격 조종하는 게이머로 대체되었다. 인간은 기술적 변화에 저항하기도 하지만, 종종 기술이 주는 경제적인 이득에 굴복하였다. 앞으로 인공지능을 앞세운 로봇 기술이 인간에게 미칠 영향을 심사숙고해야 할 것이다.

SF 영화가 그리듯이 머지않아 인간은 로봇을 동반자(partner) 삼아 일을 하거나 함께 살게 될지 모른다. 로봇의 지위에 관한 사회 윤리적인 문제를 차치하고도, 인간은 로봇과 잘 어울릴 수 있을까? 명령을 따르기만 하는 로봇을 생각한다면 이런 질문은 이해되지 않을 것이다. 그러나 로봇이 인간에게 큰 도움이 되려면 로봇은 충분히 지능적이고 또한 어느 정도 자율적이어야 하는데, 종종 로봇은 인간의 기대대로 행동하지 않을 것이다. 로봇이 인간과 가까워질수록 정서적 교류와 암묵적 의사소통 등 새로운 문제가 생길 것이다. 결국 인간도 로봇과 함께하는 환경에 적응해야 할 것이며, 로봇과 인간의 상호작용 문제는 상호 이해, 법적 책임소재 등 여러 논쟁점을 낳을 것이다. 인간 활동은 더 이상 옛날과 같은 방식이 될 수 없을 것이다.

현대 사회에서 사람들이 서로 비슷해지는지 아니면 더욱 다양해지는지는 흥미로운 문제이다. 여러 장면에서 문화적 요인과 취향의 문제가 부각되고 있으며, 사람들은 점점 더 다양한 요구를 쏟아 내고 있다. 지금도 맞춤(customization) 개념이 사용되지만, 나아가 개성화(personalization)가 발달할 것이다. 그러자면 사람들의 특성에 대한 연구가 더 많이 필요할 것이다. 적정 인력의 선발과 훈련에 도움을 주기 위한 인간 특성과 잠재력에 대한 연구도 계속될 것이다. 장애인 및 노인의 활동과 특수 조건의 작업을 지원하기 위해 첨단 기술이 더 적극적으로 동원될 것인데, 한 예가 요즘 등장하는 BCI(brain-computer interaction)를 이용한 보철(prosthesis) 기술의 발달이다. 신경과학과 인공지능 연구는 뇌 기능과 인간 역량의 한계를 재고하게 만들 것이다. 이런 연구는 우리의 삶을 적극적으로 변화시킬 것이다. 변화하는 사회와 기술에 적응하기 위해 학습과 훈련이 필요하다. 예컨대, 자동차 운전과 컴퓨터 활용을 생각해 보라. 따라서 새로운 학습기술 및 교육 시스템의 개발도 관심사가 될 것이다. 환경과 기술의 변화는 인간 역량의 변화를 동반할 수밖에 없다.

종종 산업과 기술은 새로운 응용, 그리고 새로운 산업을 낳는다. 대표적으로 컴퓨터 게임이 그렇다. 컴퓨터 게임 개발에 사용된 여러 기술은 또 새로운 영역으로 전파되었다. 스마트폰은 단지 기능적인 통신기기를 넘어서서 재미와 즐거움을 주는 복합 놀이기구로 발달하고 있으며, 또한 사람들의 의사소통과 산업에도 큰 변화를 일으켰다. 미래에 기술과 환경, 인간 그리고 활동은 지금보다 더 긴밀하게 연결될 것이다. 이런 상황에서 인간이 현명하게 행동하기 위해서는 미래의 현실에 참여하는 여러 요소를 더 잘 이해해야 할 것이다.

맺음말

이 장에서는 응용 인지심리학의 여러 영역, 이해의 틀 그리고 간략한 역사를 살펴보았다. 응용 인지심리학은 인간 인지에 대한 연구를 여러 응용문제에 적용하고자 하는데, 그 과정에서 인지심리학적 이론의 실제적 타당성을 평가하는 데 도움을 준다. 그리고 Berger, Pezdek과 Banks(1987)는 사고와 문제해결을, Barber(1988)는 얼굴의 지각과 기억 및 독서를 인지심리학의 응용문제로 다루고 있는 데에서 보듯이 일부 응용 주제들은 인지심리학의 한 분야로 확립되어 인간 인지의 이해를 깊게 해 주고 있다.

성공적인 응용을 위해서는 응용문제를 중심으로 심리학 안팎의 여러 지식과 기술, 그리고 문제의 맥락을 통합적으로 파악할 필요가 있다. 종종 문제의 해결은 최종적인 것이 아니며, 낡은 문제가 새로운 형태로 되풀이되어 제기되기도 한다. 이런 문제의 해결 과정을 통해 응용 연구자는 마음이 작동하는 원리와 현실적 조건의 복합적인 연계성을 확인할 수 있다.

인지심리학 응용의 실제적 역사는 그리 길지 않지만, 응용 인지심리학은 그동안 여러 인지적, 사회적 및 산업적 응용문제들을 다루어 왔고 또한 소위 해결책 (solution)들을 제공해 왔다. 좋은 해결책은 인간의 역량과 수행을 향상시키고 삶을 더욱 값지게 하는 데 기여할 것이다. 그리고 그중 탁월한 해결책은 인간 활동의 핵심적 요소가 되면서, 자연스럽게 사회적 환경 혹은 문명의 일부가 될 것이다. 지금까지 그래 왔듯이 사회, 산업 및 기술의 변화는 계속될 것이며, 더불어 응용문제들도 계속 재정의될 것이다. 이런 변화의 물결 속에서 응용 인지심리학의 정체도 계속 새로워질 것이다.

 요약

인지심리학의 응용은 실제 문제의 해결과 더불어 인지심리학 연구의 생태적 타당성을 확보하고, 실제 맥락에서 인간 기능의 총제적인 양상을 탐구한다는 의미가 있다. 인지심리학의 여러 응용 영역(<표 1-1> 참조)이 있으며, 응용 인지심리학은 심리학의 여러 분야뿐 아니라 심리학 바깥의 여러 학문에도 영향을 미쳐 왔다. 인지심리학의 응용문제는 인간, 활동, 기술 그리고 맥락이라는 틀에서 포괄적으로 이해될 수 있다. 정보처리 접근은 응용 장면에서 인간 행동을 정보처리 과정으로 이해하며, 활동 이론은 활동에 관여하는 여러 성분들의 상호관련성을 중시한다. 서구에서 응용 인지심리학은 제2차 세계대전 이후에 본격적으로 시작되었으며, 인간요인 심리학, HCI, 인지공학 등 여러 분야와 연관성을 가지고 있다. 한국에서는 대체로 1990년대에 접어들어 응용 연구가 발전하기 시작했다. 미래에는 지적 시스템 발달, 뇌 연구, 개성화 요구 등이 응용 인지심리학 연구에도 큰 영향을 줄 것이다.

생각할 거리

• 응용 연구는 반드시 현장에서 실제 문제를 가지고 연구되어야 하는가?

• 응용문제들은 심리학의 여러 영역과 함께 관련되어 있는 경우가 많다. 이런 경우 응용 인지심리학자는 다른 심리학 영역을 어떻게 다루어야 할까?

• 응용 인지심리학을 이해하는 틀로서 이 장은 인간, 맥락, 기술 및 활동을 제안했다. 여러분은 이 틀에 어떤 변화 혹은 추가나 제거를 할 수 있을까?

• 인간-로봇 상호작용은 기존의 인간-기계 상호작용 혹은 HCI의 연장선상에서 이해될 수 있는가? 아니면 전혀 새로운 양상을 보일 것인가? 예를 들면, 인간-로봇 상호작용에서 인간의 감정은 어떻게 처리되어야 할 것인가?

• 여러분은 미래에는 어떤 인지심리학적 응용문제가 심각하게 제기될 것이라고 생각하는가?

학습과 기억의 향상

정보의 기억 방법
학습된 정보의 파지에 영향을 미치는 요인
학습과 기억에 대한 오해
맺음말: 효과적인 학습과 기억 방법

　무서운 맹수가 주로 나타나는 지역이 어디인지 기억하거나 주식투자를 위해 경제지표와 주가 간의 관계를 학습하는 것은 우리가 환경에 적응하여 살아 나가기 위해서 필수적인 능력이다. 우리는 무엇인가를 알게 되는 과정을 '기억한다'는 말로 표현하지만 새로운 지식을 배우는 학습과정과 새로 배운 지식을 유지하고 재생하는 기억과정을 포함하며 학습과 기억은 구분되기 어려운 개념이다. 인류 역사상 새로운 정보가 가장 빠르게 증가하고 있는 현대 사회에서는 다양한 정보 중에서 자신의 문제를 해결하는 데 적절한 것을 학습하여 기억하고, 이렇게 기억된 정보들을 바탕으로 문제를 해결하는 능력이 사회생활에 필요하게 되었다. 즉, 급격한 사회적 변화에 적응하기 위해서는 효율적으로 학습하고 기억하기 위한 방법이 요구된다고 하겠다. 이 장에서는 우리가 어떻게 정보를 기억하는지 그리고 학습된 정보의 파지에 영향을 미치는 요인들을 살펴봄으로써 효과적인 학습과 기억의 방법을 찾아보고자 한다.

정보의 기억 방법

실생활에서 접하게 되는 수많은 정보를 우리가 어떻게 기억하는지에 대해 누구나 궁금증을 가지고 있을 것이다. 그동안 많은 심리학자와 신경과학자의 노력에 의해 기억과정의 신비는 점차 풀려 가고 있지만 아직도 인간의 기억은 복잡하고 신비스러운 영역으로 남아 있다. 여기에서는 기억과정을 쉽게 이해할 수 있도록 [그림 2-1]과 같은 계열적 정보처리모형을 근거로 기억과정을 설명하고자 한다.

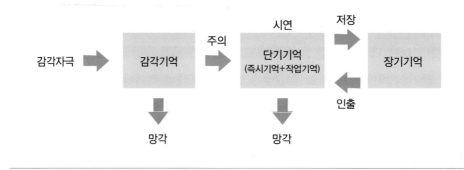

[그림 2-1] 계열적 기억모형

기억은 감각 수용기를 통해 들어오는 자극들로부터 시작되며 시각, 청각, 촉각 자극들이 감각자극의 대부분을 차지한다. 감각자극은 보거나 들었던 것을 그대로 반영하기 때문에 정보량이 엄청나지만 시상(thalamus)과 망상활성화체계(reticular activation system)의 도움으로 중요하다고 여겨지는 자극들만 감각기억에 들어간다. 그 덕택에 시끄러운 소음 속에서도 사람의 음성이 감각기억(sensory memory)에 잠시나마 저장되어 무슨 말인지 이해하기 위한 처리가 나중에 이루어질 수 있게 된다. 감각기억에서 시각자극은 1/4초 동안 유지되고(Sperling, 1960), 청각자극은 2초 내지 4초 동안 유지된다고 알려져 있다(Darwin, Turvey, & Crowder, 1972).

우리가 무엇인가를 보았을 때 그것이 감각기억에 머무는 시간은 1/4초밖에 되지 않기 때문에 그것이 무엇인지 알기 위해서는 일시적으로 그 정보를 저장하고 의미를 찾기 위한 처리가 일어날 곳이 필요한데 이중기억이론(dual memory theory, Atkinson & Shiffrin, 1968) 같은 계열적 기억모형에서는 그곳을 단기기억(short term memory)이라고 부른다. 이중기억이론에서는 단기기억을 선택적 주의를 통해 감각기억에서 들어온 정보와 그것의 의미를 이해하기 위해 장기기억에서 인출된 정보가 일시적으로 머무는 곳쯤으로 가정하였다. 그러나 요즘에는 단기기억이 선택된 정보들을 일시적으로 유지하는 즉시기억(immediate memory)과 그 정보의 의미를 이해하고 기억하기 위해 필요한 다양한 처리가 일어나는 작업기억(working memory)으로 이루어져 있다고 가정한다(Sqiuire & Kandel, 1999). 즉시기억은 사실 감각기억과 구분하기 쉽지 않지만 정보를 어떻게 처리할 것인지를 결정할 때까지 그것을 잠시 저장하는 기능을 하는 역할을 한다고 생각하면 된다. 가령, 새로 만난 친구에게 휴대폰 번호를 들었을 경우 잠시 동안은 그 전화번호를 즉시기억에 기억하고 있겠지만 휴대폰에 저장한 후에는 그 전화번호에 대한 기억은 사라지게 된다. 그러나 휴대폰을 가지고 있지 않을 때는 그 휴대폰 번호를 기억할 필요를 느끼게 되어 그 전화번호를 반복해서 시연(rehearsal)하게 되는데 이러한 일은 작업기억에서 이루어지게 된다. 이렇게 일상생활에서 기억할 필요가 있다고 생각되는 정보들은 즉시기억에서 작업기억으로 넘어가 처리되지만 타는 냄새나 큰 소리 같이 위협적이거나 정서적 반응을 유발하는 정보는 그러한 정보보다 우선적으로 처리된다. 가령, 정서처리는 인지처리보다 우선하기 때문에 정서와 관련된 정보는 더 잘 처리되고 기억되는 데 비해 중립정보는 정서에 의해 처리가 지연되거나 방해를 받을 수 있다. 한편, 작업기억은 즉시기억에서 들어온 정보나 장기기억에서 불러온 정보를 일시적으로 유지하면서 정보를 처리하는 가설적 구조이다. [그림 2-2]에서 보듯이 작업

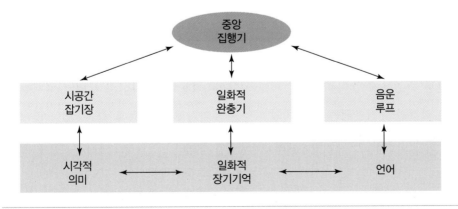

[그림 2-2] 작업기억 모형(Baddeley, 2000)

기억은 주의 자원을 통제하여 하위 시스템과 장기기억의 정보 간의 상호작용을 중재하는 중앙집행기(central executive)와 언어 정보를 처리하는 음운루프(phonological loop), 시공간 정보를 처리하는 시공간 잡기장(visuospatial sketchpad), 새로운 정보와 장기기억에서 인출된 정보를 통합하거나 장기기억에 정보를 전달하는 일화적 완충기(episodic buffer) 등으로 이루어져 있다(Baddeley, 2000).

일반적으로 작업기억의 용량은 읽기폭 과제(reading span task)나 조작 폭 과제 (operation span task)로 측정하는데 작업기억의 용량은 Miller(1956)가 주장했었던 "마법의 숫자 7±2개"라기보다 4개 내외일 가능성이 높으며 정서, 흥미, 주의산만 같은 변수의 영향을 받기 때문에 작업기억의 용량을 정확하게 평가하기는 쉽지 않다 (Cowan, 2001). 만일 새로운 정보가 작업기억의 용량이 넘치도록 주어지거나 작업기억에 있는 정보에 아무런 추가적 처리가 이루어지지 않는다면 망각이 일어날 수 있으므로 정보를 작업기억에 유지하기 위한 처리과정이 요구된다. 즉, 기억하고자 하는 정보를 반복하여 암송하는 시연을 하거나 유사한 정보를 하나의 단위로 묶는 청킹(chunking)을 통해 작업기억의 용량을 효율적으로 활용할 수 있다.

생각 상자

중앙집행기는 어떤 기능을 가지고 있나?

중앙집행기는 작업기억에서 이루어지는 정보처리를 담당하는 핵심요소이므로 중앙집행기의 기능을 좀 더 자세히 알아볼 필요가 있다. 중앙집행기의 대표적인 기능은 기억버퍼의 갱신, 목표의 설정과 계획, 과제전환, 반응억제 등이며 이를 하나씩 알아보면 다음과 같다.

첫째, 만일 우리가 일상생활에서 어떤 물건을 잃어버렸다면 어디에서 그것을 잃어버렸는지를 찾아내기 위해 그동안 일어났던 일들을 목록으로 만들어 하나씩 검토해 나갈 것이다. 이러한 일은 기억버퍼 갱신기능을 활용하는 것이며 기억버퍼 갱신이란 작업기억의 정보를 새로운 것으로 바꾸고 장기기억에 정보를 저장하거나 장기기억에서 필요한 정보를 가져오는 것을 말한다. N차 역행과제의 수행과정을 살펴보면 기억버퍼의 갱신기능이 어떻게 이루어지는지 알 수 있다. N차 역행과제에서 실험 참가자는 숫자로 이루어진 목록을 읽고 그중 표적으로 설정된 숫자의 N개 전 숫자를 맞춰야 한다. 가령, 2, 3, 6, 8, 2, 4, 8, 7이란 목록이 있을 때 2차 역행과제를 수행해야 하고 '8'이 표적이면 8이 처음 나왔을 때는 3, 다음에 나왔을 때는 2를 답하면 된다. N차

역행과제를 수행하기 위해서는 과제 수행에 필요한 규칙을 기억하고 있어야 하며, 마지막 N 숫자들은 다음 숫자가 표적일 경우를 대비하여 항상 기억되어야 하고, 새로운 숫자가 나오면 기억이 계속 갱신되어야 한다.

둘째, 우리는 매일 오늘 해야 할 일들을 생각하고 어떤 일부터 해야 하는지 생각하고 하루를 시작한다. 이것은 과제를 수행하기 위해 목표를 설정하고 계획을 세우는 중앙집행기의 기능이 있기 때문에 가능하다. 가령, 우리가 한 번에 한 고리만 움직일 수 있고, 작은 고리가 큰 고리의 위에 있어야 한다는 규칙을 따라 고리들을 왼쪽 막대에서 오른쪽 막대로 옮기는 '하노이 탑' 과제를 해결해야 한다고 하자.

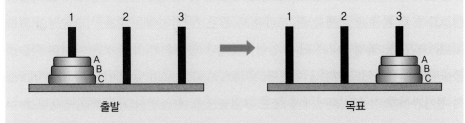

'하노이 탑' 과제를 제대로 해결하려면 중간 목표가 성취되었는지, 어떤 중간 목표가 남아 있는지, 무엇이 다음 중간 목표가 되는지 등을 계획적으로 검토할 수 있어야 하며 이것은 중앙집행기의 목표 설정과 계획 기능을 요구한다.

셋째, 우리는 운전을 하다가 전화통화를 하는 것처럼 서로 다른 처리를 요구하는 여러 과제를 바꿔 가면서 수행할 수 있으며 이것을 과제전환 기능이라고 한다. 가령, 위스콘신(Wisconsin) 카드분류 검사에서 카드의 색깔로 카드를 분류하도록 요구했다가 갑자기 모양으로 카드를 분류하도록 하였을 때 실험 참가자는 새로운 규칙을 배워야 할 뿐 아니라 이전에 배웠던 규칙을 억제해야 하는데 이것은 과제전환 기능을 요구한다.

넷째, 중앙집행기는 우리가 익숙했던 반응방식을 억제하고 새로운 반응방식에 적응할 수 있도록 해 주며 이것을 반응억제라고 한다. 가령, 스트룹(Stroop) 과제에서 실험참가자는 '초록'이라는 단어가 빨간색으로 인쇄되어 있거나 '빨강'이라는 단어가 초록색으로 인쇄되어 있는 조건에서 단어의 뜻과 무관하게 인쇄된 색을 보고해야 한다. 실험 참가자는 자신이 읽고 있는 단어와 다른 단어를 이야기해야 하기 때문에 인쇄된 단어를 읽으려는 자동적 반응을 억제하고 색깔에 주의를 기울이는 것 같이 과제에서 요구하는 규칙을 작업기억에 유지해야 한다.

　　다양한 정보를 기억에 유지하고 그것을 처리하는 역할을 하는 것이 작업기억이기 때문에 작업기억의 용량과 학습성취 간의 관계는 그동안 많은 관심을 받아 왔다. 가령, 대부분의 학습은 글을 읽고 이해하는 능력에 기반하고 있는데 글을 이해하는 과정은 글과 관련된 영역에 대한 사전 지식에도 의존하지만 글을 이해하는 데 필요한 작업기억 용량의 차이에도 의존한다. 예를 들어, 작업기억의 용량이 큰 사람은 통사구조가 더 복잡한 문장을 더 빠르게 이해하며(Just & Carpenter, 1992), 자연범주를 10분 안에 회상하도록 하였을 때도 더 많은 사례를 인출하는 경향을 보였다(Rosen & Engle, 1997). 이렇게 본다면 학습을 할 때 작업기억의 용량이 큰 사람은 텍스트를 더 빠르게 이해할 뿐 아니라 더 많은 사전 지식을 활용할 가능성이 있다고 할 수 있다. 작업기억은 단지 언어이해에만 영향을 미치는 것은 아니며 학습에 필수적인 집중력에도 영향을 미친다. Vogel, McCollough 및 Machizawa(2005)는 실험 참가자에게 컴퓨터 화면에서 틀린 그림을 찾도록 하면서 가끔 화면에 0.05초 정도의 섬광이 나타나도록 하고 뇌파를 측정하였다. 그 결과를 보면 작업기억 용량이 큰 실험 참가자는 섬광이 방해하더라도 화면에서 그림을 찾는 데 어려움을 덜 보였는데 이것은 작업기억 용량이 선택적 주의와 집중력에 영향을 미친다는 것을 보여 주었으며 실제 교과목 성적에서도 차이를 보였다.

　　Ebbinghaus의 연구(Ebbinghaus, 1850~1909)에 따르면 우리가 학습한 내용은 시간이 지남에 따라서 망각되는데 [그림 2-3]에서 보는 바와 같이 일반적으로 24시간

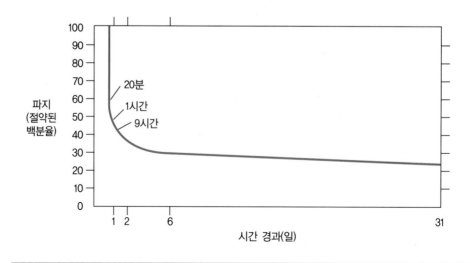

[그림 2-3] Ebbinghaus의 망각곡선

내에 정보의 상실이 가장 많이 일어나게 되며 24시간 이후에도 어떤 정보가 남아 있다면 장기기억(long term memory)에 저장되었다고 말할 수 있다.

그렇다면 단기기억에 있는 정보가 장기기억에 저장될지를 결정하는 것은 무엇일까? 다음 절에 더 자세히 다루겠지만 이미 알고 있는 지식에 새로운 정보를 연결하는 정교화 시연이나 정보 간의 유사성을 활용하는 조직화 같은 처리가 이루어지면 단기기억에 있는 정보가 장기기억에 저장될 가능성이 높아진다. 가령, 단어를 외울 때 많은 학생이 하는 것처럼 단순하게 반복하는 것보다 단어들 사이에 존재하는 의미적 유사성을 이용하여 묶어서 외우는 것이 더 쉽게 외워지고 장기기억에 저장될 가능성도 높다.

그렇다면, 장기기억에는 어떤 정보들이 저장되어 있을까? 우선, 장기기억은 의식적으로 정보를 기억해 낼 수 있는 서술기억(declarative memory)과 의식하지 않아도 자동적으로 기억해 낼 수 있는 비서술기억(non-declarative memory)으로 구분할 수 있다. 서술기억은 다시 우리가 오늘 아침 무엇을 먹었고, 어제 저녁에는 누구랑 저녁식사를 했는지를 기억하는 일화기억(episodic memory)과 '어떤 사물에 대한 지식'을 나타내는 의미기억(semantic memory)으로 편의상 구분되지만 실제로는 두 기억을 구분하는 것이 쉽지 않다. 만일 여러분이 작년에 가족과 함께 휴가를 갔던 장소를 기억해 내려고 한다면 그 시기와 장소를 머릿속에서 떠올려야 하기 때문에 일화기억을 탐색한다고 할 수 있지만 특정한 장소나 사람에 대한 기억은 의미기억이기도 하다. 우리는 어릴 때 배웠던 '자전거 타는 방법'이나 새로 배운 '운전하는 방법' 같은 것에 대한 기억을 가지고 있으며 그러한 기억이 필요하게 되면 '어떻게 하는지 순서대로 생각해 보자.'라고 생각하지 않더라도 자동적으로 행동하는 자신을 보게 된다. 그것은 '자전거 타는 방법'이나 '운전하는 방법'이 비서술기억 중 어떤 행동들을 수행하는 데 필요한 운동기술과 인지기술을 포함하는 절차기억(procedural memory)이기 때문이다. 절차기억에 저장되어 있는 행동은 처음 수행할 때는 많은 인지 자원을 요구하지만 반복하여 수행하는 과정에서 점차 자동화되어 주의를 거의 요구하지 않게 된다. 물론 비서술기억에는 절차기억이 많은 부분을 차지하고 있지만 천둥이 치면 벼락이 떨어질 것으로 기대하는 것 같이 연합학습(고전적 조건화)에 의해 기억된 정보와, 시끄러운 소음들이나 물이 온도 같은 자극에 적응하게 되는 습관화(habituation)나 환경이 위협적인 자극에 강하게 반응하게 되는 민감화(sensitization)

생각 상자

장기기억에 있는 정보는 영원할까?

시간이 흐름에 따라서 망각이 일어날 수 있는데도 불구하고 대부분의 기억 연구에서는 장기기억에 있는 정보가 영원하며 사라지지 않는다고 가정한다. 그 근거 중 하나는 Penfield와 Jasper(1954)의 연구로, 그들은 매우 낮은 강도의 전류로 뇌의 여러 영역을 자극함으로써 뇌 기능을 연구하였다. 뇌수술 중 부분 절개 마취를 사용하여 환자가 의식이 있는 상태일 때 그들은 환자들에게 전기자극을 주어 무엇이 느껴지는지를 보고하게 하였는데 어떤 환자들은 감각을 보고하거나 운동이 일어나거나 기억이 떠오른 것을 보고하였다. 특히 전기자극으로 떠오른 기억들은 수년 동안 잊고 있었던 것이거나 생각하지 않았던 것으로 매우 생생하고 자세하였으며 환자들은 사건을 다시 경험하고 있는 것 같은 느낌이라고 보고하였다. Penfield와 Jasper는 정상적으로 회상되지 않는 기억이 있더라도 그러한 기억은 장기기억에 영원히 저장되어 있으며 그것들을 인출하기 위해 적절한 자극이 주어지면 회상이 가능하다고 결론지었으나 전체 환자들 중 단지 8%만 그러한 경험을 보고하여 신뢰성이 그리 높지 않다고 할 수 있다. 한편, Bahrick, Bahrick 및 Wittlinger(1975)는 석 달 전부터 47년 전까지 다양한 시기에 졸업한 사람들의 졸업앨범을 사용하여 동창생의 이름을 재인하도록 하였을 때 40년 전에 졸업한 사람조차 60% 정도의 정확성을 보였으며, 얼굴을 재인하도록 하였을 때는 34년 전에 졸업한 집단까지 재인에서 거의 저하를 보이지 않았으며 심지어 47년 전에 졸업한 집단의 평균이 71%였다. 이러한 결과들을 보면 장기기억에 있는 정보가 온전히 저장되어 있을 것처럼 느껴지지만 인간의 기억은 얼마든지 왜곡될 수 있다. 우선, 우리의 기억은 질문자의 암시에 의해 왜곡될 수 있다. Loftus와 Palmer(1974)는 목격자에게 '자동차가 충돌했을 때 이들은 얼마나 빨리 달리고 있었는가?'라고 물었을 때와 '자동차가 서로 접촉사고가 있었을 때 이들은 얼마나 빨리 달리고 있었는가?'라고 물었을 때 목격자의 답변에 차이가 있는지를 비교하였다. 그 결과, '충돌'이라는 단어가 질문에서 사용되었을 때는 자동차가 과속하였다고 증언한 데 비해 '접촉사고'라는 단어가 질문에서 사용되었을 때는 자동차가 그리 빨리 달리지 않았다고 증언하였다. 이러한 결과가 나온 이유는 '충돌'이란 말이 질문에 있을 때 목격자는 자동차가 크게 부숴진 것은 과속했기 때문일 것이라고 추리한 것이고, '접촉사고'라는 말이 질문에 있을 때는 사소한 사고니까 별로 과속하지 않았을 것이라고 기억을 재구성한 것이다. 이들의 연구는 장기기억에 있는 정보가 영원할 것이라는 가정에 의심을 제기하며 인간의 기억이란 있는 처음 제시되었던 형태 그대로를 기억하는 것이 아니고 자신이 가지고 있는 도식(scheme)이나 편견(prejudice) 등을 통해서 재구성될 수 있음을 보여 준다.

같은 비연합학습에 의해 기억된 정보도 포함되어 있다.

이렇게 계열적 기억모형에서는 정보가 기억되는 과정을 감각기억, 단기기억, 장기기억의 계열적 과정을 통해 설명하고자 한다. 물론 인간이 정보를 기억하고 사용하는 과정을 이해하기 쉽게 설명하기 위해 컴퓨터 비유를 사용하는 것은 불가피한 점이 있지만 인간의 정보처리과정은 컴퓨터와 달리 병렬적이며 적응적이라는 점을 고려해야 한다.

학습된 정보의 파지에 영향을 미치는 요인

학습이 우리가 주어진 환경에 적응하기 위해 필요한 새로운 지식이나 기술을 습득하는 과정이라고 한다면 파지는 장기기억에 저장된 정보가 미래에 정확하게 인출될 수 있도록 돕는 과정을 의미한다. 학습하는 것과 그것을 파지하는 것은 서로 다를 수 있으며 똑같은 정보를 학습하더라도 어떻게 파지되었는지에 따라서 인출 가능성이 달라질 수 있다. 시험을 볼 때 학생들은 다양한 개념을 학습하고 기억하려고 하지만 시험을 치고 나면 점차 사라져 버리는데 이것은 일시적으로 기억해놓는 것을 의미하며 파지는 아니다. 학습한 것을 장기기억의 한 부분으로 통합하여 미래에 정확하게 회상할 수 있도록 하는 과정을 파지라고 할 수 있으며 파지에는 청킹, 시연, 계열위치효과, 학습간격, 인출 실패, 전이 등 다양한 변수가 영향을 미친다. 이 절에서는 학습과 파지에 영향을 미치는 요인들을 다루도록 한다.

청킹: 자동적 청킹과 의도적 청킹

작업기억이 한번에 다룰 수 있는 정보의 수에 제한이 있기 때문에 인간은 다양한 방법으로 이러한 제한을 극복하려고 하며 대표적인 것인 청킹(chunking)이다. 청킹은 일련의 자료들을 하나의 의미적으로 연결된 정보로 인식하여 처리하는 것을 말하며 '1950625'이란 숫자는 7개의 정보이지만 '625가 일어난 날'로 바꾸면 하나의 정보로 인식된다. 청킹은 두 가지 방식으로 일어날 수 있는데, 자동적 청킹(automatic chunking)은 글을 읽을 때 단어에서 문장으로 문장에서 단락으로 점차

하나의 요지로 묶어 의미를 이해하는 것처럼 어떤 의도를 갖고 있지 않더라도 자동적으로 이루어지는 청킹을 말한다. 의도적 청킹(intentional chunking)은 기억해야 할 정보들을 의도적으로 가구, 동물, 직업 등의 유사한 범주로 묶어서 기억하는 의미조직화(semantic organization)를 예로 들 수 있다.

일반적으로 조직화하여 기억한 정보는 그렇지 않은 정보에 비해 더 잘 기억된다 (Cohen, 1963). 기억과정에서 청킹의 중요성을 보여 주는 대표적인 사례가 전문가와 초보자의 차이이다. 전문가는 주어진 정보를 그대로 기억하기보다 자기가 이미 알고 있는 지식에 근거하여 의미적으로 연결된 단위로 청킹하여 기억한다. 이렇게 본다면 청킹은 지식을 조직화하는 방법이라고 할 수 있으며 경험을 통해 전문가들은 관련된 정보를 더 자세하고 완전한 형태로 묶어 저장한다. 그러나 정보들 사이에 존재하는 관계를 이용하여 기억을 촉진하는 방법인 조직화가 늘 기억에 도움이 되는 것은 아니다. 가령, 단어목록을 범주명과 함께 기억시킨 후 범주명을 단서로 하는 단서회상을 시키거나, 기억나는 대로 자유회상을 시켰을 때 단서회상에서는 조직화하여 기억한 집단이 더 우수한 수행을 보이지만 자유회상에서는 큰 차이를 보이지 않는다(Tulving & Pearlstone, 1966). 조직화가 어떤 유형의 정보가 회상되어야 하는지에 대한 참조틀을 제공하는 역할을 하기 때문에 단서회상에는 도움이 되지만 목록에 있던 단어인지 아닌지를 구분하는 데는 별 도움이 되지 않기 때문에 자유회상에서 그다지 높은 수행을 보이지 않은 것으로 보인다.

시연: 유지 시연과 정교화 시연

시연은 새로운 정보를 작업기억에 유지하기 위해 그것을 반복하여 외우는 것을 말하지만 시연을 하면 정보가 장기기억으로 전이될 가능성도 함께 높여 준다. 작업기억에서 이루어지는 새로운 정보의 시연이 장기기억에 저장될 확률을 높인다는 것은 Ebbinghaus의 재학습 실험에서 밝혀진 바가 있으며, 시연을 하는 동안 일어나는 전두엽의 활동량 증가가 장기기억에 정보가 저장될 확률과 관련되어 있다는 증거도 발견되었다(Buckner, Kelley, & Petersen, 1999). 시연에는 유지 시연 (maintenance rehearsal)과 정교화 시연(elaborative rehearsal)이 있는데 유지 시연은 새로운 정보를 있는 그대로 기억하고 저장할 필요가 있을 때 사용된다. 가령, 우리가 시나 노래의 가사 또는 곱셈표 등을 외워야 할 때는 그 정보 그대로 단순하게 반복하여 외워야 하는데 이것을 유지 시연이라고 한다. 그에 비해 정교화 시연은 새로운 정보를 사전 지식과 관련짓는 것이 필요할 때 사용되며 유지 시연에 비해 더 복잡한 사고과정이 개입된다. 정교화 시연의 효과는 기억할 정보를 다른 정보와 구분할 수 있도록 고유한 단서를 만들어 내는 정교화(elaboration)에 기인하며 정교화에는 의미적 정교화와 비의미적 정교화가 있다.

의미적 정교화는 표적정보를 의미적으로 깊이 처리함으로써 기억단서를 강화하는 것으로 단어의 철자를 확인하는 것보다 단어의 의미를 확인하는 것이 기억에 더 도움이 된다는 처리수준이론(levels of processing theory)의 주장도 의미적 정교화와 관련되어 있다(Craik & Tulving, 1975). 그 밖에도 얼굴사진을 제시하고 그 사람에 대한 설명을 추가하면 그렇지 않았을 때보다 얼굴을 더 정확하게 재인하는데 이러한 결과는 표적정보에 의미적 정교화가 기억을 증진시킴을 보여 준다(Kerr & Winograd, 1982). 의미적 정교화는 표적정보를 자신과 연관 짓는 자기참조(self-referring) 과정에 의해서도 일어날 수 있다. 가령, 형용사를 기억해야 할 경우에 대문자인지 소문자인지를 확인하거나 각운(rhyme)을 비교하는 것보다 그 형용사가 자신을 기술하는 데 적절한지를 판단하는 것이 형용사를 기억하는 데 도움이 된다(Rogers, Kuiper, & Kirker, 1977).

한편, 비의미적 정교화는 표적정보의 처리를 어렵게 하여 더 많은 처리가 일어나도록 하는 것이다. 가령, 문장을 정상적으로 제시했을 때보다 문장을 뒤집어 제시했을 때 기억을 더 잘하는데(Kolers & Perkins, 1975), 그것은 문장을 뒤집게 되면 문장의 의미를 이해하기 위해 추가적 처리가 이루어지게 되고 이러한 처리가 비의미적 정교화를 가져와 기억을 강화하게 되기 때문이다. 생성효과(generation effect)는 비의미적 정교화의 또 다른 사례이다. 가령, 같은 뜻을 가진 동의어 쌍을 읽게 하여 의미적 정교화를 유도하거나 주어진 단어와 같은 운율을 가진 단어를 생성하도록 하였을 때 의미적 정교화를 유도한 조건의 재인이 운율어 생성조건의 재인보다 더 나아야 하는데도 운율어를 생성한 조건이 더 좋은 기억 수행을 보였다. 이것은 의미적 정교화가 일어나지 않더라도 정보에 대한 추가적 처리가 기억흔적을 강화할 수 있음을 보여 준다.

일반적으로 정교화 시연은 유지 시연에 비해 기억에 효과적인 단서를 형성하여

정보를 오래 기억하게 하지만 정교화 시연을 할 시간적 여유가 없거나 정교화 시
연의 필요성을 알지 못하면 유지 시연을 하게 되며 유지 시연을 하게 되면 새로운
정보를 사전 지식과 연결하여 이해할 수 있는 기회를 갖지 못해 더 빨리 망각될 수
있다.

계열위치효과: 초두효과와 최신효과

새로운 정보를 학습할 때 그 정보가 학습시간의 어느 부분에 나타났는지가 매우
중요하며 특정한 시간대에 우리는 더 많은 정보를 기억할 수 있다. [그림 2-4]에서
보듯이 처음 배운 것이 두 번째로 잘 기억되고(초두효과, primacy effect) 마지막에 배
운 것이 가장 잘 기억되는 경향(최신효과, recency effect)이 있는데 이것을 계열위치
효과(serial position effect)라고 부른다(Buzan, 1989).

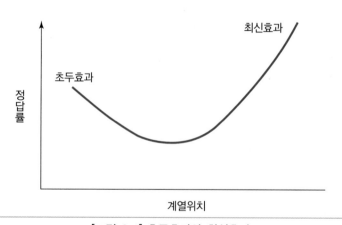

[그림 2-4] 초두효과와 최신효과

계열위치효과가 나타나는 이유는 우리가 처음 제시된 정보에 주의를 더 기울이
고 더 많이 시연하기 때문에 그 정보가 장기기억으로 전이될 가능성이 높지만, 조
금만 지나도 새로운 정보가 처리용량을 초과하기 때문에 더 이상 장기기억으로 쉽
게 전이되지 못한다. 그리고 마지막에 제시된 정보들은 작업기억에 아직 망각되지
않고 남아 있기 때문에 기억이 더 잘 되는 것이다. 계열위치효과 때문에 학습자는
학습하게 될 내용에 포함되어 있는 주요 개념들을 학습 초반에 충분히 읽고 이해하

려고 노력해야 하며, 교사는 수업 초기에 학생들에게 배워야 할 정확한 개념에 대해 집중적으로 알려 줘야 한다. 학생들이 스스로 문제에 대한 답을 찾아내도록 하는 수업은 그 이후에 이루어져야 하며, 학습 도중에 공부한 내용들에 대해서는 추가 시간을 들여 재학습의 기회를 부여해야 정보가 장기기억에 전이될 가능성이 높아진다.

계열위치효과는 학습에 소모하는 전체 시간에도 영향을 미치는데 학습시간 전체가 늘어날수록 계열위치효과가 나타나는 최적 시간(초두시간과 최신시간)의 비율이 점차 감소하게 되며 공부의 효율성도 그만큼 줄어들게 된다. 가령, 학습시간을 20분으로 하면 최적 시간의 비율이 90%에 가까워 시간을 매우 효율적으로 사용할수 있는 데 비해 학습시간이 80분으로 증가하면 최적 시간의 비율은 60% 정도로 감소하여 학습의 효율성이 감소한다. 계열위치효과에 따르면 전체 학습시간의 길이가 공부의 효율성에 영향을 미치기 때문에 한꺼번에 80분 동안 공부를 하려고 애쓰기보다 20분씩 집중해서 공부하고 중간에 휴식을 취하는 블록 스케줄로 공부하는 것이 공부에 더 효율적이라고 할 수 있다. 또한 중간에 휴식을 취할 때는 공부와 무관한 활동을 하면 공부하는 동안 집중을 더 잘할 수 있다(Buzan, 1989).

학습간격: 집중학습과 분산학습

새로운 내용을 학습할 때 초반에 집중적으로 반복하지 않으면 망각하게 되므로 학습 초기에 이루어지는 집중학습(massed learning)은 불가피하다. 가령, 새로운 주소를 외워야 할 때 몇 차례 반복하여 기억해 보거나 학생들이 시험을 볼 때 밤새워 벼락치기로 공부하는 것도 집중학습의 하나라고 할 수 있다. 집중학습을 하면 공부한 내용이 작업기억에 유지되고 있기 때문에 잘 기억되어 있는 것처럼 보이지만 추가적인 학습이 주어지지 않는다면 장기기억에 저장되지 않는다. 반면, 같은 내용을 다양한 상황에서 반복하여 학습하는 분산학습(spaced learning)은 학습내용이 작업기억에 유지될 가능성을 높여 주고 결과적으로 장기기억에 효과적으로 저장되도록 하는 데 도움을 준다. [그림 2-5]는 주기적으로 분산학습을 하였을 때 학습내용에 대한 기억이 지속적으로 유지되고 있음을 보여 준다.

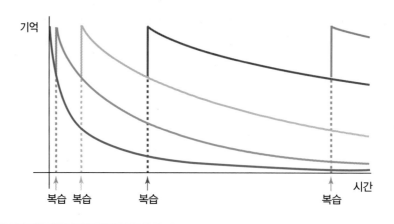

[그림 2-5] 분산학습에 따른 시간별 기억률

이렇게 본다면 새로운 내용을 학습해야 할 때 가장 효과적인 방법은 집중학습을 통해 내용을 빠르게 기억하고, 분산학습을 통해 공부한 내용을 오랫동안 기억에 유지하는 것이라고 할 수 있다.

생각 상자

기억과 응고화

모든 정보는 기억에서 서서히 사라지지만 어떤 정보는 오랫동안 기억에 남아 있다. Ebbinghaus도 학습 후 몇 시간 내에 대부분의 정보가 사라지지만 며칠 후에도 남아 있는 기억은 망각되지 않는 경향이 있다고 보고하였다. 즉, 기억응고화(consolidation) 과정을 거친 정보들은 시간이 흘러도 기억에 남아 있음을 보여 준다. Duncan(1949)은 쥐를 학습시키고 다양한 시간간격을 두고 쥐에게 전기충격을 가했는데 학습 후 20초 이내에 전기충격을 받았을 경우에는 학습한 내용을 기억하는 데 심각한 장애를 가져왔지만 1시간 이후에 전기충격을 받았을 경우에는 기억에 별 문제를 보이지 않았다. 이것은 학습한 내용이 기억되기 위해서는 신경화학적 응고화 과정이 요구되며 이 과정에서 전기충격이 가해지면 응고화가 실패할 수 있음을 보여 준다. Squire 등(1981)의 연구에서도 우울증 치료를 위해 전기충격 치료를 받았던 환자는 최근 몇 년 동안 보았던 TV 프로그램에 대한 기억에서는 문제가 발생했지만 5년 이상 오래된 TV 프로그램에 대한 기억에서는 별 문제를 보이지 않았다. 특히 전기충격이 가해졌던 시기에 경험한 내용은 영구적으로 망각되었지만 기억하지 못했던 5년 이내의 TV 프로그램 내용에 대한 기억은 시간이 지나면서 점차 회복하였다.

인출 실패: 인출 단서, 쇠퇴 그리고 간섭

우리가 학습을 하는 이유는 필요할 때 장기기억에 저장했던 정보를 인출해서 사용하기 위해서이며 필요할 때 인출하지 못한다면 학습은 아무 소용이 없다. 우리가 책을 읽을 때 텍스트에 있는 단어의 의미는 실시간으로 장기기억에서 인출되어 사용되며 이러한 인출은 의도적인 노력 없이도 자동적으로 이루어진다. 그러나 시험을 보는 동안 애매한 선택지 중 하나를 골라야 할 때처럼 기억 속에서 학습했던 내용을 탐색하고 적절한 정보를 찾기 위해 의도적으로 노력해야 하는 경우도 있다. 우리 뇌는 장기기억에서 정보를 인출하는 데 재인(recognition)과 회상(recall) 두 가지 방법을 사용한다. 재인은 새로운 정보를 저장된 정보와 맞춰 보는 것으로 선다형 시험 문항에서 정답을 고르는 것과 비슷한 데 비해 회상은 장기기억에서 필요한 정보를 탐색하여 그것을 인출하는 것으로 시험에서 주관식 문제를 푸는 것과 비슷하며, 아무래도 단서가 주어져 있는 재인이 회상에 비해 더 쉽게 느껴진다. 장기기억에 있는 정보를 재인하거나 회상하지 못하더라도 어떤 정보가 장기기억에 있음을 보여 주는 현상이 있다. 한번 학습했던 내용은 그것을 기억하지 못한다고 하더라도 다시 학습할 때 더 빠르게 학습할 수 있는데 이것은 기억된 정보가 학습을 촉진하기 때문이라고 할 수 있다. 가령, 어릴 때 미국에서 살았던 사람은 오랫동안 영어를 사용하지 않았다고 하더라도 다시 미국에 가게 되면 잊은 줄 알았던 영어능력이 빠르게 회복된다.

인간의 기억은 컴퓨터가 아니기 때문에 몇 가지 이유로 인출 실패가 일어날 수 있다. 첫째, 적절한 인출 단서(retrieval cue)가 없기 때문에 인출에 실패(retrieval failure)할 수 있다. 초등학교 시절로 돌아가 보자. 당신이 살던 동네, 살던 집의 구조, 그 시절 친구들과 하던 놀이, 그리고 학교 건물 등과 같은 것을 회상해 보라. 아주 잊었다고 생각한 것에 대한 기억이 되살아남을 느낄 수 있을 것이다. 단서의 형태가 무엇이든지 일단 이용할 수 있다면 신기할 정도로 생생한 회상이 가능하다. 어떤 기억과 강한 연합을 이루고 있는 정보는 기억을 회상하는 데 적절한 인출 단서가 될 수 있는데 이것은 하나의 기억이 다른 기억에 대한 단서가 될 수 있음을 시사한다. 가령, 슬픈 사람은 부정적 경험을 더 쉽게 회상하고, 행복한 사람은 긍정적인 경험을 더 쉽게 회상하는 경향을 보인다. Bower(1981)는 장기기억에 저장된 정보에 접근하는 경로로 의미와 정서가 활용된다고 주장한 바가 있다. 또한 처음으로 어떤 정보를 학습한 맥락 역시 효과적인 인출 단서가 될 수 있다. 그러므로 초기에 정보를 학습했던 상황과 유사한 상황에서 그 정보를 가장 잘 기억할 수 있다. Tulving과 Thomson(1971)의 실험에서 밝혀진 이러한 현상을 약호화 특수성(encoding specificity)의 원리라고 하며 이렇게 인출 단서를 제공하는 맥락의 효과는 실생활에서도 발견할 수 있다. 가령, 강의를 듣던 강의실이 아닌 다른 강의실에서 기말고사를 보면 강의를 듣던 강의실에서 시험을 보는 것보다 시험 성적이 더 나쁠 수 있다. 다른 연구에서도 실험실에서 학습한 내용에 대한 기억이 다른 장소에서 검사되면 대략 10~15% 정도 감소한다는 것을 보여 주었다(Smith, Glenberg, & Bjork, 1978).

둘째, 시간이 흐를수록 기억 흔적이 점점 약해져 사라지는 쇠퇴(decay)가 일어나므로 적절한 단서가 주어진다 하더라도 이를 인출하려는 노력은 실패로 돌아갈 수 있다. 지난해 야구경기의 결과를 지난주 야구경기의 결과보다 더 잘 기억하지 못하는 것은 시간이 경과함에 따라 사람들은 이전의 정보를 더 잘 잊어버리기 때문이다. Squire(1987)는 성인 남자에게 지난 15년 간 방영되었던 TV 프로그램의 이름을 재인하도록 부탁하였는데 그 결과 오래된 프로그램의 이름일수록 더 많이 망각되는 것으로 나타났다. 그러나 처음 기억이 강력한 경우에는 기억의 쇠퇴가 더디게 일어날 수 있다. 가령, 외상적 경험(traumatic experience)을 유발하는 부정적인 사건에 대한 기억은 시간이 오래 지나더라도 환자의 감정과 행동에 지속적으로 영향을 미치기도 한다.

셋째, 다른 기억들 때문에 필요한 정보의 인출이 어려워질 수 있는데 이것을 간섭(interference)이라고 한다. 예를 들어, 지난해 야구경기의 결과를 잘 기억 못하는 이유는 시간이 경과했기 때문이 아니라 그동안에 시청한 야구경기가 많아서 정보들 간의 간섭이 일어났기 때문일 수 있다. 만일 지난해에 야구경기를 한 게임만 시청하였다면 그 게임에 대한 기억은 훨씬 더 명료하게 남아 있을 것이다. 간섭에는 새로 학습한 내용 때문에 이전에 학습한 내용이 인출되지 못하는 역행간섭(retroactive interference)과 이전에 학습한 내용 때문에 새로 학습한 내용이 인출되지 못하는 순행간섭(proactive interference)이 있다. 간섭이 나타난다고 해도 원하는 정보의 인출이 전혀 일어나지 않는 것은 아니며 정보 중 일부를 기억할 수 있고 적절한 단서가 주어지면 모든 정보를 기억할 수도 있다.

생각 상자

🔍 / 회고기억과 미래기억: 건망증

우리가 가지고 있는 기억 중 일부는 이전에 경험했거나 학습했던 것에 대한 기억인 회고기억(retrospective memory)이고, 일부는 친구에게 갖다주기로 약속한 책을 기억하는 것처럼 미래에 일어날 일에 대한 기억인 미래기억(prospective memory)이다. 그동안 심리학에서 다루었던 기억들은 주로 회고기억에 대한 것이지만 일상생활에서는 회고기억이나 미래기억이나 모두 중요하다. 건강을 위해서는 매일 정해진 시간에 정해진 용량의 약을 복용해야 하는 환자나 회사에서 중요한 약속을 지켜야 하는 직장인도 마찬가지이다. 미래기억의 실패를 건망증이라고 부르기도 하는데 치매 같은 질병 때문이 아니더라도 여러 가지 일에 주의가 분산되어 있을 때도 건망증이 발생할 수 있다. 특히 의도한 일이 일상적이고 규칙적인 일과 경합하게 되면 건망증이 발생할 가능성이 높다(Hay & Jacoby, 1996). 가령, 늘 아침에 아이를 유치원에 데려다주고 커피숍에서 커피를 산 다음 직장으로 출근하는 일정한 스케줄을 가진 엄마는 약국에 들러 감기약을 사야 된다는 일을 잊을 가능성이 높다. 이러한 건망증을 줄이기 위해서는 특정한 과제와 시공간 맥락 사이에 강한 연합을 만들어 둘 필요가 있다(Engelkamp, 1998). 가령, 약국에 들러야 한다면 약국에 들러야 할 시간에 친구에게 전화를 걸어 달라고 할 수 있다.

전이: 긍정적 전이와 부정적 전이

전이(transfer)는 한 상황에서 학습한 지식이나 정보가 다른 상황에서 수정되거나 일반화된 형태로 적용되는 것을 말한다. 전이는 학습의 궁극적 목표이며 문제해결이나 창의적 사고 등 모든 고등정신과정에서 일어나는 현상이다. 전이는 과거에 학습한 것이 현재의 학습에 영향을 미칠 수도 있고 현재의 학습이 미래의 학습에 영향을 미칠 수 있다. 즉, 새로운 내용이 작업기억에 들어오면 장기기억에서 그 내용과 관련되거나 비슷한 과거의 정보를 인출하게 되는데 그러한 정보가 존재하면 기억에서 활성화되고 작업기억으로 넘어오게 된다. 정보처리 시스템이 새로운 정보를 처리하기 위해서는 과거에 학습했던 지식의 활성화에 의존하게 되며 이러한 지식의 활성화는 이미 저장된 정보의 추가시연을 통해 기억을 강화하고 새로운 정보가 학습했던 지식과 연결되는 것을 돕게 된다.

전이가 항상 학습과 기억에 긍정적인 영향만을 미치는 것은 아니다. 새로운 학습을 할 때 선행학습이 도움이 되는 경우를 긍정적 전이(positive transfer)라고 하며 새로운 학습을 할 때 선행학습이 방해가 되는 경우를 부정적 전이(negative transfer)라고 한다. 가령, 기계를 잘 다루는 사람은 컴퓨터 같은 IT 기기도 손쉽게 배워 사용하는 경향이 있는데 그것은 긍정적 전이의 사례라고 할 수 있다. 그에 비해 자동기어를 사용하여 운전을 배운 사람은 수동기어를 사용하여 운전을 해야 할 경우에 많은 오류를 범하게 되는데 이것은 부정적 전이의 사례라고 할 수 있다. 공부를 하는 동안 전이가 새로운 내용을 학습하는 데 긍정적 전이를 보일지 부정적 전이를 보일지는 학생마다 학습경험에 따라 다를 수 있다. 학교에서 배운 지식과 경험을 밖에서 직면하는 새로운 상황에서 문제를 해결하는 데 적용할 수 있어야 진정한 교육이라고 할 수 있지만 현실적으로는 그렇지 못하다. 심지어 학생들은 한 교과과정에서 학습한 내용이나 지식을 다른 영역을 추론하는 데 사용할 수 있는데도 그렇게 하지 않는다. 예를 들면, 수학시간에 배운 계산기술들을 과학시간에 문제를 해결하는 데 사용할 수 있는데도 그렇게 하지 않는다(Blanchette & Dunbar, 2002). 이처럼 학생들은 과거 배웠던 내용과 새로 배우는 내용 간의 연결고리를 만들수록 그 내용의 의미를 더 잘 이해하고 기억할 수 있는데도 불구하고 그렇게 하지 못한다. 그렇게 되는 이유 중 하나는 새로운 학습이 유사한 상황에 영향을 미치는 근접 전이(near transfer)는 자주 발견되지만 새로운 학습이 유사하지는 않지만 공통요소를 가진 새로운 상황에 영향을 미치는 원격 전이(far transfer)는 쉽게 일어나지 않기 때문이다. 전이가 의미를 가지려면 근접 전이뿐 아니라 원격 전이도 가능해야 한다.

우리가 학습한 내용이 전이되기 위해서는 몇 가지 요인이 영향을 미친다. 첫째, 새로 학습이 일어나는 동안 발생하는 전이 여부는 초기 학습의 질에 달려 있다. 초기 학습이 정확하고 깊이 이루어지면 새로운 학습에 더 많은 도움을 줄 수 있다. 즉, 단순히 어떤 사실을 외우기보다 그 의미를 이해하고 적용했던 경험은 전이에 도움을 줄 수 있으며 새로운 학습과 그것과 잘 맞는 맥락을 모두 인식하도록 가르치면 전이를 촉진할 수 있다. 가령, 수학시간에 등차수열을 배운 학생은 과학에서 속도와 거리가 포함된 문제를 푸는 데 그 방법을 활용하지만 물리를 먼저 배운 학생들은 그들이 배운 방법을 수학시간에 전이하지 못한다(Bassok & Holyoak, 1989).

둘째, 조종사들이 비행기 조종석과 유사한 시뮬레이터에서 비행훈련을 받는 것처럼 전이는 학습했던 상황과 유사한 상황에서 잘 일어난다. 유사한 상황이란 매우 주관적인 것이지만 위험을 표시하기 위해 화재나 신호등에 사용하는 빨간색을 사용하는 것처럼 감각적 유사성이나, 사용자가 컴퓨터를 쉽게 다룰 수 있도록 사무실과 유사한 구조를 갖는 애플 컴퓨터의 운영체제 같은 구조적 유사성도 있다.

셋째, 학습은 새로운 정보와 유사한 지식을 연결함으로써 더 효과적으로 이루어지지만 인출은 연결된 의미망에서 인출하고자 하는 정보와 다른 정보가 어떻게 다른지에 근거하여 일어나게 된다. 즉, 많은 학습자가 새로운 정보를 기억하기 위해 유사한 정보에 대한 지식에 의존하지만 그것을 기억에서 인출하기 위해서는 유사한 정보들과 어떻게 다른지를 나타내는 결정적 차이를 알고 있어야 한다.

학습과 기억에 대한 오해

인간에게 학습은 친숙한 행동이고 공교육이나 사교육 등 다양한 방식을 통해 이루어지고 있다. 학습과 관련된 일을 하는 많은 교사들이나 전문가들이 개인적 경험이나 직관에 근거하여 효과적이라고 생각하는 방법을 학생들에게 적용하려고 시도하지만 심리학자들의 엄격한 실험검증을 통해 입증된 것은 그리 많지 않다. 여기에서는 교육 현장에서 잘못 받아들여지고 있는 상식들을 하나씩 다루어 보기로 한다.

반복 읽기와 시험효과

우리는 새로운 지식이나 기술을 완벽하게 익히려면 집중해서 연습하고 외워야 한다고 생각하며 그렇게 하지 않으면 그것을 자기 것으로 만들기 어렵다고 생각한다. 그래서 공부를 할 때도 교과서를 여러 번 읽을수록 머릿속에 더 많이 남는다고 생각하며 80% 이상의 학생들이 교과서를 반복해서 읽는 방법을 가장 좋은 공부 방법으로 생각한다. 교육심리학 논문(Barnett & Seefeldt, 1989)에서조차 반복 읽기가 같은 추론을 여러 번 반복하게 되고 주제들 간의 연관성을 찾도록 돕기 때문에 산문의 이해와 기억을 도와주는 전략일 수 있다는 연구 결과가 제시된 바 있다. 물론 반복 읽기는 자기가 공부에 집중하고 있고 공부한 내용을 충분히 이해하고 있다는 느낌이 들게 만들지만 시간이 많이 걸리는데다가 공부한 내용이 기억에 잘 남지 않는 문제점을 가지고 있다는 증거도 있다. 가령, Tulving(1973)은 이전에 한번 보았던 명사목록을 외우도록 지시한 집단과 처음 보는 명사목록을 외우도록 지시한 집단의 수행을 비교한 결과, 그다지 차이를 보이지 않음을 발견하고 단순한 반복은 학습 수행에 별다른 도움을 주지 못한다는 것을 보여 주었다. 이러한 두 연구 간의 차이는 반복 읽기의 방식에서 찾아볼 수 있는데 어떤 내용을 처음 학습한 후 시간 간격을 두고 다시 읽는 것은 기억에 도움이 되지만 연달아 반복해서 읽는 것은 효과가 떨어진다.

연달아 반복해서 읽는 방법이 효과적이지 않음에도 불구하고 학생들이 선호하는 이유는 학습에 대한 잘못된 조언 때문이기도 하지만 교재를 반복해서 읽어 친숙하게 되면 그것을 완전하게 이해했다는 착각에 빠지기 때문이다. 교재를 완전하게 이해했다고 말하기 위해서는 읽은 내용의 요지를 자신이 알고 있었던 사전 지식과 관련시켜 이해하고 그것이 필요한 다른 과제에 적용할 수 있어야 비로소 가능하다. 이것은 자신이 어느 정도 이해했고 무엇을 모르고 있는지를 판단하는 데 필요한 상위인지(metacognition)의 문제이다. 어떤 내용을 잘 이해하고 자신의 것으로 만들기 위해서는 핵심개념을 질문으로 바꾸어 스스로에게 질문해 보거나 자신만의 언어로 다시 표현해 보고 그것을 교재 이외의 영역에 적용해 보는 연습을 해 봄으로써 가능하다. 단순히 반복해서 읽었음에도 불구하고 어떤 내용을 자신의 것으로 만들었다는 느낌이 드는 이유는 뭘 모르고 뭘 아는지를 스스로 모니터링하는 상위인지능력을 갖추지 못했기 때문이다. 이 점에서 시험의 활용은 상위인지를 학습에 활용하는 가장 좋은 방법이라고 할 수 있다. 그동안 시험은 학습자에게 스트레스를 주고, 창의성보다 암기를 강조한다고 비판을 받아 왔지만 학습한 내용을 인출하는 연습이라고 시험을 받아들인다면 시험만큼 효과적인 학습방법은 없다고 볼 수 있다. 시험을 통해 자신이 무엇을 알고 무엇을 모르는지 알게 되고, 배운 것을 회상해 봄으로써 기억이 강화되고 사전 지식과의 연관성이 강해진다.

시험과 같이 기억에서 지식을 인출하는 행위는 그 지식을 나중에 떠올리기 더 쉽게 해 주는 효과가 있는데도 불구하고 시험이 학습 성과를 평가하는 수단이고 학교에서 석차를 매기는 용도로 쓰이다 보니 학생들에게 부정적인 것으로 인식되어 있다. 가령, 교재를 읽고 난 후 그 내용에 대한 시험을 한번 본 학생들은 시험을 보지 않았던 학생보다 일주일 후 50%가 넘는 정보를 더 기억하였으나 학생들은 학습과 기억력은 다르다고 생각하거나 시험이 스트레스를 주기 때문에 시험에서 본 지식이 머리에 남지 않는다고 생각하였다. 이러한 생각은 시험이 지식을 얼마나 암기하고 있는지를 평가하는 수단인 데 비해 학습은 좀 더 창의적인 능력을 키우는 것이라는 가정에 기초하고 있으나 창의적 능력은 폭넓은 지식을 바탕으로 발휘될 수 있다. 또한 시험이 학습과 기억에 효과적이라는 '시험효과(test effect)'는 다양한 연구에서 입증되었다. 가령, 60개의 사물 이름이 포함된 이야기를 들려주고 바로 시험을 본 학생들은 첫 시험에서 사물 이름을 53%, 일주일 후에는 39%를 기억했는 데 비해 시험을 보지 않은 학생은 일주일 후 사물 이름의 28%만을 기억했다. 이것은 한 번이라도 시험을 보게 되면 사물 이름 기억을 더 강화시킨다는 것을 보여 준다. 시험효과는 실제 교실에서도 증명되었으며 단지 교사의 수업내용을 수동적으로 받아 적거나 반복해서 읽는 것보다 간단한 퀴즈를 통해 무엇을 알고 무엇을 모르는지를 분명하게 알려 주었을 때 학습과 기억은 더 향상되는 결과를 보였다.

집중학습과 분산학습

우리는 보통 어떤 내용을 학습하거나 어떤 동작을 숙달시켜야 할 때 연습에 미쳐야 내 것이 된다는 말을 많이 듣지만 연습을 어떻게 하느냐에 따라 한번 배운 내용이 오래 가기도 하고 빨리 망각될 수도 있다. 일반적으로 연습할 때 한번에 집중적으로 해야 효과가 있다는 생각을 한다. 가령, 외국어 단어들을 외우거나 내일 있을 시험을 벼락치기로 준비할 때 집중해서 공부를 하면 공부하고 있다는 느낌도 들고 기억향상도 금방 체감할 수 있기 때문에 좋은 학습방법으로 생각하기 쉽지만 이렇게 공부한 내용은 오래 기억되지 않는 경향이 있다. 반면, 공부할 내용을 어느 정도의 시간간격을 두고 연습하는 분산연습은 학습이 느리게 일어나는 것 같고 기억향상도 체감하기 어렵기 때문에 학습자가 선호하지 않지만 집중연습을 통해 빨리 익힌 지식에 비해 더 오래 기억에 유지된다. 분산학습이 집중학습보다 더 효과적인 이유는 무엇 때문일까? 우리가 새로운 정보를 장기기억에 효과적으로 저장하기 위해서는 사전 지식과 통합하고 기억흔적을 강화하는 작업이 요구되는데 집중학습에서는 이러한 작업이 일어나기 어렵다. 또한 여러 번에 걸쳐 연습을 반복하게 되면 약간의 망각이 일어나게 되고 그러한 망각으로 인해 인출에 더 많은 노력이 요구되기 때문에 기억흔적을 강화하고 사전 지식과의 통합을 촉진하는 효과가 있다.

우리가 분산학습을 하기 위해서는 다른 내용을 교차해서 공부할 수밖에 없는데 이러한 교차학습은 분산학습과 마찬가지로 공부할 내용을 마무리 지어 완전하게 이해했다는 느낌이 들지 않고 너무 산만하다는 느낌이 들어 선호되지 않는 학습방법이다. 그렇기 때문에 뭔가 공부할 때는 한번에 내용을 완전하게 이해했다는 느낌이 들 때까지 집중해서 공부하는 것을 선호하는 경향이 있다. 그러나 연구에 따르면 교차학습은 한 가지 내용을 집중해서 공부하는 것에 비해 많은 인지적 노력이 요구된다. 가령, 국어 한 단원을 집중해서 공부하는 것은 그 단원의 내용을 정리하여 기억하는 데 유리하고 뭔가 마무리했다는 느낌을 주지만 국어 한 단원을 소주제로 나누어 과학의 다른 내용과 섞어서 공부를 하게 되면 방금 전에 어떤 내용을 공부했는지를 다시 기억에서 되살려야 하기 때문에 인출과 연관성 탐색에 더 많은 노력을 하게 된다. 이렇게 더 많은 인지적 노력이 들어갈수록 기억이 더 잘된다는 것이 학습과 기억의 기본원리이다.

교차학습은 단절된 내용 간의 의미적 연관성을 탐색하여 망각된 내용을 회복하기 위한 노력을 하기 때문에 장기기억에 더 잘 저장된다. 또한 한 가지 행동을 집중적으로 하는 연습에 비해 여러 가지 행동을 교차하여 연습했을 때 더 강한 기억흔적을 가져온다는 것은 뇌영상 연구에서도 발견된다. 여러 가지 행동을 교차하여 연습하면 연습한 행동이 고차원적 운동기술 학습과 연관된 뇌의 영역을 활성화시키는 데 비해 한 가지 행동을 집중하여 연습하면 더 단순하고 쉬운 운동기술 학습에 쓰이는 영역을 활성화시키는 것으로 나타났다. 교실에서도 같은 상황이 반복되는데 수학의 경우 각 단원마다 새로운 내용이 제시되고 같은 원리를 연습하기 위한 문제가 반복해서 제시된다. 그러나 기말시험에서는 같은 단원의 문제들이 제시되지 않고 다양한 단원의 문제들이 뒤섞여 제시되는데 학생들은 어떤 단원에 나온 공식을 써서 문제를 풀어야 할지 당황하게 된다. 이 상황에서 공부를 각 단원별로 집중학습한 학생보다 각 단원을 교차해서 분산학습한 학생이 기말시험에서 더 좋은 성적을 보이는 것은 당연한 일이라고 할 수 있다. 새로운 개념이나 지식을 배울 때도 마찬가지 상황이 반복된다. 우리는 미술시간에 여러 화가의 작품을 보면서 그 작품이 누구의 작품이고 어떤 특징을 가지고 있는지 알기 위해서 그 화가에 대해 자세하게 배운다. 대부분의 수업에서는 특정한 화가의 다양한 작품을 집중적으로 다루면서 그 화가의 화풍에 대한 지식을 배우고자 하는데 이러한 방법은 교차학습의 원리에 따르면 그다지 효과적이지 않다. 오히려 다양한 화가의 작품을 교차하여 보면서 화가들 간의 공통점과 차이점을 비교하는 것이 화가들의 작품을 이해하거나 특징을 찾아내는 데 더 효과적이다.

생각 상자

🔍 / **수면과 기억**

시험을 앞둔 학생들은 공부할 양이 너무 많기 때문에 밤을 새워 공부하는 경우가 많이 있다. 밤샘 공부가 시험에 조금 도움이 될 수는 있지만 이렇게 공부한 내용은 하루 이틀 지나면 전혀 기억이 나지 않는 경우가 많다. 왜 그럴까? 학습한 내용이 장기기억으로 부호화하는 과정은 잠을 자는 동안 REM(rapid eye movement) 상태에서 일어난다. 자는 동안 우리 뇌는 그날의 사건들을 분류하고 저장하는데 이 과정을 기억응고화(memory consolidation)라고 부른다. 적절한 수면은 학습한 내용을 저장하는 데 중요하며 특히 어린 학습자들에게는 더 중요하다. 십대 학생들은 최소한 8시간의 수면이 필요하지만 학원이다 과외다 하며 충분한 수면을 취하지 못하는 경우가 많다. 일반적으로 8시간의 정상수면 상태에서는 다섯 번 정도의 REM 수면을 경험하게 되며 이러한 REM 수면은 기억의 응고화를 촉진하게 되는데 5시간 이상 수면을 취하지 못하는 청소년들은 최소한 2개의 REM 수면을 놓치기 때문에 우리 뇌가 정보와 지식을 장기기억에 저장할 수 있는 기회를 얻지 못하게 된다. 수면부족은 학습의 효율성만 줄이는 것이 아니라 수업시간에 잠들거나 조심성이 떨어져 사고를 일으키는 경우도 있다(Millman, 2005). 공부를 하기 위해 잠을 줄이지만 실제로는 정상수면을 취한 학생이 학업성적에서 더 좋은 결과를 보이며 수면이 부족하면 낮 동안 피곤하고 우울한 정서를 보이는 경우도 있다(Wolfson & Carskadon, 1998).

쉬운 학습(easy learning)과 바람직한 어려움(desirable difficulty)

생소한 내용을 공부하려면 새로운 개념부터 개념 간의 관계 그리고 전체 구조 등 다양한 지식을 스스로 탐색하고 이해해야 하는데 그것은 쉽지 않은 일이다. 그렇기 때문에 학교나 학원 등에서 좋은 선생님들은 학생들에게 새로운 지식을 쉽게 이해

할 수 있도록 안내하고 학생들은 혼자 공부하기에는 어려운 내용을 손쉽게 배우게
된다. 그렇지만 잘 이해했다고 좋은 공부라고 할 수 있을까? 공부에서는 자신의 노
력이 동원되지 않으면 학습효과가 그렇게 오래 유지되지 않는다는 것이 보편적인
원리이다. 앞에서 언급한 학습 사이에 시간간격을 두어 망각과 회상 시도를 반복하
도록 하거나 여러 과목을 교차하면서 공부함으로써 의미적 연관성을 유지하도록
하는 것은 학습에서 인지적 노력이 증가할수록 학습된 내용에 대한 기억이 향상되
기 때문이다.

  똑같은 내용을 선생님의 수업을 잘 듣고 쉽게 이해하면 되지 굳이 분산학습이나
시험 같은 어려운 과정을 통해 공부해야 하는 이유는 무엇 때문일까? 우선, 학습에
인지적 노력이 들어가면 학습할 내용을 장기기억에 있는 사전 지식과 의미적으로
통합되고 다른 지식과의 연관성이 다양해지면서 인출단서가 풍부해져 정보가 망
각될 가능성이 줄어들게 된다. 또한 교차학습과 같이 다양한 맥락에서 학습을 하게
되면 학습내용만이 아니라 맥락이 되는 지식과의 연결성이 증가하여 우리 지식을
더 다양한 상황에 적용할 수 있게 해 준다.

  학습을 도와주는 어려운 학습전략에는, 첫째, 정보를 그냥 받아들이지 않고 문제
를 해결하면서 받아들이는 생성전략이 있다. 빈칸을 채우는 간단한 전략만으로도
그 자료에 대한 학습과 기억을 향상시킬 수 있다. 문제를 풀려고 노력하는 동안 장
기기억을 탐색하고 인출하면서 인출 경로가 강화되고 답을 찾기 위해 노력하는 과
정에서 떠오른 새로운 정보와의 연결이 형성된다. 이러한 생성전략의 효과는 인지
심리학에서 잘 알려진 생성효과(generation effect)에서도 발견할 수 있다. 가령, '손-
장갑' '발-구두' 같이 의미적으로 연관된 단어 쌍을 학습하도록 했을 때 '발-구두'를
그대로 보여 주고 암송하도록 했을 때보다 '발-구( )'와 같이 '두'를 비워 놓고 채우
도록 하면 단어 쌍에 대한 기억 수행이 더 좋아지며 이것을 생성효과라고 한다. 이
것은 빈칸을 채우기 위해 일어나는 인지적 노력이 단어 쌍의 기억흔적을 더 강화하
기 때문이다.

  둘째, 수업이 끝났거나 교재를 읽은 후에 자신에게 핵심내용이 무엇이고, 관
련된 사례가 무엇인지, 알고 있는 지식과 어떤 관련이 있는지를 자문하는 반추
(reflection) 전략도 어려운 학습전략의 하나이다. 가령, 학생들은 최근 수업에서 배
운 주제에 대해 반추하면서 짧은 글쓰기를 하고 핵심내용을 자기 말로 다시 표현하

거나 다른 수업에서 배운 내용과 연관 지어 볼 수 있다. 이 과정에서 이루어지는 인출, 정교화, 생성 등이 공부한 내용에 대한 기억을 강화한다.

모르는 것을 모르는 것과 모르는 것을 아는 것

우리는 자기가 어떤 것을 충분히 이해하였는지 아니면 그냥 친숙해진 것뿐인지를 잘 구분하지 못한다. 반복 읽기에서 보았듯이 어떤 자료를 자주 접하게 되면 그것에 친숙해지고 그것을 잘 안다고 착각하기 쉽다. 이것은 상위인지와 관련된 능력으로 자신의 상태를 잘 모니터링하지 못하는 사람은 자신의 수행과 바람직한 수행 간의 불일치를 인식하지 못해 자신의 유능함을 과대평가하게 되고 더 노력해야 할 필요성을 느끼지 못하게 된다. Kruger와 Dunning(1999)은 공부를 못하는 학생들은 자신이 얼마나 잘하고 못하는지를 제대로 평가하지 못한다는 사실을 발견하였다. 가령, 평균점수가 하위 12%에 해당하는 학생은 자신의 논리적 추론능력이 상위 32%에 든다고 생각하였고, 성적이 하위 25% 이하인 학생들은 시험을 본 후 다른 학생들의 답과 자신의 답을 비교하도록 했을 때 더 잘하는 학생들의 답을 보면서도 자신의 수행을 정확하게 평가하지도 못했고 실제보다 더 높게 평가하는 경향을 보였다. 더 중요한 것은 상위인지능력이 떨어져 자신의 상태를 모니터링하지 못하는 사람들도 그것을 인식하는 방법을 배우면 학습능력이 향상될 수 있다는 것이다. Kruger와 Dunning(1999)은 성적이 하위 25%에 해당하는 학생들 중 일부에게 10분 정도 논리훈련을 시킨 후 자신의 수행이 시험에서 어느 정도의 위치에 있는지 판단하도록 했을 때 논리훈련을 받은 학생은 자신의 수행을 더 정확하게 판단하는 것을 발견하였다. 그렇다면 왜 성적이 떨어지는 학생들은 자기 수행을 제대로 평가하지 못할까? 그 이유는 대부분의 사람들이 다른 사람에게 부정적인 피드백을 주는 것을 좋아하지 않으며, 자신의 수행이 적절한 것인지 알기 원하지 않을 뿐 아니라 부정적인 피드백을 받더라도 낮은 수행의 원인을 어려운 시험이나 피곤함 같은 외적 요인에서 찾으려고 하기 때문이다.

이렇게 스스로 자신의 수행을 제대로 평가하지 못하여 상위인지능력이 떨어지는 학생에게 자기주도학습(self-directed learning)을 하도록 요구하는 것은 적절하지 않을 수 있다. 이들은 지금 가장 먼저 무엇을 공부해야 할지, 공부계획은 어떻게 짜야 할지, 어떤 방법으로 공부하는 것이 가장 좋을지를 가장 잘 아는 사람이 자기 자신이라고 생각한다. 또한 이들은 본인에게 적절하지 않은 학습전략을 사용하거나 학습전략이 효과적으로 사용되지 않았음에도 불구하고 자신이 충분히 공부했다고 생각한다. 이럴 때 가장 좋은 방법은 시험 같은 인출 연습을 자주 함으로써 자신이 모르고 있는 부분과 아는 부분을 점검하는 것으로 공부하는 도중에라도 간단한 퀴즈를 스스로 내어 자주 자신을 시험하는 것이 효과적이다.

생각 상자

학습속도와 인출속도

사람마다 학습하는 속도와 인출하는 속도에서 차이가 있다. 학습과 인출은 이중기억 모형에서 서로 반대 방향으로 움직이는데 학습은 정보가 감각기억에서 작업기억으로 다시 장기기억으로 움직이는 데 비해 인출은 장기기억에서 작업기억으로 움직인다. 학습속도는 인출속도와 서로 독립적이기 때문에 빠른 학습자, 느린 학습자, 빠른 인출자, 느린 인출자로 구분될 수 있는데 대부분의 사람은 평균적인 수행을 보이지만 일부 학습자는 양극단에 있는 경우도 있다. 빠르게 학습하고 빠르게 인출하는 사람을 영재라고 부르며 이들은 언제나 문제에 대한 답을 빨리 찾고 '똑똑하다'는 평가를 받는다. 그에 비해 빠른 학습자이지만 느린 인출자를 '미성취자(underachiever)'라고 하며 알고 있는 것에 비해 공식적인 평가에서 좋은 결과를 보이지 못하며 공부를 정말 못하는지 의심을 받기도 한다. 느린 학습자이면서 빠른 인출자는 '과성취자(overachiever)'라고 하며 충분히 어떤 것을 이해하지 못한 상태에서 문제에 대해 답을 빨리 제시한다. 느린 학습자이면서 느린 인출자를 '공부 못하는 아이'로 낙인을 찍는 것은 바람직하지 못하며 '느린 학습자'를 학습할 능력이 없는 의미로 해석하지 말아야 한다.

맺음말: 효과적인 학습과 기억 방법

학습과 기억에 대한 이론적 설명을 하다 보면 자주 다음과 같은 질문을 받게 된다. "학습과 기억에 대해 심리학에서 연구를 많이 했다는 것은 알았다고요. 그렇다면 어떻게 공부해야 좋은 성적을 받을 수 있죠?" 이러한 질문에 대해 학습 이론가들은 쉽게 정답을 내놓지 못하는데 공부를 잘하기 위해서는 단지 학습과 기억을 돕는 전략만으로는 충분하지 않으며 학습자의 지능이나 동기 등 다양한 요인들이 영향을 미칠 수 있기 때문이다. 그러한 요인들을 제외하고 학습과 기억 연구에서 실험적으로 검증된 결과만을 바탕으로 하면 다음과 같은 제안이 가능하다.

첫째, 시간을 효율적으로 활용할 수 있도록 계열위치효과를 활용한다. 계열위치효과에 따르면 공부할 때 가장 효율적인 시간은 시작부분과 끝부분의 시간인데 이 시간을 활용하기 위해서는 SQ3R 독서법을 활용하는 것이 바람직하다. SQ3R 독서법에서 공부의 시작은 '훑어보기(survey)'로 시작하는데 이 시기는 초두효과(primacy effect)가 관찰되는 시기로 학습자가 공부한 내용이 가장 잘 기억된다. 따라서 공부를 시작할 때 공부할 내용 전체의 구성이나 대략적 내용을 훑어보면 그 내용이 기억되어 있다가 나중에 공부하는 내용을 인출하기 위한 단서로 사용될 수 있고, 내용을 통합하기 위한 체제로 활용될 수 있다. 다음은 훑어본 내용을 바탕으로 각 소제목에 적합한 질문을 만들어 보는 '질문하기(question)' 단계로 교재를 구성하는 소제목은 글의 중심내용을 나타내기 때문에 소제목과 관련된 질문을 만들어 봄으로써 학습자는 자신의 배경지식을 활용하여 학습내용을 적극적으로 탐색할 수 있으며 이러한 노력을 요구하는 학습은 기억을 향상시킨다. 그다음 '읽기(read)'는 본격적으로 학습이 이루어지는 단계로 학습자는 앞서 제기했던 질문에 대한 답을 찾는다는 마음가짐으로 학습내용을 읽어 나가며 읽다가 의문이 생기거나 요약이 필요한 지점에 다다르면 간단하게 메모를 해 놓는다. '되새기기(recite)'에서는 지금까지 읽은 학습내용을 바탕으로 소제목별로 핵심내용을 자기만의 언어로 정리하면서 앞에서 제기된 질문에 대한 답을 간략하게 적어 본다. 그리고 '검토하기(review)'는 공부의 마지막 단계로 계열위치효과에 따르면 두 번째로 기억에 잘 남는 부분이므로 지금까지 공부했던 내용을 단계적으로 검토한다. 가령, 각 소주제별로 제기했던 질문에 대한 답을 잘 기억하고 있는지 다시 확인하고 전체적 구성을 염두에 두면서 내용을 머리에 정리한다.

둘째, 학습한 내용을 자신만의 언어로 요약하고 정리하도록 한다. 요약은 학습내용을 분석하면서 요점을 찾아내 간추리는 작업이다. 공부한 내용을 문장으로 만들어 정리하지 않더라도 공부한 개념들을 유사한 것끼리 분류해 보거나 개념들 간의 차이점을 비교하여 정리하면 공부한 내용을 기억하는 데 도움이 된다. 이러한 활동은 공부를 하는 동안 익숙해진 내용에 추가적인 정보처리를 가함으로써 노력이 요구되는 공부를 하도록 유도하여 기억의 향상을 가져올 수 있다. 게다가 개념의 연구 결과, 유사점과 차이점 찾기는 새로 공부한 내용을 사전 지식과 통합하여 정교화된 처리를 하도록 유도하기 때문에 지식을 확장하고 적용하는 능력을 키워 준다.

셋째, 공부한 내용을 정리할 때 언어적 방법과 시각적 방법을 함께 사용한다. 이중부호화 이론(double-coding theory)에 따르면 우리는 정보를 처리할 때 다양한 경로를 이용하는데 언어적 경로와 시각적 경로를 동시에 사용하면 이 과정에서 정교화된 처리가 일어나게 되어 기억을 향상시킨다(Paivio, 1986). 따라서 학습한 내용을 정리할 때 언어적 문장이나 단어로만 정리하지 말고 그림이나 표 또는 그래픽 오거나이저(graphic organizer)를 활용하게 되면 공부한 내용을 더 효과적으로 기억할 수 있다.

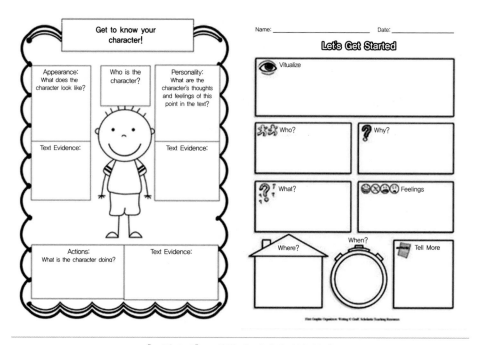

[그림 2-6] 그래픽 오거나이저의 사례

넷째, 같은 과목을 집중적으로 반복해서 공부하기보다 다양한 과목을 다양한 시간간격을 두고 교차해서 공부한다. 같은 과목을 집중적으로 공부하면 비슷한 내용을 반복해서 보게 되기 때문에 내용에 대한 주의력이 떨어지기 쉽고, 공부한 것을 반복하여 공부하다 보면 내용이 상대적으로 쉽고 수월한 느낌이 들어 내용의 실제 난이도를 낮게 평가하거나 자신의 실력을 과대평가할 수 있다. 그러다가 중요한 시험시간에 문제를 접하게 되면 자기 생각보다 내용을 제대로 이해하지 못하고 있었다는 것을 알게 되는 경우가 많다. 그에 비해 서로 다른 과목을 교차해서 공부하거나 같은 과목을 공부하는 시간간격을 점차 늘려 가게 되면 전에 공부했던 기억이 약해져서 그 기억을 회복하기 위해 다양한 단서를 활용하게 되는데 이러한 노력이 기억을 강화한다.

다섯째, 알고 있는 것과 모르는 것을 구분하기 위해 시험을 활용한다. 시험은 학생들에게는 피하고 싶은 것이지만 시험은 학습자에게 다양한 이점을 제공한다. 우선, 스스로에게 부과하는 간단한 시험은 자신이 알고 있는 것과 모르는 것을 구분하게 해 주는 역할을 하여 자신의 학습수준을 체크하고 모르는 부분을 보완할 수 있는 기회를 부여한다. 또한 공부계획에 스스로 부과하는 시험을 주기적으로 포함시켜 실시하면 인출 연습을 통해 기억되어 있는 학습내용의 흔적을 강화시켜 주는 역할을 한다. 마지막으로 학습할 내용을 충분히 이해했다고 생각할 때 스스로 시험관이 되어 시험문제를 다양하게 출제해 보고 참고서나 다른 학생들이 낸 시험문제와 비교해 본다. 학교에서 시험문제는 학습한 단원의 핵심개념이나 이해하고 넘어가야 할 내용을 중심으로 출제되므로 학생이 스스로 시험문제를 내 봄으로써 핵심개념이 무엇이고 꼭 이해하고 넘어가야 할 내용이 무엇인지 파악하는 데 도움을 줄 수 있다.

요약

　이 장에서는 정보가 기억되는 과정을 이해하고 학습된 정보의 파지를 촉진하는 요인을 살펴봄으로써 학습과 기억에 대한 그동안의 오해를 줄이고 그것을 향상시킬 수있는 방안을 알아보았다. 첫 절에서는 정보가 학습되고 기억되는 과정을 계열적 기억모형을 중심으로 살펴보았으며 이를 통해 우리가 공부하는 동안 정보가 어떻게 처리되고 기억되는지를 이해할 수 있다. 두 번째 절에서는 청킹, 시연, 계열위치효과, 학습간격, 인출 실패, 전이 등 학습된 정보의 파지에 영향을 미치는 요인들을 알아보았으며, 이를 통해 우리가 어떻게 해야 효율적으로 공부를 할 수 있을지를 살펴보았다. 세번째 절에서는 반복 읽기, 집중학습, 쉬운 학습과 같이 교육 현장에서 당연하게 받아들여지고 있는 학습과 기억에 대한 잘못된 상식을 살펴보았는데 이러한 잘못된 상식은 왜 우리가 공부에 투자하는 시간과 노력만큼 효과를 보지 못하는지를 이해하는 데도움이 된다. 끝으로 맺음말에서는 계열위치효과의 활용, 자신만의 언어로 요약하는것의 중요성, 언어와 시각의 활용, 시험의 활용 등 효과적인 학습을 위한 몇 가지 제안을 제시하였다.

생각할 거리

• 신경과학에서 발견된 최근의 발견들은 학습과 기억에 대한 심리학 이론에어떤 시사점을 주는가?

• 학습과 기억에 대한 심리학 이론들은 현장에서 이루어지고 있는 교육에 얼마나 반영되어 있는가?

• 학습과 기억에 대한 연구에서 발견된 원리들을 학습자가 효과적으로 활용할 수 있도록 하는 방법은 무엇인가?

디스플레이 인지와 디자인

감각지각적 요인
시각 주의
디스플레이 디자인의 기초
상위 수준의 고려사항
디스플레이의 확장
맺음말: 인간–시스템 상호작용

우리는 일상생활 속에서 다양한 디스플레이 혹은 스크린을 접하면서 생활한다. 늘 지니고 다니는 스마트폰이 대표적인 예이다. 그 외에도 자동차의 계기판, ATM의 화면, 광고판이나 전광판 등과 같은 전형적인 디스플레이뿐만 아니라, 이전에는 디스플레이를 사용하지 않았던 전기밥솥이나 냉장고 등에도 디스플레이가 붙어 있다. 이처럼 디스플레이가 많이 쓰이는 이유는, 사용되는 기구에 따라 정도의 차이는 있겠지만 많은 정보를 표시하고 주고받는 데에 유용하기 때문일 것이다. 그러나 잘못 디자인된 디스플레이는 오히려 사용자를 혼란에 빠뜨릴 수 있는데, 예컨대 운전자라면 내비게이션의 화면 지시가 분명하지 않아서 혼란을 겪은 경우가 한두 번쯤은 있을 것이다.

디스플레이는 실제의 시각적·공간적 속성을 표현하는 경우도 있고, 추상적 관계성을 시공간적으로 나타내는 경우도 있다. 그리고 추상적이지는 않더라도 실제로 보이지 않는 정보를 시각화하는 경우도 있다(Hegarty, 2011). 이 장에서 다루는 디스플레이는 실제 사건이나 추상적 관계를 시공간적으로 표현하는 것이다. 시공간적 디스플레이는 당연히 시각과 밀접한 관계에 있다. 그러나 우리는 눈에 비치는 것들 중 일부만을 인식할 수 있는데, 이때 주의가 중요한 역할을 한다. 이와 같은 지각과 주의 과정의 특성이 디스플레이 디자인에 고려되어야 할 것이며, 상위 수준의 인지 특성도 좀 더 고려되어야 한다. 이 장에서는 이러한 논의와 더불어 디스플레이의 미래에 대해서도 살펴보고자 한다.

감각지각적 요인

시각적 요인

햇빛이 비치면 휴대전화의 글자들이 잘 보이지 않는 경우가 있다. 액정 화면의 배터리가 약할 때에도 마찬가지이다. 이처럼 디스플레이에서 표시되는 문자나 아이콘을 식별하기 위해서는 그 정보가 충분히 선명하게 제시되어야 한다. 이런 문제는 신호탐지이론(signal detection theory)으로 이해될 수 있다(Goldstein, 2015). 즉, 신호(문자나 아이콘, signal)는 잡음(디스플레이의 배경, noise)과의 차이 혹은 비율(S/N ratio)이 충분해야 한다. 이 점은 전화기에서 치직 하는 배경 소음이 있더라도 상대방의 말소리가 충분히 크면 잘 알아들을 수 있는 경우에서 알 수 있다.

시력과 밀접한 관련이 있는 눈의 해상도는 중심와(fovea)에서 가장 높은데, 중심와는 망막의 한가운데 부위로서 시각세포가 밀집되어 있는 직경 1.5mm 정도의 영역[시각도(visual angle)는 약 2°]이다([그림 3-1] 참조). 이 영역에 있는 추상체는 색과 세밀한 형태에 예민하지만 밝기에는 덜 예민하고, 특히 운동이나 깜박임과 같은 자극을 재빨리 탐지하지 못한다. 중심와를 가운데에 두고 둘러싸는 도넛 모양인 주변 영역에는 간상체가 풍부한데, 이 영역은 해상도는 중심와보다 떨어지지만 밝기나 운동, 깜박임 등을 더 잘 탐지할 수 있다. 만일 제어판의 외곽에 디스플레이를 배치해야 한다면, 이런 시각적 요인을 감안해서 문자를 더 크게 하고, 중요 사항을 색깔로만 구별하지 않도록(간상체는 색을 탐지하지 못하므로) 해야 할 것이다.

디스플레이 배경과 문자(혹은 표시되는 다른 어떤 것)의 밝기 차이는 지각심리학에서 대비(contrast)라고 부르는 것이다. 대비가 높을수록 문자는 선명하게 지각된다.

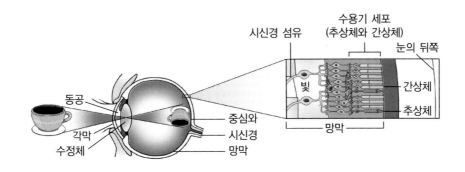

[그림 3-1] 눈의 구조(Goldstein, 2015)

눈의 망막에서 중심와는 해상도가 가장 높은 영역이다. 오른쪽 망막의 단면 그림은 추상체와 간상체를 보여 준다.

대비를 고려할 때 물리적인 밝기인 명도가 아니라 지각적인 밝기를 기준으로 해야 한다. 밝기의 대비는 특히 조명이 낮은 밤에 중요한데 이때에는 밝기에 민감한 간상체가 활동하기 때문이다(야간 시). 조명이나 운동 등 여러 변수가 대비에 영향을 주는데, 특히 관심을 가질 것은 공간주파수(spatial frequency)이다(Wickens, Gordon, & Liu, 2001). 공간주파수는 시각도 1° 범위 내에 명암의 주기(cycle)가 반복되는 횟수인데, 인간의 눈은 1~3 범위의 공간주파수에 예민하다. 즉, 이 범위를 벗어나는 아주 작은 글자나 아주 큰 모양에 대해서는 덜 예민하다.

디스플레이에서 문자나 아이콘의 크기는 디스플레이 식별에 매우 중요한 문제이다. 책의 본문에 사용되는 한글 글자의 크기는 30cm 거리에서 떨어져서 봤을 때 시각도가 보통 0.4°~1.0° 사이이다. 계약서 약관이나 약품의 설명서에 있는 시각도가 작은 글자를 보기 위해서는, 상이 중심와에 똑바로 맺히도록 집중해야 하므로 판독자는 눈이 쉽게 피로해질 수 있다. 문자가 작지 않더라도, 디스플레이와 눈과의 거리가 멀어지면 또한 시각도가 작아진다. 이런 문제는 특히 노안이 있는 사람들에게 발생하기 쉽다. 초점을 선명하게 맞추려면 디스플레이와 눈을 어느 정도 거리를 띄워야 하는데, 그러면 문자의 시각도가 너무 작아서 식별되지 않는 것이다. 움직이고 있을 때에도 문자가 중심와에 맺히도록 하기가 어렵다. 그러므로 디스플레이에서 문자 크기는 함부로 정할 것이 아니라, 사용자의 연령과 사용 상황 등을 고려해야 한다.

디스플레이의 색도 한 요인이 될 수 있다. 이것은 조명이 충분히 밝은 환경에서는 별 문제가 되지 않지만, 야간작업처럼 조도가 매우 낮은 경우, 혹은 밝고 어두운 장면이 번갈아 사용되는 경우에는 시각의 민감도를 고려해야 한다. 눈에는 추상체 (cone)와 간상체(rod)라는 두 가지 시각세포가 있으며, 추상체는 색(color) 지각에 중요한 반면, 간상체는 명암 지각에 중요하다. 조도가 높은 환경(예, 낮)에는 추상체 가 사용되지만 조도가 낮은 환경(예, 밤)에는 간상체가 사용된다. 어두워지면 눈은 추상체 사용을 멈추고 점차 간상체를 사용하기 시작하는데, 안정된 민감도에 이르 기까지 대략 15분이 걸린다. 간상체는 장파장(빨강 쪽)보다 단파장(파랑 쪽)에 더 예 민하므로, 어두운 환경에서 화면 강도가 약한 디스플레이가 사용될 때는 빨강색보 다 파랑색이 더 유용하다. 그러나 일시적으로 화면강도가 강해서 간상체의 암순응 이 해소될 가능성이 높은 경우는 단파장인 파랑색보다는 추상체가 탐지하는 장파 장의 빨강색이 더 유용하다.

지각 조직화

시야에 있는 자극들은 그냥 흩어져 있는 것이 아니라, 여러 수준에서 지각적으 로 조직화된 것으로 볼 수 있다. 그중 한 가지는 형-바탕(figure-ground) 조직화인 데(Peterson, 2003), 대체로 윤곽을 가지고, 딱딱해 보이며, 바탕 안에 혹은 배경 위 에 있는 것을 우리는 어떤 물체 혹은 형태로 보기 쉽다. 지각에서 형(figure)과 바탕 (ground)의 조직화가 대체로 일차적이고, 신속하게 일어나는 것으로 생각되는데, 시야에 있는 여러 자극이나 영역 중 어느 것을 형으로 볼 것인가에 대해서는 여러 요인이 작용한다.

학교 주변에서 시속 30km 이하의 서행을 표시하는 스쿨존(school zone)은 진 회색 포장도로에서 일정 영역을 자주색으로 표시함으로써 특별한 곳(형)으로 식 별되게 한다(그렇다고 그 의미가 즉각적으로 파악되지는 않는데, 의미 파악을 위해서 는 표지판이 추가로 필요하다). 영역을 두드러지게 하는 다른 수단은 부각시키기 (highlighting)이다. 디스플레이나 공간의 어떤 영역을 더 밝게 하거나 다른 부분에 음영을 넣는데, 다른 조건이 같다면 이런 부분이 형으로 지각되기 쉽다.

액정판의 점들은 흩어져 있는 것으로 보이는 것이 아니라, 문자나 기호로 보인 다. 이처럼 자극들은 적당한 조건에 놓이면, 더 큰 덩어리로 조직되어 혹은 집단화

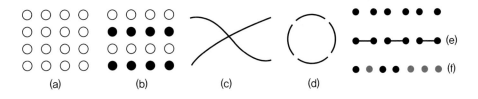

[그림 3-2] 집단화의 법칙
(a) 근접성, (b) 유사성, (c) 연속성, (d) 완결, (e) 균일연결성, (f) 동시성(같은 색은 동시점멸을 나타냄)

되어 지각되는 경향이 있는데, 이런 조건을 집단화의 법칙(laws of grouping)이라고 부른다(Palmer, 2003; [그림 3-2] 참조).

- 근접성: 가까이 있는 요소들이 한 덩어리로 지각되는 경향
- 유사성: 명암, 색깔, 모양 등에서 비슷한 요소들이 한 덩어리로 지각되는 경향
- 연속성: 부드럽게 이어지는 선분이나 윤곽선이 하나로 지각되는 경향
- 완결: 작은 틈으로 분리되어 있는 모양이 완전한 형태로 지각되는 경향
- 공통운명: 같은 방향으로 함께 움직이는 요소들이 한 덩어리로 지각되는 경향
- 동시성: 같은 시각에 함께 움직이거나 점멸하는 것들이 한 덩어리로 지각되는 경향
- 균일연결성: 같은 색이나 밝기를 갖는 영역이 한 덩어리로 지각되는 경향
- 요소연결성: 선으로 연결된 두 영역이 한 덩어리로 지각되는 경향

집단화의 법칙은 디스플레이 디자인에 유용하다. 함께 보아야 할 계기판을 나란히 놓거나(근접성), 같은 색깔로 표시하거나(유사성), 같은 바탕색을 쓰거나 선으로 연결해 놓을 수 있다(연결성). 여러 선이 교차되는 경우 '연속성'은 어느 선이 다른 어느 선과 이어지는지에 대한 정보를 준다. 이런 법칙 혹은 원리들은 사용자에게 일일이 말로 지시할 필요를 줄여 줌으로써 디스플레이 공간을 절약하게 해 준다. 그리고 제대로 쓰인다면, 지시를 읽는 것보다 더 빨리 지각되고 판단될 수 있으며, 언어(특히 외국어) 독해 능력을 필요로 하지 않는다는 장점이 있다.

출현 특징

계기판의 여러 눈금이 모두 수직 방향을 가리키면, 수직에서 벗어난 계기판의 바늘은 쉽게 눈에 띈다. 수직 방향의 평행이 두드러진 특징이기 때문이다. '평행'은 각각의 바늘에 있는 것이 아니라, 그것들 사이에서 출현하는 성질이므로, 따라서 출현 특징(emergent feature)이라고 불린다(Pomerantz & Cragin, 2015)). 이 외에도 세 선분이 만나서 만드는 폐쇄(closure; 예, 삼각형), 마주보는 두 괄호의 대칭이 있다. 선분들이 만나서 만드는, 예를 들어 'L' 'Y' 'T' '≮' '↘'(화살표) 모양의 정점(vertex)들도 있다. 출현 특징은 눈에 잘 띄고 빨리 처리되기 쉽다. 그뿐만 아니라 출현 특징은 부분들의 관계에 의해 만들어지므로, 전체 판단에 유용하게 쓰일 수 있다. 예를 들어, 시스템 안정성을 표시하는 5개 지표를 개별적으로 점검하고 평가하는 대신에, [그림 3-3]처럼 각 지표가 레이더 차트(radar chart)의 축이 되도록 하고 시스템이 안정적일수록 표시기가 정오각형이 되도록 만들면, 관리자는 전체적 패턴을 통해 시스템의 상태를 빨리 파악할 수 있다.

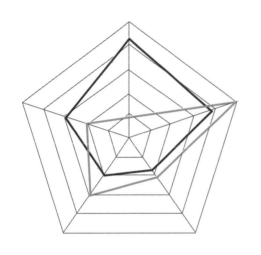

[그림 3-3] 오각형의 모양(출현특징)에 따라 시스템의 상태를 빨리 파악할 수 있다.

시각 주의

보통 디스플레이에는 다양한 정보가 문자, 기호 혹은 아이콘 형태로 제시된다. 혹은 복잡한 계기판에는 여러 개의 다양한 계기가 한꺼번에 배치되어 있을 것이다. 게다가 디스플레이를 보면서 다른 일을 해야 하는 경우가 많기 때문에, 적시에 적절한 정보에 주의하는 것이 쉽지 않다. 시각 주의(visual attention)는 시각으로 입력되는 정보처리를 더 잘하기 위해 들이는 심리적 노력이라고 말할 수 있다.

주의를 적절히 주지 못하면 사물을 인식하지 못하는 일이 생길 수 있다. 간단한 예는 보행 중 스마트폰에 열중하다가 사람들과 부딪히는 것이다. '보이지 않는 고릴라(invisible gorilla)' 실험(Chabris & Simons, 2011)에서 많은 관찰자는 흰옷을 입은 사람들이 공을 패스하는 횟수를 세는 데 열중하였는데, 그러는 중 고릴라(분장)가 눈앞에 지나갔는데도 그것을 알아차리지 못하였다. 이런 현상을 무주의맹(inattentional blindness)이라 한다. 마찬가지로 주의를 주지 않으면, 연속되는 장면에서 발생하는 중요한 변화(차이)를 알아차리지 못하였다(변화맹, change blindness). 여기에서 보듯이 주의는 외부 세계의 탐지와 인식에 결정적인 역할을 한다.

선택 주의

환경에는 많은 사물이 있으며, 디스플레이에는 여러 정보가 있지만, 우리는 동시에 모든 것에 주의를 기울일 수는 없다. 여러 대상 중 어느 하나를 선택하여 주의하게 되는데, 주의의 이런 양상을 선택 주의(selective attention)라고 한다. 도로에서 과속단속기를 만나면 운전자는 계기판의 속도계에 선택 주의를 할 것이다. 만일 주의가 엔진회전속도계에 주어지거나 내비게이션의 지도에 주어지면 적절한 정보를 얻을 수 없다. 교통사고의 여러 원인 중 하나가 전방주시 태만인데, 오디오 조작이나 핸드폰의 메시지 확인 등의 이유로 필요한 시점에 전방에 대한 선택 주의를 하지 못한 탓이다. 주의 선택에 영향을 주는 요인들은 크게 상향적(말초적) 요인과 하향적(중추적) 요인으로 구별할 수 있다(Egeth & Lamy, 2003).

감각기관에 강한 자극이 주어지면, 이런 자극들은 거의 강제적으로 주의를 끌며 자동적으로 처리된다. 예를 들어, 경고등의 빨간색, 계기의 깜박거림, 광고판에서 움직이는 불빛, 큰 소리 등이 그렇다. 그래서 주의를 유도하기 위해 이런 자극들이 사용되는데, 이들을 말초적 주의 단서라고 한다. 말초적 주의 단서 혹은 감각 정보는 감각기관에서 두뇌의 중추 방향으로 처리가 진행되므로 이런 방향의 처리를 상향 처리라고 하며, 상향 처리에 기여하는 요인들을 상향 요인이라고 한다. 시스템에서 전원 스위치는 깜박거리도록 되어 있는 경우가 많은데, 가장 먼저 주목하도록 만든 것이다. 만일 회사 로고처럼 중요하지 않은 정보가 두드러지게 보이면 사용자는 더 중요한 정보를 간과하기 쉬울 것이다. 그러나 상향 요인이 언제나 주의 포착을 보증하지는 않는다. 예를 들어, 빨간색의 경고문은 처음에는 주의를 끌지만, 나중에는 더 이상 주의를 끌지 못한다. 필자가 타고 다니는 자동차의 속도계는 큰 숫자로 된 mile 단위 표시와 작은 숫자의 km 단위 표시가 있는데, 한국에서 km 단위를 계속 보다 보니 적어도 운전 중에는 큰 숫자보다 작은 숫자가 더 잘 눈에 띄게 되었다. 그러므로 훈련이나 습관이 상향 요인을 무력화할 수 있음을 디스플레이 디자인에서 고려할 필요가 있다.

상향적 요인과 대비되는 것이 하향적 요인이다. '그림 참조' '오른쪽을 보시오(혹은 ⇨)'와 같은 지시는 사용자가 자발적으로 주의를 통제하도록 요구한다. '그림'이라는 단어나 화살표 자체를 볼 것이 아니라 그것이 가리키는 것을 보는 것이 중요하므로, 사용자는 머릿속에서 그 의미를 처리해야 지시를 이행할 수 있다. 이렇게 두뇌의 중추적 통제와 의식적 통제를 필요로 하는 단서를 중추 단서라고 한다. 중추 단서는 하향적 요인의 한 예인데, 대표적인 하향적 요인은 기대(확률)와 가치(중요성)이다. 어떤 사건이 일어날 것으로 기대(expectancy)되면 다른 가능성을 대비할 필요가 줄어들므로 자원의 낭비가 줄어든다. 반면에 기대와 다르면, 명백한 사건도 간과될 수 있다. 기대는 반복적인 경험과 지식에 의해 형성된다. 운전자는 어디에서 과속단속을 자주 하는지를 경험으로 배우게 되지만 또한 지인의 귀띔으로 알게 되기도 한다. 지식은 의식적으로 인출해야 된다는 점에서 취약하다. 예컨대, 휴대전화 기종이 다르면 '뒤로(back)' 단추의 위치가 바뀐다는 것을 알지만 종종 습관적으로 잘못 누르게 된다.

로또에 당첨될 확률(기대)이 너무나도 낮음에도 많은 사람이 관심을 갖는 이유는 당첨금의 가치 때문이다. 디스플레이에서 가치(value)는 그것이 전달하는 정보의 중요성이다. 비행기의 고도계와 비행자세 표시기는 일반적으로 중요한 정보를 제공하는데, 어떤 것들은 그 중요성이 상황에 따라 달라질 수 있다. 속도 제한이 엄격하고 범칙금이 높은 곳에서는 속도 정보가 중요한 반면, 먼 거리를 이동하는 중에는 남은 기름의 양을 표시하는 유량계가 중요할 것이다. 우리는 더 중요한 정보에 더 많은 주의를 준다.

시각 검색

주의의 특성을 잘 엿볼 수 있고 또 말초적 자극 요인이 주의 작용에 어떤 영향을 주는지를 잘 볼 수 있는 상황이 시각 검색(visual search)이다. 시각 검색은 디스플레이에서 어떤 (필요한) 정보를 찾는 것처럼, 시각적으로 정보를 검색하는 일을 말한다(Treisman & Gelade, 1980).

선택 주의에서 살펴본 여러 요인은 시각 검색을 이해하는 데에 도움을 준다. 비행기의 출발, 도착을 알려 주는 공항의 안내판 디스플레이를 생각해 보자. 많은 비행기의 편명, 항공사 로고, 목적지, 출발시간, 도착시간 등이 나열되어 있고 또 깜박거리면서 화면이 이동한다. 만일 필요한 정보를 목록의 위에서부터 차례대로 찾는다면 아주 많은 시간이 걸릴 것이다. 다른 방법으로, 내가 찾는 비행편의 항공사 로고가 빨간색이라면, 빨간색 로고만을 검색해서 필요한 정보에 빨리 접근할 수 있다. 이때 색깔은 앞에서 언급한 상향 요인으로서 주의를 포착하는 역할을 한다. 상향 요인들 중 말초 단서로 쓰이는 정보들은 전주의적으로 처리될 가능성이 높으므로 그 자극 하나하나에 대해 주의하지 않아도, 표적 탐지가 병렬(병행)적으로 일어날 가능성이 높다. 그리고 출현 특징도 신속히 처리될 수 있다. 이것은 디스플레이에서 시각 요인을 조작하는 장점인 것이다.

그러나 빨간색 로고를 가진 항공사가 많다면, 빨간색은 유용한 정보가 되지 못할 것이다. 대신에 사람들은 항목들을 하나씩 순차적으로(serially) 검색해야 한다. 이때 대상(항목) 혹은 대상의 위치 중심으로 초점 주의가 주어져야 한다. 표적이 어디에 있는지를 미리 알지 못한다면, 순차 검색에서 정보를 찾는 시간은 여러 요인에 의해 결정된다. 예컨대, 전체 항목의 수가 많을수록, 혹은 목록이 길수록, 검색 시간은 길어질 것이다(해당 정보가 제시되어 있지 않을 경우 검색 시간이 가장 길 것이다). 두 회사의 로고가 비슷한 경우처럼, 표적이 방해자극과 유사한 경우에도, 유사성이 높을수록 표적과 방해자극의 변별에 많은 심적 노력이 들므로 검색 시간이 길어질 것이다. 시각 검색에 영향을 주는 여러 변수들에 대해서는 Wickens, Hollands, Banbury 및 Parasuraman(2017)을 참조하라.

초점 주의

여러 가지 정보가 있는 디스플레이에서 특정 정보(표적)를 찾는 시각 검색 모형은 보통 표적과 방해자극들 하나하나에 대한 순차적인 검색을 가정한다. 순차적인 검색은 정보가 있는 위치들을 중심으로 일어나는데, 성공적인 검색을 위해서는 각 위치에 주의를 초점화하는 일이 필요하다. 이때의 주의를 초점 주의(focused attention)라고 한다. 초점 주의는 과제 수행에 필요한 정보만을 주의 범위 안에 두고 그렇지 않은 정보에는 주의를 주지 않는 일이다. 두 대상 중 관련되는 대상에, 그리고 한 대상의 두 측면 중 관련되는 측면에 주의를 주는 것이 초점 주의의 역할이다. 그러나 둘 이상의 대상 혹은 측면이 충분히 공간적으로 분리되어 있다면 그중 하나에 주의를 초점화하는 것이 쉬울 것이지만, 둘 이상이 시각도(visual angle)가 1° 이내에 있을 때에는 이 둘 중 하나에만 주의를 초점화할 수 없다. 두 대상이 충분히 떨어져 있는 것처럼 보여도 관찰자와의 거리가 멀어지면서(시각도도 작아지고), 잘 분리되어 보이지 않는 경우가 있다([그림 3-4] 참조).

[그림 3-4] 그림 속의 얼룩말은 모두 몇 마리인가
시각도가 낮아지면 한 마리씩 확인하는 초점 주의가 힘들어진다.

디스플레이의 어떤 부분에 대한 초점 주의가 오랫동안 유지되면, 다른 부분이나 주변 환경에는 적절한 주의를 주지 못하게 되는데, 이런 현상을 주의 협소화(attentional narrowing)라고 한다(Wickens et al., 2017). 주의 협소화가 발생하면 관찰자는 더 중요한 다른 정보(예, 운전자의 경우 교차로에 진입하는 다른 차)를 무시할 가능성이 높아지고 결과적으로 사고나 오류를 범할 수 있다. 말초적 단서(예, 깜박거리는 불빛)는 중추 단서보다 주의 협소화를 더 잘 일으키는데, 말초 단서는 그 자체로 주의를 끄는 힘을 가지고 있기 때문이다. 그러므로 주의를 유도(안내)하기 위한 단서가 지나치게 강력하면 주의 협소화를 일으킬 수 있다. 주의 협소화를 일으킬 수 있는 다른 요인은 기대이다. 신체의 특정 부위에서 이상이 자주 발견된다면, 방사선 판독기사는 X선 영상에서 해당 부분에만 주의를 주고 다른 부분을 무시하기 쉽다.

분할 주의

운전자는 전방, 실내거울(룸 미러), 실외거울(리어 미러), 좌우 측면, 그리고 계기판까지 골고루 적합한 비율로 나눠 봐야 한다. 어느 하나에 주의를 제대로 주지 못하는 일이 계속 되면, 뜻하지 않는 상황이 닥칠 수 있다. 이처럼 여러 대상에 주의를 분할하는 것을 분할 주의(divided attention)라고 한다. 그런데 둘 이상의 대상에 주의를 분할하면, 각 대상에 적절한 주의를 주기 힘들고 결과적으로 정보처리가 잘되지 않을 가능성이 높아진다. 특히 두 대상이 떨어져 있을 경우, 두 대상 사이를 주의 전환할 필요가 발생하고 이는 주의 자원의 손실을 낳는다. 만일 거리계와 시계를 동시에 주의한다면, 둘 사이의 거리가 떨어질수록 분할 주의는 힘들 것이다[이때의 분할 주의는 서로 구별되는 둘 이상의 과제를 동시에 수행하는 다중작업(multitasking)에서의 분할 주의와 구별된다].

두 대상 혹은 정보가 적절하게 통합되어 제시될 때 분할 주의가 좀 더 용이해진다. 예컨대, 환자의 호흡 감시용 디스플레이([그림 3-5] 참조; Cole, 1986)에서 의사는 호흡의 총량에만 관심을 갖는 것이 아니라, 때로는 깊이(양)와 빈도 모두를 주목한다. 그림에서 직사각형의 높이는 호흡의 양을, 너비는 호흡의 비율(속도)을 나타낸다. 총 호흡량은 호흡률×호흡량이므로, 직사각형의 전체 넓이는 환자가 흡입한 전

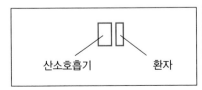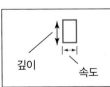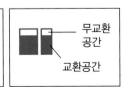

[그림 3-5] 호흡감시용 디스플레이

사각형의 면적은 호흡량을 표시하는데, 사각형의 모양은 호흡의 깊이와 속도에 대한 분할 주의를 용이하게 한다.

체 산소량(오른쪽)과 산소호흡기가 제공한 전체 산소량(왼쪽)을 나타내 준다. 여기에서 중요한 것은, 의사가 호흡량과 호흡률 각각에 대해서도 사각형의 모양을 통해 자연스럽게 분할 주의할 수 있다는 것이다. 이처럼 여러 정보를 한 대상으로 묶는 것은 병행 처리 혹은 분할 주의를 도와준다.

디스플레이 디자인의 기초

지금까지 디스플레이 판독에 영향을 미치는 감각지각적 요인과 주의 문제를 살펴보았다. 디스플레이의 특성에 따라 디스플레이의 정보를 식별하고, 적절한 주의를 주기가 쉬워질 수 있다. 이런 원리는 전반적으로 디스플레이를 어떻게 디자인할 것인가 하는 문제와 연결된다. 그러나 디스플레이의 디자인에는 감각지각, 그리고 주의 요인 이상의 고려사항이 있다. 디스플레이는 단지 보이는 것 혹은 보기 위한 것이 아니라, 어떤 사태를 파악하거나 과제를 수행하는 매개가 되기 때문이다. 운전자가 보는 여러 계기는 자동차의 상태를 파악하고 차를 조종하기 위한 것이며, 전자기기의 스크린은 어떤 기능을 이용하기 위한 것이다. 그러므로 디스플레이 디자인은 단지 표면적으로 보이는 측면 이상으로 사용자가 시스템을 얼마나 잘 파악할 수 있게 하는지, 사용자의 과제 수행을 얼마나 잘 지원하는지 등과 더불어 개발되어야 한다. 예를 들어, 디스플레이에 표시되는 여러 정보가 동시에 처리되어 하는지(예, 레이더 차트), 아니면 별개로 처리되어야 하는지(예, 분리된 표시기)에 따라 그 디자인은 달라져야 할 것이다.

상이한 시스템 사이에 처리를 연결시켜 주는 장치를 인터페이스(interface)라고 하는데, 시스템을 사람이 다루기 위해 사용되는 것을 사용자 인터페이스(user interface)라고 한다(박창호, 2007). 디스플레이는 사용자 인터페이스 중 대표적인 것으로서 도처에서 사용되고 있다. 특히 그래픽유저인터페이스(graphics-user interface: GUI)의 발달은 디스플레이의 판독과 사용 편리성을 높이는 데에 큰 기여를 하였다. 사용자 인터페이스를 어떻게 디자인할 것인가는 문제의 요구사항에 따라 달라질 것이다. 예를 들어, 사용자, 사용 목적, 사용 장면 등에 따라 요구사항이 다르다. 사용자 인터페이스가 요구사항을 잘 충족시키면 사용자는 그 시스템을 사용하기 편한 것으로, 즉 사용성(usability)이 높은 것으로 받아들일 것이다. 그러므로 디자인 개발자의 한 목적은 사용성이 좋은 사용자 인터페이스를 만드는 것이다. 사용성이 높은 디자인의 일반 원칙을 언급하기는 쉽지 않다. 대신에 일종의 지침인 디자인 원칙(Norman, 2016), 디자인 지침(Shneiderman, 1992), 사용성 어림법(usability heuristics; Nielsen, 1993) 등이 언급된다. 이런 원칙, 지침 혹은 어림법은 일반적인 만큼, 구체적인 디자인에 적용할 때에는 막연한 면이 있다. 그러므로 디스플레이 디자인과 관련하여, 디자인의 방향성을 줄 수 있는 몇 가지 기초 사항을 특별히 살펴볼 필요가 있다.

좋은 디스플레이(인터페이스)가 되려면, 우선 그것을 가지고 일(과제)을 더 잘할 수 있어야 할 것이다. 여기에서 일을 잘한다는 것은 로봇이나 인공지능 시스템이 아니라, 인간을 기준으로 하는 것이다. 감각, 지각, 주의 및 기억의 한계가 있는 인간 사용자의 특성이 고려되어야 할 것이다. 디스플레이가 과제를 잘 지원해야 사용자는 오류를 덜 범하고, 더 잘 수행할 수 있다. 사용자는 단지 어떤 조작을 수행하기 위해 디스플레이를 보는 것이 아니라 디스플레이를 통해 시스템과 상황을 파악하고, 과제에 참여하고자 한다. 이와 같은 사태 파악은 불필요한 것이 아니라 오히려 과제 수행의 융통성, 오류로부터 회복 가능성을 높이고 아마도 작업 동기도 높일 것이다. 그러므로 시스템과 상황에 대한 적절한 심적 모형(mental model; Norman, 2016)을 사용자에게 얼마나 적절하게 잘 제공하는가도 좋은 디스플레이가 되기 위한 중요한 관건일 것이다. 이런 점을 염두에 두고 디스플레이 디자인에서 중요하게 고려해야 할 몇 가지를 살펴보자.

판독에 필요한 심적 조작

종종 디스플레이에 쓰이는 기호의 의미가 분명하지 않는 경우가 있다. 특히 제한된 공간에 과다한 정보를 제공하는 경우, 중요한 정보가 약어나 기호로 표시되기 쉽다. 약어나 기호는 단순한 해결책으로 보이지만, 그 대가로 사용자는 기억 부담을 지게 된다. 어떤 경우에는 필요한 정보를 주어진 정보로부터 계산해야 된다. 예를 들어, 호흡의 깊이와 속도가 따로 수치로 주어질 뿐인데, 호흡량을 알아야 하는 경우이다([그림 3-5]는 이런 계산을 불필요하게 한다). 이런 계산은 쉽지 않고, 조작원이 스트레스를 받거나 시간 압박을 받고 있을 때에는 실수나 착오를 불러일으킬 수 있다. 그러므로 디스플레이는 요구되는 정보를 적절하게 표현해서, 디스플레이를 읽는 데 드는 심적 조작의 부담을 줄여야 한다(Hegarty, 2011; Norman, 1998).

통계에서 흔히 쓰는 그래프를 보자. 막대그래프는 높이를 비교하는 데에 유리한 반면, 꺾은선 그래프는 값의 증감(변화)을 나타내는 데 적절하다. 파이차트는 총량 속에서 해당 부분의 비율을 직관적으로 파악하게 하지만, 막대그래프에서는 이런 비율의 파악이 쉽지 않다. 반면, 여러 개의 파이차트로부터 생산량의 증감을 파악하려 한다면, 많은 오류를 범하기 쉬울 것이다. 인구밀도를 나타내는 지도에서 인구밀도가 각기 다른 색깔로 표시되면, 한 지역이 다른 지역보다 인구밀도가 높은지를 판단하기 위해 색깔이 의미하는 밀도를 계속 확인해야 할 것이다. 반면에 인구밀도를 한 가지 색의 여러 농도 혹은 연속성이 있는 인접 색을 사용하면, 색의 진한 정도와 밀도를 연결시키기가 더 쉽다(예컨대, 진한 빨강은 보통 빨강이나 주황보다 더 높은 밀도를 가리킨다). 이것은 밀도라는 연속체가 명도와 같은 다른 연속체와 대응될 때, 그 상대적 크기를 쉽게 판단할 수 있기 때문이다(Tufte, 2001). 반면에 배타적인 범주들을 표시하는 경우에는 (기억 용량을 초과하지 않는 한) 몇 가지 다른 색이 더 효과적으로 사용될 수 있을 것인데, 미국에서 민주당을 나타내는 파란색과 공화당을 나타내는 빨간색이 그 예이다.

디스플레이의 아날로그 형식과 디지털 형식도 각기 장단점을 가지고 있다. 디지털 형식은 정확한 값을 제시할 수 있지만, 값의 차이를 직관적으로 보여 주지는 않는다. 이런 측면은 연속으로 변하는 값들로부터 평균이나 범위를 추정하려고 할 때 제한점이 된다. 게다가 값들이 계속 변동할 때에는 수시로 변하는 숫자들로 인해 판독에 어려움이 생길 수 있다. 반면에 아날로그 형식은, 예컨대 자동차 속도계의 눈금과 바늘에서 보듯이, 정확한 값을 표시하거나 판독하는 데에는 어려움이 있지만 속도의 전반적인 범위나 평균 속도를 추정하는 데에는 더 편리하다. 전자식 디스플레이의 경우 디지털 표시에 비용이 덜 들겠지만, 어떤 형식을 사용할 것인가는 인간 인지의 특성과 과제의 성질을 고려해서 결정해야 한다. 불빛이 한 번 혹은 두 번 깜박거리는 회수와 깜박거리는 속도에 따라 각기 다른 상태를 표시하는 장치는 상태를 판단하기가 매우 힘들다는 것을 누구나 한 번쯤 경험해 보았을 것이다.

불필요한 자극 혹은 정보

세리프 글꼴은 문자(예, *F*)를 멋있게 보이게 만들지 몰라도, 문자 파악에 필요한 핵심 특징의 탐지를 방해한다. 비슷하게 배경에 넣는 그림이나 로고는 종종 그래프나 디스플레이에 담긴 내용의 파악을 어렵게 한다. 이런 어려움은 신속한 탐지가 필요한 상황에서 가중될 수 있다. Tufte(2001)는 그래프에서 자료를 묘사하기 위해 사용된 잉크와 불필요한 비-자료 잉크를 구별하고, 비-자료 잉크의 양은 최소화되어야 한다는 자료-잉크 비율(data-ink ratio) 원리를 주장했다. 한 연구(Gillan & Richman, 1994)는 자료-잉크 비율이 더 높을수록(즉, 불필요한 잉크가 더 적을수록), 자료에 대한 판단 시간이 더 빠르고, 정확도가 더 높다는 것을 보여 준다. 흔히 사람들은 평면 도형으로 표시된 그래프보다 입체 막대로 그려진 그래프를 더 멋있다고 생각한다. 그러나 그래프의 값을 읽을 때에는 입체 막대가 오히려 방해가 되는 경우가 많다(Renshaw, Finlay, Tyfa, & Ward, 2004). 신속하고 정확한 판단을 위해서는 핵심 정보가 잘 탐지되고, 식별될 수 있도록 디스플레이를 만들어야 한다.

자료-잉크 비율 원리는 정보를 가장 경제적으로 제시할 것을 주장한다. 그렇지만 이 원리가 최선이 아닐 경우가 있다. 위급 상황에서는 사람들이 경황이 없고 주의가 부족해지는데, 시각이나 청각의 어느 한 채널로만 들어오는 정보를 놓치게 되면 상황 판단에 중대한 오류가 발생할 수 있다. 그래서 비록 같은 내용일지라도 중요한 정보는 여러 채널로 동시에(중복적으로) 제공되는 것이 더 안전한 선택일 것이다. 다른 예는 교통 신호등인데, 신호등은 색 부호와 위치 부호를 모두 써서, 즉 중복적으로 신호의 의미를 전달한다(예, 맨 왼쪽 불빛은 빨간색인데, 색맹인은 색깔을 식별하지 못해도 맨 왼쪽 불빛이 밝아진 데에서 신호를 구별할 수 있다). 그래서 불필요한 정보를 제거하는 경우에도 어떤 중요한 정보는 중복적으로 표시하는 것이 도움이 되는데, 특히 긴급한 상황에서 주의가 부족하거나 자료 입력이 부족한 경우에 그렇다.

정보 통합

관련되는 정보들은 일반적으로 공간적으로 근접하게 배치함으로써, 즉 공간적 근접성(spatial proximity)을 높임으로써 잘 통합될 수 있다(Wickens et al., 2017). 공간적 근접성은 두 채널의 정보에 대한 주의 분할을 용이하게 함으로써 정보처리를 도와준다. 비록 공간적 근접성이 높다고 하더라도, 선택 주의는 두 채널의 정보를 모두 처리하지 못할 수 있다. 그런 예를 전방주시 디스플레이(head-up display: HUD)에서 찾을 수 있다. 이것은 비행기 조종석 혹은 자동차 운전석의 전면 창에 여러 계기 정보들을 투사함으로써 계기를 보기 위해 고개를 숙이게 되어 전방 주시를 잘못하는 일이 없도록 개발되었다. HUD는 보통은 조종사나 운전자에게 정보를 편리하게 제공한다. 그러나 조종사나 운전자가 전면 창에 투사된 계기 정보에 몰두하면, 전면에 나타난 다른 물체를 탐지하지 못할 수 있다. 이런 상황은 앞에서 언급한 무주의맹(inattention blindness)과 비슷하다고 할 수 있다.

공간적으로 근접하지 않더라도 관련성의 파악에 도움을 주는 방법들이 있다. 예를 들어, 종종 동시에 눌러야 하는 단추들은 가까이 있거나, 같은 색으로 표시되어 있거나, 혹은 관련성을 나타내는 선으로 연결되어 있을 필요가 있다. 항공관제사는 잠재적으로 충돌 가능성이 있는 비행기들을 같은 색깔로 표시할 수 있는데, 이 방법은 두 비행기를 동시에 주의하는 것, 즉 분할 주의를 용이하게 한다. 이때 비행기의 표시 방법은 관제사에게 요구되는 분할 주의 과제에 부합하게 되는 것이다. 보통 정보 통합을 요구하는 과제는 더 통합적이고, 대상처럼 보이는(objectlike) 디스플레이를 사용하여 더 잘 수행된다(Wickens et al., 2017). 같은 예를 앞에서 언급한 '환자의 호흡 감시용 디스플레이'([그림 3-5] 참조)에서 볼 수 있다. 의사는 사각형의 가로(호흡 속도)와 세로(호흡 깊이)를 따로 판단할 수 있을 뿐 아니라 필요하면 통합적으로 처리할 수 있으므로 환자의 상태를 더 정확하게 판단할 수 있다. 만일 사용자의 과제가 두 디스플레이 중 어느 하나만 주의하는 것(선택 주의)이라면, 두 디스플레이가 다른 색깔로 표시되거나 서로 잘 구별되는 특징을 넣는 것이 선택 주의 과제에 도움이 될 것이다.

부합성

디스플레이에 표시된 여러 정보(요소)는 종종 실제 시스템의 어떤 부분과 대응한다. 이때의 대응관계가 쉽게 파악되거나 일관적일 필요가 있다. 이와 관련된 고전적인 문제가 가스버너 단추의 대응(mapping) 혹은 부합성(compatibility) 문제이다(Wickens et al., 2017). 가정에서 흔히 쓰는 레인지에는 4개의 화구(버너)와 4개의 단추가 있는데, 종종 화구는 사각형 모양으로 놓여 있고 단추는 일렬로 배치되어 있다. 이때 어느 단추가 어느 화구를 조작하는 것인지를 어떻게 알 수 있는가? 종종 이 대응은 회사마다 다르게 되어 있어서 더욱 혼란스럽다([그림 3-6] 참조). 위아래의 물체를 조정하는 단추가 옆으로 나란히 배치되어 있다면, 어느 단추가 위를 조작하는 것인지

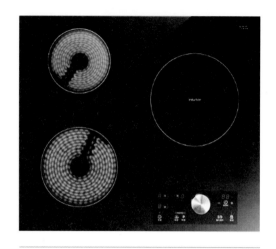

[그림 3-6] 화구의 위치를 사각형 안에 원으로 표시한 하이라이트 레인지

빨리 판단되지 않는다. 후진 운전이 어려운 것은 눈으로 보는 것과 운전대의 조작이 반대로 대응하기 때문일 것이다.

그러므로 부합성이 높은 디스플레이가 더 바람직할 것이다. 한 가지 방법은 집단화의 법칙을 이용하는 것이다. 디스플레이를 그것이 나타내는 대상 가까이에 배치하는 것은 근접성에 의한 집단화의 응용이다. 출판사의 편집자는 그림과 본문 설명, 혹은 각주와 해당 본문을 같은 페이지에 두려고 노력한다. 가까이 놓기가 어렵다면 두 개를 선으로 연결하거나(요소 연결성) 큰 테두리를 이용하여 '공통 영역' 안에 포함되게 하는 방법도 있다. 기기 조작방법의 설명문이 조절기와 선으로 이어져 있고, 게다가 순서대로 번호가 붙어 있다면 조작이 손쉬울 것이다. 그러나 가스버너의 단추를 화구 옆에 두기 곤란한 것처럼 종종 근접성을 이용할 수 없는 경우가 있다.

만약 실제로 운동이 일어나고 디스플레이가 그것을 표시한다면, 디스플레이도 적절한 운동을 나타내는 것이 유용할 것이다(Park & Gittelman, 1995). 이때 실제 (혹은 지각된) 운동과 디스플레이로 표시되는 운동(방향) 간에 부합성이 중요하다. 이를 움직이는 부분의 원리(principle of the moving part)라고 한다(Roscoe, 1968). 예컨대, 비행기의 '물리적' 고도가 증가하면 디스플레이상의 바늘 위치도 높아져야 한다. 그러나 고도계가 무한정 길쭉해질 수 없기 때문에, 둘 간의 부합성을 완벽하게 구현하기는 어렵다. 이를 극복하기 위해서, 신속한 변화는 '움직이는 부분의 원리'를 따르도록 하는 반면(그래서 고도가 높아질 때 바늘은 높아진다, [그림 3-7] (a) 참조), 천천히 변

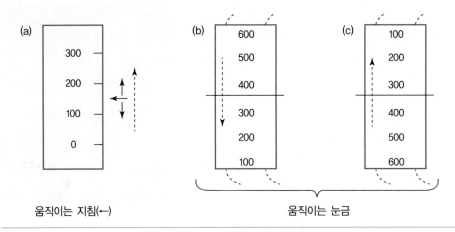

[그림 3-7] 움직이는 부분의 원리

(c)에서 눈금은 고도 변화와 같은 방향으로 움직이나, 눈금의 배치는 회화적 실재론을 위배한다.

하는 전체적인 변화는 이를 위반하도록 한다(동시에 눈금은 아래쪽으로 이동하여, 바늘을 원래 위치로 되돌린다, [그림 3-7] (b) 참조). 혹은 시, 분, 초를 나누어 표시하는 아날로그 초시계의 경우처럼, '초' 바늘은 재빨리 회전하는 반면, '분' 바늘은 더 느리게 회전하도록 한다.

회화적 실재론

아날로그 디스플레이에서 디스플레이가 표시하는 상태는 실재 상태와 부합할 때 디스플레이는 더 잘 판독될 수 있는데, 이런 원리를 회화적 실재론의 원리(principle of pictorial realism)라고 한다(Roscoe, 1968). 이 주장은 사람들이 디지털시계보다 아날로그시계를 선호하는 이유를 설명해 준다. 시간을 양적으로 개념화할 때, 문자판에서 회전하는 바늘은 그 양을 잘 드러내는 반면에, 숫자는 그렇지 않다. 예를 들어, 당신이 제한시간이 있는 일(예, 시험)을 한다면 경과한 시간과 남아 있는 시간의 양은 아날로그적으로(예, 모래시계 표시나 시간 막대) 더 잘 표시될 수 있다. 숫자 표시를 양으로 이해하기 위해서는 때때로 심적 변환을 필요로 한다(그러나 이 숫자가 비교적 적은 값이고 익숙하다면 별 문제가 되지 않을 수 있다). 다른 예를 비행기의 고도계나 자동차의 속도계에서 발견할 수 있다. 양적이거나 연속적인 물리량은 아날로그적 표시로 나타날 때 사람들이 잘 파악할 수 있다. 회화적 실재론의 원리는 디스플레이가 물리적 세계의 구조 혹은 관계를, 정확하지는 않더라도, 기본적으로 반영해야 한다는 것이다.

그런데 이 원리를 지나치게 밀고 나가면 문제가 발생할 수 있다. 항공관제사에게 공항으로 접근하는 여러 비행기를 보여 주는 상황을 생각해 보자. 여러 고도와 위치에 있는 비행기들을 3차원적으로 보여 주는 것은 그럴싸해 보이지만, 충돌 사고를 피하기 위해 고도와 위치를 잘 구별하여 통제해야 하는 관제사에게는 효과적인 도움을 주지 못할 가능성이 있다. 이런 문제를 지도에서도 볼 수 있는데, 위성 지도가 제공하는 실제 지형은 때때로 접근로를 찾는 데 도움이 되지 않고, 오히려 등고선이 표시된 전통적인 지도가 효과적인 경우가 많다. 이런 일은 복합적인 정보 덩어리가 있을 때 그중 한 측면에만 선택 주의하여 처리하기가 어렵기 때문일 것이다.

생태적 인터페이스

좋은 디스플레이는 사용자가 시스템에 관해 적절한 심적 모형을 갖도록 도와줄 것이다. 디스플레이는 시스템에 관한 정보를 제공하는 주요 통로이므로, 사용자는 디스플레이를 판독하고 시스템을 조작한 결과가 디스플레이에 나타나는 것을 확인함으로써 시스템을 조금씩 파악하게 된다. 사용자가 시스템을 조작할 때의 핵심이 되는 변수는 숨겨져 있거나 다른 변수들로부터 도출되는 것이 아니라, 쉽게 혹은 직관적으로 파악할 수 있는 형태로 드러날 필요가 있는데, 이러한 방향의 접근을 생태적 인터페이스 디자인(ecological interface design)이라고 한다(Vicente, 2002).

생태적 인터페이스 디자인의 예는 Seppelt와 Lee(2007)가 개발한 적응적 순항제어(cruise control) 인터페이스이다([그림 3-8] 참조). 순항은 운전자가 가속페달이나 브레이크를 사용하지 않더라도 일정 속도로 차를 구동시키는 것을 말한다. 이 시스템은 앞차와의 거리를 판단하고 운전자가 브레이크를 밟아야 할지 아닌지를 디스플레이의 도형으로 보여 주는데, 도형의 의미가 직관적으로 파악되며 도형의 세부 측면(변의 길이, 높이 등)이 시스템의 상태와 효과적으로 대응된다. 사용자가 어떤 과제를 하는가에 따라 핵심 변수가 달라지므로 생태적 인터페이스 디자인은 사용자의 과제를 잘 분석해야 한다. 잘 개발된 생태적 인터페이스는 복잡한 심적 조작의 필요성을 줄이고, 사용자와 시스템이 더 긴밀한 관계로 놓이게 만들 것이다.

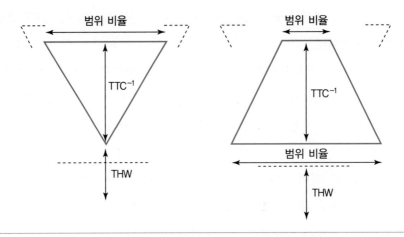

[그림 3-8] TTC(충돌예상시간, Time To Collision)와
THW(전방시간, Time Headway)(Seppelt & Lee, 2007)

자동차 순항제어 화면[왼쪽의 역삼각형은 앞차와의 거리가 가까워 양보(▽ 표지)가 필요함을, 오른쪽의 사다리꼴은 여유가 있음(주행 도로 모양)]을 가리킨다.

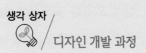
디자인 개발 과정

디자인 개발은 여러 변수로 인해 일직선으로 진행되기 힘들다. Norman(2016)은 인간중심 디자인 과정을 주장하였는데, 그 과정은 대략 다음 4단계로 구성된다고 제안했다. ① 관찰: 디자인의 잠재적 사용자를 관찰하는 단계이다. ② 아이디어 생성:

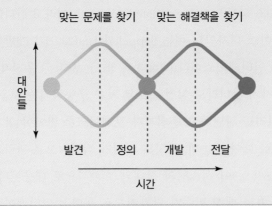

[그림 3-9] 이중 다이아몬드 디자인 과정

디자인은 문제의 여러 측면을 탐색한 다음 문제 정의로 수렴한 후, 여러 대안들을 개발하고 나서 최종 해결책에 도달하는 과정이다.

디자인 문제를 정의하고 잠재적 해결책을 구상하는 단계이다. ③ 시제품화(proto-typing): (여러) 디자인 해결책을 시제품으로 만들어 본다. ④ 시험: 디자인이 실제 조건에서 적절한지를 검사한다. 이 네 가지 활동은 최종 해결책에 도달할 때까지 계속 반복된다.

　아이디어를 찾고, 디자인 해결책에 도달하는 과정은 단순한 순환 과정이 아니라 확산과 수렴의 사이클을 갖는 이중 다이아몬드 디자인 과정(double-diamond design process)으로 묘사될 수 있다. 영국의 디자인위원회(Design Council, 2017)에 따르면, 올바른 문제를 찾기 위해 여러 방면으로 문제를 검토하는 확산 단계에 뒤이어 문제의 핵심을 정의하는 수렴 단계가 있다(첫 번째 다이아몬드). 그다음 해결책을 찾기 위한 확산 단계와 최적의 해결책으로 수렴하는 단계로 된 두 번째 다이아몬드가 있다. 이중다이아몬드 과정은 최종 해결책에 도달할 때까지 되풀이될 수 있다.

상위 수준의 고려사항

　앞에서 디스플레이 디자인에서 기초적인 사항들을 알아보았다. 디스플레이가 사용자의 과제 수행을 지원하고, 시스템 이해에 도움이 되는 몇 가지 아이디어들을 살펴보았다. 종종 디스플레이는 단순한 표시기가 아니라 중요한 정보를 전달하고 처리하는 지능적 장치이다. 이런 경우에 우리는 디스플레이에서 감각지각, 주의의 수준보다 한층 더 높은 수준을 고려해야 한다. 실제 고려사항은 디자인 문제 상황에 따라 다양하게 전개될 것이지만 여기에서는 다음 세 가지를 살펴본다.

정보의 구조

　컴퓨터 소프트웨어의 메뉴를 보면, 모든 선택지가 나열되어 제시되는 경우도 있지만, 팝다운 창으로 메뉴를 열람해야 하는 경우도 있다. 선택지 혹은 하위 항목이 어떻게 제시되느냐는 디스플레이 시스템이 관련 정보를 어떻게 조직하느냐와 관련된다. 웹페이지에서 보듯이 정보는 한꺼번에 모두 펼쳐져 있을 수도 있고, 나뭇가지 구조를 가진 위계에서 계층적으로 표현될 수도 있다. 이런 차이로 인해 정보를 검색하는 방법도 달라진다. 전자의 경우에는 시각 검색에 더 크게 의존하게 되고,

후자의 경우에는 많은 정보가 표면에 보이지 않으므로 정보 검색(search)을 하거나 범주 지식을 동원하여 논리적으로 접근해야 한다. 역으로 말해서 정보 검색을 주로 사용하는 시스템에서는 정보를 펼쳐 놓는 것이 도움이 되지 않을 것이다. 그러므로 디스플레이가 제공하는 정보는 과제에 맞게 조직되어야 한다. 마찬가지로 정보를 시각적으로 표시하는 방법, 즉 시각화(visualization)도 중요하다(Tufte, 2001). 예를 들어, 문서 파일들은 목록 형태, 쌓여 있는 서류들, 혹은 서가에 꽂혀 있는 책, 연관성에 따라 그룹을 이루면서 흩어져 있는 것 등, 여러 모양으로 제시될 수 있다. 정보의 구조는 사용자로 하여금 과제를 특정한 방식으로 수행하도록 유도할 수 있다(Norman, 1998).

위계적인 정보 구조는 작은 디스플레이 안에 많은 정보를 넣는 것을 가능하게 한다. 대표적으로 프린터기에 달려 있는 작은 창에는 많은 항목이 숨어 있다. 사용자는 보통 그런 (숨겨진) 위계구조를 잘 다루지 못하는 편이다. 디스플레이 개발자는 많은 정보를 모드(mode)로 구분하거나, 혹은 메뉴판을 이용하거나, 혹은 맵을 제공하기도 한다. 이러한 배치는 모두 사용자에게 기억과 주의의 부담을 더한다. 상위 수준의 정보는 직접 표시되고 쉽게 접근할 수 있지만, 하위 수준의 정보는 어느 상위 범주에 속하는지가 애매한 경우가 많다. 사용자가 정보 검색을 하더라도, 검색은 디스플레이 사용자에게 검색어를 찾고 단어를 입력하는 부담을 준다. 만일에 해당 정보가 존재한다는 믿음이 분명하지 않다면, 정보 검색은 도중에 포기될 수도 있을 것이다. 정보들을 너무 깊은(많은) 수준으로 조직하면, 가장 말단에 있는 정보들은 제대로 발견되지 못할 가능성이 높다. 정보들을 위계적으로 적절히 조직화하는 수준은 다섯 수준 이하가 적당한 것으로 보인다(박창호, 2004).

위계적인 구조는 보통 항목들을 배타적으로 배치한다. 다시 말해, 한 상위 범주에 속한 항목은 다른 상위 범주에는 속하지 않는다는 것이다. 그러나 이런 구조는 사용자가 유사해 보이는 상위 범주를 잘못 선택하면 올바른 항목을 찾는 것을 매우 힘들게 할 수 있다. 사용자의 범주 이해는 시스템 개발자의 이해와 같을 수 없다. 이때 애매한 항목을 여러 상위 범주 아래 각각 중복적으로 제시하는 방법을 사용할 수 있다.

일관성과 차이

미국의 우주왕복선 챌린저호의 폭발사고가 설계에 사용된 수치의 단위(미터와 인치)의 혼동으로 인해 생겼다는 뉴스가 있었다. 정보 형식의 일관성이 중요함을 보여 주는 사례로서 정보 형식의 일관성은 기억하고 변환하는 부담을 줄여 줌으로써 신속한 판단에 도움을 준다. 유사한 문제가 여러 개의 디스플레이를 동시에 사용할 때 생긴다. 예컨대, 통계표에서 특정 집단(조건)의 표시가 어떤 곳에서는 색깔로 구별되고, 다른 곳에서는 무늬로 구별된다면 혼동이 생길 것이다. 같은 공장에서 사용되는 압력 표시 계기가 어디에서는 다이얼로 되어 있고, 다른 곳에서는 디지털 계기로 되어 있는 경우도 마찬가지이다. 또 비슷한 조작은 하는데 어디에서는 단추를 터치하게 되어 있고, 다른 곳에서는 슬라이드 바를 움직이도록 되어 있는 경우도 마찬가지이다. 디스플레이 간의 일관성이 높으면, 사용자는 판독에 필요한 정보를 계속 갱신(update)할 필요가 없어 기존의 정보를 계속 사용할 수 있는 이점을 누리게 된다(Nielsen, 1993).

비슷한 모양의 디스플레이가 나란히 배치되어 있다면, 그중 필요로 하는 것을 찾는 데에 어려움이 생긴다. 그러므로 각 디스플레이가 다른 것과 어떻게 다른 것인지를 분명히 표시할 필요가 있다. 예를 들어, 디스플레이의 (배경) 색상을 다르게 한다든지, 중요한 명칭을 음영이나 굵은 글자로 강조하는 방법을 쓸 수 있다. 통계 자료를 제시할 때 같은 형식의 그래프가 반복적으로 사용된다면, 차이 나는 부분을 특히 강조함으로써 혼동을 줄일 수 있을 것이다.

디스플레이 디자인은 여러 디스플레이의 일관성과 각 디스플레이의 독특성을 모두 고려하여 최적 판독을 이끌어 내도록 해야 할 것이다. 이때 겉으로 명백하지 않은, 정신적 조작까지 고려하는 것이 유용할 것이다. 예컨대, 처리 순서에 따라 디스플레이를 배치할 수도 있으며, 가장 중요한 디스플레이가 가운데 오게 배치할 수도 있다. 이런 것이 잘 제공되지 않으면, 사용자는 그중 먼저 주목해야 하는 디스플레이에 스티커를 붙이거나 별표를 표시하는 식으로 임기응변하게 되는데, 이것은 뭔가 불편한 점이 있다는 것을 알려 주는 것이다.

관습과 표준화

디스플레이에서 기호나 상징, 그리고 색과 같은 어떤 측면은 관습적이다. 단도직입적으로 말해, 화살표 '→' 모양이 반드시 오른쪽을 가리켜야 할 이유는 없는 것이다. 모든 것이 근거를 갖거나 이론적으로 해결될 수는 없다. 관습적인 표시는 매우 오랜 내력을 가지고 있으므로 이를 임의적으로 변경하는 것이 오인식 또는 무시와 같은 오류를 일으킬 수 있다. 예를 들어, 스위치의 '1'과 '0' 표시는 원래 전자 회로에서 전류의 흐름과 차단을 나타내는 것을 제품 전원의 on, off를 표시하거나 자동차 실내 환기구의 open, close를 표시하는 것으로 확장시킨 것인데, 한국에서 이것은 충분히 수용되지 않는 것처럼 보인다. 이모티콘('^0^' '-_-')에서 0은 열린 모습을, -는 닫힌 모습을 나타내는 것과 갈등적이기 때문일 것이다.

메뉴에서 항목들의 배치는 기본적으로 임의적인데, 많은 소프트웨어가 서로를 본뜨다 보니 이제 많은 소프트웨어의 메뉴 구조는 비슷한 패턴을 지니게 되었다. 마치 자발적이고 묵시적인 표준화(Nielsen, 1993)가 일어난 것처럼 보인다. 임의적인 표시[예, 왼쪽 수도꼭지의 'C'(찬물) 표시]는 표준화를 통해서 일종의 약속으로 정착되면 직관적인 표시 못지않게 효과가 있다.

색깔이나 모양은 문화권에 따라 다른 문화와 구별되는 독특한 의미를 가지는데, 예를 들면 '빨강'은 어떤 곳에서는 행운을 나타내는 반면, 다른 곳에는 분노나 위험을 나타낼 수 있다. 이런 상징성은 종종 보편적인 기호로서 색을 사용하는 것과 갈등을 일으킬 수 있다. 또는 이슬람문화에서는 적신월사(the red crescent)가 적십자(the red cross)를 대신하듯이, 도형의 상징도 문화에 따라 다를 수 있다. 그러므로 특정 지역에 사용되는 디스플레이는 그 지역의 문화적 코드를 이해하여 디자인될 때 더 잘 파악되고 수용될 수 있다.

어떤 디자인이 좋은지를 어떻게 알 수 있나?

어떤 디자인은, 특히 발명품은 기존에 충족되지 않았던 요구를 더 잘 충족시켜 줄 때 가치가 있을 것이다. 그런데 이 디자인이 과연 그러한 가치가 있는지를 어떻게 알 수 있는가? 개발자 혹은 발명자는 당연히 자신의 창작품에 애착을 가지고, 그 가치를 옹호할 것이지만, 제3자인 당신은 어떠한가? 요란하게 선전되는 제품도 막상 사용하다 보면, 예상치 못한 불편이 발생하고 종합적으로 경쟁 제품보다 더 나아 보이지 않기도 한다. 어떤 제품 혹은 디자인이 얼마나 좋아하는지를 사용 편의성, 사용 목적, 사용자 특성, 범용 가능성, 휴대성과 같은 접근 가능성, 가격, 주관적 만족도 등 여러 요인에 의해 결정될 것이다. 이처럼 복잡하긴 하지만, 사용(편의)성(usability)을 중심으로 다음 중 한두 가지 기법을 사용하여 디자인의 품질을 평가할 수도 있다(박창호, 2007). 이러한 기법들은 일회적이 아니라 디자인 과정과 더불어 반복적으로 적용될 수 있다.

① 사용성 검사법(usability inspection): 어떤 제품군에 대한 평가 항목들이나 전반적 지침(guideline)을 이용하여, 분석 전문가들이 사용성을 평가하는 것을 말한다. 이 방법은 간편하고 비용이 적게 드나, 여러 평가 항목(측면) 간의 상호관련성이나, 심층적이고 미묘한 문제점이 간과될 수 있다.

② 시제품화(prototyping): 시제품(prototype)은 검토를 위한 모형(견본)이라 할 수 있는데, 시제품을 제작하여 현장에서 혹은 모의 상황에서 디자인을 시험하는 것이다. 이때 잠재적 사용자나 분석가는 시제품을 이리저리 탐색하면서 경험하는 관심과 문제점을 관찰한다. 이런 과정을 인지적 시찰(cognitive walkthrough)이라고 한다. 그 결과를 분석하여 디자인의 사용성을 평가한다.

③ 실험법(experimentation): 몇 가지 비교 가능한 디자인들이 있을 때, 그 성능이나 사용성을 실험적으로 비교하는 방법이다. 예컨대, 몇 가지 시제품(디자인)을 놓고, 어떤 과제를 수행할 때 걸리는 시간, 필요한 조작 횟수나 단계, 발생하는 오류의 비율 등을 측정하여 분석한다. 비교적 정밀한 결과를 주지만, 디자인에는 실험적으로 접근하기 어려운 측면도 많다는 점을 유의해야 한다. 여러 상호작용 단위가 있는 대규모 시스템도 실험적 접근이 어렵다.

만일 당신이 새로운 입력 시스템이나 앱(App)을 만들었다면, 그냥 만족하지 말고, 앞의 기법들을 이용하여 다른 디자인과 비교해 보라. 사용하는 기법에 따라 결과도 다소 달라질 수 있다.

디스플레이의 확장

지금까지 다룬 디스플레이 문제는 대체로 환경이나 시스템을 표상하는 일을 중심으로 하였다. 지시계(indicator), 다이얼 등 기계식 디스플레이 다음으로 간단한 액정(LCD) 화면이 사용될 때까지 디스플레이는 주로 입력 정보를 표시하는 수동적 장치였다. 그런데 고화질 액정 화면과 터치스크린이 개발되면서 현대의 디스플레이는 이전에는 불가능하였던 해상도를 통해 엄청나게 많은 정보를 전달할 수 있게 되었으며, 나아가 사용자의 직접 조작(터치)을 가능하게 해 준다. 사물인터넷(IoT) 혹은 유비쿼터스 컴퓨팅(ubiquitous computing) 등이 고도화되면 시스템이 점차 배후로 물러나고 디스플레이가 우리 환경의 주요한 부분이 될 것이다. 그리고 지금도 비디오게임이나 여러 가지 오락을 제공하는 앱에서 보듯이 디스플레이는 단지 정보처리 장치 이상의 역할을 한다. 앞으로 디스플레이는 생활이 이뤄지는 장이 될 것이다. 디스플레이가 어떻게 발전할지에 대한 몇 가지 아이디어를 생각해 보자.

지능적 스크린

디스플레이를 TV, PC, 휴대전화의 화면을 포함하여 광의로 해석할 때, 이미 우리는 수많은 디스플레이(화면)를 통해 세상을 경험하고 있다. 같은 디스플레이를 가지고도, 어떤 경우에는 좀 더 전통적인 디스플레이로 사용하고(예, 휴대전화 앱으로 알림 설정), 다른 경우에는 소위 스크린에 가깝게(예, 동영상 시청) 사용한다. 이 두 경우는 이전에는 구분되었으나 이제는 더 이상 둘 사이에 명백한 경계선을 긋기가 어렵게 되었다. 예를 들어, 디지털 TV는 영상을 보여 주는 동시에 많은 정보와 여러 언어의 자막을 제공하는데, 이런 정보 제공은 단지 수동적인 것이 아니라 시청자가 동시에 능동적으로 다른 정보를 검색할 수 있다.

그러므로 디스플레이는 단지 보여 주는 것(display)을 넘어서서 지능적(intelligent or smart) 스크린이 되어 가고 있다(Norman, 2016). 미래에는 이 지능적 스크린이 도처에 있어서 사용자는 필요에 따라 이것을 이용하여 직장 일, 집안일, 개인적인 일은 물론, 오락도 즐기게 될 것이다. 이러한 변화와 더불어 사람은 디스플레이(혹은 스크린) 너머의 일과 세상에 대해 정교한 표상 또는 심적 모형을 발달시키게 될 것이다. 디스플레이 형태가 범용적일수록 사용자는 더 많은 것을 기억해야 하기 때문이다. 그런 기억 부담을 줄이기 위해서 디스플레이는 사용자와 대화하면서 스스로를 설정 내지 조정할 수 있어야 할 것이다. 그러자면 디스플레이 자체가 일종의 인공지능 시스템이 될 수밖에 없다. 그래서 디스플레이는 인간과 (인공지능) 시스템과의 상호작용이 일어나는 장이 될 것이다.

사용자 경험

인터페이스 디자인은 더 이상 쓰기에 편리하고 효율적인 장치를 만드는 것만을 목적으로 하지 않는다. 디자인은 기능적 측면, 인지 수준의 상호작용을 넘어서서 미적, 감성적 그리고 사회적 측면에도 주목하고 있다. 인터페이스는 일하는 도구이기도 하지만, 또한 경험을 만들어 내는 매개체가 되고 있다. 아이폰은 독특한 (그렇게 지각된) 경험, 예컨대 화면 전환의 미묘한 변화나 터치감을 제공하는데, 이때 사용자가 경험하는 감성과 매력, 혹은 심미적 가치가 '사용자 경험(user experience: UX)'을 구성한다. 매력적인 사용자 경험의 제공은 제품과 서비스의 주요한 측면이 되어 가고 있기 때문에, 많은 개발자는 좋은 사용자 경험을 제공하기 위한 디자인에 관심을 가지고 있다. 사용자 경험은 사용자 관점에서, 제품 혹은 시스템 측면에서, 그리고 상호작용(interaction) 측면에서 고찰된다(박정순, 2012).

사용자 경험에는 디자인의 기능성이나 사용성 외에도 심미적 측면, 감성적 측면 그리고 의미적 측면이 관여한다. 이런 측면에는 주관적인 요소가 강하며, 이 때문에 사용자 경험은 사용자의 특성과 사회적 상황(사용 맥락)에 따라 크게 달라질 수 있다. 사용자 경험 디자인에서는 사용자가 제품 혹은 서비스와 상호작용하는 특성, 상호작용을 통해 사용자가 얻는 경험의 특성이 중요하다. 특히 독특한 심미적 · 감성적 즐거움을 만들어 내고자 한다. 이러한 방향은 PC게임과 멀티미디어, 여러 가지 오락용품의 발달을 거쳐서, 이제 디지털 기기와 콘텐츠의 디자인으로 이어지고 있다. 가상현실이나 증강현실 게임에서 보듯이 입체감이나 촉감 그리고 운동감을 제공하는 기법들의 발달로 사용자 경험은 더욱더 중요해질 것이다.

인터넷의 발달로 인해 오히려 사회적 상호작용의 지원이 상호작용 디자인에서 중요하게 되었다. SNS 몰입 현상에서 보듯이 많은 개인주의적 사람들이 다른 사람과 연결되고 타인을 느끼기 위해 많은 시간과 노력을 투자한다. 사회적 상호작용은 어떤 식으로 경험할 때 만족스러울 것이며, 관련 서비스(시스템)와 상호작용 디자인이 그것을 어떻게 지원할지는 지속적인 관심사가 될 것이다.

디스플레이의 융합

디스플레이는 대상을 보여 주는 데에만 쓰이는 것이 아니라, 마치 사진 위에 설명이나 그림을 덧붙이듯이 다른 정보나 상상을 결합시켜서 복합적인 목적으로 사용될 수 있다. 최근의 증강현실(augmented reality: AR)은 실제 장면과 데이터를 융합시켜서, 예컨대 AR 고글을 쓴 수리공에게 벽 속의 배관과 못이 어떻게 배치되어 있는지를 보여 준다. AR 거울은 옷장(시스템)에서 내가 고른 옷을 입은 모습이 어떠할지를 비춰 줌으로써 옷 선택을 도와준다. 혹은 AR 고글이 복잡한 빌딩 내에서(예컨대, 화재가 났을 때) 탈출로를 표시해 준다. 여기에서 현실 장면과 가상 물체를 결합하여 제시하는 것을 혼합현실(mixed reality)이라고 한다. 증강현실이나 혼합현실을 구현하기 위해서는, 시스템은 공간, 시설, 사물에 대한 방대한 데이터를 처리(시각화)해야 한다. 앞으로 증강현실과 혼합현실의 데이터 처리 능력이 증가하면서, 이들은 오락, 의료, 제조업 영역뿐만 아니라 심리치료와 교육을 포함하는 인적자원 개발에도 응용될 가치가 높다고 생각된다.

증강현실이나 혼합현실이 제공할 수 있는 정보는 엄청나다고 할 수 있다. 그것은 보이지 않는 것을 보여 주지만 또한 인공적으로 추가된 많은 정보는 인간 인지 시스템, 특히 주의 기능에 과부하를 준다. 앞의 HUD 문제에서 보았듯이 많은 정보가 동시에 근접하여 제시한다고 하더라도 그것들이 모두 적절하게 처리되는 것은 아니다. 지금 필요하지 않은 정보의 과잉 제시는 오히려 사용자를 혼란에 빠뜨리고 과제 수행을 방해할 것이다. 증강현실 혹은 혼합현실 디스플레이는 사용자의 과제 요구와 상황에 민감하게 반응할 수 있어야 할 것이다. 그리고 AR 고글은 시야 각도가 좁고 실제 환경에서의 움직임을 적절하게 반영하지 못하는 경향이 있기 때문에, 사이버공간에서 문제되는 현상 중 하나인 방향감상실(lostness)이 여기서도 문제가 될 수 있고, 감각적인 부적응을 낳을 수도 있다. 그러므로 사용자가 실제 환경을 제대로 알아차리는 것도 지원해야 할 것이다. 증강현실이나 혼합현실의 경우처럼, 미래에는 여러 종류의 디스플레이가 융합되어 제시될 것인 반면, 인간의 인지 자원과 역량은 비교적 제한되어 있으므로, 디스플레이 간의 상호 간섭을 적절히 제어하여 과제 수행에 최선의 지원을 이끌어 내는 문제가 중요한 인지공학적 과제 중 하나가 될 것이다.

맺음말: 인간-시스템 상호작용

디스플레이는 기본적으로 외부 환경이나 시스템의 상태를 나타내 준다. 사용자가 디스플레이를 판독하는 과정에는 감각, 지각, 주의 요인과 여러 수준의 인지 활동이 개입한다. 사용자의 심리 및 행동 특성을 고려할 때 더 좋은 디스플레이가 디자인될 수 있다. 이제 디스플레이는 단순한 정보 표시기 수준을 넘어서 매우 지능적인 장치로 발전하고 있다. 많은 복합적인 제어가 디스플레이를 통해 이뤄지며, UX에서 보듯이 새로운 경험을 제공하는 데 관심을 두며, 증강현실에서 보듯이 물리적 이미지와 정보의 융합 디스플레이를 다룬다.

디스플레이는 더 이상 수동적인 표시기가 아니다. 디스플레이를 통해서 시스템을 통제하고 (가상, 증강) 환경을 경험한다는 점에서, 인간과 시스템의 상호작용이 벌어지는 현장이다. 그래서 디스플레이를 인지하고 조작하는 심리과정에 대한 고찰과 연구가 매우 중요한 영역이 되었다. 이처럼 인간-시스템(컴퓨터, 기계)의 상호작용에 인지심리학과 인간요인 연구를 응용하는 분야가 인지공학(cognitive engineering)이다(Norman & Draper, 1986). 인지공학은 인간의 정보처리 특성이 시스템(혹은 제품) 사용과 어떤 관계에 있는지를 관찰하고 실험하여 더 나은 인터페이스 디자인에 응용하려 한다. 이를 위해 심층 집단면접, 사용자 관찰, 모형 제작, 현장 및 가상 상황 실험 등을 이용한다. 인지공학적 접근은 잠재적 사용자의 인지능력과 인지과정, 과제와 작업 환경이 요구하는 인지적 요구, 그리고 과제가 수행되는 사회적 및 물리적 맥락을 중시한다. Norman(2016)은 이러한 배경에서 특히 사용자의 관점과 편의를 중시할 것을 강조하는 인간중심적 디자인(human-centered design) 혹은 사용자 중심 디자인(user-centered design) 접근을 제안하였다.

요약

　현대인은 계기판과 같은 초보적 디스플레이뿐만 아니라 고화질 화면과 같은 많은 첨단적 디스플레이에 둘러싸여 일하고 생활하고 있다. 이런 (종종 둘 이상의) 디스플레이에서 정보를 파악하고 필요한 작업을 수행할 때 좋은 디스플레이는 사용자인 인간의 인지적 특성을 잘 고려해야 할 것이다. 이 장에서는 디스플레이 판독과 관련되는 감각, 지각 및 주의 특성들을 살펴보았다. 그리고 인간 수행을 지원하는 디스플레이 인터페이스를 디자인할 때 기초적으로 고려해야 할 점들과 디스플레이 외적 요소들을 논의하고, 마지막으로 디스플레이의 발전 방향을 인간–시스템 상호작용이란 관점에서 살펴보았다.

생각할 거리

• 많은 사람이 멋지고 우아한 디자인을 선호한다. 그러나 심미적인 디자인이 언제나 사용하기에 편리한 것은 아닌데, 당신은 그 예를 들 수 있는가? 디자인의 심미성과 사용 편의성 중 어느 쪽을 더 중시해야 할까? 이런 판단은 제품의 용도와 어떤 관련성이 있을까?

• 성인에게 편리한 문고리가 아동이나 노약자, 그리고 장애인에게는 매우 불편한 것이 될 수 있다. 보편디자인(universal design)은 사용자의 연령, 신체적 특성, 문화 등으로 인한 차별을 최대한 줄이려고 한다. 그런 디자인은 보편적인 만큼 어떤 사람들에게는 불편할 것이다. 반면에 고객맞춤식 디자인이 인기를 누리는 경우도 있다. 당신은 어느 쪽을 중시하는가? 그 이유는 무엇인가? 보편성과 맞춤식의 갈등을 줄이는 방법은 없을까?

• 점차 디스플레이는 보기만 하는 장치가 아니라, 사용자가 작업하는 환경이 되고 있다. 예컨대, 우리는 스마트폰에서 어떤 화면(홈화면, 앱 혹은 브라우저)을 열거나 이동하고, 끝내기 위해 디스플레이를 조작한다. 디스플레이가 인간의 조작(행위)을 인식하게 만드는 어떤 방법(들)이 있는가(있을까)?

제4장

공간인지와 항행

인간은 복잡하고 역동적으로 변화하는 주변 환경을 항행하는 데 탁월한 능력을 갖고 있다. 우리는 아무런 어려움 없이 길을 따라 걷고, 마주 오고 있는 다른 사람들과 부딪히지 않으며, 장애물을 피할 수 있다. 자신이 살고 있는 집으로 매일 같이 무사하게 돌아오고, 기본적인 능력을 어느 정도만 갖추고 있어도 자동차를 직접 운전하여 원하는 목적지까지 신속하고 안전하게 이동할 수도 있다. 좀 더 쓸 만한 운송 수단을 사용할 수 있다면 하늘을 날아 목적지까지 이동할 수도 있다. 무엇이 이러한 능력을 갖게 하는 것일까?

공간지각과 운동

공간 속을 안전하게 항행하기 위한 가장 기본적인 조건은 공간에서 이루어지는 자신의 움직임을 정확하게 판단하는 것이다. 우리는 공간 속에서 우리 자신의 운동 방향과 운동 속도, 그리고 운동의 가속도를 변화시킬 수 있다. 이렇게 할 수 있기 위해서는 환경 속에서 움직임에 따라 변화되는 공간 정보를 정확하게 탐지하고 해석할 수 있어야 한다. 즉, 우리가 공간 속을 항행할 때는 공간 정보에 대한 지각과 움직임에 대한 파악이 서로 상호작용한다. 여기에서 제기되는 중요한 질문은 ① 3차원 공간을 어떻게 지각하는지와 ② 3차원 공간에 대한 지각과 행동이 어떻게 연결되는지에 대한 것이다. 사람들이 3차원 공간을 어떻게 지각하는지에 대해서는 두 가지의 질적으로 다른 체계들이 제안되었다(DeLucia, 2008). 이 두 가지 체계의 가장 근본적인 차이는 3차원 공간 지각이 감각 수준에서 자동적이고 직접적으로 이루어지는 것인지, 아니면 인지적 추론이나 해석 등과 같은 좀 더 고차적 수준의 정보처리에 의존해야 하는 것인지의 여부이다. 심리학에서 인간의 지각과정을 설명하기 위해 많이 사용되는 용어를 빌리면, 전자는 상향처리에, 반면 후자는 하향처리에 상대적으로 더 많이 의존하여 3차원 공간에 대한 지각이 이루어진다고 할 수 있을 것이다.

상향처리에 의존하는 3차원 공간지각은 3차원 공간 속을 이동할 때 관찰자 근처에 있는 대상이나 표면을 지각하는 데 유용하고 이것은 어느 정도 자동적으로 이루어진다. 또한 이것은 중심시뿐만 아니라 주변시를 통해 제공되는 정보를 모두 이용하고, 고차적인 인지과정에 덜 의존하기 때문에 관찰자의 시각장 전체를 통해 전달되는 시각 이미지로도 충분히 표상된다. 상향처리에 의존하는 3차원 공간지각은 환경으로부터 주어지는 지각적 속성에 기초하기 때문에 생태학적 심리학(ecological psychology; Gibson, 1979; Warren, 2004)과 밀접하게 관련되어 있다. 이와는 대조적으로 하향처리에 의존하는 3차원 공간지각은 추론이나 고차적 인지과정에 더 많이 의존한다. 이것은 멀리 떨어져 날아가고 있는 두 비행기 중 어느 비행기의 고도가 낮은지 혹은 특정 비행기의 방향이 어디인지 판단하는 것과 같이 관찰자로부터 비교적 멀리 떨어져 있는 대상들의 깊이나 거리를 명료하고 신중하게 판단하는 데 유용하다. 상향처리에 주로 의존하는 3차원 공간지각 체계와는 대조적으로 하향처리에 의존하는 3차원 공각지각은 주변시보다는 중심시를 통해 제공되는 정보처리에 유용하고, 주의 자원을 상대적으로 더 많이 요구한다. 이렇게 3차원 공각지각이 상향처리에 혹은 하향처리에 상대적으로 더 많이 의존하는 정도는 다를지라도 이 두 가지 체계는 3차원 공간지각에 모두 중요하다. 3차원 공간지각 체계에서의 이러한 구분은 3차원 공간지각과 행위가 어떻게 연결될 수 있는지에 대한 설명과도 밀접하게 관련되어 있다.

공간지각과 운동에 대한 접근들

앞에서 기술한 바와 같이 3차원 공간에 대한 지각이 환경으로부터의 풍부한 정보에 의해 자동적으로 이루어질 수 있는지, 아니면 기존의 경험이나 기대 등에 의존하여 고차적 수준으로 수행되어야 하는지와 밀접한 관련이 있는 것이 3차원 공간지각과 행위 사이의 관련성에 대한 질문이다. 결론부터 말하면 공간지각과 행위 사이의 관계에 대한 이론적 접근은 3차원 공간지각 자체에 대한 접근과 기본적으로 매우 유사하다. 여기에서는 고차적 정보처리를 기반으로 하여 공간지각과 행위 사이의 관계를 설명하고자 하는 모델-기반 접근을 먼저 소개한 후 생태학적 심리학에 기초한 접근을 살펴보고자 한다.

모델-기반 접근

공간지각과 행위 사이의 관계에 대한 모델-기반 접근은 공간지각의 기능이 환경의 공간적 배치(spatial layout)에 대한 3차원적인 내적 표상이 가능하도록 하는 것이라는 전통적 견해를 포함한다(Loomis & Beall, 2004). 이러한 3차원적 내적 표상은 몇 가지 깊이 단서들(예, 양안부등, 수렴 혹은 운동시차)을 사용하는 지각 체계와 과거 경험에 기초한 환경의 내면화된 가정 모두에 기초하여 형성된다. 모델-기반 접근에서는 이러한 환경의 공간적 배치에 대한 내적 표상뿐만 아니라 신체의 움직임에 대한 내적 모델도 중요한 요소이다. 따라서 행위는 환경과 신체에 대한 내적 모델 모두에 의해 계획되는데, 어떤 행위가 성공적으로 수행될 수 있는지의 여부는 이러한 환경 및 신체에 대한 내적 모델들이 얼마나 정확하게 형성되어 있는지에 따라 달라진다.

모델-기반 접근에서는 환경에 대한 내적 모델의 정확성이 지각적 공간과 신체적 공간 사이의 합치성에 따라 결정된다고 가정한다. 이러한 가정은 관찰자가 행위 이전에 환경에 대해 먼저 관찰하고 이후에 환경적 정보 없이 내적 모델에 의지해서 의도한 행위를 수행하도록 하는 시각-주도적 행위(visually directed actions) 과제를 통해 검증되었다. 예를 들어, 맹목 보행 연구에서는 관찰자에게 표적 대상을 먼저 관찰하게 한 후 눈을 감고 표적 대상까지 접근하였다고 생각할 때까지 걷도록 하는데, 이 과제를 성공적으로 수행할 경우 환경에 대한 내적 모델이 행위를 통제하는 데 충분하고 정확하게 형성되었다고 해석된다(Philbeck & Loomis, 1997).

시각-주도적 행위 과제가 성공적으로 수행되기는 하지만 시각 공간과 신체 공간에 대한 내적 모델들이 항상 합치하는 것은 아니라는 증거들도 많이 제시되었다(Wagner, 2006). 예를 들어, 관찰 거리나 관찰 높이가 변함에 따라 환경 속에서의 직선들은 곡선으로 보이기도 하고 공간적으로 동일하게 배열된 간격들의 압축 정도가 달라지는 것으로 관찰되기도 한다. 실제로 많은 연구자는 시각공간이 실제 환경 속에서 존재하는 것과는 달리 왜곡되어 표상된다고 주장하였다(Phillips & Voshell, 2009; Todd & Norman, 2003). 이렇게 3차원 공간이 많은 변인(예, 관찰 위치나 대상과의 거리)에 따라 왜곡되어 표상될 수 있음에도 불구하고 행위는 비교적 정확하게 이루어질 수 있을까? 이에 대한 한 가지 설명은 이러한 공간적 왜곡에 대해 행위가 보정된다는 것이다(Vo, Ning, Bhattacharjee, Li, & Durgin, 2011). 또 다른 설명은 조금 극단적인데 많은 행위가 환경의 공간적 배치에 대한 정확한 내적 표상 없이도 이루어질 수 있다는 것이다. 후자의 입장이 바로 생태학적 접근이다. 이 접근에서는 공간 속에서의 행위가 공간에 대한 정확한 내적 표상에 기초한다는 모델-기반 접근의 근본적 가정에 회의를 갖는다.

생태학적 접근

Gibson(1979)은 공간에 대한 정확한 정신적 표상 없이도 우리가 공간 속에서 어떻게 자연스럽게 행위할 수 있는지에 대해 새로운 제안을 하였다. 간단히 말하면 Gibson(1979)의 생각은 모델-기반 접근에서 강조한 3차원 공간 속의 대상이 갖는 크기, 거리 혹은 형태와 같은 공간적 속성보다는 사람이나 동물이 특정 행위를 제어하는 데 즉각적으로 사용될 수 있는 지각적 속성이 더 중요하고 또 필요하다는 것이다. 예를 들어, 산 속의 작은 개울을 뛰어넘어 가고자 하는 등산객에게 필요한 지각적 속성은 개울의 공간적 너비가 아니라 개울을 뛰어넘을 수 있는지의 여부에 대한 지각인 것이다.

공간지각과 행위에 대한 Gibson(1979)의 이러한 생각은 행위를 직접적으로 이끌어 내는 공간적 속성이나 정보가 무엇인지, 그리고 행위를 제어하는 데 그러한 속성이나 정보가 어떠한 역할을 하는지 밝히는 연구로 이어졌다. Gibson(1979)은 어떤 주어진 환경에서 사람들이 자신의 운동을 지각하기 위해 자연스럽고 직접적으로 사용하는 시각적 단서들을 명세화할 수 있었다. 이러한 단서들은 관찰자의 눈에 도달하는 빛의 광학적 속성을 나타내 주고, 관찰자가 걷든지, 운전하든지 아니면 비행하든지에 상관없이 관찰자의 위치나 방향에 대해 변하지 않는(혹은 일정한) 관계를 갖고 있기 때문에 때로는 광학적 불변자(optical invariants)라고도 불린다. 대표적으로 예시되는 광학적 불변자들에는 표면결 조밀도와 압축, 측면경사, 광학흐름, 접촉까지의 시간, 전역적 광학흐름, 그리고 광학모서리 빈도 등이다.

1) 표면결 조밀도에서의 변화

관찰자가 어떤 장면을 관찰할 때 관찰자가 보는 장면의 표면에는 결(texture)이 있게 마련이다. 예를 들어, 아주 넓은 옥수수 밭을 보고 있다면 관찰자로부터 가까운 지점에 있는 옥수수들은 성글게(듬성듬성하게) 떨어져 있는 것으로 보이지만 먼 지점에 있는 옥수수들은 조밀하게 모여 있는 것으로 보인다. 즉, 장면의 표면 위에 있는 대상들은 관찰자로부터의 거리에 따라 결이 달라지는데, 이것을 표면결 조밀도(textural gradient)라고 한다. 이러한 표면결 조밀도에서의 거리에 따른 상대적 차이는 관찰자가 3차원 공간 속에 있다는 정보뿐만 아니라 공간에서 관찰자의 관찰 높이가 어디인지에 대한 정보도 제공한다. 관찰자의 바로 앞 지점과 먼 지점에 이르는 표면결 조밀도에서의 변화 정도가 클수록 관찰자가 낮은 위치에서 장면을 보고 있다는 것을 알려 주는데, 이러한 표면결 조밀도에서의 변화 정도는 표면결의 압축

(compression) 정도로 기술될 수 있다. 즉, 표면결이 압축되어 보일수록 관찰자는 낮은 위치에서 장면을 관찰하고 있는 것이다.

2) 직선조망과 측면경사

우리는 화가들이 원근감을 표현하기 위해 직선조망(linear perspective)과 같은 깊이 단서를 사용한다는 것을 잘 알고 있는데, 직선조망은 원래는 평행하는 두 개의 선이 관찰자로부터 멀어질수록 서로 수렴한다. 이렇게 수렴하는 두 개의 선분이 만나는 각도는 관찰자의 관찰 높이에 대한 정보를 제공한다. 예를 들어, 수렴 각도가 작을수록 관찰자는 높은 곳에서, 반면 수렴 각도가 클수록 관찰자는 낮은 곳에서 장면을 관찰하고 있다는 정보를 제공한다. 직선조망에 따른 가상적 직선이 관찰자의 눈높이에 따라 변화되는 것을 측면경사(splay)라고 부른다.

3) 광학흐름

광학흐름(optical flow)이란 우리가 3차원 공간 속을 움직일 때 우리의 시각장(visual field)에 분포하고 있는 점들의 상대적 속도를 말한다. 예를 들어, 어떤 조종사가 비행기를 착륙시키기 위해 활주로에 접근하는 경우를 생각해 보자. 이때 조종사가 관찰하고 있는 장면에 걸쳐 표면결이 변화되는데 이러한 표면결의 변화 방향과 변화 속도는 조종사의 응시점을 중심으로 달라진다. 관찰자가 응시하고 있는 지점은 광학흐름이 존재하지 않는 대신 여기서부터 광학흐름이 주변으로 방사된다. 광학흐름의 출발점을 확산점(expansion point)이라고 부른다. 관찰자가 보고 있는 장면의 어느 지점에 확산점이 위치하고 있는지, 그리고 확산점으로부터 광학흐름이 어느 방향으로 얼마나 빠르게 변화되는지에 따라 관찰자는 자신의 진행 방향과 속도를 자동적으로 지각할 수 있다(Warren, 2004). 예를 들어, 조종사의 관점에서 확산점이 지평선의 아래쪽에 위치하고 있다는 것은 항공기가 하강하고 있다는 단서를 제공해 줄 것이다. 또한 확산점으로부터 사방으로 방사되는 광학흐름의 상대적 속도는 운동 경로에 대한 정보를 제공해 준다. 예를 들어, [그림 4-1]에서는 확산점 윗부분에서의 광학흐름보다 확산점 아랫부분에서의 광학흐름이 더 큰데, 이것은 비행기가 아래쪽을 향해 접근하고 있다는 것을 알 수 있게 한다. 이와는 반대로 기차의 맨 뒤 칸에 있는 관찰자가 멀어지는 장면의 한 지점을 응시하고 있다면 확

[그림 4-1] 광학흐름의 예시(Wickens, Hollands, Banbury, & Parasuraman, 2013)

산점으로부터의 광학흐름은 [그림 4-1]에서 화살표의 방향이 모두 반대가 되는 것과 같은 형태를 보이게 된다.

4) 접촉까지의 시간

움직이는 관찰자의 이동 속도나 방향이 일정하다고 가정했을 때, 그 관찰자가 어떤 대상과 접촉하기까지 어느 정도의 시간이 소요될 것인지 계산할 수 있을 것이다. 예를 들어, 전방의 자동차가 정지했을 때 그 차량과 충돌하지 않고 자신의 차량을 적절하게 정지시키기 위해서는 이 시간을 정확하게 파악할 수 있어야 한다. 이 시간을 너무 길게 추정한다면 전방의 차량과 충돌할 것이고, 이와는 반대로 너무 짧게 추정한다면 뒤 차량 운전자들로부터 원성을 살 것이다. 어떤 대상과 접촉하는 데 걸리는 시간을 접촉 소요시간(time-to contact: TTC)이라고 부른다(DeLucia, 2007; Grosz et al., 1995; Lee, 1976). 이것은 일반적으로 관찰 대상(예, 전방의 차량)이 이루는 시각도(visual angle)를 시간당 시각도의 변화율로 나눈 값으로 정의된다(Hoyle, 1957). 이것은 관찰자의 움직임에 따라 발생하는 어떤 대상이나 표면의 확산 변화율(rate of change of expansion)이라고 생각할 수도 있다. 어떤 대상이 얼마나 큰지 혹은 대상과의 거리는 얼마나 되는지 추정하는 것은 때로 모호할 수 있지만 대상과의 접촉 소요시간은 비교적 분명하게 정의될 수 있다. 그러나 접촉 소요시간에 대한 정의가 이렇게 분명하게 정의될 수 있지만 사람들의 접촉 소요시간 추정은 때로 정확하게 이루어지지 않기도 한다. 예를 들어, 접촉 소요시간을 정의하는 데 대상의 크기와 대상과의 거리가 모두 중요한 변인이기는 하지만 대상의 크기나 대상과의 거리에 대한 사람들의 추정은 정확하지 않아 멀리 떨어져 있는 큰 대상은 실제보다는 좀 더 가까이 있는 것으로 보이는 반면, 가까운 곳에 위치한 작은 대상은 실제보다 더 멀리 있는 것으로 추정하는 경향이 있다(DeLucia, 2005). 즉, 멀리 있는 큰 대상에 대해서는 접촉 소요시간을 과소평가하는 반면, 가까운 곳에 있는 작은 대상에 대해서는 이것을 과대평가한다. 전방 차량을 후방 차량이 들이받는 추돌사고의 경우 전방의 피해 차량은 큰 차인 경우가 많을까 아니면 작은 차인 경우가 많을까?

5) 전역적 광학흐름

[그림 4-1]에서 보이는 화살표로 표시된 광학흐름들이 전체적으로 이루는 전반적 패턴을 전역적 광학흐름(global optical flow)이라 부르는데, 이것은 관찰자의 움직임 속도와 관찰 높이에 의해 결정된다(Larish & Flach, 1990). 따라서 우리가 더 빠르게 이동할수록, 그리고 지면에 더 근접하여 이동할수록 전역적 광학흐름이 증가한다. 운동 속도에 대한 사람들의 주관적 경험은 정확하지 못한 경우가 많다. 그 이유는 속도의 주관적 지각이 주로 전역적 광학흐름에 의해 결정되기 때문이다. 예를 들어, 운전자의 눈높이가 낮은 곳에 위치하는 스포츠카를 운전하는 경우에는 이보다 운전자의 눈높이가 높은 곳에 위치하는 버스를 운전하는 경우에 비해 실제보다 더 빨리 이동하는 것처럼 느껴지는데, 전자의 경우가 후자에 비해 전역적 광학흐름이 더 크기 때문이다(이재식, 1996). 조종석의 눈높이가 기존의 항공기에 비해 두 배 정도 더 높았던 보잉 747이 처음 도입되었을 때 조종사들은 비행기를 이륙시키거나 착륙시키기 위해 지상에서 움직일 때 너무 빠르게 비행기를 몰아 때때로 비행기의 착륙 기어를 손상시키기도 하였다. 이것도 동일한 맥락에서 해석될 수 있는 사례이다(Owen & Warren, 1987).

6) 광학모서리 빈도

예를 들어, 운전할 때 도로의 양쪽에 심어져 있는 가로수들 사이의 거리 혹은 도로 표면에 운전자의 이동 방향에 대해 가로 방향으로 그어져 있는 선들이 얼마나 촘촘한지의 정도에 따라 운전자가 경험하는 운전 속도감이 달라진다. 단위 시간당 관찰자를 지나치는 모서리 혹은 불연속적 표면의 수를 광학모서리 빈도(optical edge rate)라고 한다. 이것이 클수록(표면결이 조밀할수록) 사람들의 주관적 이동 속도는 더 빨라진다. Denton(1980)은 고속도로의 출구까지의 거리가 가까워질수록 도로 위에 간격이 점진적으로 좁아지는 표시선들을 제시하였다. 이 경우 일정한 운전 속도로 이동한다 하여도 출구에 근접할수록 운전자의 시야에는 표시선들이 점차적으로 더 빠르게 이동하는 것으로(모서리 빈도가 점차적으로 증가하는 것으로) 보일 것이다. 이것은 운전자들로 하여금 고속도로 출구에 접근할수록 자신의 운전 속도가 더 빨라지는 것처럼 느끼게 한다. 이러한 간단하면서도 유용한 방법을 통해 운전 속도를 줄여야 하는 원형 교차로에서의 사고 비율을 유의하게 감소시킬 수 있었다고 한다.

운동과 항행

일반적으로 3차원 공간지각과 행위 사이의 관계에 대한 생태학적 접근은 운동(locomotion)의 맥락에서 주로 발전하였지만 생태학적 접근이 갖는 기본적인 생각과 유사한 접근이 유기체가 목적지까지 이동하기 위해 공간을 항행(navigation)하는 맥락에도 적용되어 왔다. 예를 들어, 우리는 대상이나 장소를 직접 관찰할 수 없는 상황에서 지리적 구조에 대한 전반적 이해나 지식이 없이도 목적지까지 충분히 도달할 수 있다. 심지어 이전에 알아두었던 지점 사이를 지름길로 항행할 수 있는 것은 그 지역에 대한 지도를 머릿속에 갖고 있는 것과 같은 전반적 지식(이것은 경로들을 통합적으로 이해함으로써 형성된다)이 아닌 이정표들에 대한 지식만으로도 가능하다는 증거가 제시되었다(Foo, Warren, Duchon, & Tarr, 2005). 이와 유사하게 사람들이 어떤 대상을 찾기 위해 미로를 항행할 때 이들은 환경에서의 절대적 거리나 방향이 아닌 이정표들에 의존한다는 것도 보고되었다(Harrison, Warren, & Tarr, 2011). 이러한 증거들은 사람들이 공간에 대한 조망적 지식보다는 순서적 지식을 더 빨리 습득한다는 것을 시사한다. 이러한 특성을 통해 사람들의 공간 표상이 질적 수준에서 차이가 있는 몇 가지의 단계를 거치면서 발달한다는 것을 알 수 있다.

공간지식

사람들이 지리적 공간에서 안전하고 효율적으로 항행하기 위해서는 공간에 대한 지각뿐만 아니라 이러한 지각적 경험을 기초로 획득된 공간기억 혹은 공간지식이 필요하다. 사람들의 공간지식은 세 가지로 구분될 수 있다. 먼저, 이정표 지식(landmark knowledge)은 높은 빌딩이나 특이한 건축물과 같이 눈에 드는 이정표에 대한 시각적 표상이다. 우리는 누구와 만날 약속 장소를 정할 때 '○○ 빌딩 옆에 있는 커피점'이라고 말할 수 있을 것이다. 이정표는 주변의 다른 대상들과 뚜렷하게 구별될수록 사람들의 항행에 도움이 된다(Thorndyke & Hayes-Roth, 1978). 이정표 지식은 환경 속에서 직접적 경험을 통해 획득하는 개인적 지식이기 때문에 공간에 대한 자기-중심적(ego-centered) 지식이라 불린다.

노선 지식(route knowledge)은 어느 한 지점에서 다른 지점으로 항행하기 위한 언어적 지식이다(예를 들어, "Y 지점으로 가기 위해서는 X 지점에서 우회전한 후에 세 블록을 더 가라."). 노선 지식은 이정표 지식을 포함하고 있다. 예를 들어, X 지점에서 우회전하기 위해서는 X 지점을 이미 알고 있어야 하기 때문이다. 노선 지식도 자기-중심적이다.

조망 지식(survey knowledge) 혹은 정신적 지도(mental map)는 진정한 의미의 공간적 지식 표상이다. 이정표 지식과 노선 지식을 바탕으로 이들에 대한 공간적 관련성을 파악하고 있는 지식이다. 예를 들어, '○○백화점 북쪽에 있는 도로 이름이 무엇인지' 혹은 'X 지점에서 Y 지점까지는 얼마나 멀리 떨어져 있는지'와 같은 질문에 답할 수 있는 지식이다. 조망 지식은 특정 환경에 대한 정확한 표상을 가질 수 있도록 해 주고, 노선 지식에 기초한 표상에 비해 훨씬 왜곡이 적다(Thorndyke & Hayes-Roth, 1978; Williams, Hutchinson, & Wickens, 1996). 조망 지식은 길을 잃어버렸거나 방향을 상실했을 때 유용하게 사용되는 공간지식이다. 조망 지식은 많은 경험을 통해 획득된 일반화된 지리적 지식을 표상하기 때문에 세상-중심적(world-centered)이다.

앞에서도 시사되었듯이 사람들은 이정표 지식, 노선 지식 그리고 조망 지식의 순서로 획득하는 것이 일반적이다(Thorndyke & Hayes-Roth, 1978). 그러나 지리적 지식에 대한 경험이나 훈련 방식에 따라 이러한 순서가 반드시 지켜지는 것은 아니다. 예를 들어, 지도를 열심히 익혀 어떤 환경에 대해 잘 알게 된다면 이정표 지식이나 노선 지식보다는 조망 지식이 먼저, 그리고 더 높은 수준으로 획득될 수 있다 (Thorndyke & Hayes-Roth, 1978; Williams et al., 1996).

항행과제

길을 걷거나, 자동차를 운전하거나 혹은 비행기를 이용하여 목적지까지 이동하는 것 모두 항행의 범주에 포함된다. 그러나 단순히 보행하는 것과는 달리 교통수단을 이용하여 항행하고자 하는 경우는 몇 가지 특징을 갖고 있다. 먼저, 교통수단을 이용하여 항행하는 과정에서는 인간 오퍼레이터, 교통수단 및 환경 사이에 끊임없는 상호작용이 발생한다. 이러한 상호작용 과정에서는 환경이나 교통수단에 대한 연속적인 추적이나 제어가 역동적으로 요구되는데, 이것은 본질적으로 오퍼레이터의 정신적·신체적 작업부담을 요구한다. 둘째, 낯선 곳을 항행하거나 좋지 않은 환경(예, 야간이나, 일기가 불량한 경우, 혹은 교통이 혼잡한 경우)에서의 항행은 오퍼레이터의 부담을 훨씬 더 증가시킬 것이다. 셋째, 자동차나 항공기는 매우 빠른 속도로 움직이기 때문에 안전의 문제가 중요해진다. 이러한 특징들을 기초로 여기에서는 자동차 운전자와 항공기 조종사의 항행과제에 대해 다루고자 한다.

자동차 운전자의 항행과제

1) 운전과제의 세 수준

Michon(1989)은 운전자들이 수행하는 과제들을 세 가지의 수준으로 구분한 바 있다. 방략 과제(strategic tasks)는 이동의 목적이나 운전자의 전반적 목표에 초점을 맞추는데, 심지어 방략 과제들의 많은 부분은 우리가 차에 올라타기 이전에 이미 수행되기도 한다. 방략 과제들은 어디를, 언제 그리고 어떻게 갈 것인지 등을 결정하는 것과 같은 일반적 과정을 포함한다. 책략 과제(tactical tasks)는 운전 방식의 선택이나 목적지까지 가기 위해 지금 당장 주어진 목표에 초점을 두는 과제들이다.

책략 과제들에는 운전 속도는 얼마나 빠르게 할 것인지, 앞 차를 추월할 것인지, 그리고 몇 번째 차선에서 운전할 것이지를 결정하는 것 등이 포함된다. 제어 과제 (control tasks)는 자동차 조작에 대한 매 순간의 선택에 초점을 둔다. 이 과제들에는 바람직한 운전 속도를 유지하는 것, 앞차와 안전한 거리를 유지하는 것, 그리고 차선을 유지하는 것 등이 포함된다.

운전과제를 이렇게 다양한 수준으로 구분하는 것은 운전자의 수행을 측정할 때 용이하게 사용될 수 있다. 방략 과제 수준에서 운전 수행은 최단 거리를 선택하는 운전자의 능력이나 하루 중 언제 운전할 것이지 선택하는 것(예, 피곤한 상태에서 이른 아침에 운전하는 것은 위험한 선택이 될 수 있다) 등을 통해 측정할 수 있다. 책략 과제 수준에서 운전 수행은 갑자기 나타나는 위험요소(예, 공사 지역)에 대한 반응 능력뿐만 아니라, 적합한 운전 속도나 차선을 선택하는 능력의 관점에서 측정될 수 있다. 예를 들어, 운전 중에 휴대 전화를 사용하는 운전자는 도로가 갑자기 빙판으로 바뀌었을 때 운전 속도를 줄이지 못하는 경우가 종종 있다. 제어 과제 수준에서 운전자의 운전 수행은 차선을 유지하고, 운전 속도를 제어하며, 선행 차량과 안전한 거리를 유지하는 능력의 관점에서 측정될 수 있다.

2) 운전자의 제어 과제

운전자들은 운전 중에 여러 과제를 동시에 수행해야 하는데, 이 과제들을 크게 두 가지로 구분하면 차선을 유지하기 위한 횡적(lateral) 제어 과제와 속도 유지를 위한 종적(longitudinal) 제어 과제가 포함된다. 따라서 운전자들은 두 개의 제어 과제를 동시에 수행하기 위해 적절하게 시각 정보를 추적해야 한다. 예를 들어, 횡적 제어에는 도로의 곡률에 의해 수행되는 반면, 종적 제어는 도로를 통해 제시되는 운동의 흐름(flow of motion)이나 위험요소의 위치 혹은 거리 정보에 기초하여 수행된다. Gibson(1979)의 생태학적 접근에서 사용한 개념을 빌려 운전자의 두 가지 제어 과제의 수행을 평가할 수 있다. 구체적으로 횡적 제어의 경우에는 차선 침범까지의 시간(time to lane crossing: TLC)이, 그리고 종적 제어의 경우에는 접촉까지의 시간 (time-to-contact: TTC)이 운전자의 제어 수행을 측정할 수 있는 지표가 될 수 있을 것이다.

항공기 조종사의 항행과제

항공기 조종사의 항행과제들을 자동차 운전자의 항행과제들과 비교할 때 가장 특징적인 차이 중 하나는 자동차 운전자의 과제에 비해 여러 측면에서 훨씬 더 어렵다는 점이다. 예를 들어, 항공기는 운동 방향축(axis)이 자동차에 비해 더 많을 뿐만 아니라 이러한 제어축들은 서로 상호작용하기 때문에 제어 자체가 어려운 과제가 된다. 또한 조종사는 안전한 비행에 요구되는 상황인식(situation awareness)의 유지, 상공에서 3차원적인 목표지점으로의 항행(navigating), 비행과 관련된 다양한 조작 절차준수(procedures), 관제소나 조종실에 있는 사람들과의 의사소통(communicating), 그리고 시스템 상태의 감시(monitoring) 등과 같은 추가적인 과제 부담이 운전자에 비해 훨씬 더 크다.

1) 조종사의 제어 과제

항공기의 움직임은 6개의 자유도(degree of freedom)를 통해 이루어진다. 즉, 항공기는 세 개의 회전축(axes of rotation)을 통해 회전할 수 있고, 세 개의 변위축(axes of displacement)을 통해 위치를 변화시킨다. 항공기의 회전은 세 개의 회전축을 이용하여 피치(pitch: 전후 기울기), 롤(roll 혹은 bank: 좌우 기울기), 그리고 요(yaw: 수직 중심선을 기준으로 좌우 방향으로의 회전)로 나타낼 수 있다. 항공기의 위치 변화도 세 가지의 변위축을 이용해 표현할 수 있다. 예를 들어, 좌우 방향으로의 위치 변화는 횡축(lateral axis)으로, 상하 방향으로의 위치 변화는 수직축(vertical axis)으로, 그리고 전후 방향으로의 위치 변화는 종축(longitudinal axis)으로 표시할 수 있다. 이러한 6개의 축을 통해 나타낸 항공기의 회전이나 위치는 계속 변화하기 때문에 조종사는 이러한 변화를 계속 추적하고 목표 상태를 유지하기 위해 항공기를 제어해야 한다. 항공기 조종사의 제어는 두 가지의 목표를 위해 이루어진다. 하나는 항공기가 속도를 상실하지 않도록 하는 것이고 다른 하나는 3차원 공간 속의 한 지점으로 항행하는 것이다. 이러한 일련의 과제들을 달성하기 위해 조종사는 기본적으로 세 개의 제어장치를 조작한다. 조종간(yoke)으로 주날개의 승강타(elevator)와 보조익(ailerons)을 제어하게 되는데 이를 통해 항공기의 피치와 롤(혹은 뱅크)이 달라진다. 스로틀(throttle)로는 항공기의 비행속도(대기속도)를 제어하고 러더 페달(rudder pedal)은 선회와 진행방향을 변경하는 데 사용된다.

2) 상황인식과 절차의 준수

조종은 매우 다양한 상황에서 이루어진다. 자동차 운전과는 매우 다르게 비행에서 중요한 대부분의 정보는 공간적 형태로 직접 관찰될 수 있는 것이 아니다. 그보다 조종사는 항공기 자체에 설치되어 있는 자동화 시스템의 상태뿐만 아니라(Sarter & Woods, 2000), 항공기의 현재 위치와 항공기의 현재 상태로부터 발생할 수 있는 미래의 위험요소들(주변 교통, 지상과 기상 상태 등)에 대한 이해(understanding) 혹은 상황인식에 의존해야 한다. 또 항공기 조종사는 특정 시점에서 특정 절차를 따르기 위한 조작을 해야 하는데 이것은 조종사가 경험과 훈련을 통해 '머릿속에' 미리 저장한 절차적 지식과 선언적 지식 모두를 통해 가능하다. 그러나 머릿속의 지식을 각 국면에 따라(예, 비행 전, 지상 활주, 이륙 등) 혹은 조작 조건들에 따라(예, 정상적인 상태, 엔진이 꺼진 상태, 화재가 발생한 경우 등) 인출하여 사용하는 것은 때로 엄청난 부담을 초래하기 때문에 조종사가 취해야 할 절차(과제)들을 기술한 몇 가지 체크리스트 형태의 보조물이 사용되는 것이 일반적이다. 이러한 '세상 속 지식(knowledge in the world)'은 조종사의 작업부담을 경감시켜 주고 조종사의 원활한 과제 수행을 지원하는 데 도움이 된다.

항행 보조수단

사람들이 어떤 친숙한 환경에 대해서 매우 정확한 정신적 표상을 갖고 있다면 이들은 추가적인 항행 보조수단의 필요성을 거의 느끼지 않을 것이다. 그러나 그와 같은 항행 보조수단들은 다음과 같은 이유 때문에 여전히 중요한 역할을 한다. 첫째, 사람들은 자신이 친숙하지 않은 지역에 대해서는 여전히 항행 보조수단의 도움을 필요로 할 것이다. 둘째, 친숙한 환경에 대한 정보라 할지라도 사람들이 필요로 하는 정보는 항상 같은 내용이 아닐 수 있다. 예를 들어, 매우 친숙한 어떤 지점을 운전하고 있는 운전자에게 사고나, 도로 공사 혹은 병목 현상 등이 발생한 특정 지점을 알려 주는 역동적 전자 교통 지도는 그 운전자가 다른 대안적 경로를 선택하는 데 도움을 줄 수 있을 것이다. 셋째, 항행 보조수단은 단순한 항행의 보조 수준을 넘어 항행하는 사람이 좀 더 안전하게 항행하는 데 도움을 줄 수 있다. 예를 들어, 자동차 운전자나 항공기 조종사에게 충돌에 대한 경고 정보를 미리 제공해 주는 것이다. 여기에서는 전통적인 지도, 항법시스템, 증강현실 시스템 등에 대해 기술하고자 한다.

항행 보조수단의 일반적 특징

일반적 지도를 포함하는 항행 보조수단들은 기본적으로 다음과 같은 몇 가지의 기능을 갖는다. 첫째, 목적지까지 어떻게 갈 수 있을지에 대한 안내를 제공한다. 둘째, 여행에 대한 계획의 수립을 용이하게 한다. 셋째, 길을 잃었을 때 다시 찾을 수 있도록 도와준다. 넷째, 넓은 범위에 걸쳐 있는 대상들의 위치에 대한 상황인식을 유지시켜 준다. 항행 보조수단에는 일반적인 종이지도나 전자지도가 모두 포함될 수 있다. 항행 보조수단은 몇 가지의 특징들로 구분될 수 있는데 이러한 특징에 의해 특정 항행 보조수단의 사용성이 결정된다.

1) 상태정보 혹은 명령정보

항행 보조수단의 가장 단순한 형태는 노선 목록 혹은 명령 디스플레이(command display)이다. 이러한 항행 보조수단은 전형적으로 목적하는 지점까지 도달할 수 있도록 여행자에게 일련의 명령들('좌회전하라' '직진하라' 등)을 제공하는 것이다. 전자 항행 디스플레이인 경우에는 특정 교차로에서 어디로 회전해야 하는지를 알려 주기 위해 방향 표시와 같은 것을 사용한다. 명령 디스플레이는 사용하기 쉬울 뿐만 아니라 대부분의 항행과 관련된 명령들은 단어들로 표현될 수 있고 명령어들이 언어적으로 표출된다면 항행하는 사람의 시각적·공간적 주의가 도로상에 주어져 있는 동안에도 명령들이 쉽게 처리될 수 있다. 그러나 명령 디스플레이들이 효과를 발휘하기 위해서는 각각의 명령이 표출될 때 여행자가 어느 지점에 있는지에 대한 정확한 지식을 갖고 있어야 한다. 예를 들어, 만일 여행자가 의도했던 노선에서 벗어나 있다면 종이에 기입된 노선 목록은 더 이상 유용하지 않으며, 항행하는 방향을 선택해야 하는 교차로와 같은 지점들이 데이터베이스에 존재하지 않는 환경 속에 나타나게 된다면(즉, 교차로가 나타났는데도 항행 디스플레이가 이것을 보여 주지 못한다면), 전자적으로 제공되는 항행 디스플레이도 소용이 없을 것이다. 따라서 명령 디스플레이들은 누가 어디에 있는지, 그리고 길을 잘못 찾았다면 어떻게 되찾아 가야 하는지에 대한 정보를 제공하는 데 효율적이지 못하며, 가야 할 경로를 계획하거나 주변 상황에 대한 인식을 유지하는 데도 유용하지 못하다고 할 수 있다. 이와는 대조적으로 공간적으로 형상화된 지도(예, 일반적 종이 지도)는 항행하는 사람의 현재 상태에 대한 정보를 제공할 수 있을 뿐만 아니라 항행 계획이나 주변에 대한 상황인식의 유지에 더 많은 도움이 된다.

2) 가독성

항행 보조수단이 유용하기 위해서는 무엇보다도 쉽게 읽을 수 있어야 한다. 종이 지도인 경우에는 표식들과 배경 사이에 필요한 수준의 대비가, 그리고 텍스트의 크기에는 적당한 시각도가 있어야 한다. 만일 색으로 부호화된 지도를 사용하는 경우라면 배경색으로서 낮은 채도를 갖는 색을 사용하여 텍스트들이 더 잘 보일 수 있도록 할 수 있다. 그러나 색을 이용해 텍스트를 나타낼 경우에는 색 사이의 대비가 낮아질 수 있기 때문에 주의해야 한다. 그와 같은 특징들을 고려하여 지도를 설계할 때에는 지도가 읽혀지는 조건들에 대해서도 주의가 주어져야 한다. 예를 들어, 어두운 곳에서 작을 글씨로 제작된 종이 지도를 읽기란 매우 불편하고 항해자로 하여금 화가 나도록 하는 일이 될 수도 있다. 그렇다고 가독성을 확보하기 위해 큰 글씨를 항상 사용할 수는 없을 것이다. 즉, 세세한 내용을 보여 주어야 할 경우에는 어쩔 수 없이 많은 내용이 지도 안에 포함되어야 하기 때문에 글씨 크기도 작아질 수밖에 없을 것이다. 이러한 경우가 바로 정보 제공에서의 안전성과 경제성 사이의 득실관계가 발생하는 경우인데, 가독성을 높이는 것이 안전성을 확보하는 방법이라면 제한된 공간 속에 많은 정보를 주는 것은 경제성을 위한 방법이 될 것이다. 전자 지도의 경우라면 줌 기능(zooming)을 사용하여 상황에 따라 가독성을 희생하지 않으면서 세세한 부분에 대한 정보도 제공해 줄 수 있다.

3) 혼잡도

자세한 지도와 관련되는 또 다른 문제는 많은 정보가 한꺼번에 제시됨으로써 발생하는 혼잡도의 문제이다. 혼잡도는 두 가지의 부정적인 결과를 초래할 수 있는데 하나는 혼잡도가 증가할수록 정보에 접근하는 시간(즉, 한 항목을 탐색하여 발견해 내는 것)을 느리게 한다는 점과, 다른 하나는 주변의 항목들에 의해 찾고자 하는 항목이 차폐되어 그 항목을 읽는 시간이 느려진다는 점이다. 최소한의 정보를 제시하는 것으로 혼잡도의 문제를 해결하는 것은 안전성을 희생하는 문제를 초래할 수 있기 때문에 이외에 다른 방법들이 모색되어야 할 것이다. 이 문제에 대해서는 세 가지의 다른 해결 방법이 가능하다. 첫째, 효율적인 색채 약호화를 통해 서로 다른 정보 부류들을 상이한 색들로 제시해 줄 수 있다. 이렇게 함으로써 사람들이 선택 주의 기제를 이용하여 하나의 색으로 약호화된 특징들을(예, 도로)에 좀 더 쉽게 초점을 맞추게 할 수 있고, 동시에 다른 색으로 약호화된 필요하지 않은 항목들(예, 텍스트, 심벌, 강 혹은 기타의 지형 등)을 임시적으로 여과시킬 수 있다. 색을 사용할 때는 지나치게 많은 수를 사용하지 않도록 주의해야 한다. 둘째, 전자 지도인 경우에는 사용자들이 필요로 하는 정보 부류들은 선택적으로 부각(강화)시키는 반면, 다른 것들은 배경으로 남겨 놓는 것이 가능하다(Yeh & Wickens, 2001). 목표 정보의 강도를 증가시켜 주는 것은 상이한 색채를 사용하는 것보다 선택 주의와 초점 주의를 위한 더 효율적인 여과장치가 될 수 있다. 셋째, 필요한 정보를 부각시킨다는 개념을 극단적으로 사용하는 경우로 탈혼잡화(decluttering)가 있는데 이 방법은 사용자들이 원하지 않는 정보의 범주들을 모두 꺼 버릴 수 있도록 해 준다. 부각하기와 탈혼잡화는 공통적으로 한 가지 문제를 갖고 있는데 그것은 조작에 더 많은 융통성이 있을수록 사용자의 선택 사양 수가 증가하여 결과적으로는 의사결정에 불필요한 부담을 초래할 수 있다는 점이다(Yeh & Wickens, 2001). 더구나 흔들리는 차량 안에서의 조작과 같은 경우에서는 여러 선택 사양 중에서 원하는 선택을 하는 것이 더 어려울 수 있다.

4) 위치 표상

지도를 사용하는 사람들은 그들의 위치가 지도상에 직접적으로 나타날 수 있다면 항행과제에서 이득을 볼 것이다. 이러한 특성은 일상적인 항행과제에서 많은 도움을 줄 수 있는데 왜냐하면 이것은 이동해야 하는 방향이나 거리 등을 추론하는 데 요구되는 정신적 부담을 경감시켜 줄 수 있기 때문이다. 특히 이러한 특징은 사람들이 길을 잃었을 때 다시 길을 제대로 찾을 수 있도록 돕는 데 매우 중요하다.

물론 이러한 특징은 작은 상가나 빌딩 혹은 지하철 안에서 볼 수 있는 지도에 '당신의 현위치(you are here: YAH)'란 일종의 지도를 사용하는 일반적인 목적이기도 하다(Levine, 1982).

5) 지도의 방향

좋은 지도가 갖는 중요한 특징 중의 하나는 항행하는 사람들로 하여금 빠르고 쉽게 앞에 펼쳐진 환경과 지도를 서로 비교할 수 있도록 하는 것이다(Wickens, 1999). 이러한 특징은 지도의 방향과 여행하는 방향이 일치하면 쉽게 달성될 수 있다. 예를 들어, 지도의 위쪽 방향이 여행하는 방향의 앞쪽이 되고 혹은 여행자가 앞쪽을 향하고 있을 때 여행자의 왼쪽이 지도상에도 왼쪽으로 나타나는 경우이다. 이러한 경우가 아니면 항행하는 사람들은 자신이 향하고 있는 방향과 지도의 방향을 일치시키기 위해 심적 회전(mental rotation)을 해야 하는데 이것은 시간을 더 많이 요구하고 또 쉽게 실수를 범하게 한다(Aretz, 1991). 이러한 문제를 해결하기 위해 전자지도의 경우 이동하는 방향이 항상 위쪽으로 나타나도록 지도를 회전시킬 수 있게 설계할 수 있고, '당신의 현위치'를 표시하는 지도의 경우에는 지도의 위쪽 방향을 지도를 보는 사람이 향하고 있는 방향과 일치하도록 할 수 있다(Levine, 1982).

그러나 항행을 돕기 위해 지도를 회전시키는 것의 이점에도 불구하고 이러한 방법에는 몇 가지 문제점들이 있다. 예를 들어, 일반적인 종이 지도인 경우 만일 어떤 여행자가 남쪽을 향하고 있고 이동하는 방향과 지도의 방향을 일치시키고자 지도를 돌려 보고자 한다면 지도 속의 텍스트들은 모두 뒤집혀서 보이게 될 것이다. 상세한 내용을 포함하고 있는 전자 지도의 경우에는 어느 정도의 컴퓨터 그래픽 능력이 있어야 할 것이다. 더구나 여행 계획을 세우거나 다른 사람과 의사소통할 때는 (일반적인 지도처럼) 북쪽이 위쪽으로 고정되어 있는 지도가 갖는 안정성과 방위의 보편성이 매우 유용할 수 있다. 따라서 지도가 회전할 수 있는 전자 지도라고 해도 (북쪽이 항상 위쪽으로 제시되는) 고정형 지도를 하나의 사양으로 선택할 수 있도록 설계해야 한다.

6) 축척

일반적으로 어느 지역에 대해 제시되어야 하는 지리적 정보의 상세함 수준, 축척

(scale) 혹은 가용성은 그 지점으로부터 여행자가 있는 지점까지의 거리가 멀어짐에 따라, 그리고 여행자의 앞쪽보다는 뒤쪽 방향에서(뒤쪽보다는 앞쪽이 미래의 이동 경로가 될 가능성이 크므로) 더 많이 감소한다고 가정할 수 있다. 이것은 전자 지도의 경우에 여행자의 위치를 전자 지도 스크린의 아랫부분에 위치시키는 주된 이유이기도 하다. 전자 지도의 축척은 사용자가 조절 가능할 수 있도록 하여야 하는데, 그 것은 비단 앞에서 언급한 혼잡도의 문제 때문만이 아니라 전자 지도의 축척에 대한 여행자의 요구가 여행 계획을 세우는 것에서부터 길 안내를 받는 것에 이르기까지 다양할 수 있기 때문이다. 다시 말해, 계획을 세우는 경우에는 아주 먼 지점에 있는 목적지까지의 경로에 대한 정보들이 보여야 하는 반면(소축척), 길 안내를 받기 위해서는 현재 위치의 다음 지점에서 취해야 할 행동에 도움을 줄 수 있는 자세한 정보만이 요구되기 때문이다(대축척). 축척의 문제를 해결할 수 있는 한 가지 방법은 이중적인 지도를 만들어 사용자의 현재 위치와 방향에 관한 지역 정보와 전체적인 환경에 관한 좀 더 넓은 지역의 정보를 같이 제시하는 것이다.

생각 상자

🔍 **항행 보조수단은 항상 좋은 것인가?**

　항행 보조수단들은 여러 가지 측면에서 인간의 항행을 보조하는 기능을 갖고 있지만 이러한 시스템들과 관련된 몇 가지 문제들도 고려되어야 한다. 먼저, 인간을 대신하여 기능하는 자동화된 항행 보조시스템에 대해 인간 사용자는 지나친 신뢰나 안심감을 보일 수 있다. 예를 들어, 어떤 운전자는 추돌 경고 시스템을 너무 신뢰한 나머지 선행차량의 움직임을 주의 깊게 살피지 않을 수 있을 것이다. 또한 항행 보조수단 자체가 사용자의 주의를 분산시킬 수 있다. 예를 들어, 항행 정보 제공 시스템의 사용자인 경우 시스템이 제공하는 정보의 처리를 위해 운전 중 주의를 적절하게 할당해야 하는 일차적인 시각영역으로부터 주의를 돌려 자동차 안의 시스템에 편파적으로 주의를 집중할 위험성이 있다. 셋째, 이러한 자동화 시스템에 지나치게 의존하여 항행을 반복할 경우 인간 오퍼레이터들이 갖고 있던 기존의 항행 기술이나 지식이 상실될 수 있다. 예를 들어, 자동차 내비게이션에 항상 의존하여 낯선 곳을 찾아가던 운전자가 갑자기 그 시스템을 사용할 수 없을 때를 상상해 보자.

　자동화된 장치들에 대한 지나친 신뢰나 안심감, 부가적인 주의분산, 그리고 기존 기술의 상실 등과 부정적 효과와 항행 보조수단이 갖는 본래의 기능 사이에 어떠한

득실관계가 있을지에 대해서는 항상 고민해 보아야 할 것이다. 또한 이를 기초로 인간 사용자에게 좀 더 적합한 시스템의 개발도 가능할 것이다. 예를 들어, 차량에 구현된 항행 보조수단들이 운전자의 주의산만이나 위험한 운전 조건들을 감시한 후 적절하게 그리고 자동적으로 자동화 수준을 조절할 수 있는 적응형 자동화(adaptive automation)는 인간-중심적 시스템 설계를 구현하는 데 좋은 사례가 될 수 있을 것이다.

여러분이 생각하는 항행 보조수단의 미래는 어떠한 모습인가? 지금 이미 개발된 것 이외에 어떠한 항행 보조수단을 앞으로 개발하고 싶은가?

항행 보조수단의 유형

항행은 대부분의 경우 자연스럽고 어느 정도는 자동적으로 이루어질 수 있다. 그러나 우리가 교통수단에 의지하여 항행하고자 하는 경우에는 몇 가지 문제가 발생할 수 있는데, 이러한 점들에 대해서는 앞에서 이미 기술한 바 있다. 이러한 문제들을 해결하기 위해, 그리고 최근에 발전한 전자/기계 및 통신기술의 발달에 힘입어 다양한 형태의 항행 보조수단이 속속 등장하고 있다. 예를 들어, 충돌감시 및 회피 장치, 흔히 내비게이션 시스템이라고 말하는 자동차 항행 보조 시스템, 그리고 운전자 감시 장치 등이 여기에 해당한다. 이러한 시스템에 포함되어 있는 다양한 장치의 개발은 많은 기술(technology)의 진보 여부에 달려 있다. 예를 들어, 선행차량과의 추돌 위험성을 미리 경고해 주는 차량용 추돌 경고 시스템에는 선행차량과의 접근 속도를 탐지할 수 있는 센서들이 신뢰롭게 작동할 수 있어야 하고, 지능형 경로

[그림 4-2] 헤드업 디스플레이(좌측)와 증강현실 디스플레이(우측)의 예시
그림 설명은 본문 참조.

안내 시스템에도 주변에 있는 도로 상태에 대한 최근의 정보를 정확하게 알려 줄 수 있는 장치(예, 실시간 교통 정보를 전달하기 위한 무선 연결 장치)가 요구된다. 이미 이러한 기술들은 상당한 수준으로 진보한 상태이고 차량용 내비게이션 시스템과 같은 경우는 많은 운전자가 사용하고 있다. 다음에서는 인간의 공간인지와 항행의 특성을 고려하여 개발된 몇 가지 항행 보조 시스템들과 그 특징들을 기술하였다.

1) 헤드업 디스플레이

오퍼레이터가 디스플레이에서 제공되고 정보에 의지하여 항행 방식을 결정하고자 할 때 항행에 필요한 정보를 여러 개의 디스플레이를 통해 전달받는 경우가 있다. 특히 항행 보조수단의 기능이 자동화될수록 인간 오퍼레이터가 감시해야 하는 디스플레이의 수는 증가한다. 이 때문에 제한된 공간 안에 여러 개의 디스플레이를 배치해야 하는 어려움이 발생하고 특히 더 심각한 문제는 디스플레이의 수가 증가할수록 각 디스플레이의 물리적 크기는 감소시켜야 한다는 점이다. 크기가 작은 중다의 디스플레이는 결국 오퍼레이터의 주의를 분산시키고 또한 가시성 저하에 따른 디스플레이당 감시 시간도 증가시키는 문제를 야기한다.

이에 대한 한 가지 해결책으로 항공 영역에서 일찍부터 개발된 디스플레이 형태 중 하나가 헤드업 디스플레이(head-up display: HUD)이다. HUD의 핵심은 오퍼레이터의 시선이 일차적으로 주어지는 영역에 정보들을 중첩시켜 제공하는 것이다. HUD에 대한 두 가지 사례가 [그림 4-2]에 제시되어 있다. HUD는 몇 가지 장점이 있다. 첫째, 만일 운전자나 조종사가 대부분의 시간을 외부 쪽으로 눈을 향하고 있어야 한다고 가정한다면 HUD 이미지들을 겹쳐지게 제시하는 것은, 먼 영역에 해당하는 환경에 대한 정보와 가까운 영역에 해당하는 실내 계기판들에 대한 정보가 병렬적으로 감시될 수 있도록 해 줄 수 있을 것이다. 둘째, 특히 항공기 HUD인 경우에 멀리 떨어진 영역의 정보와 직접적인 공간적 대응이 있는 이미지들을 함께 제시해 줄 수 있다. 예를 들어, [그림 4-2]의 우측에 제시된 경우와 같이 실제 외부 환경에 존재하는 도로 위에 자신이 진행해야 하는 방향을 이미지화하여 제시함으로써 운전자들로 하여금 자신의 진행 방향을 놓치지 않도록 할 수 있을 것이다. 실제 환경 이미지와 전자적 정보 이미지를 합치시켜 제공하는 이러한 디스플레이 방식을 특히 증강 디스플레이(augmented display)라고 부른다. 그러나 이러한 이점들에도 불구하고 이미지들을 중첩시켜 정보를 제시하는 것은 헤드업 디스플레이의 혼잡도를 증가시킬 수 있다는 문제도 있음을 염두에 두고 있어야 한다(Fadden, Ververs, & Wickens, 2001).

2) 예측 디스플레이

다른 능력과 비교하여 사람들이 미래를 예측하는 능력은 상대적으로 많이 부족하다. 미래 상태 혹은 미래 상황을 예측하기 위해서는 현재의 조건, 미래의 가능한 상태, 그리고 현재의 조건이 미래의 상태를 어떻게 생성할지에 대해 잘 형성된 정신모형을 적용할 수 있어야 하지만 이 과정은 작업기억을 포함하는 많은 정신적 자원을 요구하기 때문일 것이다. 이 때문에 항행에서의 예측을 비롯하여, 수행에서 예측이 요구되는 과제를 보조해 주기 위한 다양한 형태의 예측 디스플레이가 개발되었다. 예측 디스플레이는 오퍼레이터들이 이미 발생한 일들에 대해 후향적(reactive)으로 반응하게 하기보다는 앞으로 발생할 수 있는 일에 대해 순향적(proactive)으로 반응할 수 있도록 함으로써 수행에서의 효과성을 높일 수 있다. 특히 예측 디스플레이는 오퍼레이터의 입력에 따라 출력이 기하급수적으로 증가 혹은 감소하는 경우나, 입력의 결과가 지연되어 발생하는 경우(즉, 오퍼레이터의 입력에 따라 시스템이 굼뜨게 반응하는 경우)에 특히 더 유용하다. [그림 4-3]은 항공 영역에서 사용되는 2차원과 3차원 예측 디스플레이를 각각 예시하고 있다. [그림 4-3]의 좌

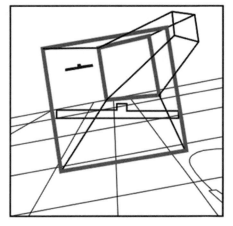

[그림 4-3] 2차원 예측 디스플레이(좌측)와 3차원 예측 디스플레이의 예시

측에서 아래의 삼각형 심벌로부터 왼쪽으로 굽은 점선은 이 항공기의 미래 회전 방향과 비행 방향을 예측해 준다. [그림 4-3]의 우측에서 아래에 있는 큰 상징은 현재 항공기의 위치, 왼쪽의 검정색 상징은 미래의 항공기 위치, 그리고 우측으로 터널처럼 굽은 부분은 항공기가 앞으로 항행하여야 할 방향을 표시해 주고 있다.

생각 상자

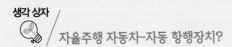 자율주행 자동차-자동 항행장치?

우리나라에서 1980년대 TV에서 방영되었던 〈전격 Z작전〉(미국 NBC, 원작: Night Rider)이라는 외화시리즈가 있었다. 이 외화에서 가장 주목받고 사람들이 감탄했던 주인공은 사람이 아닌 KITT라는 자동차였다. 그도 그럴 만한 것이 KITT는 자동차이면서도 주인을 대신해서 스스로 운전하고 더구나 주인과 자연스럽게 대화까지 할 수 있었기 때문일 것이다. 최근 들어 이렇게 TV시리즈나 공상과학 영화에서나 등장할 법한 일이 현실화되고 있다. 다름 아닌 자율주행 자동차이다. 자율주행 자동차는 사람이 운전하는 대신 자동차 스스로 원하는 목적지까지 운전하여 찾아가는 능력을 갖고 있다. 그야말로 명실공히 '자동차'라는 이름에 걸맞는 자동차인 셈이다. 우리 사회에서 심각한 문제로 대두되고 있는 교통체증이나 교통사고 문제, 나아가 인구 고령화로 인한 고령운전자의 증가, 그리고 운전이 불가능한 사람들에 대한 이동성 제공 등과 같은 다양한 이유로 자율주행 자동차는 앞으로 기세등등하게 발전할 것으로 예상된다. 실제 많은 자동차 메이커나 IT 기업들이 이미 이러한 자동차 개발에 많은 투자와 노력을 기울이고 있다.

여러분은 자율주행 자동차에 대해 어떻게 생각하는가? 억지 요구인 것 같지만 자율주행 자동차에 대해 긍정적인지 아니면 부정적인지 하나만 골라 보자. 그리고 긍정적이라면 혹은 반대로 부정적이라면 왜 그러한지 이유를 생각해 보자.

맺음말

이 장에서는 공간인지와 공간 속에서의 이동이나 움직임을 포함하는 운동 및 항행과 관련된 다양한 측면에 대해 기술하였다. 자신이 어디에 있고, 자신이 얻고자 하는 자원은 또 어디에 있으며, 그곳까지 어떻게 도달할 것인지 아는 것은 인간을 포함한 모든 동물들이 직면하고 있는 가장 중요하면서도 도전적인 과제이다. 그러나 이러한 과제는 우리가 직관적으로 생각하는 것보다는 훨씬 더 복잡한 과정을 통해 수행된다. 또한 이러한 과제의 효과적이면서도 효율적인 수행은 인간과 동물의 생존과 직결되는 문제이기도 하다. 이 때문에 인간이나 다른 동물의 공간에 대한 감각, 해석, 행동, 지식 축적, 그리고 의사소통의 기제를 이해하는 것은 인지심리학뿐만 아니라 신경과학, 컴퓨터과학, 지리학, 언어학, 사회학, 혹은 건축학을 포함하는 다양한 학문 영역에서 핵심 주제로 다루어졌다.

공간인지와 항행이 갖는 기본적 속성과 그것의 현실적 응용을 고려하면서 항상 봉착하는 문제는 인간은 공간인지와 항행의 역량에 본질적으로 한계가 있다는 점이다. 이러한 특성을 감안한다면 공간인지와 항행의 현실적 응용이라는 것은 다름 아닌 공간인지와 항행의 한계를 극복하려는 과정의 하나인 셈이다. 그러나 이 책의 1장에서도 지적되었듯이, 공간인지를 포함하는 인간 인지의 현실적 응용의 역사는 그리 길지 않고, 이 때문에 인간 인지와 항행의 현실적 응용이라는 주제는 전통 심리학자들의 관점에서 보면 약간은 생소한 분야일 수 있을 것이다. 뿐만 아니라, 이러한 응용에서는 기계와 기술의 도움이 필수적으로 수반되어야 하는 과정이다. 인간과 기계(기술)의 상호작용을 이해하는 것, 나아가 기계가 인간의 역할을 대신하는 것 등은 인지심리학자들이 해결해야 하는 또 다른 문제들이 담겨 있는 영역이다.

차량 내비게이션이나 자율주행 자동차의 경우에서도 볼 수 있듯이, 공간인지와 이에 기초한 행동 측면에서는 이미 기계가 인간을 대신하고 있다. 그리고 이러한 추세는 매우 빠른 속도로 진행될 것이다. 물론 이러한 추세는 안전이나 효율성을 추구하는 인간의 요구에 부응하기 위한 목적에 의한 것이다. 그러나 인간이 기본적으로 수행해 왔던 기본적인 공간인지적 과제들(예, 공간에 대한 이해나 항행)을 자동화된 기계가 대신 수행하게 된다면 인간의 공간 과제의 수행 역량은 점차 퇴화될 수도 있지 않을까? 그리고 걷든, 운전하든, 아니면 비행하든 인간이 스스로 수행함으로써 얻을 수 있는 역능감이나 기초적인 쾌락감은 어떻게 되는 것일까? 공간인지와 항행이라는 개념과 관련하여 현대의 인지심리학이 추구해야 하는 연구와 실천의 지향점은 과거의 그것보다 범위가 훨씬 더 넓을 것이다. 공간인지와 항행에 대한 과학적 접근과 실천적 접근은 어떻게 보면 서로 다른 방향을 향해 뛰어가는 두

마리 토끼가 될 수도 있지만, 그럼에도 불구하고 지금까지 우리가 이해하고 있는 공간인지/항행의 기제에 대한 지식은 거의 모든 응용 영역에서 필수적으로 고려되고 적용되어야 하는 기본적 자원이 될 것이다.

 요약

이 장에서는 공간인지와 공간 속에서의 운동 및 항행과 관련된 다양한 측면을 소개하였다. 먼저, 공간인지와 공간 속에서의 운동에 대한 모델-기반 접근과 생태학적 접근을 각각의 주요 개념을 비교하여 설명하였다. 그다음 공간지각에 기초한 공간 지식의 특성에 대해 기술한 후 공간에서 발생할 수 있는 항행과제들을 자동차 운전자와 항공기 조종사의 항행과제를 중심으로 고려하였다. 마지막으로 항행에 도움을 주기 위해 개발된 항행 보조수단의 특성과 몇 가지 사례를 소개하였다.

생각할 거리

• 후방 차량이 전방 차량과 충돌하는 추돌사고의 경우 전방의 피해 차량은 큰 차인 경우가 많을까, 아니면 작은 차인 경우가 많을까?

• 항행에 필요한 예측 디스플레이가 유용하기 위해서는 예측 디스플레이의 시간적 예측 범위, 즉 얼마나 먼 미래까지 예측하여 줄 것인지가 중요한 고려사항이 될 수 있다. 예측 디스플레이의 예측 범위를 설정하기 위해 고려되어야 하는 요소들에는 어떤 것들이 있을까?

• 완전 자동화된 자율자동차와 같이 완벽한 항행장치가 개발되면 항행에 대한 심리학적 연구는 더 이상 불필요할까?

운동 수행의 심리과정

동작의 생성과 제어
운동학습
정보처리와 운동 수행
맺음말

야구는 많은 젊은이가 좋아하는 스포츠이다. 야구장에 가 보았는가? 투수가 공을 던지고, 타자는 야구방망이를 휘두른다. 타자가 친 공이 야구장을 가로질러 날아가면, 내야수 혹은 외야수는 공을 잡을 수 있는 가장 적절한 지점을 향해 달려가고 때로는 몸을 날린다. 관람객들은 선수들의 유연한 동작에 감탄하고 박수를 보낸다. 선수들의 동작은 물 흐르듯 연결된 하나의 동작이어서 군더더기가 없고 깔끔하다. 이런 높은 수준의 운동은 어떻게 수행되며 발전되는가? 선수들의 이런 동작 하나하나가 많은 훈련의 결과라는 것을 여러분은 알고 있을 것이다. 그런데 훈련을 통해 무엇이 발달하며, 과연 무엇을 배우게 되는 것일까? 운동의 학습에 대해서 여러분은 심사숙고해 볼 틈이 없었을지 모르고, 운동은 훈련하면 되는 것이라고 막연히 생각해 왔을지도 모른다. 운동을 통해서 우리 몸, 그리고 마음의 무엇이 변한 것일까? 이런 질문을 이 장에서 생각해 보도록 하겠다.

외야수가 공을 잡는 것과 같은 동작은 일견 단순해 보이지만 매우 복잡한 운동기술이다. 복잡한 운동기술의 학습에는 아주 많은 요인이 영향을 준다. 그래서 운동기술에 대한 연구들은 복잡한 운동기술을 쪼개어, 더 단순한 운동기술을 중심으로 실행되어 왔다. 한 아이가 라켓을 손에 잡고 볼을 벽에 치고 또 벽에 부딪쳐 돌아오는 볼을 되치는 벽치기 테니스를 한다고 생각해 보자. 어떤 요인들이 벽치기 테니스를 할 때 관련되는 요인이며, 우리는 운동 수행을 연구하기 위해서 어떤 요인들을 살펴보아야 할 것인가? 아이가 볼을 땅에 떨어뜨리지 않고 계속 놀이를 하기 위해서는 라켓과 볼, 벽, 바닥의 물리적인 속성과 볼이 충돌 시에 받는 힘 등에 대해 지각하고, 이에 따라 라켓을 휘두르는 힘과 속도, 타이밍, 방향을 적절하게 제어하여 잘 받아쳐야 한다. 운동을 연구하기 위해서는 우리는 이러한 여러 요인에 대해 관심을 두고 다루게 된다.

이 장에서는 운동이 이루어지는 원리인 '동작의 생성과 제어' 문제를 먼저 논의한 다음, 운동 수행의 향상에 대한 '운동학습'의 문제를 다루고, 세 번째로 운동이 이루어지는 기반이 되는 과정인 '정보처리와 운동 수행'에 대해 다루려고 한다. 이를 위하여 운동프로그램 이론과 다이내믹 운동이론을 비교하여 두 이론의 근간이 되는 주장과 차이점을 살펴보고자 한다.

동작의 생성과 제어

동작의 생성과 제어에 대해 설명하는 두 이론으로 운동프로그램(motor program) 이론과 생태심리학과 연관되어 발달한 다이내믹 운동이론(dynamic action theory)이 있다. 운동프로그램 이론은 동작의 생성이 뇌로부터의 지시를 받아 그 지시대로 신체 말단기관이 수동적으로 움직여지는 것이라고 하며 따라서 운동은 지각에 예속되어 있는 관계라고 주장한다. 이에 반하여 생태심리학(ecological psychology)은 지각과 행동이 연합되어 서로가 서로에게 의존하며, 서로를 정의하는 지각과 운동의 상호보완성(perception-action mutuality) 관계를 이루고 있다고 한다. 운동프로그램 이론은 Bernstein의 비판을 받았고, 대안으로 다이내믹 운동이론이 제안되었다.

운동프로그램 이론

운동프로그램 이론은 운동이 수행되는 원리에 대해 뇌에는 운동에 대한 지시가 저장되어 있는 추상적인 기억의 구조가 존재하며, 운동이 이루어지기 이전에 이미 준비되어 있는 이 기억의 명령을 통해 모든 운동 제어가 이루어진다고 한다. 일정한 환경적인 조건에 의해 운동프로그램이 작동되기 시작하면 위계적인 순서에 따라 자동적으로 운동 사령탑에서 말단기관까지 차례로 명령이 전달된다. 그런데 운동프로그램에는 피드백(feedback)의 기능이 없으므로 수행 중에 오류가 생겨도 운동에 대한 일부 수정이나 조절 없이 사전에 계획된 대로 수행된다(Henry & Rogers, 1960; Keele, 1968).

[그림 5-1] **개방회로 제어체계**
(Schmidt, 1991)

이러한 운동프로그램 이론은 개방회로 제어체계(open-loop control)를 표방한다. 개방회로 제어체계([그림 5-1] 참조)는 입력정보가 투입되면 실행기(executive)에서 의사결정을 하며, 다음 단계인 효과기(effector) 수준에 지시를 내리고 효과기는 이 지시에 따라 운동을 수행한다.

운동프로그램 이론은 19세기 운동제어이론(motor control theory)을 이어받은 것으로서 지각과 운동을 분리시키는 이분법적 입장을 취하고 있다. 즉, 지각이 운동을 제어하며 운동은 지각에 의존한다는 입장이다. 운동이 수행되기 위해서는 지각이 선행되어야 하며, 이 지각 작용을 토대로 뇌에서 운동을 관장하는 운동 사령탑이 각각의 개별적인 관절과 근육의 수축과 이완을 지시한다고 한다.

운동이 수행되기 위해서는 먼저 계획안(운동프로그램)이 반드시 작성되어야 하고 작성된 계획안은 아무런 수정 없이 그대로 수행된다. 위계적으로 조직된 시스템에서 각 기관이 할 수 있는 역량은 단일하게 정해져 있으며, 이것마저도 오직 상위 단계에서 운동 개시의 지시가 내려졌을 때에만 수행이 가능하다. 이렇게 상관의 명령을 수동적으로 수행하는 부하와 같이 운동제어는 위계적으로 조직된(hierarchically organized) 명령 체제를 통해서 수행된다는 것이 운동제어이론의 기본 틀이며 이러한 주장은 그대로 운동프로그램 이론에 전달, 계승되었다.

운동프로그램에 대한 Bernstein의 문제제기

N. A. Bernstein(1967)은 러시아의 생리학자로서 생리학의 연구 방향을 중추신경계 지배의 위계적·연쇄적 반사운동으로부터 하부구조인 근육들 간의 자율적인 운

동에 대한 연구로 바꾸어야 한다고 주장한 학자이다. 그는 19세기 운동제어이론과 이 이론을 이어받은 운동프로그램 이론이 나타내고 있는 문제점을 자유도(degrees of freedom)와 맥락 의존적 가변성(context conditioned variability)의 두 문제로 지적하였다.

1) 자유도의 문제(degrees of freedom problem)

자유도란 어떤 물체의 위치를 나타내는 데 필요한 최소한도의 좌표의 수를 말한다. 예를 들어, 한쪽 팔을 들어올리는 운동을 할 때 이와 연관되는 자유도는 관절 단위로는 7개의 자유도가, 근육 단위로는 26개의 자유도가, 모터 유닛 단위로는 2600개의 자유도가 관여된다. 따라서 운동프로그램 이론이 주장하듯이 운동 사령탑이 말단의 근육과 관절에 일일이 명령을 내려 운동을 제어한다면 운동 사령탑이 내려야 하는 명령의 수는 엄청난 수가 될 것이다.

운동 사령탑은 어느 근육(또는 관절)에 명령을 내릴지를 결정하고, 또한 그 근육(또는 관절)을 어느 방향으로 어느 정도 움직일지를 정해 주어야 할 것이다. 그러기 위해서는 운동 사령탑은 방대한 양의 기억을 저장하고 있어야 하며, 이들 기억을 위한 거대한 저장고가 필요하게 된다. 따라서 Bernstein은 운동프로그램 이론이 필연적으로 '자유도의 문제'를 야기하게 된다고 비판한다.

2) 맥락 의존적 가변성(context conditioned variability)

하나의 동작은 뒤이어 수행될 동작의 맥락을 변경시킨다. 이러한 맥락의 변경은 운동 수행에 큰 영향을 준다. 따라서 운동 수행이 일어나기 위해서는 그 근육이 어떤 상태에 있느냐는 사실이 고려되어야 한다. 그런데 운동프로그램은 근육이 운동을 시작하도록 할 뿐이고 피드백 과정이 없으므로 그 명령이 전달되는 사이에 일어나는 환경의 변화를 감지하지 못하며, 따라서 명령의 일부 수정의 가능성은 없다. 이러한 운동프로그램은 유기체의 유연한 운동 수행 능력을 설명하지 못한다.

Bernstein은 운동 수행 시에 일어나는 맥락 의존적 가변성에 대해 세 가지로 분석하였다.

첫째, 근육이 명령을 받았을 때 그 시점의 그 근육과 관절 간의 해부학적 관계는 각각 다른 유형의 운동을 일으킨다. 즉, 대흉근의 수축명령은 팔이 어깨보다 내려와 있는 경우에는 팔을 몸의 앞쪽으로 끌어올리는 결과를 가져오며, 팔이 어깨보다 위에 있는 경우에는 팔을 머리 쪽으로 끌어올리는 결과를 낳는다.

둘째, 명령을 받는 근육의 기계적 상태에 의해 다른 운동 수행이 일어난다. 움직이고 있는 팔의 근육을 일정한 상태로 유지하라는 명령은 그 팔이 움직여지고 있는 속도에 따라 느린 운동, 정지 운동, 또는 움직임의 방향이 바뀌는 여러 가지 다른 결과를 낳는다.

셋째, 명령을 받는 신체의 상태에 따라 영향을 받는다. 러닝머신에서 움직이고 있는 고양이의 발바닥을 자극하는 경우에 러닝머신의 표면에 발을 놓은 상태에서 자극이 가해지면 약간 다리를 뻗으며, 표면에서 발을 들어올리는 상태에서 자극이 가해지면 반대로 오므리는 반응을 보인다.

이러한 예들을 통하여 Bernstein은 감각기관으로부터의 피드백을 인정하지 않는 운동프로그램 이론은 의도한 대로의 정확한 운동 수행을 설명하기 어렵다고 지적하였다.

생태심리학의 관점

다이내믹 운동이론은 심리학의 새로운 사조인 생태심리학과 연관되어 발전해 왔다. 생태심리학은 운동의 문제를 단지 뇌로부터의 명령의 문제로만 보지 않고, 지각과 운동의 상호제약과 여기에서 발생하는 상위의 고차적 정보에 주목함으로써 운동 문제를 새롭게 조명하려 하였다. 운동에 대한 생태심리학적 관점을 이해하기 위해서 생태심리학을 새로운 사조의 심리학 이론으로 정립시킨 J. Gibson의 지각 이론을 먼저 소개하려고 한다. 그런 다음 다이내믹 운동이론을 살펴보겠다.

1) 환경에 대한 지각

(1) 광학적 배열

Gibson(1966)은 빛은 물체에서 반사되며, 물체에서 반사된 빛은 공간을 채운다고 한다. 공간은 빛을 전하는 매개체(medium)의 역할을 한다. Gibson은 물체에서 반사되는 빛을 '환경광(ambient light)'이라고 부르고, 이에 반해 광원에서 나오는 빛을 '방사광(radiant light)'이라고 함으로써 두 종류의 빛을 구분하였다.

이 두 가지의 빛 중에서 물체의 특징과 환경의 특수성을 전하는 의미 있는 빛은 '환경광'이다. 다른 모양이나 색채 표면의 특성은 각각 다른 '환경광'을 낳으며, 따라서 각각의 '환경광'은 독특한 구조를 이룬다. '환경광'은 빛의 배열로 이루어지며 그물망과 같은 전체적인 자극으로 전해진다. 이것을 Gibson은 '광학적 배열(optic array)'이라고 불렀다. 각각의 환경이 지니는 특성은 독특한 광학적 배열을 낳는다. 환경 속의 물체의 광학적 배열은 그 물체가 면한 방향에 따라 다른 빛의 강도로서 다르게 나타나며 시야 내에 있는 물체는 패턴 또는 질감으로 구분된다. Gibson은 시각적 '정보(information)'는 환경의 속성을 상세하게 전해 주는 이 '광학적 배열'로 부터 얻어진다고 하였다.

광학적 배열에는 가변적 속성과 불변적 속성이 있다. [그림 5-2]에서 볼 수 있듯이 한 사람이 의자에 앉아 있다가 일어날 때 광학적 배열은 그의 눈의 위치 이동에 따라 전체적인 변형(global transformation)을 이루게 된다. 이러한 인간의 움직임에 의한 광학적 배열의 전체적인 변형을 통하여 환경의 본질적인 속성, 즉 불변속성(invariants)은 탐지된다. 즉, 앉아 있을 때 본 액자나 탁자의 크기나 위치, 형태는 일어섰을 때 본 액자나 탁자의 크기나 위치, 형태와 같다는 사실이 광학적 배열의 전체적인 변형을 통해서 지각되며 이것이 불변속성이다. Gibson은 환경에 대한 상세한 정보(specific information)를 알려 주는 것은 불변속성(invariants)이지만 불변적

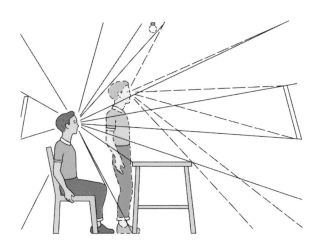

[그림 5-2] 앉았을 때와 일어섰을 때의 관찰자의 눈에 탐지된 광학적 배열의 전체적인 변형
(Gibson, 1966)

정보를 얻을 수 있는 것은 가변적 정보(변형, transformaion)가 있기에 가능하다고 하였다. 관찰자는 끊임없이 움직이며 정보를 탐색하는 존재이며, 가변적 정보는 이러한 관찰자의 운동을 통해 얻어지게 된다.

(2) 어포던스

어포던스(affordance)란 Gibson에 의해 독특하게 소개된 개념으로 '환경이 유기체에 제공하는 행동가능성'이라고 정의된다. 따라서 어포던스란 특정 환경이 유기체에게 제공할 수 있는 것, 또는 유기체가 특정 환경 속에서 할 수 있는 행동의 가능성을 의미한다. 예를 들어, '의자는 앉기의 어포던스'를, '침대는 수면의 어포던스'를, '벽은 충돌의 어포던스'를, '칼은 베어짐의 어포던스'를 제공한다는 식이다.

어포던스의 중요한 특징은 자극의 물리적 특징과 함께 자극의 의미(meanings)와 가치(values)를 함께 포함하고 있다는 것이다. 지각은 의도를 품은 행위(purposive activity)이며, 우리는 물체를 지각할 때 '이 물건은 어떤 물건이다'라는 물리적 속성 외에 '이 물건은 어디에 쓸 수 있는가'의 물건의 의미(meaning)도 함께 지각되며, 이 둘은 서로 분리될 수 없는 하나라고 한다. 어포던스가 자극의 의미를 포함하고 있으므로 어포던스는 관찰자에 따라 달라진다. 어린이에게는 뛰어 내릴 만한 계단이 어른에게는 걸어 내려올 만한 계단이 되는 것이다. 따라서 환경의 속성과 행위자의 신체적 속성이 함께 융합되어 독특한 어포던스가 형성된다.

어포던스의 또 하나의 특징은 '행동의 언어로 쓰여진 지각'이라는 점이다. 우리는 의자를 볼 때 '앉기'의 행동가능성을 지각한다. 따라서 생태심리학에서는 지각과 행동이 어포던스를 통해 하나로 귀결된다.

2) 지각과 운동의 상호보완성

생태심리학자들은 지각과 운동을 서로 연결된 하나의 단위(unit)로서 보아야 한다고 주장한다. 즉, 운동제어이론에서 주장하는 대로의 지각과 운동을 분리시켜 독립적으로 다루며, 지각이 운동을 지배한다는 이분법적 관점으로는 행동을 설명할 수 없다고 비판한다. 지각(perception)과 운동(action)은 하나로 결합(coupling)되어, 상황에 대한 지각은 운동을 이끌고 운동에 의해서 변화된 새로운 상황은 또 다른 지각을 낳음으로써 목표지향적인 운동을 성취할 수 있도록 상호보완적(mutuality)이며, 동시에 상호제약(mutual constraint)의 관계를 이룬다.

또한 지각과 운동은 시간을 통하여 끊임없이 이어져 나가며 바뀌고 다듬어진다. 관찰자가 움직일 때에는 환경 속의 물체는 연속적인 패턴의 변형(transformation)으로 눈에 전해진다. 따라서 사물의 실상을 알기 위해서는 시간을 두고 위치를 달리해 다른 각도에서 볼 필요가 있다. 이럴 때에 사상(event)의 실상은 드러나게 된다. 시간과 변화에도 변하지 않는 불변속성(invariants)을 지각하는 것이 지각의 관건이며 이러한 불변속성의 정보는 환경이 전해 주는 자극에 이미 풍부하게 포함되어 있다고 주장한다. 운동제어이론과 이를 이어받은 운동프로그램 이론에서 주장하는 분절된 한 시각, 한 장소에서의 제한된 지각은 매우 제한적이며 따라서 사상의 실상을 정확하게 파악하기 어렵다.

생각 상자

가역적 가려짐의 원칙(principle of reversible occlusion)이란 어떤 주장일까?

초원에서 뛰어가는 한 마리의 사슴을 생각해 보자. 사슴은 눈을 들어 앞을 본다. 앞에는 바위가 하나 있다. 앞으로 뛰어갈수록 그 바위는 점점 더 커져 보인다. 이제 보이는 것은 바위뿐이다. 그렇다면 바위 뒤에는 아무것도 없을까? 정보처리 관점에서는 아무것도 없다고 한다. 왜냐하면 이 시점에서 보이는 것은 오직 바위뿐이고 정보처리 관점은 지각이 분절된 한 시점에서 판단되어야 한다고 주장하기 때문이다. 생태학적 관점은 바위 뒤에 무엇이 있느냐는 질문에 답하기 위해서는 시간과 위치를 달리해 바위 주위를 탐사해야 한다고 주장한다. 그럴 적에 바위 뒤에 절벽이 있는지, 사자가 있는지, 마실 수 있는 샘물이 있는지 알 수 있다.

Gibson(1979)은 이것을 '가역적 가려짐의 원칙'이라고 불렀다. 이 주장은 행위자의 움직임에 따라 숨겨진 부분이 드러나기도 하고 다시 가려지기도 한다는 것이며, 따라서 시간의 흐름과 함께 일어나는 행위자의 적극적인 움직임이 중요하다는 사실과 함께 행위자의 움직임에 따라 광학적 배열이 변화되고, 지각이 바뀐다는 사실을 강조한다.

---

3) 자율적 운동: 협응구조

운동에 대해 새로운 관점으로 설명하는 다이내믹 운동이론(dynamic action

theory)은 운동프로그램 이론과는 전혀 다른 이론적 입장에서 운동의 여러 이슈를 다루었다.

Bernstein의 문제제기에 대해, 생태심리학자이며 다이내믹 운동이론가인 Turvey 등(1982)은 이러한 문제점을 해결할 수 있는 대안으로서 '근육연계(muscle linkage)' 또는 '협응구조(coordinative structure)'를 제시한다. 이것은 하나의 기능적 단위로 활동하는 여러 개의 관절을 포함하는 근육의 결합을 말하며 몇 개의 근육이 모여 그때그때 당면한 목적을 수행하는 집합체를 말한다. 예를 들어, 사격을 할 때 사격수가 권총을 들고 아무리 정지된 상태를 유지하려고 해도 작은 흔들림을 완전히 배제하기는 어렵다. 이때 어깨의 작은 흔들림과 손목의 작은 흔들림은 서로의 움직임에 의해 보정된다. 즉, 손목의 작은 흔들림은 같은 크기의 반대적인 어깨 관절의 작은 흔들림에 의해 제로화된다. 두 관절이 하나의 단위를 이루어 정지상태를 유지하는 것이다(Michaels & Carello, 1981).

Turvey는 근육(또는 관절)은 개별적으로 통제되는 것이 아니라 기능적으로 서로 연계되어 자율적인 작은 체제를 이룬다고 한다. 몇 개의 근육이 모여 하나의 목적을 위한 집합체(collections)로서 하나의 단위 역할을 하게 되는 것이다. 이러한 집합체는 운동 사령탑의 명령 없이 움직이는 자율적(autonomous) 체제로서 작용함으로써 Bernstein이 제기한 자유도의 문제를 해결하고, 또한 말단의 근육들 간의 적절한 제약을 통하여 하나의 집합체를 형성하여 그때그때마다의 환경적 조건에 자유로이 대응함으로써 맥락 의존적 가변성 문제도 해결한다.

운동학습

운동학습(Motor Learning)은 '운동능력이 비교적 영속적인 변화를 가져오는 경험이나 연습과 관련된 일련의 과정'으로 정의된다. 운동학습은 일반적인 학습과는 또 다른 영역을 이루고 발전하여 왔다. 운동학습은 인체라는 몸을 통하여 환경과 상호 작용하며 학습이 이루어짐이 다르다. 물론 감각지각적인 학습의 영역도 포함된다. 그러한 점에서 운동학습은 일반적인 학습과 구별되며 더욱 복잡한 면모를 지닌다.

우리나라의 여자 프로골프 선수들은 세계랭킹 10위 안에 3~4명이 포진되어 있을 정도로 실력이 뛰어나다. 골프에서 타수를 줄이는 비결은 퍼팅에 있다고 알려져 있다. 그렇다면 이렇게 중요한 퍼팅의 타수는 어떻게 하면 줄일 수 있을까? 퍼팅 기술은 어떻게 학습되며 향상되는가? 또는 퍼팅의 고수(expert)와 초보자(novice)는 퍼팅을 어떻게 다르게 하는가? 이러한 질문들이 골프 퍼팅을 훈련하는 현장에서 제기되는 공통적 내용들이라고 하겠으며, 이 절에서는 이러한 운동학습이 일어나는 가장 기본적인 메커니즘을 설명하는 세 관점, 즉 J. Adams의 폐쇄회로 이론, R. Schmidt의 도식이론, 그리고 다이내믹 운동이론을 소개하려고 한다.

J. Adams의 폐쇄회로 이론

J. Adams의 폐쇄회로 이론(closed-loop theory; 1971)은 운동기술의 습득에 감각기관에서 보내오는 감각정보의 피드백이 중요한 역할을 한다고 한다. 즉, 운동을 수행할 때 감각기관이 보내오는 정보가 신경계에 저장되어 있는 정보와 비교되어 에러가 일어났음을 알려 주며 교정을 하도록 한다는 것이다. 실내 온도를 일정한 온도로 세팅하면 실내의 실제 온도가 이보다 낮거나 높을 때 미리 지정된 온도와 비교되어 그 차이가 인식됨으로써 자동적으로 실내 온도가 높아지거나 낮아지듯이 운동의 학습도 유사한 방식으로 이루어진다는 주장이다.

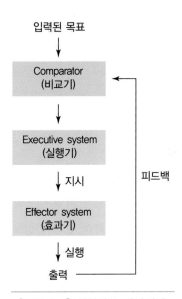

[그림 5-3]은 폐쇄회로 제어체계를 나타낸다. 동작은 비교기(comparator)에서 목표상태와 비교된다. 목표상태에서 벗어난 동작은 오류로 간주되어 실행기(executive system)에서 오류를 줄이는 명령이 생성되며 이 명령이 효과기(effector system)에 전달되면 효과기는 동작을 실행한다.

감각기관이 보내오는 피드백은 연습과 훈련을 통하여 근육기관이 목표상태에 도달하도록 안내함으로써 점진적으로 운동학습에 영향을 주며 더욱 정확한 운동학습이 이루어지도록 한다. 따라서 훈련에 할애하는 시간이 많을수록 더욱 정교하고 정확한 동작을 할 수 있게 된다.

[그림 5-3] 폐쇄회로 제어체계

폐쇄회로 이론은 두 가지 기억상태를 가정한다. 첫 번째 기억상태는 '기억 흔적 (memory trace)'이라고 불리는 상태이고 이것은 운동을 선택하고 개시하는 역할을 한다. 두 번째 기억상태는 '지각 흔적(perceptual trace)'이라고 부르며 원하는 운동의 정형을 제시한다. 두 기억상태 중 폐쇄회로 이론에서 더욱 중요시하게 여겨진 것은 지각 흔적이며, 지각 흔적은 현재 진행 중인 운동에 대해 평가하는 역할을 한다.

그러나 Adams의 폐쇄회로 이론은 그 후의 연구들에 의하여 비판을 받았다. 즉, 구심성 신경차단의 연구들을 통하여 감각정보의 피드백이 없이도 인간과 동물은 운동이 가능하다는 사실(Fentress, 1973; Rothwell et al., 1982; Taub & Berman, 1968)이 알려진 것이다. 폐쇄회로 이론의 또 다른 제한점은 피드백을 통해 운동체계를 수정하는 과정에 시간이 많이 걸림으로써 야구의 배팅이나 권투의 잽과 같은 빠른 운동기술의 학습을 설명하지 못한다는 점이다. 이러한 일련의 비판으로 인하여 운동학습에서 감각정보의 피드백이 필수적이라는 Adams의 폐쇄회로 이론은 쇠퇴하게 되었다.

R. Schmidt의 도식이론

뇌에 운동에 대한 표상이 존재하며 이로 인해 운동제어가 이루어진다고 주장하는 '운동프로그램 이론'은 동작 생성과 제어를 설명함에 큰 기여를 하였다. 그러나 하나하나의 운동을 제어하기 위해 필요한 그 많은 계획을 어떻게 일일이 다 기억에 저장할 수 있느냐는 '저장문제(storage problem)'와 운동프로그램에 저장되지 않은 생소한 동작을 수행하는 것을 어떻게 설명할 수 있느냐는 '신형문제(novelty problem)'를 해결하지 못하여 운동 수행을 설명하는 이론으로서는 제한적일 수밖에 없었다.

'운동프로그램'이 안고 있는 이러한 문제점을 해결하기 위하여 R. Schmidt(1975)는 기존의 운동프로그램에 말초 감각기관으로부터의 피드백을 포함시키는 더욱 융통성 있는 '일반화된 운동프로그램(generalized motor program)'을 제시하였다. '일반화된 운동프로그램'은 본질적 특성과 표면적 특성의 두 부분으로 구성된다. 전체 동작 시간의 변화, 동작 크기의 변화, 또는 사용된 신체부위가 서로 다른 경우들, 즉 '표면적 특성'이 다른 경우들에도 운동 유형의 '본질적 특성', 즉 요소의 순서(order of element), 시상(phasing), 상대적인 힘(relative force) 등은 변함없이 유지되고 있다는 연구 결과들로부터 운동프로그램이 실행될 때 융통성 있게 다소 수정될 수 있음을 주장하였다.

표면적 특성은 '매개변수(parameter)'에 의해 구체화되는데, 이 매개변수는 일반화된 운동프로그램을 구성하는 핵심 개념으로서 반응계획 단계에서 동작의 개시를 위해 운동을 어떻게 실행시킬지를 지정하는 역할을 한다. 그렇다면 이러한 매개변수는 어떻게 결정되는가? Schmidt는 주어진 환경 조건에 적절한 매개변수를 지정해 주는 것이 바로 '도식(schema)'이라고 하며 우리가 새로운 운동을 학습할 때 구체적인 특정 동작이 학습되는 것이 아니라 여러 다양한 상황에서 적용될 수 있는 일반화된 규칙들, 즉 도식이 학습된다고 한다. 따라서 도식학습은 특정한 동작을 구체화하기 위해 필요로 되는 매개변수들로 구성된 일반화된 프로그램을 학습하는 것을 의미한다.

도식이론(schema theory)은 움직임의 생성을 담당하는 회상도식과 움직임의 평가를 담당하는 재인도식의 두 가지 기억을 가정한다. Adams의 폐쇄회로 이론에서 주장된 독립된 두 기억상태인 '기억 흔적'과 '지각 흔적'의 개념은 Schmidt(1975)의 도식이론에 전수되어 '회상 기억'과 '재인 기억'으로 부활되었으며, 도식이론의 주장으로 인하여 운동학습의 강조점이 폐쇄회로 과정으로부터 개방회로 과정으로 바꾸어지게 되었다(Newell, 1991).

1) 회상도식

회상도식(recall schema)은 특정 반응을 선택하는 데 사용된다. 예컨대, 특정한 크기의 힘으로 여러 번 반복 연습을 할 때, 힘의 크기와 그 결과 간의 관계는 기억 속에 저장되는데, 이것이 회상도식을 형성하게 된다. 회상도식의 예가 [그림 5-4]에 있는데, 여기에서 수직축은 힘(매개변수)의 크기를, 수평축은 운동의 (환경적) 결과를 나타내며, 운동학습을 한 결과는 이 그래프상의 한 점으로 표상된다.

이렇게 운동의 결과와 매개변수가 만나서 이루어지는 점들은 여러 다양한 경우가 반복될 때마다 매번 그려지고 이 점들로부터 하나의 회귀선이 이루어진다. 이 회귀선은 운동의 환경적 결과와 매개변수와의 관계를 나타내는 규칙(rule)을 제시하며 훈련을 통하여 수행자가 습득하는 것은 바로 이러한 규칙이다.

일단 회귀선이 그려진 후 원하는 결과행동과 특정한 초기 환경이 정해지면 수행

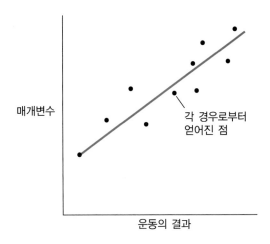

[그림 5-4] 운동의 결과와 매개변수가 이루는 회귀선을 나타내는 회상도식 그래프
(Schmidt & Lee, 2005)

자는 이러한 운동의 결과와 초기 환경에 걸맞는 특정 매개변수를 찾을 수 있다. 이 특정 매개변수가 운동프로그램에 입력되면 원하는 구체적인 행동을 산출하게 된다고 한다.

2) 재인도식

재인도식(recognition schema)은 움직임이 일어난 후에 움직임의 평가를 위해 사용된다. 초기 조건과 운동의 결과가 정해지면 저장되어 있는 기억 속의 재인도식 그래프로부터 기대되는 감각적 귀결이 얻어진다([그림 5-5] 참조). 재인도식으로 부터의 감각적 귀결과 실제 생성된 감각적 귀결을 비교하여 동작이 효과적으로 수행되었는지 평가된다.

도식이론은 훈련이 다양한 환경하에서 이루어질 때 운동학습이 증진되는 효과를 낳는다고 한다. 즉, 운동 수행 향상은 반복된 훈련에 의해서도 일어나지만 훈련의 다양성에 의해서도 일어난다는 것이다. 따라서 다양한 절차와 환경에서의 훈련을 통하여 일반화된 운동프로그램의 규칙은 더욱 견고해진다. 일반화된 운동프로그램 이론은 폐쇄회로 이론이 직면한 구심성신경계 차단 시의 문제와 200ms 이내에 이루어지는 빠른 운동의 학습에 대한 해답을 제공하는 한편, 운동프로그램이 피할 수

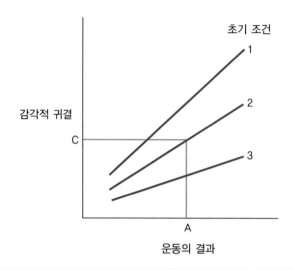

[그림 5-5] 세 가지 초기 조건(예, 던지기에서 던진 물건에 따른)과 운동의 결과, 감각적 귀
결이 이루는 회귀선을 나타내는 재인도식 그래프(Schmidt & Lee, 2005)

없었던 저장문제, 신형문제도 어느 정도 해결할 수 있었다.

그러나 도식이론도 지지와 함께 비판을 받고 있다. 도식이론이 받는 비판 중 하
나는 첫 도식이 형성되기 전에 어떻게 일반화된 프로그램이 있을 수 있겠느냐는 지
적이다. 만일 일반화된 프로그램이 없었다면 첫 도식도 형성되지 못했을 것이라는
주장이다. 이는 도식이론이 근거하고 있는 이론적 정당성에 대한 근본적인 문제점
을 지적한 것이라고 할 수 있다. 도식이론에 대한 또 다른 비판은 반복 훈련 없이
즉각적으로 학습이 이루어지는 협응의 경우를 통해 제기된다. 지네의 다리를 두 쌍
만 남기고 모두 제거했을 때 지네가 순간적으로 네발 동물과 같은 이행운동의 패턴
을 보였는데, 만일 새로운 운동학습이 이루어지는 것이 반복된 수행을 통해서라고
한다면 이러한 경우는 설명이 되지 않는다고 하겠다.

다이내믹 운동이론

폐쇄회로 이론과 도식이론 모두 운동학습을 인간의 내적인 정신과정에 토대를
두고 있다. 즉, 폐쇄회로 이론은 말초신경계의 피드백 역할을 강조하고 있으며, 도
식이론은 중추신경계의 지시적인 역할을 중요시하고 있다. 두 이론 모두 운동학습

에 대해 그 이론적 배경을 컴퓨터 과학의 정보처리(information processing) 관점에 두고 있다. 1950년대에서 1960년대부터 발전되어 온 정보처리 관점은 인간을 컴퓨터와 같은 정보처리자로 간주하며 환경으로부터 전달되는 자극이 무엇인지 알기 위해서는 내적인 정보처리 과정과 정보의 표상(representation)에 그 해답이 있다고 주장한다. 폐쇄회로 이론과 도식이론은 이러한 이론적 바탕으로부터 그 관심이 주로 자극의 입력과 처리과정, 뇌의 용량과 정보의 선택, 정보의 표상에 주어졌다.

그러나 스포츠 수행 현장에서 일어나는 운동학습은 운동 수행을 뇌의 정보처리 과정으로 해석하기에는 많은 제약이 있다. 수행자는 매순간 변하는 환경적 조건과 과제의 목적에 따라 순간순간 다양한 동작을 구사해야 하기 때문이다. 이러한 상황에서 새로운 패러다임의 '다이내믹 운동이론(dynamic action theory)'의 도전으로 1980년대에는 폐쇄회로 이론과 도식이론이 쇠퇴기를 맞이하게 된다.

비평형 열역학(nonequilibruim thermodynimics)이라는 새로운 물리학이론을 바탕으로 발전된 다이내믹 운동이론(Haken, Kelso, Bunz, 1985; Kelso, 1984; Kugler & Turvey, 1987)은 운동 수행과 학습을 뇌와 기억의 역할에 의존하는 정보처리 관점을 계승한 폐쇄회로 이론과 도식이론 등 두 가지 운동학습이론과는 달리 모든 세상만물에 적용되는 물리적 법칙인 자연과학 법칙(natural law)에 근거한 운동학습 이론을 표방한다. 다이내믹 운동이론은 운동학습이 근육들 간의 상호작용을 통한 '자기 조직화(self organization)'로 이루어지며 운동 사령탑이 없어도 운동학습은 가능하다고 한다.

인간을 포함하여 생물체는 그 내부에 많은 요소들을 포함하고 있는 복합적 구조를 이루고 있다. 그러나 그럼에도 불구하고, 생물체는 몸의 지체 간에 지극히 높은 운동 협응을 이루고 있음을 보여 주는데 이러한 높은 운동 협응 현상은 생물체의 여러 복잡한 요소들 간의 상호작용─자기 조직화─을 통해서 일어난다(Haken & Wunderlin, 1990).

1) 에너지 소진구조

인간을 포함하여 생물체는 환경과 상호작용하면서 살아간다. 이러한 상호작용에는 마찰이나 충돌로 인한 필연적인 에너지 감소현상이 일어난다. 따라서 인간을 비롯한 생물체는 매 순간 에너지를 소비하며 새로운 에너지를 충전하기 위해 음식을 섭취하지 않으면 생명을 유지할 수 없다. 또한 생물체는 상호작용하는 여러 작은 요소로서 이루어진 복합적 시스템이기 때문에 자신을 이루고 있는 여러 요소들이 발생시키는 동요(fluctuation)와 무작위적 움직임(random movements)으로 인해 매 순간마다 불안정성(instability)이 일어나게 된다.

그러나 이러한 생물체가 지니는 본질적인 불안정한 속성에도 불구하고 생물체는 의외로 훌륭한 통일성(coherence)을 유지한다. 생물체의 불안정한 속성에도 불구하고 이율배반적으로 나타나는 이 통일성은 새로운 질서의 '자기 조직화'라고 불린다. 그런데 이 새로운 질서의 자기 조직화는 아이러니컬하게도 유기체와 같은 복합적인 구조가 필연적으로 지니는 불안정성으로부터 형성되게 된다. 즉, 복합적 구조를 이루는 작은 많은 요소가 지니는 불안정성이 증폭되다가 임계치에 이르러 기존의 균형(symmetry)를 깨뜨리고 시간적·공간적인 새로운 균형과 새로운 질서를 형성하게 되는 것이다.

이 새로운 개념은 에너지 소진구조(dissipative structure)라고 부르며 노벨화학상을 수상한 물리학자인 Prigogine(1969)에 의해 처음 그 개념이 소개되었다. 이에 대한 대표적인 예로서는 '레이레이-베나드 컨벡션' 현상을 들 수 있다. 용기에 기름을 넣고 용기 아래를 가열하면 온도의 차이로 인하여 기름이 움직이게 된다. 가열된 기름은 위로 올라갔다가 식어 다시 아래로 내려오고 이러한 상황이 반복된다. 기름은 더욱 가열되고 움직임의 속도는 빨라지면서 점점 불안정한 상태로 되다가 마침내 임계치에 이르면 기름 표면이 여러 개의 육각형 모양을 형성하게 된다. 즉, 자기 조직화를 이룬다.

에너지 소진구조 관점의 다이내믹 운동이론에서는 생물체가 운동을 수행함에 있어서 운동 사령탑의 명령을 필요로 하지 않는데 그것은 생물체가 자율적으로 새로운 질서를 찾아 자기 조직화를 할 수 있는 에너지 소진구조이기 때문이라고 한다. Bernstein이 제기한 자유도의 문제는 생물체를 에너지 소진구조로 볼 때 쉽게 해결된다. 다이내믹 관점의 학자들은 자신들이 주장하는 협응구조(coordinative structure)가 바로 에너지 소진구조에 해당한다고 주장한다(Kugler et al., 1980).

2) 협응구조의 측정

(1) 순위 매개변수

다이내믹 운동이론가들은 운동 협응의 중요한 개념으로 '순위 매개변수(order parameter)'를 역설한다. 순위 매개변수는 많은 구성 성분으로 이루어져 있으며 집합적 시스템인 생물체가 이루는 복잡한 협응 상태를 최소화하여 거시적인 수준에서 특징적으로 표현해 주는 매개변수이다. 순위 매개변수는 그 수가 매우 적으며(하나 또는 두세 개) 다른 변수들보다 훨씬 느리게 변화하는 특징을 지닌다. 또한 순위 매개변수는 복잡한 체제를 이루는 구성원들에 의하여 형성될 뿐만 아니라 형성된 후에는 역으로 시스템의 일관성을 이루기 위하여 하부 구성원의 움직임에 지시를 내리는 결정권을 가지는 독특한 속성을 지닌다(Haken, Kelso, & Bunz, 1985).

다이내믹 운동이론가들은 협응 상태를 잘 나타내는 대표적인 순위 매개변수의 예로서 '상대적 위상(relative phase)'을 제안한다. 상대적 위상은 상응하는 신체 부분 간의 '각도 간-다이어그램(angle-angle diagram)'을 통해 알 수 있으며, 대응하는 신체 분절 간이나 사지 간에 일어나는 시공간적인 협응 상태를 단순화시켜 축약적으로 잘 나타내 준다. 이로부터 알 수 있듯이 상대적 위상은 간단하게 설명되는 하위 레벨의 변수가 아니며, 변수들 간의 '관계성의 관계성'으로 이해될 수 있는 상위레벨의 변수이다.

(2) 동위상과 반위상

Kelso(1984) 등은 가장 단순한 형태의 운동 협응을 연구하기 위해 두 검지손가락을 반복적으로 리드미컬하게 움직이도록 하는 양손 협응과제에 대해 연구하였으며, 이를 통하여 두 패턴의 안정된 상태가 존재함을 밝혔다([그림 5-6] 참조).

상동 근육[1](homologous muscle)들의 수축이 동시에 이루어지는 동위상(in-phase, 0° 상대적 위상)과 상동 근육들의 수축이 번갈아 가며 이루어지는 반위상(out-of-

---

1 상동 근육은 우리 몸에서 구조와 위치상 대응적인(corresponding) 근육이다. 예로서는 왼팔과 오른팔의 이두박근을 들 수 있다.

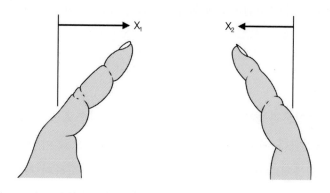

[그림 5-6] 두 검지손가락 간에 일어나는 동위상 협응(Haken et al., 1985)

phase, 180° 상대적 위상)이 두 가지 안정된 상태이며, 두 가지 안정된 상태 중 특히 동위상이 반위상보다 더욱 안정적임을 밝혔다.

이 안정상태는 '어트랙터(attractor)' 또는 '끌개'라고 불리며, 이 상태에서 그 시스템의 고유한 본질적 속성(intrinsic property)이 잘 드러나고, 이때의 운동 수행은 가장 안정적이며 따라서 가변성이 가장 낮은 특징을 보인다.

(3) 위상 변이

Schöner, Haken 및 Kelso(1986)는 메트로놈의 속도에 맞추어 반위상으로 두 손가락(또는 두 주먹)을 반복적으로 리드미컬하게 움직이도록 하는 연구를 하였다. 그들은 메트로놈의 속도를 점점 높여 두 손가락(또는 두 주먹)의 움직임을 점점 더 빨라지도록 하였는데, 어느 순간 임계 속도에 이르면 순간적으로 피험자의 두 손가락(또는 두 주먹)의 협응이 반위상에서 동위상으로 바뀌는 현상이 관찰되었다([그림 5-7] 참조). 이러한 갑작스러운 패턴의 변화 현상을 '위상 변이(phase transition)'라고 부르며, 이러한 위상 변이는 동위상의 경우에는 발견되지 않았다. 반위상에서 동위상으로 위상 변이가 일어난 후 메트로놈의 속도를 낮추어도 동위상에서 다시 원래의 반위상으로 되돌아가지는 않았다.

A: 시계열

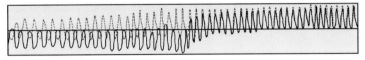

B: 메트로놈 속도의 상대적 위상

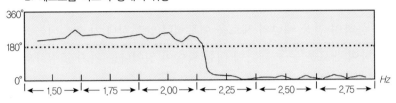

[그림 5-7] A: 점선은 왼손, 실선은 오른손 검지손가락의 시계열, B: 메트로놈의 속도가 증가됨에 따라 순간적으로 일어나는 반위상(180°)에서 동위상(0°)으로의 상변이 (Schöner et al., 1986)

(4) 자기 조직화

다이내믹 운동이론에서는 환경의 변화에 의해 전혀 의도되지 않은 갑작스러운 위상 변이가 일어나 새로운 안정 상태(어트랙터)가 이루어지는 것, 다시 말해 새로운 운동 패턴이 학습되는 것을 '자기 조직화(self-organization)'로 설명한다. 다이내믹 운동이론에서는 자기 조직화로 인하여 나타나는 새로운 협응 패턴은 가용한 자유도의 상호작용이 낳는 동요에 의해 자연스럽게 형성된다고 한다. 따라서 다이내믹 운동이론의 견지에서 볼 때 Bernstein(1967)의 자유도 문제는 운동을 설명할 때 문제가 아니라 오히려 해결책이 되는 것이다.

두 검지손가락의 협응 연구는 신체 부위 간의 협응 시에 '동위상'과 '반위상'의 두 가지 안정 상태가 존재하며, 동위상과 반위상은 연습 없이도 안정성이 쉽게 이루어질 수 있는 안정 상태임을 밝혔다. 그러나 여타의 위상 패턴은 동위상과 반위상이 보여 주는 안정성을 나타내지 못하며 동작에 가변성이 높았다.

Zannon과 Kelso(1992)는 새로운 패턴의 운동학습이 이루어지는 현상을 연구하기 위하여 한 손가락에 하나씩 지정된 두 시각적 메트로놈의 상대적 타이밍을 90°로 설정함으로써 90°로 두 검지손가락을 협응시키도록 하는 연구를 하였다. 90°라는 익숙하지 않은 새로운 상대적 위상 패턴이 고유한 안정 상태(intrinsic stable state)인 0°와 180°의 상대적 위상과 같은 안정성을 얻을 수 있는가를 밝히는 것이 이 연구의 목표였다.

5일간의 연습 후에 얻은 결과는 훈련을 통하여 새로운 협응 패턴인 90° 패턴이 확실히 학습될 수 있으며, 90° 패턴의 가변성은 낮아지고 안정성은 확립되었음을 보여 주었다. 이와 함께 발견된 더욱 흥미 있는 사실은 새로운 90° 패턴이 안정화됨에 따라 안정적이었던 원래의 180° 패턴의 안정성은 감소되었다는 것이었다. 이것은 훈련을 통하여 협응 패턴의 새로운 어트랙터(안정 상태)가 형성되는 현상, 즉 환경에 적응하여 새로운 운동 패턴에 대한 학습이 일어나는 자기 조직화의 역동성을 잘 보여 준다.

이제 골프의 퍼팅을 예로 하여 앞선 세 이론이 운동학습을 어떻게 설명하는지 생각해 보자. 폐쇄회로 이론은 반복적인 퍼팅 훈련과 에러에 대한 피드백을 통하여 퍼팅의 정확도를 높일 수 있다고 하였다. 도식이론은 여러 다른 환경적 특성, 즉 잔디의 특성, 그린의 경사도 특징 등에서 훈련함으로써 일반화된 규칙인 도식이 더욱 풍부하게 되고 정확한 매개변수가 지정될 수 있으며 이로부터 정확한 퍼팅이 이루어진다고 하였다. 다이내믹 운동이론은 퍼팅의 학습에서 운동과 지각이 상호보완적인 관계임을 주장하며 동등하게 관여한다고 한다. 따라서 한편으로는 퍼터의 불변적 특성(정보)을 알아내는 것이 중요한데 그것은 퍼터의 관성모멘트를 여러 가지로 다양하게 제시하여 지각적 분화가 일어나도록 함으로써 얻어질 수 있다고 하였다(관성모멘트는 다음 절에서 설명됨; 신미경, 2008; Sim & Kim, 2010). 다른 한편으로는 이렇게 발견된 정보에 대하여 우리 몸의 근육들이 자율적으로 자기 조직화를 이루게 되어 정확한 퍼팅이 수행된다고 한다.

정보처리와 운동 수행

이 절에서는 운동 수행에서 반응이 일어나기 전 단계인 정보처리의 과정, 즉 운동 지각의 과정에 대해 알아보려고 한다. 운동프로그램은 운동 지각에 정보처리 이론의 영향을 크게 받았다. 정보처리 이론은 환경으로부터의 정보는 정확하지 못하며 신뢰할 만한 정보가 아니라고 주장한다. 따라서 운동프로그램은 정보가 환경으로부터 전해진 후 뇌에서 몇 차례 과정을 거쳐 처리되고 선택되는 과정을 거친 다음 운동 수행으로까지 이어지는 과정에 초점을 맞추어 연구를 수행하였다.

또한 우리 뇌에서 한순간에 가용한 정보처리의 용량은 제한되어 있다고 하며 (Kahneman, 1973) 따라서 감각기억에 유입된 정보에 대한 처리는 제한된다고 한다. 용량의 제한으로 인해 유입되는 정보들 간에는 간섭(interference)이 일어나 한순간에는 하나의 대상에 대해서만 정보처리가 일어나게 되며, 이것은 병목현상 (bottleneck phenomenon)으로 나타난다. 따라서 운동프로그램 이론은 정보가 전달된 후 이루어지는 정보처리의 단계, 정보처리에 걸리는 시간, 뇌의 용량, 반응의 선택과 정보 간의 간섭에 관심을 두고 연구가 이루어졌다.

이와는 대조적으로 생태심리학은 환경에서 입수된 정보가 뇌에서의 몇 단계 과정을 거쳐 처리될 필요가 전혀 없다고 한다. 왜냐하면 운동 지각이 정교하게 이루어지는 것은 환경으로부터의 풍부한 정보가 직접적으로 탐지되기 때문이다.

이 절에서는 운동프로그램과 생태심리학의 정보처리, 지각의 관점에 대해 소개하면서 비교하여 다루도록 하겠다.

운동프로그램 이론

1) 정보처리의 세 단계

Schmidt(1991)에 따르면 자극의 제시와 반응의 시작 사이에는 세 단계의 정보처리과정이 일어난다. 그것은 자극확인 단계와, 반응선택 단계, 그리고 반응계획 단계의 세 단계 정보처리과정이다([그림 5-8] 참조).

정보처리의 초기 단계인 자극확인(stimulus-identification) 단계는 자극이 무엇인지 확인하며 감지하는 단계로서, 예를 들어 농구에서 패스된 공을 잡으려고 할 때 탐색되는 공의 강도와 움직임, 즉 방향, 위치, 빠르기 등이 포함된다. 자극확인 단계에서는 주의를 필요로 하지 않으며 병렬적(동시적) 처리가 가능하고 따라서 용량의 한계에 제약을 받지는 않는다. 이 단계의 특징을 잘 나타내는 현상으로 칵테일파티 현상이 있다.

반응선택(response-selection) 단계는 자극확인 단계에서 얻어진 정보를 근거로 많은 동작 중 어떤 동작을 선택할 것인가를 결정하는 단계이다. 예를 들어, 농구 경

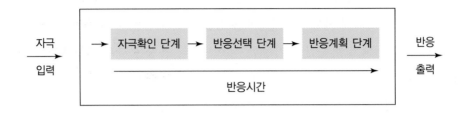

[그림 5-8] 정보처리의 세 단계

기에서 자신이 직접 슛을 쏘아야 할지 아니면 동료에게 공을 패스해야 할지를 결
정하여야 하는데 이것을 결정하는 것이 반응선택 단계이다. 이 단계는 의사결정
(decision making)과 직접적인 관련이 있다. 반응선택 단계에서는 병렬처리는 훨씬
줄어들며 따라서 용량의 제한이 발생하며 과제 사이에 간섭이 발생한다. 반응선택
단계에서는 자극에 대하여 선택해야 하는 대안이 많을수록([그림 5-9] 참조), 자극과
반응 간의 적합성(compatibility)이 낮을수록, 그리고 연습의 양이 적을수록 의사결
정에 소요되는 시간이 길어지며 그 처리 과정에서의 속도는 늦어지게 된다. 그러나
이러한 현상은 많은 연습을 통하여 극복될 수 있다.

  반응계획(response-programming) 단계는 정보처리의 마지막 단계이며 실제로 움직
임을 생성하기 위하여 운동체계를 조직하는 과정이다. 반응계획 단계에서는 행동
을 일으키는 일련의 근육활동을 생성할 구체적 활동을 선택하고, 구성하며, 개시
(initiate)한다. 즉, 어느 근육들을 사용하며, 어떤 순서로, 어떤 타이밍(timing)으로
운동을 시행할지에 대한 구체적인 내용을 포함한다.

  행동에 대한 계획은 동작이 개시되기 전 이미 완전하거나 거의 완전하게 구성되
어야 하며, 이렇게 완벽하게 구성되어 근육으로 전달되는 반응계획은 계열적으로
처리된다. 즉, 하나의 자극에 대한 반응이 집행되기 전까지는 다음 자극에 대한 반
응선택과 반응계획이 처리되지 못하며 대기 상태에 머무르게 된다. 따라서 일단 동
작이 개시되면 수백 밀리초(ms=1/1000초) 동안에는 동작의 변경이 거의 일어나지
않게 되며 이것을 심리적 불응기(psycological refractory period: PRP)라고 한다.

2) 반응시간

정보처리 접근에서는 주로 '반응시간(reaction time: RT)'을 통하여 의사결정의 속도와 효율성에 대해 연구한다. 반응시간은 자극이 제시되고 난 직후부터 반응이 시작될 때까지의 시간을 말한다. 자극확인, 반응선택, 반응계획 중 하나 또는 하나 이상의 단계에서 지속시간이 길어지면 결과적으로 반응시간이 길어지게 된다. 따라서 반응시간은 정보처리 속도, 즉 정신적 처리 과정을 알려 주는 중요한 측정치의 역할을 한다(Posner et al., 1978).

단순 반응시간(simple RT)은 100m 달리기에서 출발 총성으로 달리기가 시작되는 예와 같이 하나의 자극에 하나의 반응이 수반되는 경우이며 가장 빠른 반응이 일어난다.

선택 반응시간(choice RT)은 배구에서 서브가 다양하게 구사될 때 각각의 서브에 대응하는 수비수의 반응은 달라지는데, 이와 같이 제시되는 자극 수가 하나 이상인 상황에서 자극마다 다른 반응을 해야 하는 경우에 해당한다. 이때 수행자는 반응을 고심하게 되고 따라서 반응시간이 길어지게 된다. 선택 반응시간에 영향을 주는 다른 요인으로는 자극-반응의 대안 수(Hick, 1952; [그림 5-9] 참조), 자극-반응의 적합성 등이 있으며, 이에 대한 처리는 정보처리 단계 중 반응선택 단계에서 일어난다.

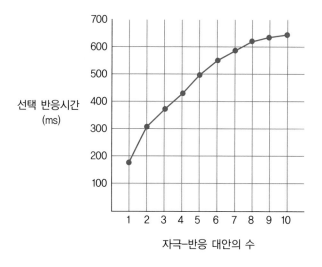

[그림 5-9] 자극-반응 대안의 수가 증가함에 따라 선택 반응시간은 길어짐(Schmidt & Lee, 2005)

이중자극 연구(double-stimulation paradigm)는 두 자극을 연속적으로 제시했을 때 나타나는 반응시간의 지연현상에 대한 것이다. 한 이중자극 연구(Davis, 1959)에서 소리(제1자극)가 나면 키에서 오른 손을 떼고, 빛(제2자극)이 제시되면 왼손을 떼도록 지시하였다. 이때 관심사는 두 번째 자극(빛)에 대한 반응시간이다. 두 자극 간 시간차(inter-stimulus interval: ISI)가 60ms일 때 두 번째 자극(빛)에 대한 반응시간은 두 번째 자극이 독립적으로 제시되었을 때보다 두 배가 넘었고, 200ms에서도 약간의 반응시간 지연이 나타났다. 반응시간이 느려지게 되는 것은 첫 번째 동작을 마칠 때까지 다른 동작은 대기하여야 하기 때문이며, 이에 대한 처리는 정보처리 단계 중 반응계획 단계에서 일어난다. 이 현상은 심리적 불응기(PRP)를 나타내며 농구나 축구와 같은 경기에서의 페인팅(속임수) 동작은 심리적 불응기를 이용한 전략이다.

생태심리학

1) '주의' 대 '탐지의 통제'

생태심리학은 정보처리 이론에서 주장하는 '주의(attention)'[2]의 개념 대신에 '탐지의 통제(control of detection)'라는 개념을 역설한다(Michaels & Carello, 1981). 생태심리학에서는 관찰자는 처음부터 의도(intention)를 가지고 있으며, 따라서 특정 의도에 따라 어떤 정보를 수집(pickup)할 것인가에 주의가 집중된다고 한다. 환경으로부터 등록되는 정보는 정보처리 관점에서 주장하듯이 등록이 가능한 모든 정보가 입수되고 후기에 이르러 하나의 정보만이 선택되는 것이 아니라, 처음부터 오직 의도에 부합하는 필요한 정보만이 등록된다는 것이다. 즉, 생태심리학 입장에서는 자극이 기각(reject)되는 것이 아니라 아예 처음부터 탐지되지 못한다(undetected)고 한다.

따라서 생태심리학에서는 '주의'를 정보에 대한 '감독된 통제(directed control)'라고 정의한다. 자극 간의 간섭은, 정보처리 이론의 주장처럼 자극들이 저마다 주의를 요구해서가 아니라 이미 자극이 선택되었으므로 다른 자극들은 완전히 또는 부분적으로 유입이 폐쇄됨으로써 일어난다. 주의에 대한 생태심리학의 관점은 용량

---

2 주의(attention)는 유입된 수많은 감각기억 정보들 중 처리해야 할 특정한 정보를 선택하는 과정이다.

의 한계를 기본으로 하는 정보처리 관점과는 다르며, 따라서 생태심리학에서는 용량의 한계는 문제가 되지 않는다고 한다.

2) 지각적 불변속성

생태심리학은 탐지의 통제라는 개념에서 한 걸음 더 나아가 관찰자는 모든 정보를 탐지하는 것이 아니라 오직 '정보의 적절한 불변속성'만을 탐지한다고 한다. 물체에 대한 지각은 대상에 대한 뚜렷한 특징을 탐지하고, 그 특징들을 추상화하는 과정이라고 하며, 이러한 과정은 시시각각으로 변화하는 불변속성의 탐지와 관련이 있다고 피력한다(Gibson, 1966).

이렇듯 생태심리학에서 지각을 이해하는 중요한 개념은 불변속성이다. Gibson (1979)은 불변속성을 '다른 특성이 변화할 때 변하지 않으며 시간이 흘러도 변치 않는 사상(event)의 영속적 속성'이라고 정의하였다. 그리고 이러한 불변속성은 원래 존재하고 있는 것이므로 '지각자에 의해 구성되는 것이 아니고 단지 주의를 기울임으로써 발견되는 것'이라고 주장함으로써 정보처리 이론의 정신적 표상(mental representation)관점과 정면으로 대치하였다.

3) 햅틱 시스템의 지각적 불변속성 탐지

일련의 햅틱(근육) 연구에서 Turvey 등(Turvey, 1996; Turvey et al., 1998)은 피험자가 눈이 가려진 채로 손목을 중심으로 막대를 흔들어서 그 막대로 닿을 수 있는 거리를 추정하는 연구를 실시하였다([그림 5-10] 참조). 그중 한 실험에서는 막대 전체로 닿을 수 있는 거리(전체 길이)를 알아보도록 하였고 다른 실험에서는 손으로 막대를 잡았을 때 손보다 앞에 나와 있는 막대의 길이(부분 길이)를 알아내도록 하였다.

Turvey 등은 손에 잡은 물체의 길이에 대한 지각은 전체와 부분 길이 지각의 두 경우 모두 손목을 중심으로 물체를 흔들 때 일어나는 회전에 대해 저항하는 물체의 '관성모멘트(moment of inertia)'와 선형적 관계가 있음을 밝혔다([그림 5-11] 참조). 즉, 손에 잡은 물체의 길이에 대한 지각적 불변속성은 '관성모멘트'임을 밝혔다.

또한 막대를 손목, 팔꿈치, 어깨를 중심으로 흔들거나 또는 자유로 흔들도록 하였을 때 회전축이 각각 달랐음에도 불구하고 모두 막대에 대한 지각적 불변속성은 관성모멘트로서 동일하였다(Pagano et al., 1993). 이러한 결과는 Gibson의 "학습은

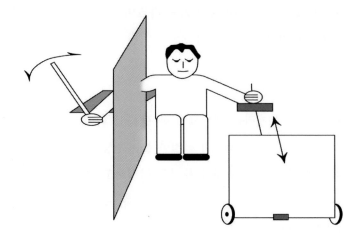

[그림 5-10] 눈이 가려진 채 손에 든 막대의 길이를 추정하는 햅틱 실험 장면(Turvey, 1996)

지각적 불변속성를 탐지하는 것"이라는 주장을 지지하고 있다.

다이내믹 운동이론에서는 훈련을 통해 운동선수가 무엇을 지각하는가에 대해 다음과 같이 설명한다. 운동선수는 자신이 지각한 것이 무엇인지 의식적으로 인지하지는 못하지만 그의 반응으로부터 역추적을 통해 알 수 있는 것은 운동선수가 지각한 것이 관성모멘트와 같은 상위의 추상적 변수라는 것이다. 다시 골프 퍼팅을 예로 들어 보자. 퍼팅의 정확성을 높이기 위해 어떤 훈련 방법을 쓰면 효과적일까? 한 연구에서는 퍼터의 무게를 가변적으로 하여 몇 개의 서로 다른 관성모멘트를 가

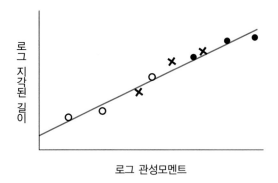

[그림 5-11] 선형관계성을 나타내는 로그 관성모멘트와 로그 지각된 길이(Turvey, 1996)

X축의 '로그 관성모멘트'는 관성모멘트를 로그함수로, Y축의 '로그 지각된 길이'는 지각된 길이를 로그함수로 변환하여 선형화한 것이다.

지는 퍼터들을 사용하여 연습하는 방법을 제안한다. 서로 다른 관성모멘트의 퍼터를 사용한 훈련은 손목 햅틱 시스템이 퍼터의 관성모멘트에 대한 불변속성(진정한 속성)의 분화, 즉 미세한 차이를 지각하게 될 것이며, 이는 퍼터의 불변속성에 대한 지각을 뚜렷하게 하여 퍼팅의 정확성 향상으로 이어진다고 주장한다(신미경, 2008; Sim & Kim, 2010).

맺음말

동작 생성과 제어, 학습, 운동 지각에 대해 운동프로그램 이론과 다이내믹 운동이론은 매우 다른 관점에서 발전해 왔다. 운동프로그램은 뇌에 추상적인 기억 구조가 존재하며 이 기억 구조가 운동 생성에 대해 지시할 내용을 미리 준비하고 있으며 이 기억 구조의 지시에 의해 운동이 수행된다고 한다. 운동프로그램 이론은 뇌에 기억된 표상이 어떤 운동이 수행될지를 일일이 결정한다고 함으로써 운동 수행에서 기억과 뇌의 역할이 극대화되었다.

이러한 관점은 필연적으로 뇌의 역할의 과부하를 가져오게 되고 뇌가 해결해야 할 일은 기하급수적으로 늘어나게 된다. 이런 방식으로 운동이 생성된다면 시시각각으로 변하는 환경 속에서 이에 대해 매 순간순간마다 적절한 대응을 해야 생존할 수 있는 생명체들은 위기에 처하게 된다. 왜냐하면 우리 생명체의 뇌의 용량은 제한되어 있기 때문이다.

Bernstein은 이러한 뇌의 과부하를 자유도의 문제와 맥락 의존적 가변성 문제로 정리하여 지적하였다. 이러한 문제제기는 운동프로그램이 안고 있는 문제를 드러내고 알리는 계기가 되었고 이후 이러한 비판을 계기로 하여 다이내믹 운동이론이 관심을 받게 되었다.

다이내믹 운동이론은 근육들의 집합인 협응구조를 주장한다. 협응구조란 몇 개의 근육이 모여 자율적으로 당면 문제를 해결하는 시스템을 말한다. 이런 시스템하에서는 뇌의 역할의 과부하는 최소화되고 말단 기관은 서로 협력하여 목적을 달성하기 위해 활성화된다. 즉, 뇌와 말단 기관이 과제를 나누어 맡는 것이다.

다이내믹 운동이론의 이러한 주장은 '에너지 소진구조'의 개념을 통하여 운동학습을 설명하고 있다. 에너지 소진구조는 복합적 요소들로 이루어진 시스템이 자신을 구성하는 많은 요소로 인해서 불안정성이 증폭되다가 임계치에 이르게 되면 새로운 균형과 질서, 즉 자기 조직화를 이루게 된다는 주장이다. 이러한 에너지 소진구조 이론은 생명체가 자율적으로 자기 조직화를 한다고 함으로써 운동 생성과 제어, 학습이 자율적으로 이루어진다고 하며 운동프로그램이 지니는 문제점, 즉 뇌의 과부하를 해결하는 대안을 제시하고 있다. 그러나 최근 다이내믹 운동이론도 뇌와 신경체계의 역할과 기능을 간과하며 생물체와 환경과의 상호작용만을 강조하고 있다는 비판적인 지적을 받고 있다.

이 글의 서두에서 언급된 날아오는 볼을 몸을 던져 잡는 외야수의 아름다운 동작에 대해 다시 생각해 보자. 운동프로그램 이론은 외야수의 기억 속에 볼을 잡는 것에 대한 프로그램이 형성되어 있고 그 프로그램의 지시와 명령에 따라 동작이 수행되며, 여러 다른 독립된 상황에서의 훈련은 프로그램을 점점 더 업그레이드 시키고 수행을 향상시키게 된다고 한다. 이와는 달리 다이내믹 운동이론은 지각-운동의 상호보완적인 역할을 중시한다. 외야수의 적극적인 움직임은 그가 패턴의 변형과 지각적 불변속성을 탐지할 수 있게 하며, 이렇게 탐지된 유의미한 정보는 관련 근육들이 자율적으로 협응구조를 형성하여 자기 조직화를 이루도록 상호 보완함으로서 운동 수행이 향상된다고 한다.

운동 수행에 대한 대표적인 두 이론인 운동프로그램 이론과 다이내믹 운동이론은 모두 운동 수행을 설명하는 데에 장점과 함께 제한점을 지니고 있다. 일반화된 운동프로그램 이론은 주로 불연속적인 과제(discrete task)에 대해 연구가 이루어졌다. 즉, 시작점과 종결점이 분명하며, 미리 세워진 프로그램에 의존하여 수행이 이루어지는 운동들에 대해 연구가 이루어졌으며, 이 분야에 학문적 업적을 쌓았다. 다이내믹 운동이론은 주로 반복적으로 지속되는 신체 부분 간의 협응과제에 대해 연구가 이루어졌으며 이에 대한 학문적 기여가 인정되고 있다. 현 시점에서 두 이론은 운동의 다른 영역에 대해 연구하였고 연구의 방법도 매우 다르므로 어느 이론이 더 우수하다거나 못하다고 하는 결론을 내리기에는 시기상조라고 할 수 있다(R. Schmidt & Lee, 2005). 두 이론이 운동을 설명하는 이론으로서 확고하게 인정받기 위해서는 각 이론이 아직 설명하고 있지 못한 특성을 지니는 운동들에 대해 더욱 다양한 방법으로 연구하고 그 결과를 통해 이론의 정당성을 입증해야 할 것이다.

요약

　이 장에서는 운동 수행의 양대 이론인 운동프로그램 이론과 다이내믹 운동이론을 비교, 대비하는 방법을 통하여 운동 수행이라는 같은 문제에 대해 두 이론이 어떻게 다른 접근을 하는지, 두 이론의 근저는 무엇인지에 대해 알아보고, 그러한 기초로부터 운동 수행과 학습에 어떤 해석과 예측을 제시하게 되었는지도 살펴보았다. 운동프로그램은 뇌에 운동에 대한 표상이 존재하며 운동 사령탑의 명령에 의해 운동이 생성, 제어된다고 주장하며 이후 더욱 융통성 있는 일반화된 운동프로그램으로 변화, 발전하게 된다. 다이내믹 운동이론은 동작의 생성과 제어가 기능적으로 연계된 근육들의 결합으로 일어난다고 하며 이를 협응구조라고 불렀다. 다이내믹 운동이론은 이 협응구조의 작용으로 운동 사령탑의 명령 없이도 자율적인 운동 수행이 일어난다고 주장하였고, 후에 자기 조직화의 개념으로 발전시켰다.

생각할 거리

• 운동프로그램 이론과 다이내믹 운동이론은 운동을 설명함에 여러 가지 차이점을 가지고 있다. 이 두 이론의 가장 근본적인 차이점을 무엇일까 토론해 보자.

• 운동프로그램 이론과 다이내믹 운동이론의 주장은 실제 운동 수행과 훈련의 현장에서 운동 수행 수준을 향상시키기 위해 각각 어떻게 적용될 수 있을지 그 예를 생각해 보자.

• 운동프로그램 이론과 다이내믹 운동이론이 지니는 한계점을 생각해 보았는데 앞으로 운동학습의 연구 영역에서 이러한 한계점을 극복할 수 있는 어떤 이슈나 방법론이 새로이 제기될 수 있으리라고 생각하는가?

팀 인지

서론

팀 인지 과정

팀 인지 결과: 개인 차원

팀 인지 결과: 집단 차원

팀 인지 응용

맺음말

과학 연구, 기획, 디자인, 창작, 의사결정, 문제해결 등의 다양한 지적인 작업들은 드러난 또는 드러나지 않은 집단 및 팀에 의해서 이루어지고 있다. 전통적으로 소집단이나 팀 관련 연구는 조직 심리학, 사회학, 경영학 등에서 이루어져 왔고, 인지심리에서는 개인 수준에서 기억, 문제해결 등의 처리가 어떻게 일어나는가를 다루어 왔다. 그러나 많은 경우 이들 팀들이 수행하는 과제의 핵심은 정보처리이고, 팀에서의 정보처리를 인지심리 및 인지과학적 관점에서 이해하는 것이 필요하다. 이 장에서는 그동안 여러 분야에서 이루어진 연구 성과를 바탕으로 팀 정보처리에 대한 모형을 제안하고 응용 방안을 살펴보고자 한다. 이 장의 구성은 다음과 같다. 1절에서는 팀의 개념정의와 팀 연구의 역사를 살펴본다. 2절에서는 구성원 간 정보공유, 공유문제 공간의 구성과 유지 및 집단 상호작용을 중심으로 팀 인지 과정을 살펴본다. 3절과 4절에서는 팀 정보처리의 결과를 살펴보는데, 3절에서는 개인 차원의 결과물을, 즉 개인의 정보처리가 집단 속에서 어떻게 영향 받는지를, 4절에서는 개인과 집단이 정보처리 효율성에서 있어 어떻게 다른지를 각각 살펴본다. 마지막으로 5절에서는 팀의 정보처리를 촉진할 수 있는 응용 방안을 살펴본다.

서론

개념정의

둘 또는 그 이상의 사람들이 모인 것을 집단(group)이라 칭하는데, 집단은 인종, 성(gender) 등 집단 구성원에 공통되는 특징을 기반으로 형성되고 매우 다양한 유형이 존재한다(예, 동호회, 페이스 북 친구 그룹). 반면, 팀(team)은 과제 수행을 위한 집단으로 공통의 목표 추구와 책임 공유를 특징으로 한다. 팀은 기본적으로 집단이고 집단이 가지는 여러 속성을 공유하고 있기 때문에 집단과 팀에 대한 엄격한 구분은 용이하지 않다. 전형적인 팀의 특징을 모두 만족하지 않거나, 팀으로 불리지는 않지만 팀처럼 기능하는 집단도 존재한다. 팀과 소집단에 대한 구분은 근본적인 의미와 관련된 차이이기보다는 두 개념이 사회역사적 맥락에서 다르게 사용되어 온 결과에 종종 기인한다. 이 장에서는 팀을 소집단의 하위 유형으로 간주하고 과제를 중심으로 공동의 목표를 가지고 상호 의존적으로 작업을 수행하는 팀을 중심으로 팀의 인지 과정을 살펴본다.

과제 수행 집단으로서의 팀은 다른 집단과는 구분되는 특징을 갖는다. 첫째, 팀은 공동의 목표를 추구하며(예, 외과 수술, 비행기 조종, 디자인), 작업 결과에 대해서 공동으로 평가받고 책임을 진다. 팀의 성공과 실패는 구성원 개인의 성공과 실패가 아니라 집단 수준에서의 성공과 실패이고 팀이 설정한 목표를 달성하지 못하면 팀의 존립 자체가 위협을 받을 수도 있다. 둘째, 팀에서는 상호 협력을 통해서 보완적으로 목표를 달성하는데, 이를 위해서 강도 높은 상호 협력과 의사소통이 요구된다. 마지막으로, 팀은 구조화되어 있다. 축구팀이나 야구팀과 같은 스포츠 팀의 경우 팀에서 구성원의 위치와 역할에 따라 수행하는 작업이 달라진다. 정도의 차이는 있으나 팀에서는 과제 수행과 관련하여 구성원의 역할, 지위, 소통 체계 등이 상호

의존적으로 구조화되어 있고 각 팀원은 자신의 역할을 수행하면서 다른 구성원과 상호작용하고 공동의 목표를 추구한다(Forsyth, 2013).

비행기를 조종하는 것부터 시작해서 디자인, 연구 기획을 하는 것까지 팀은 매우 다양한 과제를 수행한다. Devine(2002)은 팀이 수행하는 과제의 성격에 따라서 팀을 크게 지적인 업무(intellectual work)를 수행하는 팀과 신체적·물리적인 업무(physical work)를 수행하는 팀으로 구분하였다. 지적인 업무를 수행하는 팀의 경우 전략 수립, 디자인, 평가 및 자문 등의 정보처리가 주 업무가 되는데, 작업의 결과물은 설계도, 특허, 보고서 등 새로운 정보나 지식의 형태를 띤다. 다양한 지적인 기술이 업무 수행에 필요하며 처리 과정이 비선형적이라는 특징을 가지고 있다. 반면에 물리적인 업무(예, 서비스, 생산, 의료, 군, 스포츠)를 처리하는 팀의 경우 업무 수행에 신체적인 기술을 필요로 하고 일의 진행이 선형적이며(linear work flow), 이미 알려진 지식을 적용하여 손에 잡히는 결과물(tangible product)을 만들어 낸다는 특징을 가지고 있다. 그러나 이들 물리적인 업무를 담당하는 팀에서도 다양한 정보처리가 일어난다. 예를 들어, 수술 팀의 경우, 작업의 순서와 절차를 조율하고 환자의 상태를 모니터링하면서 수술을 진행하는 것은 물론 예상하지 못한 상황에 당면하여 문제를 해결하는 작업이 필요하다. 신체적인 움직임과 활동이 중요한 스포츠 팀의 경우도 경기에 대한 전략을 만들어 내고 실시하는데 공동의 계획과 의사결정, 경기의 흐름에 따라 적절하게 대응하고 대안을 모색하는 과정이 경기의 결과에 중요한 역할을 한다.

팀 연구의 역사

팀 작업에 대한 관심은 상대적으로 최근의 일이다. 20세기 초반만 해도 사회적 진화론에 대한 믿음이 강했던 사회 분위기 속에서 협력보다는 적자생존, 경쟁이 강조되었고, 학교 및 일터 장면에서 협동이나 집단 작업에 대한 문화적 거부감이 존재하였다(Johnson & Johnson, 2009). 1950년대까지도 스포츠와 군대 이외의 맥락에서 팀을 활용한 사례는 거의 없었고, 집단으로 작업해야 하는 경우에도 구성원 간의 상호작용이나 의사전달은 시간 낭비라고 간주되어 이상적인 작업장은 구성원 간의 상호작용을 최소화해야 한다고 생각되었다. 팀이 생산의 단위로 주목을 받고 협력과 협동이 강조되기 시작한 것은 20세기 후반의 일이다. 현재는 가히 팀의 전성시대라고도 할 수 있는데, 공장에서 일어나는 생산 작업뿐 아니라 지적인 작업에서도 팀에 대한 의존도는 지속적으로 증가하고 있고 교육 장면에서도 협동 학습에 대한 강조가 이루어지고 있다(Allen & Hecht, 2004).

팀을 포함한 다양한 소집단 및 사회적 상호작용의 효과에 대한 연구는 심리학을 포함한 인류학, 사회학, 경영학, 정치학, 교육학 등 다양한 분야에서 이루어져 왔다. 일찍이 Piaget와 Vygotsky는 사회적 상호작용이 인지 발달에 핵심적이라는 것을 강조하였고, 교육학자들은 협동과 협력을 활용하는 다양한 교수법을 개발하였다. 사회심리, 조직심리, 경영학 등의 분야에서도 집단의 영향, 팀 생산성 등의 문제에 관심을 가지고 다양한 연구가 수행되었다. 초기의 연구들은 개인을 기본적인 정보처리 단위로 간주하고 사회적 상황이나 타인의 존재가 개인에게 미치는 영향에 초점을 맞추었다. 연구가 진행되면서 집단 자체를 정보처리 단위로 보아야 한다는 견해가 점차 대두되었는데, 예를 들어 분산인지(distributed cognition)는 정보처리가 여러 개인 및 도구와 표상에 걸쳐 분산되어 수행된다는 입장으로 도구를 포함한 집단을 정보처리의 단위로 간주한다(Hutchins, 1995). 최근 들어서는 소집단을 넘어서 공동체, 매스(mass) 단위의 협력과 상호작용을 강조하는 집단 지성(collective intelligence)의 개념이 대두하고 있고, 온라인을 매개로 공동체가 지적인 산물을 만들어 내는 데 어떻게 관여하는가에 대한 연구가 시작되고 있다(Cress, Moskaliuk, & Jeong, 2016).

팀 인지 과정

이 장에서는 집단을 개인과 구별되는 독립적인 정보처리 단위로 간주한다. 개인 정보처리와는 달리 집단에는 뇌에 상응하는 신경학적인 기반이 존재하지 않고, 집단은 분산인지 시스템(distributed cognitive system)으로 기능한다. 집단의 정보처리는 집단을 이루는 구성원의 정보처리에 의존하나, 구성원의 인지가 사회적 상호작용을 통해서 연결되고 통합되는 과정에서 팀 차원의 정보처리가 출현한다. 집단 상호작용의 방식에 따라서 집단과 팀이 만들어 내는 결과물이 달라지는데, 상승적인 상호작용이 이루어지는 경우 집단의 성과물은 개인이 만들어 내는 성과를 훨씬 뛰어넘을 수도 있으나 반대로 개인 작업의 성과보다 못한 결과가 얻어질 수도 있다. 집단의 정보처리는 사회적 상호작용 및 관계를 매개로 일어나고, 사회적 관계와 구조, 더 나아가서 역사·문화적인 맥락과 상호작용하기 때문에, 팀 수준에서 일어나는 정보처리를 적절하게 이해하기 위해서는 개인 내적으로 일어나는 정보처리 과정을 검토하는 것만으로는 불충분하고, 사회적 상호작용과 관계를 매개로 구성원간에 일어나는 정보처리 과정을 고려하는 것이 필수적이다. 집단 정보처리 프로세스에 대해서 합의된 모형은 아직 존재하지 않으나, 이 장에서는 집단의 정보처리 프로세스를 ① 구성원 간 정보 공유, ② 공통기반 형성, ③ 과제 관련 집단의 정보처리로 구분하여 살펴본다.

구성원 간 정보 공유

개인과 집단 모두 정보처리에서 중요한 작업 중에 하나는 환경에서 들어오는 정보를 처리하고 장기기억에서 관련된 정보 자원을 확인하고 인출하는 것이다. 팀 정보처리에서 이 작업은 기본적으로 집단 구성원 개개인의 정보 습득과 인출 노력에 기반을 두고 이루어진다. 구성원들은 과제와 관련한 정보를 환경으로부터 새로 수집하거나 또는 과거의 경험에서 수집한 관련 정보를 장기기억에서 인출한다. 그러나 구성원 개개인이 습득, 인출한 정보가 집단의 정보처리 자원으로 활용되기 위해서는 다른 구성원과 공유되는 과정이 필요하다. 구성원 간 정보 공유에 여러 요인이 관여하는데, 크게 집단의 의사소통 네트워크, 정보 표집의 편향 및 공유에 대한 동기부여/보상을 들 수 있다.

규모가 작은 팀의 경우 구성원들 간의 일대일 의사소통이 고르게 일어날 수 있는데, 그 결과 구성원 개개인이 습득하거나 알고 있는 정보가 모든 구성원과 공유될 확률이 증가한다. 반면, 집단 규모가 커질수록 고른 의사소통 패턴은 불가능해지고 의사소통 네트워크가 출현하게 된다. 의사소통 네트워크는 구성원들이 누구와 어떤 정보를 공유할 수 있는지에 대한 구조적인 제약을 가하여 팀이 정보 자원을 결집하는 데 영향을 준다. 의사소통 네트워크를 크게 분산 네트워크와 집중 네트워크로 나눌 수 있는데([그림 6-1] 참조), 집중 네트워크에서는 정보가 소수에게 집중되어

이 소수는 여러 명의 구성원과 의사소통을 하나, 나머지 구성원은 제한된 인원과만 의사소통할 수 있다(예, [그림 6-1] (가)의 경우 A를 제외한 다른 구성원들은 A 한 명과만 의사소통할 수 있다). 반면, 분산 네트워크에서는 정보가 집중되는 중심적인 위치가 존재하지 않고 구성원 간 의사소통의 제약이 적다. 초기의 네트워크 연구 결과는 분산 네트워크보다 집중 네트워크에서 문제해결의 정확성이나 속도가 높음을 보고 하였다. 집중 네트워크에서는 정보가 네트워크 중심에 위치한 소수의 구성원에게 빠르게 집중될 수 있었고, 그 결과 정보에 대한 비교와 처리가 더 효율적으로 일어 났기 때문이다. 반면, 분산 네트워크에서는 구성원의 만족도는 높았으나 정보가 팀 내에 퍼지는 데 더 오랜 시간이 걸렸다. 그러나 이후의 연구 결과들은 의사소통 네 트워크의 효과가 과제의 유형에 따라서 달라짐을 보여 주었다. 과제가 복잡한 경우 처리해야 할 정보가 증가하는데, 집중 네트워크에서는 정보가 집중되는 소수에게 정보처리 과부하가 발생하고 효과적인 정보처리가 어려워지게 된다. 반면, 분산 네 트워크에서는 이러한 처리 부담이 구성원 간에 분산될 수 있고 장기적으로 더 효과 적인 과제 수행이 가능하게 된다(Cummings & Cross, 2003; Grund, 2012). 과제의 복 잡성이 증가하고 팀이 처리해야 하는 정보의 양이 증가할수록, 어느 한두 명의 개 인이 모든 정보를 수집해서 처리하는 것은 불가능하게 된다. 이 경우 정보처리 부 담이 소수에게 집중되기보다는 네트워크에 분산되는 것이 과제 수행에 더 효율적 인 것으로 보인다.

의사소통 네트워크상의 구조적 제약이 존재하지 않는다고 해서 구성원 간의 정 보 공유가 완벽하게 이루어지는 것은 아니다. Stasser와 Titus(1985)는 히든 프로파

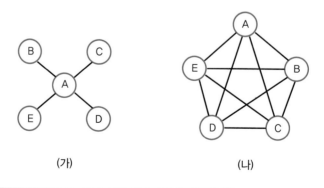

(가)   (나)

[그림 6-1] 집중 네트워크(가) 및 분산 네트워크(나) 예시

일 과제(hidden profile task)를 사용하여 집단의 정보 공유 편파(biased information sampling)를 연구하였다. 히든 프로파일 과제에서는 집단 구성원들에게 각기 다른 정보가 주어지고 각 구성원들이 가진 정보가 통합될 때 최적의 결정에 도달할 수 있다. 히든 프로파일 과제에서의 정보 공유를 살펴본 결과, 구성원들의 정보 공유는 이들이 이미 공유하고 있는 정보에 집중되는 경향이 존재하였고, 공유되지 않은 정보, 즉 한두 구성원만 알고 있는 정보는 논의 과정에 잘 공유되지 않았다. 이러한 결과는 네트워크상의 제약이 없다고 정보 공유가 충분히 이루어지는 것은 아님을 보여 주는데, 과제의 구조(예, 정답이 있는 과제인가 아니면 판단과제인가), 토의에 시간이 충분한지 등의 요인 또한 정보 공유에 영향을 주었다.

정보 공유는 사회적·동기적으로 복잡한 문제이다. 공유된 정보는 일종의 공공재(public-goods)로서 활발한 정보 공유는 대부분 팀 수행에 긍정적인 역할을 한다. 같은 정보를 다시 수집할 필요 없이 동료가 공유한 정보를 사용하면 되고 대신 다른 작업에 자원을 쏟을 수 있기 때문이다. 그러나 정보 공유는 공유자에게는 일종의 딜레마 상황이다. 공유를 위해서 다른 사람들이 이해하고 처리할 수 있는 형태로 정보를 선별하고 가공하는 작업이 필요한데, 그에 요구되는 시간과 노력을 들일 동기가 충분하지 않을 수 있다. 또한 정보 공유를 통해 사회적 평판이 증가하고, 소속 집단의 수행이 증가하는 등 간접적인 혜택이 존재할 수 있으나 공유를 위해 들이는 시간과 노력을 개인적인 차원의 수행과 성과를 높이는 데 사용하는 것이 더 유인가가 높은 행동일 수 있다. 정보 공유를 활성화하기 위해서는 공유에 소모되는 비용을 낮추는 한편 공유를 통해서 공유자가 얻는 보상을 증가시킬 필요가 있는데, 이를 위해서 공유 행동에 대한 의미부여, 다른 구성원들이 비슷한 공유행동에 참여하는지 여부, 문화적인 요인 등을 복합적으로 고려할 필요가 있다.

팀 구성원 간의 정보 공유는 수행에 중요한 역할을 한다. 집단은 대개 개인보다 더 많은 정보 자원을 가지고 있는데, 집단 구성원이 가지고 있는 다양한 경험, 전문성, 문화적 배경 등이 정보 공유를 통해 문제해결과 의사결정에 적절하게 반영될 수 있게 된다. 또한 팀 구성원들이 공유된 정보에 주의를 기울이고 논의하는 과정에서 팀 문제해결의 중요한 단서가 발견되고 새로운 해결책이 만들어질 수 있다. 이에 더해서 팀 내 정보 공유는 구성원들 간의 신뢰 향상 및 업무 만족도 증가라는 간접적인 효과도 만들어 낸다(Mesmer-Magnus & DeChurch, 2009). 그러나 이 과정은 팀 내에 존재하는 의사소통 네트워크 및 정보 수집 편향에 의해서 제약을 받게 된다. 정보 공유자가 공유행동을 할 충분한 인센티브가 존재하지 않을 수도 있다. 이러한 장애 요인이 줄어들 때 팀이 소지한 정보 자원을 다른 구성원들과 적절하게 공유하는 것이 용이해질 수 있다.

최근 들어서 IT 기술의 발달로 정보 공유와 확산이 급속도로 이루어지면서 정보 공유의 부족보다는 과잉이 문제가 되는 상황이 발생하고 있다. 정보 공유는 집단 정보처리의 시발점이다. 그러나 정보 공유의 효과가 의미를 갖기 위해서는 공유된 정보에 대한 후속 처리가 적절하게 이루어지지 않으면 안 된다. 무조건적 정보의 공유가 아닌 공유되고 유통되는 정보의 관련성과 질이 중요하며, 또한 단순히 정보를 공유하는 것에 그치지 않고 그 정보가 집단 구성원에 의해서 적절하게 수용되고 처리되는 것이 중요하다.

공통기반 형성

팀의 구성원들이 관련 정보를 공유하고 처리하는 과정에서 필수적으로 일어나야 하는 처리 중의 하나는 팀의 과제 수행과 관련된 지식에 대한 인식을 공유하는 것이다. 예를 들어, '배'라는 참조어에 대해서 개별 구성원은 서로 다른 인식을 지니고 있을 수 있다(예, 바다 위의 배 또는 과일로서의 배). 이러한 인식의 불일치는 상호작용 과정을 통해서 확인, 조정되고, 그 결과 '배'라는 참조어가 무엇을 지칭하는지에 대한 공통기반(common ground)이 형성된다(Clark, 1996; [그림 6-2] 참조). 팀의 과제 수행 동안 과제 관련한 정보에 대해서 마찬가지의 공통기반이 형성되어야 하는데, 과제의 목표, 주요 변인, 처리 과정 등에 대한 인식이 일치해야 협업이 효과적으로 진행될 수 있다. 공통기반은 팀 구성원들이 공유하는 공유심성모형(shared mental model)과는 구분된다. 공유심성모형은 과제 및 역할 등에 대하여 같은 지식을 가지고 있는 것을 지칭하는 반면, 공통기반은 그 지식 내용이 구성원들 사이에 공유되고 받아들여진 결과물을 지칭한다. 집단 구성원이 서로 같은 생각을 하고 있다고 생각하지만 실제로 생각이 다른 경우가 존재하고, 반면 같은 정보를 가지고 있는 경우에도 서로 모르고 있는 경우도 존재한다. 따라서 공유된 심성모형이나 지식이 존재하는 경우에도 이를 인지하고 확인하는 작업이 필요하다. 공유된 심성모형이

[그림 6-2] 상호작용을 통해서 형성된 '배'라는 참조어에 대한 공통기반

존재하는 경우 공통기반을 만들어 가는 과정이 용이하나 구성원들이 공유하는 지식이 적을 때는 그 작업이 어려워진다. 공통기반은 동의 또는 의견의 일치를 지칭하지만은 않는데, 이견이 존재하는 경우도 그 자체가 인지되고 공유되는 경우 공통기반의 일부가 될 수 있다.

사회적 상호작용은 기본적으로 차례-주고받기(turn-taking) 기제에 의해서 조절된다(Sacks, Schegloff, & Jefferson, 1974). 집단 상호작용 동안에 구성원들은 한 번에 한 사람씩 돌아가며 발언을 하며 자신이 말할 차례가 될 때까지 기다려서 발언을 한다. 상호작용 동안에 전달되는 메시지는 언어적일 수도 있고 비언어적일 수도 있는데, 효과적인 의사소통을 위해서는 메시지를 전달하는 사람과 이를 듣고 수용하는 사람이 적극적인 역할을 수행해야 한다. 메시지를 전달하는 화자는 자신의 발언을 청자가 분명하게 이해할 수 있도록 메시지를 구성, 표현해야 하며 또한 전달된 내용이 제대로 이해되었는지를 확인하는 작업도 필요하다. 청자 또한 적극적인 이해의 노력을 기울여야 하는데 발언의 의미를 이해하고 배후의 의미를 추론하는 것은 물론, 분명하지 않은 부분에 대해서는 적극적으로 확인하려는 노력이 필요하다. 메시지가 암묵적이고 비언어적일수록 이러한 적극적인 처리가 더욱 중요하고, 자신의 이해를 화자에게 확인받는 작업 또한 필요하다. 이 작업은 과제 수행 과정에서 새로운 정보가 수집되거나 상황이 변화할 때마다 일어나야 하는데, 이는 팀 작업에 상당한 인지적 비용이나 부담으로 작용하게 된다. 이러한 부담은 집단 정보처리 상황에서 종종 보고되는 다양한 수행 손실의 원인으로 작용하는데, 예를 들어 브레인스토밍 과정에서 발생하는 창출 차단(production blocking) 현상을 들 수 있다.

창출 차단은 집단 논의 과정에서 한 사람이 발언할 때 듣는 사람의 사고가 방해받고 차단되는 현상을 지칭하는데, 화자가 이야기하는 동안에 청자는 자신의 생각을 말하고 싶어도 차례를 기다려야 하고 화자의 발언을 처리해야 하므로 그동안 자신의 생각을 개발하거나 발전시키는 작업을 할 수 없게 된다. 구성원 간의 인식을 공유하고 조정하는 과정에서 창출 차단 같은 현상이 발생할 수 있으나, 그럼에도 불구하고 공통기반의 형성은 집단 정보처리에 필수적이다. 집단이 모여서 공통의 목표를 향해서 작업하기 위해서는 개개 구성원들이 가진 독립성을 극복하고 하나의 정보처리 단위로 작동하는 것이 필요한데, 공통기반은 이를 가능하게 하는 정보처리적인 기반이 된다.

과제 관련 정보처리

집단은 과제 수행을 위해 다양한 방식으로 상호작용한다. 집단의 상호작용 방식은 집단이 수행하는 과제에 따라 달라지나(예, 연구팀의 연구 결과 논의, 배심원단의 판결에 대한 논의), 집단이 어떠한 방식으로 구성원이 가지고 있는 지적인 자원을 통합하는가의 문제는 집단의 성과에 중요한 영향을 끼친다. 획일적인 집단 의사결정 또는 기계적인 협업이 일어나는 경우 집단의 이름으로 의사결정 및 문제해결이 이루어질지 모르나 실제로는 소수의 아이디어에 의해 주도되고 일부 구성원들의 생각만 결과에 반영된다. 구성원 간 의견 교환이 자유로운 경우에도 개인차, 문화적인 요인 등으로 인하여 정보의 교환과 유통은 암묵적 · 명시적인 규약과 관습을 따르는데, 이들 요인들이 구성원들의 자원이 제대로 결집되고 통합되는 것을 방해할 때 집단은 개인이 작업한 것 이상의 결과물을 내기 어렵고 경우에 따라서는 개인의 수행보다도 못한 결과물을 만들어 낼 수도 있다. 반면, 상호작용을 통해서 각 구성원이 제안한 아이디어들이 더해지고, 보완되고, 비판되고, 통합되면서 새로운 지식이나 문제해결책을 만들기도 하는데, 이 경우 집단 정보처리의 상승적인 작용을 기대할 수 있다.

집단 상호작용의 많은 부분은 담화(discourse)를 통해서 매개되는데 van Aalst (2009)는 집단 상호작용에서 나타날 수 있는 담화를 세 유형으로 구분하였다. 지식

공유(knowledge sharing) 담화는 상호작용이 주로 새로운 정보의 공유 및 전파 기능을 수행하는 경우이고, 지식구성(knowledge construction) 담화는 상호작용이 주로 새로운 지식획득의 기제 역할을 하는 경우이며, 마지막으로 지식창조(knowledge creation) 담화는 상호작용이 새로운 지식을 만들어 내는 기능을 수행하는 경우이다. 새로운 지식, 해결책을 만들어 내는 것이 중요한 연구팀, 디자인 팀의 경우 특히 지식창조 담화가 더 중요할 것으로 기대된다. 팀이 상위정보처리 단위로 기능하기 위해서는 구성원들은 문제해결과 관련된 정보를 적극 공유하고 논의하며 공유된 정보에 대한 추가적인 처리와 해석은 물론 상호 피드백을 통해서 새로운 지식과 문제해결책을 만드는 공동구성(co-construction) 작업을 수행하지 않으면 안 된다(Stahl, 2006). 이때 단순히 새로운 아이디어와 생각을 만들고 공유할 뿐 아니라 그 산물에 대해서 공동의 책임을 지고 지속적인 개선의 노력을 기울이는 공동의 책임감이 집단 시너지를 만들어 내는 데 중요한 역할을 한다(Scardamalia & Bereiter, 2014).

집단 상호작용은 항상 긍정적인 결과만을 만들어 내지는 않는데 집단의 상호작용이 어떻게 진행되는지에 따라서 정보처리 편향이 발생하거나 부정적인 결과물이 만들어질 수도 있다. 구성원이 수집한 아이디어에 대한 모니터링이 수행되지 않아서 부정확한 정보가 검증되지 않고 집단 의사결정에 반영되거나, 아이디어가 집단 상호과정에서 증폭되어 정보에 대한 왜곡이 일어날 수도 있다. 집단이 보이는 사고편향, 오류의 대표적인 예로 집단사고(group think)를 들 수 있다. 집단사고는 구성원 개개인이 매우 뛰어난 역량을 지니고 있음에도 집단 의사결정 과정에서 문제에 대한 충분한 논의, 숙고를 거치지 않은 상태에서 합의를 추구할 때 종종 발생한다. 만장일치로의 압력은 문제를 다각도에서 검토하고 해결책을 찾는 과정을 방해하는데, 응집력이 강하고 지시적인 지도자가 있고, 대안을 검토하는 절차가 확보되어 있지 않은 경우 또는 집단의 정체감이 큰 상황에서 더 강하게 나타난다. 이러한 경우 구성원들은 대안적인 의견이나 반론이 있어도 이를 개진하지 않으며 지도자의 의견을 무서워하면서 의견에 대한 자기 검열을 실시하게 된다. 그 결과 대안들이 충분히 검토되지 못하고 결정에 도달하기 때문에 많은 경우에 집단 사고는 잘못된 의사결정을 야기하게 된다(Janis, 1982).

집단 극화(group polarization) 또한 집단 정보처리가 반드시 긍정적인 결과를 가져오지 않는다는 것을 보여 준다. 집단 극화는 집단의 결정이 구성원 개개인이 단독으로 내린 결정의 평균보다 더 극단적인 현상을 지칭한다. 극화의 방향은 양방향으로 일어나는데, 집단의 의사결정이 개인의 의사결정보다 더 모험적으로 되는 '모험적 이행(risky shift)'이 일어나기도 하고 반대로 더 보수적이고 신중한 결정을 내리기도 한다. 집단 극화는 여러 원인에 기인하는 것으로 보인다. 그 이유 중의 하나는 상호작용 과정에서 새로 얻게 된 새로운 정보이다. 집단 논의 과정에서 구성원들은 자신들이 원래 알고 있던 것보다 더 많은 정보를 얻게 된다. 그 과정에서 자신들이 원래 지니고 있던 의견을 보충, 지지해 주는 정보를 접하게 되며 집단 논의를 거치면서 애초에 근거가 불확실했던 태도, 의견이 지지적인 증거와 논리들로 강화되는 결과가 발생하게 된다. 이러한 현상은 정책결정, 배심원 집단, 인터넷 소셜미디어 등에서 모두 관찰되는데, 물리적인 집단을 형성하고 있지 않아도 구성원 간의 대화와 상호작용이 이루어지는 한, 집단극화가 관찰될 수 있다(생각 상자: 'SNS 사용과 집단극화' 참조). 집단사고와 집단극화는 집단 상호작용의 필수적인 결과물은 아니나, 이러한 현상들은 집단의 자원과 정보처리 역량을 효과적으로 사용하는 것이 쉽지 않다는 것을 보여 준다.

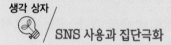

생각 상자

SNS 사용과 집단극화

집단극화는 집단 상호작용 이후 집단의 평균적인 반응이 더 극단으로 변화하는 것을 지칭한다. 인터넷, SNS는 사람들을 연결시켜 주고 개인의 의사표현을 자유롭게 만들었으나, 이러한 인터넷상에서의 자유로운 의견교환이 도리어 여러 부정적인 결과를 낳고 있다. 익명성 뒤의 무책임한 언행은 물론, 여론의 양극화를 가져오는 주범으로 지목되고 있는 것이다. 정보는 많아졌지만 의사소통 과정에서 자신의 의견과 관점에 부합하는 정보만을 선택적으로 수용하기 때문에 이러한 양극화가 일어난다고 추정되고 있다. SNS에서 일어나는 상호작용에 열심히 참여하는가? 집단극화에 기여한다는 입장에 대해서 어떻게 생각하는가? 이러한 부정적인 효과에도 SNS 사용의 긍정적인 사례 또는 효과가 존재한다면 무엇이겠는가?

집단의 정보처리 과정은 아직 충분하게 이해되고 있지 않으나 이 장에서는 이를 관련된 정보를 인출하는 과정, 공통기반을 마련하는 과정 및 집단 정보처리 과정에서 나타날 수 있는 정보처리 편향으로 나누어서 살펴보았다. 집단으로 작업할 때에는 과제 관련 정보를 숙지하고, 관련된 집단 내부의 정보 자원을 인출하고, 문제를 해결하고 대안을 마련하는 등의 다양한 정보처리 작업이 필요하다. 입력 정보를 처리하고 관련된 지식과 경험을 공유하고 논의하는 과정을 통해서 집단 구성원들은 자신을 이해시키고 타인을 이해하면서 상이한 이해를 매개하는 공통기반을 만들게 된다. 집단이 수행하는 이러한 정보처리는 개개인의 인출 능력뿐만 아니라 집단 내부의 의사소통 네트워크 및 정보 수집 편향에 의해서 영향을 받는다. 집단 내에서 정보와 상황에 대한 인식을 공유하는 것은 팀 작업의 성공에 중요한 역할을 하나 이를 위해서는 다양한 인지적 · 사회적 비용을 지불해야 한다. 이 작업이 성공적으로 이루어지지 못할 경우 팀 작업은 사소한 차이를 증폭시키거나 더 극단적으로 만드는 부정적인 영향을 가져올 수도 있다. 그러나 팀 작업에서 경험하는 갈등이 반드시 부정적인 결과로 이어지지는 않는다. 오해와 이견을 줄이고 조정하는 과정에서 서로의 아이디어를 확장하고 새로운 지식을 만들어 내는 계기가 마련되기도 한다. 효과적인 상호작용을 통해서 집단은 개인으로 작업했을 때는 불가능한 결과물을 만들어 낼 수 있는데, 이는 집단이 구성원들이 가지고 있는 인지적인 역량을 얼마나 효과적으로 결집하는가에 달려 있다. 집단 인지 과정에서 발생할 수 있는 다양한 제한점과 가능성을 이해하고 적절하게 활용하고 운영할 때 팀의 잠재력이 발휘될 수 있다.

팀 인지 결과: 개인 차원

집단을 이해하기 위해서는 집단을 구성하는 개인이 집단이라는 사회적 상황에 의해서 어떻게 영향을 받는지 이해하는 것이 필요하다. 많은 연구에서 혼자서 작업할 때와 집단 속에서 작업할 때 개인의 수행을 비교하여(예, 혼자서 공부한 학생과 친구와 같이 공부한 학생의 성적 비교), 집단 속에서 개인의 행동이 어떻게 달라지는지를 보여 주었다. 이 절에서는 사회적 촉진 및 태만, 협동학습 효과를 통해서 이를 살펴본다.

사회적 촉진 및 태만

집단의 영향은 상호작용 없이 사회적인 상황에 속한다는 사실만으로 발생할 수 있다. 예를 들면, 사회적 촉진(social facilitation)은 타인이 존재하는 상황 속에서 수행이 더 촉진되는 현상을 지칭하는데, 보다 더 세분하여 공통행동효과(co-action effect)와 관중효과(audience effect)로 구분된다(Zajonc, 1965). 공통행동효과는 타인이 자신과 같은 수행을 하는 경우 수행이 촉진되는 것을 지칭하고(예, 혼자 달릴 때보다 다른 사람들과 같이 달릴 때 더 빨리 달린다), 관중효과는 타인이 같이 수행에 참여하지 않고 수동적으로 존재하기만 해도 나타나는 사회적 촉진을 지칭한다(예, 혼자 달릴 때보다 사람들이 지켜보고 있을 때 더 빨리 달린다). 사회적 촉진 현상은 주로 단순하거나 연습이 많이 된 과제에서 나타나며, 복잡한 과제나 이전에 해 본 적이 없는 새로운 과제를 수행할 때는 잘 나타나지 않는다. 타인의 존재는 정보처리 부담을 야기하는데 이로 인하여 개인이 과제 수행에 사용할 수 있는 인지적 자원의 양이 줄어든다. 타인의 존재는 쉬운 과제에서는 수행에 미치는 영향이 크지 않으나, 인지적 자원을 많이 요구하는 과제에서의 수행에는 영향을 주고 이로 인하여 과제 난이도가 어려운 경우 사회적 촉진 현상이 사라진다(Strauss, 2002).

사회적 촉진 현상과는 반대로 집단 속에서 개인의 수행이 저하되는 일도 발생한다. Ringelmann의 고전적인 연구는 참가자들이 혼자서 줄을 당길 때와 집단으로 줄을 당길 때를 비교하였는데, 개인은 집단으로 줄을 당길 때 노력을 덜 기울이고 그 결과 집단이 줄을 당겼을 때의 힘은 구성원들이 개인으로 줄을 당겼을 때의 힘을 합한 것에 미치지 못하였다. 사회적 태만(social loafing)은 개인이 집단 상황에서 노력 자체를 덜 기울이거나 무임승차(free ride)하는 현상을 지칭한다. 사회적 태만은 집단 수행을 개인 수행의 합보다 작게 만드는 주된 원인으로, 집단 작업을 할 때 개인의 기여가 분명하게 확인되거나 보상받지 못할 때 발생한다. 사회적 태만의 정도는 성별(예, 남자들이 여자들보다 사회적 태만 행동을 더 많이 보인다), 문화(예, 아시아권 문화에서 적게 일어나는 경향이 있다), 동료들의 유형(예, 능력이 있는 동료와 일할 때 더 많이 일어나나 아는 사람들과 일을 할 때는 줄어든다), 집단에 부여하는 가치(예, 자신이 중요하게 생각하는 집단에서는 일어나지 않는다) 등의 요인에 의해서 매개되는 것으로 보인다(Karau & Williams, 1993).

그러나 모든 집단작업에서 사회적 태만이 필연적으로 일어나지는 않는다. 대개는 외부에서 부과된 과제를 수동적으로 수행하고 평가받는 상황에서 발생하고, 과제가 개인에게 중요한 경우나 개인이 주도적으로 자신과 집단의 성장을 위해서 노력하는 경우에는 사회적 태만이 잘 일어나지 않는다. 오히려 집단에서 작업할 때 수행 동기가 향상되는 결과도 보고되고 있다(양미경, 2011; Karau & Williams, 1993). 한편, 집단으로 작업할 때 일어나는 수행 손실의 일부는 조정손실(coordination loss) 때문에 발생한다. 여러 사람이 어떻게 힘을 모아 같이 작업할지 잘 모르기 때문에 (예, 줄을 당길 때 상대 팔다리의 위치가 방해) 개개 구성원이 최선을 다함에도 불구하고 이들의 노력이 집단 수행으로 연결되지 않을 수도 있는데, 이런 경우 구성원들의 협업을 좀 더 효과적으로 재구조화하여 수행 손실을 줄이는 것이 가능하다. 집단이 개인의 동기와 노력에 영향을 미치는 것은 분명하나 사회적 촉진이나 태만을 집단 작업의 필연적인 결과물로 볼 수는 없다. 복잡한 개인적 · 상황적 변인이 집단 상황에서 개인의 수행 동기에 영향을 주는 것으로 보인다.

협동학습 효과

학습은 개인의 성과가 강조되는 대표적인 영역으로, 학교에서의 성취는 개인 단위로 측정이 되고 이러한 강조는 개인 학습에 대한 강조로 이어졌다. 협력학습(cooperative learning), 협동학습(collaborative learning)은 학생들이 집단을 이루어 공동의 과제를 수행하면서 학습하는 것을 지칭하는데, 많은 연구에서 혼자 학습하는 것보다 동료와 함께 공부할 때 학습 효과가 우수함을 보고하고 있다(Johnson & Johson, 2009). 협동학습의 효과는 다양한 요인에 기인한 것으로 보이는데, Piaget의 사회인지발달 입장에서는 사회적 상호작용에 의해서 야기된 사회-인지적인 갈등(socio-cognitive conflict)의 역할을 강조하였다. 상호작용 상황에서 경험하는 파트너와의 견해 차이가 아동의 인지 구조에 불균형을 야기하는데, 이 불균형이 인지적 변화를 이끌어 내는 단서로 작용한다는 것이다(Mugny-Doise, 1978). 또한 협동학습이나 팀 수행 상황에서 학습자는 자신의 생각을 파트너에게 설명하거나 질문에 답변하는 활동을 하게 되는데, 이 과정에서 다양한 구성적 활동이 일어나게 된다. 학습자는 협동학습 과정에서 자신이 제안한 설명의 문제점을 깨달을 수 있으며 새로운 설명을 제안하기도 하고, 이 과정에서 기존 지식의 재조직화가 일어난다(Chi, 2009). 이러한 기제들이 협동학습을 효과적으로 만드는 것으로 보이나, 모든 상황에서 협동학습이 효과적인 것은 아니다. 일반적으로 과제가 복잡하고 어려울 때는 협동학습이 효과적이나 과제가 단순한 경우에서는 혼자서 학습하는 것이 더 우수하거나 또는 두 기법 간에 차이가 없는 것으로 보고되고 있다(Cohen, 1994).

개인의 정보처리와 수행은 집단 속에서 영향을 받게 되는데, 이러한 집단의 영향은 긍정적일 수도 있고, 부정적일 수도 있다. 집단 내 사회적인 상황에서 동기저하 및 부가적인 정보처리 부담이 발생하고 경우에 따라서는 갈등도 경험하게 되는 반면, 동료와 소통하고 상호작용하는 가운데 지식의 재구성 및 재조직화가 일어나기도 한다. 상호작용과 협동학습의 효과는 단순한 과제보다는 복잡한 과제에서 더 큰 것으로 보이는데, 과제의 복잡성과 난이도가 증가함에 따라서 개인보다는 힘을 합해서 처리하는 것이 더 효율적이기 때문이다.

팀 인지 결과: 집단 차원

개인이라는 정보처리 단위가 사회적 상황에서 어떻게 영향받는지를 이해하는 것 못지않게 개인들이 모인 집단이 정보처리 단위로서 개인과 비교하여 어떠한 특성을 보이는가를 이해하는 것도 중요하다. 여러 연구자는 과연 집단이 만들어 낸 결과물이 개인이 만들어 낸 결과물보다 우수한가의 문제를 연구하였다(Hill, 1982; Hinsz, Tindale, & Vollrath, 1997). 이는 개인과 집단의 정보처리 결과물의 차이에 대한 질문으로, '개인'과 '집단' 중 어느 단위가 더 효과적인 정보처리 단위인가의 질문이다(예, 한명의 조원이 작업한 보고서와 5명의 조원이 작업한 보고서의 비교). 이 절에서는 이 질문의 답변을 브레인스토밍(brainstorming) 과제에서의 아이디어 생성, 추상적인 표상의 형성 및 과학 연구의 세 영역에서 살펴보고자 한다.

아이디어 생성

집단 연구의 초기부터 연구자들은 집단 속에서 다른 구성원과 상호작용하면서 작업할 때 혼자서 작업할 때는 없던 시너지 효과가 발생하는지, 과연 집단이 개인보다 본질적으로 우수한 수행 단위인지에 대한 질문에 대한 답을 찾고자 노력했다. 이 질문에 대한 답을 찾기 위해서 개인과 집단의 수행을 단순히 비교하는 것만으로는 충분하지 않은데, 집단은 개인보다 평균적으로 더 많은 자원을 가지고 있기 때문이다. 어떤 주제와 관련해서 개인과 집단이 알고 있는 정보의 양을 비교하면 대부분 집단이 가진 지식의 총합이 한 명의 개인이 알고 있는 정보의 양보다 많다. 개인과 집단에게 각각 한 시간 동안 작업을 하게 하면, 한 시간이라는 작업 시간은 같지만 구성원별로 작업한 시간을 합하면 집단은 개인보다 몇 배의 시간을 작업에 투하하는 셈이다. 집단이 가진 이러한 우위를 배제하고 가능한 공평하게 집단과 개인의 생산성을 비교하기 위해서 통상적으로 명목 집단(nominal group)이라는 가상적인 집단을 사용하여 개인과 집단의 수행을 비교한다. 명목 집단은 실제로는 혼자서 과제를 수행한 개인들로 구성된 집단으로, 개인 수행의 합이 명목 집단의 수행 결과로 간주되어 실제 집단의 수행과 비교된다([그림 6-3] 참조).

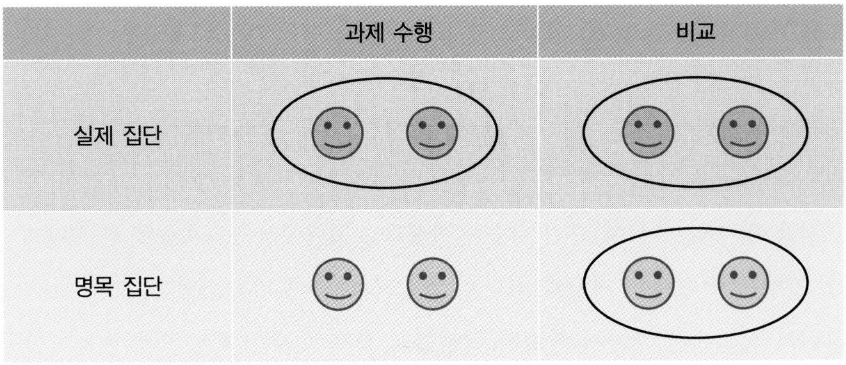

[그림 6-3] 실제 집단과 명목 집단

초기 연구에서 개인과 집단의 생산성 비교를 위해서 브레인스토밍 과제가 많이 사용되었는데, 이 과제에서는 '모든 사람이 장님이 된다면 어떠한 일이 생길까?' '모든 사람의 엄지손가락이 2개가 된다면' 같은 주제/질문에 대해서 가능한 다양한 아이디어를 많이 내는 것이 목표이다. 연구 결과, 통상적으로 집단이 브레인스토밍을 할 때 혼자서 하는 것보다는 더 많은 아이디어를 만들어 냈으나, 집단의 실제 수행은 명목 집단의 수행보다 떨어졌다. 즉, 집단으로 작업하는 데에서 오는 시너지 효과는 관찰되지 않았고, 뛰어난 개인이 혼자 하는 수행에 못 미치는 경우도 존재하였다. 이와 같이 집단으로 작업할 때 생산성이 저하되는 결과는 앞에서 언급한 창출 차단에 일부 기인하는 것으로 보이는데, 집단 속에서 아이디어를 공유하는 과정에서 다른 사람의 아이디어를 듣는 동안 자신이 가진 아이디어를 생성하고 발전시키는 과정이 중단되기 때문이다. 브레인스토밍 과제에서 집단의 시너지 효과가 없는 것으로 나타났으나, 이 결과가 일반화 가능한지 분명하지 않다. 이들 연구의 대부분은 실험실 맥락에서 기발한, 그러나 단편적인 아이디어를 만들어 내는 다소 인위적인 과제를 사용했는데, 과제가 너무 단순하고 집단 구성이 인위적이어서 현실에서의 수행되는 팀 과제의 복잡성과 팀 구성의 다양성을 반영하지 못했기에 이러한 연구 결과를 일반화하기엔 무리가 있다. 실제로 이후 수행된 연구들은 과제의 성격에 따라 개인과 집단의 생산성의 우위가 변화할 수 있으며, 집단 작업의 시너지가 가능하다는 것을 보여 주었다.

추상적인 표상의 형성

1980년대 들면서 상호작용이 학습에 미치는 효과가 보고되기 시작했고 다양한 형태의 협동학습에 대한 연구가 진행되었다. 학습 연구의 대부분은 개인 학습 성과에 초점을 맞추었으나(예, 혼자 학습한 학생과 소집단에서 모둠학습을 한 학생의 수행 비교), 일부 연구에서는 개인과 집단의 학습 성과물이 비교되었다. Schwartz(1995)는 일련의 실험에서 혼자서 학습한 학생들과 짝을 이루어 학습한 학생들이 만들어 낸 문제해결책을 비교하였다. 학생들은 예컨대, 기어(gear) 5개가 연결되어 있는데, 첫 번째 기어가 시계방향으로 돌고 있다면 마지막 기어가 도는 방향은 무엇인가와 같은 문제를 풀었는데, 대부분의 학생은 이런 문제를 풀 때 처음에는 손으로 기어의 물리적인 움직임을 모사하여 답을 얻어 내는데, 문제 풀기를 반복하면서 기어의 수가 홀수인가 짝수인가에 따라 달라진다는 규칙(parity rule)을 추론해 낸다. 혼자서 학습한 학생들과 짝을 지어 학습한 학생들의 해결책을 비교한 결과, 혼자서 학습한 학생들은 기어의 물리적인 행동을 모델링하는 데 치중하였다. 반면, 짝을 이루어 작업하는 경우 규칙을 추론하는 경향성이 높았는데, 동료와 함께 학습하였을 때 개인으로 학습한 경우보다 기어의 작동에 대한 규칙을 4배나 더 많이 추론하였다. 앞에서 설명하였듯이 동료와 학습하거나 작업을 할 때 원활한 의사소통을 하기 위해서는 각 구성원이 지닌 상이한 견해와 관점을 통합하고 조정할 수 있는 공통의 어휘, 표상이 필요하다.

추상적인 표상은 다양한 문제 상황과 맥락에서 적용 가능하다는 장점을 지니고 있기 때문에 동료와 상호작용하면서 학습하는 협동 상황에서 추상적인 표상이 더 손쉽게 출현할 수 있었던 것으로 보인다(Schwartz, 1995). Shirouzu, Miyake와 Masukawa(2002) 또한 수학과제에서 혼자 학습할 때보다는 파트너와 함께 학습할 때 추상적인 규칙의 형성이 더 용이함을 보고하였다. 이들 연구에서 아동들은 종이에 2/3, 3/4 등의 지점을 표시하는 문제를 풀었는데, 아동들은 대부분 처음에는 물리적으로 종이를 접어서 이 문제를 풀었고 수학적 규칙을 사용하는 경우는 드물었다. 그러나 같은 과제를 반복해서 수행하였을 때 짝을 지어 일한 학생들의 경우에 규칙 사용이 관찰되었다. 문제 풀이 동안의 언어적·비언어적 상호작용을 분석한 결과, 한 아동이 종이를 접는 동안 동료 아동은 이를 관찰하고 수행의 정확성을 모니터링을 하는 역할 분담이 일어났는데, 이러한 역할 분담을 통해서 과제에 대한 깊은 처리가 가능해졌고 추상적인 규칙을 유도할 수 있게 된 것으로 보인다. 집단이 어떻게 추상적인 표상의 형성을 매개할 수 있는지, 매개 변인은 무엇인지에 대한 후속 연구가 요구되나, 사회적 상호작용 과정이 추상적인 표상의 형성을 촉진할 수 있는 것으로 보인다.

과학 연구

과학 연구는 오랜 시간과 많은 전문 지식을 요하는 작업으로 그 지적 산물(예, 연구 논문)에 대한 분석 또한 쉽지 않다. 최근 계량 서지학(bibliometrics)의 발달로 출간된 연구 논문을 대상으로 다양한 분석이 가능하게 되었는데, Wuchty, Jones와 Uzzi(2007)는 1945년 이후 50년 동안 출간된 약 2천만 편의 논문과 2백만 건의 특허를 분석하여 공동논문의 출간 추세를 알아보았다. 자연과학 분야의 경우 논문당 저자 수는 1955년 1.9명에서 2000년 3.5명으로 45년 사이 근 두 배의 증가를 보였고, 사회과학 분야의 경우 1955년에 공동논문의 비중이 17.5%

이었으나 2000년에는 51.5%이었다. 자연과학, 공학, 사회과학뿐만 아니라 정도의 차이가 존재하나 같은 추세가 예술과 인문학 등 학문의 전 분야에서 관찰되었다. 단순히 공동연구의 수가 증가할 뿐 아니라, 공동연구를 통해 생산된 논문의 영향력 또한 증가하고 있는데, 1950년대만 해도 가장 인용이 많이 되는 논문은 단일 연구자에 의해 작성된 논문이었으나(Whitfield, 2008), 이러한 추세는 오래전에 역전되어 최근에는 공동논문의 피인용지수가 개인논문의 피인용지수보다 높다. 자연과학, 공학 분야의 경우 공동논문은 단독논문보다 1955년에는 1.7배 더많이 인용되었으나 2000년에 이르러서는 2.1배 더 많이 인용되었다. 자기인용(self-citation)으로 인한 편향을 제거하고도 같은 결과가 얻어졌을 뿐만 아니라, 각 분야에서 가장 많이 인용된 논문들은 또한 공동연구에 의해 수행된 연구들이 압도적으로 많다. 인용 횟수뿐만 아니라 사회적으로 중요하게 간주되는 연구들 또한 대부분 팀에 의해 수행되고 있는데, 예를 들면 2006년 미국 국립연구재단(NSF)이 선정한 우수 연구 성과, 2007년 미국 시사 주간지인 『타임』지가 선정한 10대 과학 발견들은 모두 공동연구의 산물이었다(Paletz & Schunn, 2010).

이러한 결과는 공동연구가 우수한 연구 성과를 내는 중요한 연구 방식임을 보여주나, 복합적인 요인들이 공동연구가 주도적인 과학 연구의 방식으로 자리 잡는 데 기여한 것으로 보인다. 첫째, 학문 분야의 전문성이 심화되었다. 과학적 진보의 결과, 각 학문 분야에서 축적된 지식의 전문성이 심화되어, 개인 연구자가 자신이 속한 또는 인접 분야의 지식을 모두 소화하는 것이 점점 어려워지고 있다. 둘째, 과학기술의 변화속도가 빨라졌다. 환경의 변화를 즉각적으로 감지하여 불확실한 환경에 신속하게 적응하는 것이 중요한데, 공동연구는 다양한 연구자의 자원을 활용하여 신속하게 변화에 적응할 수 있는 장치를 제공한다. 셋째, 연구문제의 성격이 변화하였는데, 연구문제가 점점 더 복잡하고 다학제적 성격을 띰에 따라 여러 분야의 전문가가 모여서 공동으로 작업하는 것이 필요하게 되었다. 넷째, 과학적 지식과 기술발전에서 암묵적 지식(tacit knowledge, 또는 암묵지)의 습득이 점점 더 중요시되고 있다. 암묵적 지식은 명시적으로 기술하기 어려운 지식을 지칭하며 경험과 학습에 의해 습득되나 겉으로 잘 드러나지 않는다. 암묵적 지식을 적절하게 습득하기 위해서는 직접 관찰, 상호작용, 해 보기 등이 가장 좋은 수단이고, 이런 점에서 공동연구는 암묵적 지식을 습득 및 전수하는 데 적절한 기제로 보인다. 다섯째, 학계의 관행이 변화하였다. 논문출간, 저자권(authorship)이 중요해지면서, 이전에는 저자에 이름을 올리는 것에 대해서 중요시하지 않거나 소극적이었던 관행이 바뀐 것도 한몫을 한 것으로 보인다. 과학 연구의 실제 현장에서 이들 요인들의 역할을 분리해서 평가하기란 거의 불가능하나, 분명한 것은 현재의 과학 연구 현장에서는 공동으로 연구를 수행하고 논문을 작성하는 것이 혼자서 작업하는 것보다 여러 면에서의 비교우위를 갖는다는 것이다(김용학, 윤정로, 조혜선, 김영진, 2007; Börner et al., 2010; Whitfield, 2008).

개인과 집단의 성과물을 비교하고 어떤 정보처리 단위가 더 효과적인가를 알아보는 것은 중요한 질문이지만, 집단과 개인의 성과물에 대한 비교는 단순하지 않다. 단순히 아이디어를 많이 제안하는 과제의 경우 개인으로 작업하고 난 다음에 그 결과를 모으는 것이 더 효과적인 것으로 보이나, 산출된 아이디어를 통합하고 질적으로 다른 표상을 만들어 내는 일은 집단 속에서 동료와 상호작용을 할 때 촉진되는 것으로 보인다. 개인 또는 집단 중 어느 쪽이 더 우수한 수행의 단위인가의 질문보다는 어떠한 조건하에서 개인 또는 팀 작업이 효율적인가를 질문하는 것이 더 적절하다(생각 상자: '팀 작업이 효과적인 경우' 참조). 특히 실제 수행상황에서 혼자서 일하는 것과 집단으로 일하는 것 중 어느 것이 더 효율적인가 질문하는 것이 의미 없는 경우가 종종 존재하는데, 집단으로 작업할 때 발생하는 문제점 및 비용에도 불구하고 집단 작업이 불가피한 경우가 존재하기 때문이다. 과학 연구의 수행은 브레인스토밍 과제와는 비교할 수 없이 복잡한 과제이다. 혼자서 실험하고 자료를 분석하고 논문도 쓸 수 있지만, 사실상 드러나지 않는 연구 보조원이나 협력자의 도움 없이는 불가능한 작업이다. 과학 연구뿐만 아니라 복잡한 사물 디자인, 정책 수립, 창작 활동 등 많은 과제는 이미 그 규모와 복잡성으로 인해 개인보다는 팀 작업에 의존하여 이루어지고 있다. 가속화된 지식 축적의 속도와 전문성의 심화는 집단 작업의 필요성을 증대시키고 있다. 이에 다양한 집단 정보처리 상황에서 필연적으로 발생하는 처리 비용(예, 조정 비용)을 줄이고, 보다 효과적으로 팀 작업이 이루어질 수 있도록 해야 할 필요성이 크다.

생각 상자

팀 작업이 효과적인 경우

과제의 성격, 수행 단계 및 성과물이 무엇인가에 따라서 개인과 팀 작업의 효율성은 달라진다. 일반적으로 다음의 상황에서는 개인보다 팀으로 작업하는 것이 더 효과적일 수 있다.

- 작업량이 많고 많은 노력이 들어갈 때(예, 책 100권 나르기)
- 전문가들의 도움을 받을 수 있을 때(예, 사전편찬, 집 짓기, 자동차 조립)
- 과제가 상호 의존하는 여러 개의 하위 과제로 구성되어 있고 하위 과제들이 동시에 수행되어야 할 때(예, 교향곡 연주, 야구 경기)
- 해결책이 분명하지 않고 다양한 분야의 지식과 관점을 통합하여 새로운 해결책을 만들어 내야 할 때(예, 디자인, 연구)
- 결과물의 성공이나 실패가 많은 사람에게 의미를 갖고 다양한 이해 관계자들의 관점을 반영하는 것이 중요할 때(예, 환경오염평가)
- 집단으로 작업할 때의 정서, 사회적 유대감, 이해관계 반영이 중요할 때(예, 정책 결정)

이 밖의 어떤 경우에 팀 작업이 더 효과적이겠는가?

팀 인지 응용

집단의 정보처리 프로세스와 산물에 대한 이해를 기반으로 집단 수행의 약점을 보완하고 강점을 살리는 방안을 모색하여 팀 정보처리가 보다 효과적으로 일어나도록 도와주는 것이 가능하다. 개인 인지 차원에서의 학습, 오류의 감소를 위한 다양한 응용 기법이 존재하는 것과 마찬가지로(2장 '학습과 기억의 향상', 9장 '사고와 인간 오류의 인지심리학' 참조), 집단의 정보처리를 촉진하고 오류를 예방하기 위해 다양한 과제에서 개선 방안이 제안되었는데, 대표적인 사례를 소개하면 다음과 같다.

브레인스토밍

Osborn에 의해 대중화된 브레인스토밍(brainstorming)은 아이디어를 발상, 수집하는 기법이다. 광고, 디자인 분야를 포함한 다양한 영역에서 활용되어 왔고, 앞에서 언급하였듯이 집단과 개인의 생산성을 비교하는 연구 목적으로도 활발하게 사용되었다. 기본 원리는 아이디어의 질보다는 양을 우선하고 아이디어에 대한 판단을 보류하는 것인데, 이는 아이디어에 대한 판단이 추가적인 아이디어 생성을 막는 기제로 작용할 수 있기 때문이다. 아이디어를 많이 만들어 내다 보면 효과적인 아이디어가 나올 확률이 증가하기 때문에 아이디어의 질을 따지지 않고 다양한 아이디어를 많이 제안하는 것에 초점을 맞춘다. 브레인스토밍은 빠른 시간 내에 다양한 아이디어를 도출, 수집하는 데 효과적이며 구성원이 이미 가지고 있는 아이디어를 가감 없이 수집하는 것뿐만 아니라 서로의 아이디어에 자극되어서 새로운 아이디어를 촉발하는 기제로 사용될 수도 있다. 특히 과제 초기의 아이디어 수집 단계에서 매우 유용한 절차로 아이디어를 적고 공유할 수 있는 메모지, 칠판, 화이트보드가 있으면 어디에서나 실행 가능하다. 그러나 앞에서 언급하였듯이 창출 차단 등의 부작용이 존재하는바, 이를 최소화하기 위한 절차적 변형(예, 아이디어를 말로 표현하는 대신 글로 작성) 및 컴퓨터 소프트웨어 사용 등 비용 절감의 시도가 이루어지고 있다(Brown & Paulus, 2002).

팀 작업과 공유심성모형

병원의 외과 수술, 비행기나 선박의 운행과 조종, 화재 진압 등은 대부분 해당 작업을 전문적으로 수행하는 팀에 의해서 이루어진다. 이들 팀이 수행하는 작업은 많은 전문 지식과 훈련을 요하며 대부분 고도로 절차화 · 분업화되어 있다. 팀의 수행은 뚜렷한 역할 분담을 통해서 이루어지는데, 예를 들어 외과 수술팀의 경우 마취의는 환자를 진정시키고 마취 중 환자의 상태를 살피는 반면, 집도의인 외과 의사는 수술 부위를 절개하고 필요한 부위를 도려내거나 봉합한다. 간호사는 수술 부위를 소독하고 출혈을 관리하며 필요한 도구들을 집도의에게 건네주는 역할을 하며 또 다른 간호사는 환자의 호흡, 맥박, 체온을 모니터링하고 필요한 경우 요구되는 조치를 취하거나 집도의에게 상황을 알려 준다. 각 구성원이 하는 역할은 팀 전체가 처리해야 하는 과제의 일부분으로, 각 구성원의 수행과 기여는 계열적 또는 동시적으로 통합되어 성공적인 수술이라는 팀의 최종 목표 달성에 기여한다.

팀의 구성원이 서로 다른 역할, 작업을 수행하면서도 공동의 목표 추구가 이루어지기 위해서는 각 구성원이 맡은 바 책임을 팀 전체의 공동 목표와 수행 틀 안에서 수행하는 것이 중요하다. 이때 구성원들이 과제와 서로의 역할에 대한 공유심성모형(shared mental model)을 갖는 것이 중요한데(Cannon-Bowers, Salas, & Converse, 1993), 공유심성모형은 구성원들이 수행 과제, 역할에 대해 공유하는 지식구조를 지칭한다. 개별 구성원이 언제 어떠한 역할을 수행해야 하는 것에 대한 기대가 상이할 때 과제가 수행되지 못하거나 충돌하게 되고 이는 팀 과제 수행에 걸림돌로 작용하게 된다. 공유 모형은 팀 구성원이 안정되지 않고 변화하는 경우에 특히 더 중요하다. 예를 들어, 항공사의 비행조종팀의 경우 노선 등에 따라 팀이 다시 구성되는데, 같이 일한 적이 없는 조종사와 승무원이 만나 팀을 꾸려 목적지까지 승객을 운송하는 작업을 수행하게 된다. 이런 상황에서는 비행을 위해 필요한 작업과 서로의 역할에 대해서 동일한 모형을 가지고 있는 것이 성공적인 과제 수행, 즉 승객을 안전하게 목적지까지 운송하는 작업에 매우 중요하다.

과제 수행과 관련하여 합의된 공유심성모형이 반드시 실행으로 옮겨지지는 않는다. 항공기 사고의 경우 대부분이 인적 오류로 인해 발생하는데, 팀원의 경험이 미숙하여 아직 주요 절차가 학습이 안 되었기 때문에 발생할 수도 있고 반대로 경험이 많은 팀원이 자신의 경험을 과신하여 규정을 무시하기 때문에 일어나기도 한다. 팀 밖에 존재하는 사회적 질서(예, 나이, 지위)가 팀 내의 정보처리를 방해하는 요인으로 작용하기도 한다. 조종은 인지적으로 복잡한 과정으로 기상 상태, 항공기의 위치 등 다양한 정보를 모니터링하고 운항 중 발생하는 크고 작은 문제에 대한 문제해결 및 의사결정이 요구되는 과제이다. 이 작업은 기장을 중심으로 여러 승무원의 도움을 받아 수행되는데, 예를 들어 부기장은 기장이 처리하지 못하는 정보를 모니터링하며 기장이 실수하는 경우 이를 지적해 주는 등의 작업을 수행해야 한다. 팀 내의 의사소통이 수직적인 경우 공동의 정보 처리가 제대로 일어나지 못하게 되고 대형 인명 사고의 요인이 되기도 한다. 이러한 문제점에 대한 해결책으로 승무원 자원 관리(crew resource management or cockpit resource management: CRM)라고 불리는 일련의 훈련 절차가 개발되었는데, 성공적인 비행을 위해서는 항공기를 다루고 운전하는 기술적인 지식뿐만 아니라 팀 내의 인적자원을 효과적으로 활용하는 것이 필요하다는 인식에 기반하고 있다. 상황인식(situational awareness), 의사소통, 리더십 등 팀 내 인간 자원을 다루는 기술에 초점을 맞추는데, 예를 들어 조종실에서 사용하는 호칭 및 언어를 바꾸거나 의견개진절차를 만드는 것이 포함된다. 이러한 절차는 조종실의 수직적인 문화를 극복하고 조종사가 실수를 범할 때 부조종사가 이에 대한 문제제기를 하는 것을 용이하게 만든다. 의료팀의 경우 합의된 수행 절차에 대한 실행을 강화하기 위한 방안으로 수술 전 소독 절차에 대한 체크리스트 등을 활용하는데, 이는 합의되고 공유된 절차적 프로세스가 제대로 이행되는 것을 모니터하는 도구로 사용되어 팀 수행의 오류를 줄이는 데 많은 기여를 하고 있다. 이들 절차들은 항공, 의료, 에너지 산업 등 다양한 분야에서 협업의 오류를 줄이고 수행 효율을 높이는 데 활용되고 있다(김사길, 변승남, 이동훈, 정충희, 2009; Hackman, 1993; Leape, 1997).

협력 및 협동학습

협력(cooperation)과 협동(collaboration)은 종종 구분되어 사용된다. 협력의 경우 공통의 목표를 추구하나 이를 추구하는 과정은 역할 분담을 통해서 구성원들 사이에 분산되어 일어난다. 반면, 협동의 경우 목표뿐만 아니라 처리 과정이 공유된다. 최근 협동 및 협력의 중요성에 대한 인식이 증가하고 있다. 경제협력개발기구(OECD)에서 3년마다 회원국들의 15세 학생들을 대상으로 실시하고 있는 국제학업성취도검사인 PISA(Programme for International Student Assessment)에 2015년부터 협동적 문제해결(collaborative problem solving) 능력에 대한 측정이 추가되었다. 협동학습 또는 협력학습의 효율성은 개개인의 협동 능력이나 동기뿐만 아니라 집단 차원의 프로세스에 의존한다. 학생들을 짝을 지어 주거나 집단으로 묶는 것만으로 효과적인 협동학습과정이 일어나지는 않는데, 효과적인 상호작용의 기반이 되는 공통기반 형성에 필요한 노력을 기울이지 않거나 구성원 간에 발생하는 갈등 및 문제 행동(예, 태만)에 효과적으로 대처하지 못하면 협동학습이 주는 이점을 기대할 수 없다.

협동 또는 협력 학습 상황에서 발생할 수 있는 사회적 태만 등의 문제를 예방 또는 최소화하면서 협동의 이점을 살리려는 여러 모형들이 교육학에서 개발되어 왔다. 긍정적인 상호의존성(positive interdependence), 개인적인 책무(individual accountability), 사회적 기술의 적절한 사용(appropriate use of social skills) 및 집단처리(group processing), 향상적인 상호작용(promotive interaction) 등의 원리가 제안되었고, 다양한 협동학습기법이 개발되었다(Johnson & Johnson, 2009). 예를 들어, 직소(jigsaw) 모형의 경우 구성원들 간의 긍정적 상호의존성을 유도하기 위해 구성원이 각기 서로 다른 전문 분야를 학습하고 조 과제 수행에 자신의 전문성을 기여하도록 협업 모형을 구성한다. 문제기반학습(Problem-Based Learning: PBL) 모형에서는 집단으로 문제를 정의하고, 해결을 위해 필요한 지식이 무엇인지 연구 조사하고 이를 바탕으로 진단 문제 등 다양한 문제에 대한 해결책을 만들어 낸다. 그외 비생산적인 상호작용을 예방하고 효과적인 상호작용을 안내하기 위해서 상호작용의 절차를 스크립트화하는 등 다양한 모형이 제안되었다(Hmelo-Silver, Chinn, Chan, & O'Donnell, 2013).

기존의 교육 모형들이 개인 차원의 효과를 강조해 온 반면(2장 '학습과 기억의 향상' 참조), 최근의 교육이론들은 지식 생성의 단위가 공동체가 되어야 함을 인지하고 개인을 넘어서는 학습 공동체의 활동과 성과물에 초점을 맞추고 있다. 지식 만들기(knowledge-building) 접근은 과학자들이 지식을 생산하는 모형에 근거하여 학교에서의 학습 및 협동 프로세스를 재조직할 것을 제안한다. 학생들은 전문가가 만들어 낸 지식을 단순히 습득하는 수동적인 존재가 아니라 전문가, 과학자들과 마찬가지로 새로운 지식을 만들어 내는 주체로서 간주된다. 학생들이 새로운 지식을 만들어 내는 과정은 본질적으로 사회적인 과정이나, 단기간의 협동이나 조 활동을 하는 것이 아닌 학습 공동체의 일원으로 지속적으로 지식을 만들어 가고 만들어 낸 지식에 대한 공동의 책임을 지는 것이 강조된다.

집단 의사결정

집단은 종종 의사결정의 단위가 된다. 경영, 재판, 행정, 의료 장면 등 다양한 장면에서 사업의 방향성과 전략을 탐색하거나, 피고인의 무죄를 가리고, 정책을 결정하는 과정은 위원회 등과 같은 이름으로 집단에 의해서 수행된다. 개인보다는 집단으로 이 작업을 수행함으로써 관련된 정보를 포괄적으로 검토하고 개인적인 편향, 판단 오류, 가치관, 불필요한 정보의 영향력을 차단할 수 있다는 장점이 존재한다(Guthrie, Weber, & Kimmerly, 1993). 그러나 집단 의사결정이 의사결정의 어려움을 모두 해소하지는 못하는데 의사결정 과제는 그 성격상 주어진 정보(예, 범조 현장에서 수집된 증거)가 불확실 또는 불충분하거나 정보에 대한 해석이 상이한 경우(예, 범죄 현장에서 수집된 증거에 대한 해석, 사업의 미래 전략에 대한 결정)가 존재한다. 이 경우 관련된 정보의 범위를 정하고 이를 적절하게 검토하는 것뿐만 아니라 구성원의 다양한 경험과 관점을 취합하여 합의를 도출해야 하는데, 이 과정은 인지적으로 부담이 큰, 복잡한 정보처리를 요하는 과정이다. 또한 집단 역학, 관습, 조직의 분위기 등 사회문화적인 요인이 관여하면서 정보가 충분히 검토되지 못하거나 의사결정이 특정한 방향으로 유도되는 집단 사고, 모험 이행이 나타날 수도 있다.

집단이 편향된 의사결정의 오류에 빠지지 않고 합리적인 의사결정을 할 수 있도록 도와주기 위해서 다양한 장치가 제안되고 있다. 예를 들어, 집단 사고의 예방을 위해서는 지나치게 빨리 합의에 이르는 것을 경계하고 공개적인 질문을 수용하고 건전한 비판을 장려하여 주어진 문제에 대한 검토가 충분히 이루어질 수 있도록 하는 것이 강조되고 있다. 리더의 역할이 중요한데, 먼저 의견을 피력하지 않고 구성원들이 견해를 말할 때까지 기다리거나 무조건적으로 예라는 반응이 바람직하지 않음을 회의 전 구성원들에게 강조하고 필요한 경우 무조건 찬성을 하는 사람을 제지하는 것도 필요할 수 있다. 또한 리더 없이 회의를 진행하도록 하거나 특정인에게 공식적으로 반대하는 역할을 수행하게 한다거나 하는 방안들도 도입하여 리더 또는 집단이 알고 믿는 정보에 대한 지나친 과신에 의존하지 않을 수 있도록 하는 방안이 제안되고 있다(Forsyth, 2013).

최근 국내에도 도입되고 있는 배심원 또는 국민참여재판제도는 법조인이 아닌 일반 시민이 재판과정에 참여하는 제도이다. 판결이 소수 법조인의 견해에 의해서 편향되는 것을 막고 사회 구성원의 다양한 관점과 가치관이 반영된 보다 공정한 판결을 내리기 위한 취지로 실시되고 있다. 배심원은 사건별로 보통 6~20명 이내로 구성되며 수사기관에서 수집된 증거들과 중인의 진술을 검토하고, 유죄 여부를 결정하며 양형에 관한 의견을 제시하는 등 다양한 역할을 수행한다. 미국의 경우 배심원단의 심의와 판결은 기본적으로 공통된 절차를 따르는데, 배심원단이 구성되면 우선 리더를 선출하고 투표 방식을 결정한 후 예비 투표를 실시한다. 최초의 예비 투표에서 만장일치의 합의에 도달하지 못하는 경우 합의 추구 과정을 시작하는데, 이 과정에서 소수의 의견이 최종 의견으로 채택되기도 한다(생각 상자: '소수의 영향' 참조). 국민참여재판이 성공적이기 위해서는 배심원단의 자질이 종종 중요한 요인으로 논의되는데 사건이 복잡하고 전문 지식이 많이 요구되는 경우 배심원단의 전문성이 중요하나 일반 배심원단에게 이러한 전문성을 기대하기 어렵고 변호사의 언변과 레토릭을 걸러낼 능력이 부족한 경우도 존재한다. 또한 집단으로 의사결정이 이루어져서 개인 배심원의 책임감이 분산될 수 있으며 집단이 부과하는 정보적 그리고 규범적 영향에서 자유로울 수 없다는 문제가 존재한다. 이러한 문제점을 해소하기 위해서 배심원단의 크기, 합의에 도달하는 방식(예, 다수결 또는 만장일치제) 및 심의 절차(예, 증거 제시 중 노트 허용, 질의서 제출, 재판 진행 동안 다른 배심원과 토론 허용) 등 다양한 집단 다이내믹 및 정보처리 요인을 개선하려는 노력이 이루어지고 있다.

생각 상자

소수의 영향

개인 사고는 집단의 영향하에 있지만, 개인 또한 집단의 의사결정에 영향을 줄 수 있다. 1957년에 만들어진 <12인의 성난 사람들(12 angry men)>이란 영화에서 한 소년이 아버지를 살해한 죄목으로 재판을 받게 된다. 정황 증거에 기초해서 검사는 소년을 살해범으로 확신하고 있고 변호사조차 형량을 줄이는 데에만 관심이 있다. 유죄 여부를 결정해야 하는 12명의 배심원들은 만장일치의 합의를 통해서 소년의 유무죄 여부를 가리는 임무를 부여받는다. 대부분의 배심원이 소년의 유죄를 확신하는 가운데, 한 배심원은 그런 정황 증거로 소년을 범인으로 확신할 수 있을까를 의심하면서 검사가 제시한 여러 증거에 물음을 던진다. 이 배심원이 제기한 의심과 문제제기가 누적되면서 나머지 11명의 배심원은 처음 가졌던 확신을 차례대로 거두고 마지막에는 만장일치로 무죄를 결정하게 된다. 영화는 소년의 무죄가 합의되어 가는 과정을 면밀하게 그리고 있는데, 그 과정에서 개별 배심원이 보이는 다양한 행동과 성격을 보여 준다. 그중에는 자신의 주장을 철회하기 힘들어서 고집하는 배심원도 있고, 그냥 배심이 빨리 끝나기를 바라서 다수에 찬성하는 배심원도 있고, 우유부단하여 다른 사람의 의견에 잘 휩쓸리는 사람도 있다. 영화는 합의를 이끌어 내는 과정이 얼마나 어려운지를 보여 주고 있지만, 동시에 팀(집단) 작업에서 개인이 혁신적인 역할을 할 수 있음을 시사한다. 때로는 소수가 다수에 영향을 미치기도 한다.

맺음말

팀 인지는 복잡한 문제이다. 개인 차원의 정보처리에 관여하는 요인들에 더해서 집단의 역동성, 편향, 사회문화적인 요인들이 부가적으로 집단의 정보처리에 관여한다. 여러 분야에서 팀의 정보처리에 대한 연구가 진행되었으나 분야의 경계를 넘어서는 통합적인 정보처리 모형은 아직 구축되지 않은 상태이다. 보다 정교한 팀 인지의 모형을 구축하는 것은 다양한 팀의 작동을 이해하는 데 도움을 줄 뿐만 아니라 다양한 팀들의 수행을 촉진시키는 데 활용될 수 있다. 이 작업을 위해서는 개인을 넘어서는 개인 간의 작업을 인지의 영역으로 포함하고 정의하는 것이 필요하며, 다양한 분야에서 이루어진 연구 성과를 재해석하는 작업이 필요하다. 이는 인지심리학자, 인지과학자 단독으로 할 수 있는 작업이 아니라 조직심리학, 사회심리학, 경영학, 교육학자 및 문제해결 영역의 전문가들(예, 디자이너, 의사 등)과의 협업을 통해서 효과적으로 이루어질 수 있다. 확장 가능성이 큰 새로운 영역으로서 인지 연구자들의 많은 활약이 요구된다.

요약

학교와 조직의 여러 장면에서 집단과 팀이 문제해결과 의사결정을 담당하는 빈도가 증가하고 있다. 인지심리에서는 전통적으로 개인 수준에서 정보처리가 어떻게 일어나는지를 연구하는 데 초점을 맞추었으나, 팀을 단위로 이루어지는 집단 정보처리의 특성을 이해할 필요성이 증대되고 있다. 이에 이 장에서는 집단, 팀 단위의 인지에 대해서 그동안 관련 분야에서 수행된 연구를 살펴보고 팀 인지의 응용 방안을 살펴보았다.

생각할 거리

- 대부분의 대학생들은 조 활동을 싫어한다고 이야기한다. 여러분은 조 활동에 대해서 어떻게 생각하는가? 본인이 경험한 성공한 조 활동과 실패한 조 활동을 생각해 보고 각각의 성공과 실패 요인이 무엇인가 생각해 보자. 조 활동을 성공적으로 이끌기 위해서는 무엇이 중요하다고 생각하는가? 다음에 조 활동이나 팀 작업을 하게 된다면 무엇을, 어떻게 하겠는가?

- 이 장에서는 주로 인지적인 측면을 중심으로 소집단의 영향과 팀 상호작용을 살펴보았으나, 인지적인 정보처리는 정서적·사회적 요인에 의해서 매개되고 영향을 받는다. 팀 작업이 가져오는 정서적·동기적 영향은 무엇인지 구체적인 사례를 중심으로 생각해 보자.

- 주변에서 관찰되는 다양한 팀 작업에 대해서 팀 촉진 방안을 생각해 보자. 예를 들어, 디자인 팀의 경우 정형화된 과제를 수행하지 않고 매번 새로운 대상을 만들어 내는 작업을 진행해야 하는데, 이러한 창조적인 과제를 수행하는 팀을 어떻게 도와줄 수 있겠는가?

제7장

마케팅 속의 인지심리학

문제해결과정으로서의 구매
소비자의 정보처리과정
소비자의 기억
소비자의 구매의사결정
소비자의 학습
맺음말

    마케팅과 인지심리학은 어떤 관련이 있을까? 먼저, 마케팅의 정의를 보면 "마케팅은 조직이나 개인이 자신의 목적을 달성시키는 교환을 창출하고 유지할 수 있도록 시장을 정의하고 관리하는 과정"(한국마케팅학회, 2002)이다. 이 정의에서 시장은 여러 대상을 포함하는데, 고객, 경쟁 기업, 사회 등이 이에 해당하고, 이는 사람들로 이루어져 있다. 결국 마케팅의 대상은 사람이기 때문에 마케팅을 잘하기 위해서는 사람의 심리적 특성을 이해하는 것이 매우 중요하다. 특히 1960년대 후반 이후 현재에 이르기까지 소비자를 정보처리자로 보는 인지적 관점이 마케팅의 한 분야인 소비자행동의 주된 관점으로 자리 잡으면서, 인지심리학은 소비자행동을 이해하는 주요 분야가 되어 왔다. 마케팅의 대상인 소비자가 마케팅 자극(예, 제품, 광고 등)을 어떻게 인지적으로 처리하는지가 소비자행동의 주요 내용을 이루고 있는데, 이런 맥락에서 이 장에서는 마케팅에서 활용되고 있는 인지심리학적 개념들을 소개하고자 한다.

문제해결과정으로서의 구매

마케팅에서는 소비자의 제품이나 서비스 구매과정을 일종의 문제해결과정으로 본다. 현재 상태와 본인이 원하는 목표 상태에 괴리가 생기면서 어떤 제품이 필요하다는 문제를 인식하게 되고, 인식된 문제를 해결하기 위한 일련의 과정을 구매과정으로 보는 것이다. 예를 들어, 점심 때가 되어 배가 고파진다든지 새로운 기능을 가진 제품이 나오면서 자신이 기존에 쓰던 제품이 더 이상 유용한 것으로 생각되지 않으면서 무엇인가를 사야겠다는 생각을 하게 된다. 이때 문제의 크기나 중요성이 시간이나 돈과 같은 제약요인보다 크다면 구매과정이 시작되면서 자신의 문제를 해결해 줄 수 있는 대안에 대한 탐색이 시작된다. 배가 아무리 고프더라도 두 시간 뒤에 마감인 일을 해야 해서 무엇인가를 사 먹으러 나갈 시간이 없다거나 지갑을 가지고 나오지 않아 현재 돈을 가지고 있지 않다면 제약요인이 더 크기 때문에 구매가 일어나기 어렵다.

대안에 대한 탐색은 다시 내적 탐색과 외적 탐색으로 구분된다. 내적 탐색은 자신의 기억 속에 저장되어 있는 정보를 탐색하여 이 중에서 대안을 찾는 것이고 기억 속에 가진 정보가 충분하지 않다면 인터넷을 검색하거나 주변 사람들에게 물어 추가적인 정보를 찾게 되는데, 이것이 외적 탐색에 해당한다. 내적 탐색을 통해 회상된 제품들은 상기상표군을 이루게 되고 일상적인 제품을 구매하는 경우 대개 상기상표군 내에서 선택이 이루어지게 된다. 그러나 가격이 비싸거나 한번 사면 오래 쓰는 제품이어서 내적 탐색이 충분치 않다고 생각하는 경우에는 외적 탐색을 하게 되고 내적 탐색을 통해 회상한 제품들과 새로이 알게 된 제품들을 포함하여 고려상표군을 형성하면서 대개 이 중에서 제품을 선택하게 된다. 이에 마케터들은 자사의 제품이 상기상표군이나 고려상표군에 포함되도록 많은 노력을 한다.

대안에 대한 탐색이 끝나면 대안에 대한 평가가 이루어진다. 대안에 대한 평가와 관련해서는 선택과 판단에 대한 인지심리학 연구가 주로 적용된다. 마케팅의 소비자행동 연구에 인지심리학이 적용되는 분야는 행동적 의사결정 또는 행동경제학이라고 불리기도 하는데 이 분야에 대한 내용은 이후 다시 소개하기로 한다. 대안에 대한 평가가 이루어진 후에는 어디에서 구매를 할 것인지에 대한 결정도 이루어져야 한다. 요즘에는 구매를 할 수 있는 방법 또한 다양하기 때문에 자신이 처한 상황에 적합한 구매 방법을 선택할 수 있다. 오프라인에도 백화점, 대형마트, 전문매장, 할인매장과 같은 여러 종류의 매장이 있고 온라인에도 전문 쇼핑몰을 이용하거나 블로그의 공동구매를 이용하거나 소셜커머스를 이용하는 등 여러 구매 방법이 있다. 최근에는 해외직구를 이용하는 소비자들도 많아졌다. 이처럼 제품 구매라는 목표를 달성하기 위해 이용할 수 있는 수단이 많기 때문에 소비자는 어떤 제품을 어떤 방법으로 구매할 것인지 목표 하이어라키(goal hierarchy)를 세울 수 있다. 최종 목표에 이를 수 있는 하위 목표를 계층적으로 세우고 이 하위 목표를 달성할 수 있는 구체적 수단을 생각하고 실행하여 최종 목표에 이르는 것으로 구매과정을 개념화하는 것이다.

[그림 7-1]은 이상적인 자동차를 구매하는 목표 하이어라키의 일부를 보여 주는 예이다. 최종 목표는 이상적인 자동차를 구매하는 것인데, 본인에게 이상적인 자동차가 어떤 자동차인지를 먼저 생각해야 한다. 즉, 자신의 구매목표를 명확히 하는 것이 필요하다. 자신의 사회적 지위와 취향을 드러내기 위해 스타일이 좋은 수입차를 구매할 것인지, 자동차는 단지 이동수단이므로 연비가 적게 들고 안전한 자동차를 구매할 것인지를 결정해야 하는데, 최종 구매목표는 소비자마다 다를 수 있고 추상적인 경우가 많다. 최종 목표가 명확해지면 이를 달성하기 위해 여러 하위 목표를 세울 수 있고 이 하위 목표들을 달성할 수 있는 구체적 수단을 생각하면서 목

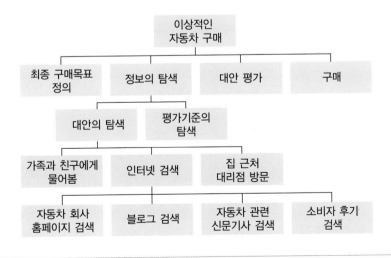

[그림 7-1] 목표 하이어라키의 예

표 하이어라키가 계층적으로 구성되는데, 위에서 아래로 내려갈수록 목표와 수단의 내용이 보다 구체적으로 작성된다.

생각 상자

목표와 수단 사이에도 점화효과가 나타날까?

우리 머릿속에 지식이 어떻게 저장되어 있는지를 설명하는 모델 중의 하나인 의미망 모델(semantic network model)은 의미적으로 연관되어 있는 단어들이 우리 기억 속에 서로 연결되어 저장되고 있다고 본다. 하나의 개념이나 단어는 마디(node)에 표상되고 이 마디들은 연결고리(link)로 연결되어 있다. 외부에서 '빵'이라는 단어가 제시되면 빵이 표상된 마디가 활성화되고 이 활성화는 빵 마디와 연결되어 있는 다른 마디들로 확산된다. 그래서 '빵'이라는 단어를 본 후 '버터'라는 단어를 보게 되면 버터를 처리하는 데 걸리는 시간이 단축되는데, 이를 점화효과(priming effect)라고 한다. Kruglanski 등(2000, 2003)은 목표와 수단도 서로 연결이 되어 지식구조를 이루며 목표와 수단 사이에 점화효과가 나타남을 보여 주었다. 예를 들어, '뛰다(run)'을 본 후 '건강한(fit)'을 보면 처리가 빨라진다. 수단을 먼저 보여 주고 목표를 점화시키는 것과 목표를 먼저 보여 주고 수단을 점화시키는 것 모두 가능하다. 그러나 이러한 목표-수단 간의 점화효과는 단순히 의미적으로 관련되어 있는 것과는 다르며 기능적으로 관련이 있어야 한다. 즉, 수단이 기능적으로 얼마나 목표 달성에 효과적인지 그 정도에 따라 점화효과가 달리 나타나며, 오랜 기간 반복적으로 노출되어 연상이 형성되는 의미점화와는 다르게 현재의 의도적인 계획에 의해서도 점화효과가 나타날 수 있다.

소비자의 정보처리과정

제품이나 광고와 같은 마케팅 자극은 소비자들에게 노출이 되어야 하고, 노출된 자극 중 일부는 소비자의 주의를 끌어 감각기억, 단기기억, 장기기억을 거쳐 이해가 되고 일부는 장기기억에 저장되기도 한다. 이렇게 소비자의 정보처리과정은 크게 노출 → 주의 → 이해의 과정으로 정의된다. 먼저, 마케팅 자극이 처리되기 위해서는 소비자에게 노출이 되어야 하는데, 요즘 대부분의 소비자들은 광고 자체를 귀찮게 생각하고 피하려고 한다. TV를 보다가 광고가 나오면 다른 채널로 돌리거나 스마트폰을 보는 등 다른 일을 한다. 이런 이유로 마케터는 소비자들의 시선을 잡기 위해 또는 광고에 노출되는 것을 피할 수 없도록 하기 위해 생활 곳곳에 광고를 배치한다. 매일 보는 스마트폰에서 이용하는 사이트나 애플리케이션을 통해 광고에 노출이 되고 버스를 기다리는 동안에도 지나가는 버스나 정류장에 있는 광고에 노출이 된다. 드라마나 예능 프로그램에서도 제품의 간접광고(product placement: PPL)를 통해 자연스럽게 여러 제품에 노출된다. 그러나 노출이 되었다고 다 처리가 되는 것은 아니다. 소비자의 주의를 끌어야 이후 처리가 되므로 마케터들은 소비자들이 어떤 자극에 주의를 기울이는지 주의의 특성을 잘 이해할 필요가 있다. 주의의 용량은 제한되어 있기 때문에 소비자들은 자신이 관심을 가지는 것에만 선택적으로 주의를 할당한다.

광고에서 주의를 끌기 위해 흔히 쓰는 방법은 유명인 모델을 쓰는 것이다. 한창 인기가 있는 매력적인 배우나 가수, 운동선수가 광고에 나오게 되면 일단 사람들의 주의를 끈다. 유명인 모델은 주의를 끄는 데 효과적일 뿐 아니라 유명인에게 느끼는 좋은 감정이 같이 제시되는 제품에 전이되어 제품에 대한 호의적인 태도를 형성하는 데도 도움이 된다. 학습이론 중의 하나인 고전적 조건형성이 적용되는 대표적인 경우이다. 유명인 외에 두드러지는 자극도 주의를 끈다. 컬러풀한 광고 속에 제시되는 흑백 광고, 주변 자극에 비해 단순화된 자극, 또는 채색 대비가 뚜렷한 자극 등이 주의를 끄는 데 효과적이다. 또는 현실 세계에서 보기 어려운 자극도 주의를 끈다. [그림 7-2]에서 보듯이 베네통 광고에서는 이명박 전 대통령과 김정일이 입을 맞추는 사진과 함께 UNHATE라는 단어가 제시되었는데, 이 광고의 사진과 단어 모두 주의를 끄는 요소이다. 실제 unhate라는 영어 단어는 없다. hate라는 단어에 반대말을 뜻하는 접두어를 붙여 만든 신조어이다. 또한 분단 상태에 있는 남한과 북한의 지도자가 입을 맞출 일도 만무하다. 실제 세상에서 보기 힘든 자극이 제시되는 경우 '이건 뭐지?' 하면서 주의를 끌게 된다. 대개의 광고에는 우리 제품이 왜 좋은지, 어떤 특징을 가지고 있는지 설명하는 데 반해, 베네통은 일체의 설명을 제시하지 않는다. 대신 에이즈로 죽어 가는 환자의 모습이나 누군가에게 맞아 얼굴이 멍든 여성과 같이 광고에서 보기 힘든 자극을 보여 줌으로써 사람들의 주의를 끌고 자사 로고를 노출시킨다. 이처럼 소비자의 주의를 끌기 위해 마케터들은 광고에 창의적 요소를 넣고자 노력한다.

[그림 7-2] 베네통 광고 예

생각 상자

창의적인 광고는 주의를 끄는 데만 효과적일까?

광고 창의성에 대한 연구는 창의성이 주로 주의를 끄는 데 효과적임을 보여 주었다. 그러나 Yang과 Smith(2009)는 창의성이 주의를 끄는 것 외에 다른 역할도 함을 보여 주었다. 광고 창의성은 대개 일탈(divergence)과 관련성(relevance)으로 정의되는데, 일탈은 독창성, 융통성, 예술적인 가치를 의미하며, 관련성은 의미가 있는, 적절한, 가치가 있음을 의미한다. 심리학에서 창의성은 새로움과 유용성으로 주로 정의되는데, 일탈은 새로움, 관련성은 유용성에 해당한다고 볼 수 있겠다. 일탈은 뭔가 새롭고 익숙하지 않은 것을 제시하면서 소비자들이 인지적 종결을 하고자 하는 욕구(need for cognitive closure)를 지연시키도록 한다. 소비자는 광고에 노출이 되었을 때 종종 인지적 종결을 하고 더 이상 새로운 정보를 받아들이지 않는다. 그러나 창의적인 광고는 이 인지적 종결을 지연시킴으로써 소비자들이 설득적 정보에 저항하는 것을 막게 된다. 그 결과, 광고를 더 오랫동안 보게 되고 설득적 메시지에 노출되어 구매의도가 높아진다. 또한 창의적인 광고는 사람들에게 정적 감정을 불러일으키는데, 이 역시 광고를 보는 시간과 구매의도에 정적으로 영향을 미치게 된다. 그러나 인지적 종결을 지연시키고자 하는 욕구는 소비자들이 광고되는 제품에 높게 관여되어 있을 때, 즉 제품이 자신과 관련이 있고 중요하다고 생각할 때에만 광고를 보는 시간과 구매의도에 영향을 미치는 것으로 나타났다.

주의를 끈 후에는 제시된 내용이 소비자들에게 이해되고 수용되어야 한다. 광고의 목적은 설득이다. 광고를 보는 소비자들이 제시되는 내용을 이해하고 광고 메시지를 수용하면서 이후 제품 구매로 이어지도록 하는 것이다. 이해는 다시 지각적 조직화와 지각적 해석 단계로 구분된다. 지각적 조직화에는 게슈탈트 심리학의 여러 지각 원리가 적용된다. 게슈탈트 심리학은 우리가 세상의 수많은 자극을 어떻게 의미 있는 단위로 조직화하여 지각하는지를 설명하고자 한 심리학의 한 학파이다. 사람들은 자극을 특정 방식으로 조직화하는 경향이 있는데, 예를 들면 유사한 것들을 묶어 지각한다든가 연속성을 발견하려고 한다든가 실제 윤곽이 없어도 의미 있는 자극으로 보기 위해 주관적 윤곽을 부여한다든가 하는 것 등이다. 대개 광고에 제시되는 여러 자극은 우리에게 친숙한 것들이기 때문에 자동적으로 지각되고 범주화되면서 바로 무엇인지 알게 된다. 그러나 어떤 광고들은 익숙하지 않은 자극을 제시하면서 사람들의 주의를 끌고 동시에 게슈탈트 심리학의 지각원리가 적용되어 마케터가 의도한 대로 자극을 조직화하여 지각하도록 한다. [그림 7-3]에 나와 있는 기업로고와 광고들은 이런 예를 잘 보여 준다.

제일 처음에 있는 것은 IBM 로고이다. 우리는 이것을 보면서 IBM이라고 읽는 데 전혀 어려움을 느끼지 않는다. 그런데 자극의 물리적인 특성으로 보면 이것은 여러 개의 파란색 막대가 가로로 놓여 있는 것이다. 그러나 이러한 자극을 가까이 있는 것들끼리 묶고 주관적 윤곽을 보기 때문에 IBM이라고 보게 된다. 두 번째 그림은 동물원과 수족관의 광고인데, 여기에는 전경과 배경의 원리가 잘 나타나 있다. 우리의 주의 용량은 한정되어 있기 때문에 모든 정보를 동일하게 처리할 수 없다. 보통 주의를 두는 곳이 전경, 그 외의 부분이 배경을 이루게 되는데, 이 광고의 경우 주의를 어디에 두는지에 따라 전경과 배경이 달라지면서 다른 자극을 보게 된다. 검은색으로 된 부분에 주의를 두어 보게 되면 나무와 새들을 보게 되지만 흰색으로 된 부분에 주의를 두어 보게 되면 고릴라와 사자가 마주보고 있는 모습을 보게 된다. 세 번째에 있는 것은 기아 소울의 광고이다. 검은색 원으로 된 것은 쳇바퀴를

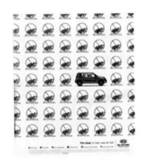

[그림 7-3] 게슈탈트 심리학의 지각원리가 적용된 로고와 광고 예

돌고 있는 햄스터이다. 이것이 반복적으로 제시되어 유사 자극으로 묶이면서 이와 다른 소울 자동차가 두드러지게 만든 것이다. 이처럼 마케터들은 게슈탈트 심리학의 지각원리를 활용하여 광고에 창의성을 불어넣고 소비자들의 시선을 끌어 원하는 메시지를 전달하게 된다.

지각적 조직화를 통해 자극을 의미 있는 단위로 묶은 후에는 이것이 무엇인지를 파악하는 지각적 범주화가 일어나게 되는데, 지각적 범주화는 여러 수준에서 일어날 수 있다. 앞의 광고 예에서처럼 시각적 수준에서 자극이 무엇인지를 파악하는 범주화가 일어날 수 있으며 특정 제품이 어떤 종류의 제품인지를 파악하는 개념적 수준의 범주화가 일어날 수도 있다. 어떤 제품이 무엇인지를 파악해야 이 제품을 언제 사용할 수 있고 어떤 혜택을 얻을 수 있는지 알 수 있기 때문에 제품 범주화는 제품 구매나 사용에 매우 중요하다. 성인 소비자의 경우 이미 많은 제품 지식을 가지고 있기 때문에 기존 지식에 기초해 쉽게 제품을 범주화한다. 탄산음료의 예를 보자. 이전에는 콜라, 사이다, 환타가 주를 이루었으나 최근에는 다양한 제품이 소개되고 있다. 2010년에 소개된 '나랑드 사이다'의 경우 기존의 사이다와 다르게 인공감미료를 사용해 칼로리가 제로라는 특징이 있지만 제품명에 사이다가 들어가 있기 때문에 브랜드 자체가 다소 생소할지라도 사람들은 이 제품을 사이다로 보는 데 별 어려움을 느끼지 않는다. 즉, 제품 범주화가 쉽게 이루어진다.

그러면 '슈웹스'는 어떠한가? 영국에서는 매우 오래된 브랜드이지만 우리나라에는 2012년에 소개되었고, 코카콜라측은 이 음료를 '스파클링 음료'로 소개하고 있다. 엄밀하게 말하자면 슈웹스는 콜라나 사이다와 같은 탄산음료이다. 그러나 자극이 적은 부드러운 탄산과 레몬토닉, 진저에일, 그레이프토닉과 같은 세 가지 맛의 이름이 보여 주듯이 세련되고 고급스러운 이미지를 준다. 성인들이 술 대신 마시거나 술에 섞어 칵테일로 마실 수 있는 프리미엄 음료로 포지셔닝(positioning)하면서 기존의 탄산음료와 차별화하기 위해 '스파클링 음료'라는 새로운 범주를 사용하였다. 최근 들어 탄산수와 다양한 맛의 무카페인 탄산음료가 소비자들의 사랑을 받으면서 스파클링 음료가 하나의 제품 범주로 자리 잡게 되었고 슈웹스 또한 어렵지 않게 스파클링 음료의 하나로 범주화되었다.

이처럼 기업들은 새로운 제품을 시장에 내놓을 때 신제품이 기존 제품과 차별화되도록 포지셔닝을 하는데, 포지셔닝은 말 그대로 소비자의 마음에 제품을 특정 위치에 자리하도록 하는 것이다. 신제품이 기존 제품들과 어떤 유사점을 가지고 있고 어떤 차별점을 가지고 있는지 쉽게 전달하기 위해 앞의 슈웹스의 예처럼 새로운 하위 범주를 제안하기도 한다. 자연 범주에 상위 범주(예, 동물), 보통 범주(예, 개), 하위 범주(예, 애완견)가 있듯이 제품에도 범주가 계층적으로 구성될 수 있다. 다 탄산음료이지만 웰빙 바람이 불면서 다소 부정적으로 인식되는 기존의 청량음료와 구분하기 위해 스파클링 음료라는 하위 범주를 제안한 것이다.

한편, 사이다 브랜드 중 하나인 세븐업이 미국 시장에 처음 소개되었을 때 대부분의 소비자는 청량음료라고 하면 콜라를 떠올렸다. 그래서 투명한 세븐업을 청량음료로 보기보다 토닉워터와 같이 술에 섞어 먹는 믹서로 생각했고, 이런 이유로 술을 마실 때에 주로 소비가 이루어지다 보니 매출이 많이 늘지 않았다. 회사는 곧 세븐업의 제품 범주화가 잘못되었다는 것을 알고 이를 콜라와 같은 청량음료로 재범주화하기 위해 uncola 캠페인을 벌였고 그 결과 세븐업은 콜라와 같은 대표적인 청량음료로 자리를 잡게 되었다. 이처럼 어떤 제품으로 범주화되느냐에 따라 이후 가격이나 용도, 사용 상황에 대한 추론과 경쟁제품 등이 달라지기 때문에 소비자들이 어떤 식으로 제품을 범주화하는지 이해하는 것은 제품의 마케팅에 매우 유용한 정보를 제공한다.

지각적 범주화가 이루어지면 지각적 추론이 이루어지게 된다. 소비자가 기존에 가지고 있는 지식에 기초해 이 제품이 어떤 제품이라는 생각을 하게 되면 광고에 제시되지 않은 추가적인 제품 정보를 추론할 수 있다. 대표적인 추론은 품질-가격에 대한 추론이다. 대개 품질은 한눈에 평가하기가 쉽지 않기 때문에 소비자들은 종종 가격에 기초해 품질을 추론한다. 가격이 비쌀수록 품질이 좋다고 생각하고 제품군에 대한 지식이 별로 없는 경우 가격에 기초해 제품 선택을 하는 것이다. 품질-가격에 대한 추론 외에도 소비자들은 저칼로리 식품과 맛, 기계의 힘과 안전에 대해서도 종종 추론을 하는데, 지방이 적어 칼로리가 낮다고 하면 맛은 덜할 것이라고 생각하고, 기계나 설비의 힘이 좋다고 하면 위험할 수 있다고 생각한다. 이렇듯 소비자는 광고나 제품 포장에 제시된 정보 외의 것을 추론하며 제품에 대해 이해를 하고 때로는 잘못된 생각을 갖기도 한다.

소비자의 기억

소비자들이 자사 제품에 대한 기억을 하도록 하기 위해 마케터는 기억의 여러 특성을 이해하고 활용하는 것이 필요하다. 외부의 정보는 감각기억을 통해 들어온 후 단기기억(작업기억)에서 부호화되고 처리되며 그중 일부 정보가 장기기억에 저장된다. 감각기억은 외부 정보를 받아들이는 우리의 감각기관을 통해 정보가 유입되면서 짧은 시간 동안 비교적 많은 양의 정보가 머무는 것을 가리킨다. 감각기억에 머무르는 정보 중 소비자의 관심을 끄는 일부 정보만이 단기기억으로 이전된다. 감각기억과 다르게 단기기억은 용량의 한계를 가지고 있다. 보통 용량의 크기는 7±2인데, 정보의 단위(chunk)가 무엇이냐에 따라 정보의 양은 달라질 수 있다. 마케터는 소비자의 단기기억 용량이 제한되어 있다는 것을 항상 명심할 필요가 있다. TV나 라디오 광고로 제품에 대한 관련 정보를 줄 때 정보는 메시지의 발신자로부터 수신자에게로 한 방향으로 흐른다. 즉, 소비자가 제시되는 정보의 양이나 속도를 통제할 수 없는데, 이때 너무 많은 정보를 제시하면 소비자는 정보 과부하 상태에 빠지면서 정보처리의 동기를 잃게 된다. 반면, 인쇄광고는 소비자들이 정보의 흐름을 통제할 수 있으므로 보다 자세한 제품 정보를 제공해 주어도 좋다. 그러나 제품에 대한 관여도가 낮은 제품보다는 카메라나 자동차처럼 관여도가 높은 제품일 때 소비자들이 관심을 가지고 읽어 볼 것이다.

앞서 마케터는 자사 제품이 상기상표군과 고려상표군에 포함되도록 많은 노력을 한다고 했는데, 구체적으로 어떤 노력을 할까? 소비자가 제품에 대한 기억을 하는 것은 크게 회상과 재인으로 구분된다. 재인은 보조상기라고 일컬어지는데, 제품을 보고 본 적이 있는지 없는지를 기억해 내는 것이다. 반면, 회상은 비보조상기라고 불리고, 아무런 단서 없이 혼자 스스로 제품 정보를 기억해 내는 것이다. 회상은 재인보다 더 어렵고 기억이 더 강하게 형성되어 있을 때 가능하다. 회상이 가능해지기 위해서는 마케팅 자극의 반복적인 노출이 필요하다. 즉, 반복 광고를 통해 사람들에게 제품과 제품명을 자주 노출시키고 광고에 주의를 끌 만한 요소를 두어 사람들이 보게 만들고 기억하게 만들어야 한다. 그러나 지나치게 반복을 하는 경우 소비자가 광고에 적응되어 더 이상 주의를 유발하지 않게 되고 오히려 피로나 짜증을 유발할 수 있다. 이런 부정적 효과를 막기 위해 같은 주제의 광고를 시리즈로 만들거나 스토리 형식으로 제시하기도 한다. '풀려라, 피로'나 '대한민국에서 ○○○로 산다는 것' 등의 박카스 광고는 여러 시리즈를 통해 적응을 막고 재미와 공감을 불러일으키는 좋은 예이다.

사람들의 기억을 돕기 위해 마케터는 제품명을 짓는 네이밍을 하거나 광고를 만들 때 여러 장치를 사용하기도 한다. 네이밍을 할 때는 기억이 쉽도록 제품의 특성이 잘 드러나는 식으로 이름을 지으면 소비자들의 기억을 도울 수 있다. '물 먹는 하마'나 '햇반'은 좋은 예인데, 습기제거제의 이름을 물 먹는 하마라고 짓고 귀여운 하마를 캐릭터로 시각화하여 소비자들이 한번 보고 들으면 어떤 종류의 제품인지와 함께 제품명도 쉽게 기억할 수 있다. 햇반도 갓 지은 밥이라는 의미로 제품의 특징을 잘 나타내어 기억하기가 쉽다. 이 외에도 광고를 할 때 제품의 이름을 쉽게 기억하도록 기억증대기법을 이용할 수 있다. '알 만한 사람은 다 알잖아요, 알마겐'이나 '시력이 나쁜 눈을 모아 모아, 모아겐' 등이 이런 예에 해당한다. 또한 광고 카피에 동음이의어를 사용해서 사람들의 기억에 쉽게 남도록 하는 방법도 많이 사용된다. 최근 광고 중 쿠차의 '싸다구'나 알바천국의 '내가 니 앱이다', KT 기가인터넷의 '기가 팍팍' 등이 좋은 예이다. 기억을 돕기 위해 음악도 많이 사용되는데, 최근 광고 중 '오로나민C'는 요들송에 광고 모델의 재미있는 춤이 더해져 한번 들으면 멜로디가 계속 입에 맴돌게 된다.

단기기억에서 장기기억으로 정보가 전이되기 위해서는 정보의 시연이 필요한데, 시연은 반복시연과 정교화로 다시 구분된다. 반복시연은 말 그대로 정보를 반복적으로 되뇌는 것이고 정교화는 유입정보를 기존 정보와 연결하여 의미를 풍부하게 하는 것이다. 반복시연을 돕기 위해서는 앞서 언급하였듯이 정보의 양을 적절하게 하고 운율이나 음악 등을 이용해서 반복이 쉽고 재미있게 이루어지도록 하는 것이 좋고, 정교화를 쉽게 하기 위해서는 제품 정보를 체계화해서 제공해 주는 것이 도움이 된다. 이야기 구조를 가지고 광고 내용을 전개하는 것이 정보 체계화의 좋은 예이다. 또한 정보의 제시 순서도 중요한데, 초두효과와 최신효과가 보여 주듯이 사람들은 대개 처음에 제시되는 정보와 가장 최근에 제시되는 정보를 잘 기억한다. 따라서 중요한 정보는 광고의 앞이나 끝 부분에 배치시키는 것이 좋다. 한편, 비슷비슷한 광고가 많아지면 경쟁요인으로 작용하면서 기억을 방해하게 된다. 월드컵

당시 많은 기업이 붉은 악마나 월드컵을 소재로 광고를 만들거나 이벤트를 진행하기 때문에 어느 광고가 어느 기업의 광고인지 정확하게 기억하기 어려웠다. 일례로 2002년 한일월드컵 때 KTF(현재 KT)는 월드컵의 공식후원사로 'Korea Team Fighting'이라는 구호를 내세워 자사와 월드컵을 하나로 인식하도록 하였으나 공식후원사가 아닌 SK텔레콤이 붉은 악마를 내세운 광고를 통해 큰 반향을 불러일으키면서 월드컵과 더 큰 연상을 만들어 내는 데 성공하였고, 이에 사람들은 KTF가 아닌 SK텔레콤을 공식후원사로 잘못 알기도 하였다. 마케팅에서는 이를 매복마케팅(ambush marketing)이라고 하는데, 이는 월드컵이나 올림픽처럼 사람들의 주목을 끄는 이벤트와 관련된 광고를 만들어 마치 관련이 된 것처럼 소비자들이 지각하도록 하면서 큰 비용을 들이지 않고 이벤트 효과를 보는 것이다.

장기기억에는 여러 다양한 제품 관련 정보가 저장되어 있는데, 장기기억 내의 다양한 정보는 몇 가지 유형으로 구분된다. 먼저, 서술지식(declarative knowledge)과 절차지식(procedural knowledge)으로 나뉘고 서술지식은 다시 일화지식(episodic knowledge)과 의미지식(semantic knowledge)으로 나뉜다. 소비와 관련된 여러 지식도 이와 마찬가지로 구분될 수 있다. 한 제품군에 있는 여러 브랜드와 각 브랜드에 대한 여러 이미지 또는 연상, 용도나 사용 상황 등과 같이 제품에 대한 일반적인 지식은 서술지식 중 의미지식에 해당한다. 반면, 특정 제품과 관련된 자신의 구체적 경험에 대한 기억은 일화지식에 해당한다. 반면, 세탁기 사용법이나 커피머신을 사용하는 방법 등은 절차지식에 해당한다.

소비자가 특정 브랜드에 대해 가지고 있는 긍정적이고 독특하며 강한 이미지 또는 연상은 그 브랜드의 자산이 된다. 마케팅에서 브랜드 자산(brand equity)은 매우 중요한 개념이다. 브랜드는 한 기업의 제품이나 서비스를 경쟁사의 것과 차별화시키고 그 제품을 알리기 위해 사용하는 이름과 상징물(로고, 패키지, 트레이드마크, 캐릭터 등)의 결합체를 가리키는데, 브랜드 자산은 해당 브랜드의 마케팅 활동을 통해서 형성된 브랜드 지식으로 차별적인 고객반응을 가져오는 효과를 가리킨다(Keller, 2012). 즉, 소비자들이 특정 브랜드에 대해 가지고 있는 브랜드 지식이 곧 브랜드 자산을 이루게 되는 것이다. 애플을 예로 들어 보자. 우리는 애플이라는 기업 이름과 로고뿐 아니라 애플에 대해 다양한 지식을 가지고 있다. 직접적인 제품 사용 경험이나, 광고나 언론을 통해 접하는 애플 제품에 대한 사람들의 반응과 평가, CEO

이었던 스티브 잡스가 불러일으킨 사회적 반향과 관심 등은 애플에 대한 이미지를 형성하게 된다. 단순하지만 멋진 제품 디자인과 직관적으로 사용할 수 있는 인터페이스 등 여러 긍정적이고 애플 제품만의 독특하고 강한 연상은 애플을 자산으로서의 가치가 있는 브랜드로 만든다. 2014년 인터브랜드가 발표한 글로벌브랜드에서 애플은 1위를 하였고 브랜드 가치는 1,188억 달러에 달한다. 브랜드는 무형의 자산이지만 재무적 가치를 갖는다. 그리고 앞서 언급하였듯이 고객들의 차별적인 반응을 가져온다. 소비자들은 그 브랜드가 다른 브랜드보다 비싸도 기꺼이 지갑을 열고, 새로운 제품이 나오면 관련 정보를 스스로 찾아보며, 광고에도 관심을 갖고 이벤트에도 참여한다. 이에 기업들은 자산으로서의 가치가 있는 브랜드를 만들기 위해 많은 노력을 기울이는데, 그중 가장 핵심적인 것이 소비자들이 브랜드에 대해 좋은 기억을 갖도록 하는 것이다.

소비자의 구매의사결정

상기상표군이나 고려상표군을 형성하게 되면 이제 대안에 대한 평가가 이루어져야 한다. 그리고 그 평가에 기초해 어떤 것을 선택해서 구매할지를 결정해야 한다. 소비자가 어떻게 제품을 평가하고 선택하는지에 대한 연구는 일찍부터 마케팅의 주요 연구 분야였다. 결국 마케팅의 최종 목표는 소비자가 우리 제품을 선택해서 구매하게 하는 것이기 때문에 소비자들이 어떻게 선택을 하느냐는 중요한 문제인 것이다.

선택에 대한 연구는 경제학에서 먼저 시작되었고, 이런 이유로 소비자의 선택에 대한 소비자행동의 초기 연구도 경제학적 관점을 따랐다. 소비자를 합리적인 존재로 보고 정보를 탐색하고 각 대안의 효용을 구하고 이를 비교하여 최대 효용을 주는 제품을 선택한다고 본 것이다. 경제학적인 관점에서는 실제 사람들의 인지적 능력을 전혀 고려하지 않는다. 그러나 실제 사람들은 모든 가용한 대안에 대한 정보를 구하기도 어렵거니와 대안을 평가하기도 쉽지 않다. 요즘에는 인터넷 덕분으로 정보를 탐색하는 것 자체는 쉬워졌지만 가용한 대안의 수가 너무 많다. 일례로 한 포털의 쇼핑사이트에서 노트북을 치면 상품의 수가 약 160만 개에 이른다. 이 모든 제품을 일일이 볼 수는 없기 때문에 브랜드나 가격과 같은 기준으로 대안의 수를 대폭 줄인다고 해도 여전히 대안은 많다. 제품의 경우 모든 가용한 대안을 탐색할 수 있다고 하더라도 우리 인생에서 중요한 배우자나 직업을 선택할 때는 대안이 보통 시간을 두고 나타나기 때문에 한꺼번에 두고 비교할 수가 없다. 더 좋은 대안이 나타날 때까지 기다린다고 해도 언제까지 기다려야 하는지 알 수 없다. 또 이전 대안이 더 좋았다는 것을 알고 돌아가고 싶어도 그 대안은 나를 기다려 주지 않는다.

대안의 평가는 또 어떠한가? 경제학의 선택 이론인 기대효용이론(expected utility theory)을 소비자의 선택 상황에 맞게 수정한 다속성 효용이론(multiattribute utility theory)에 따르면, 한 대안을 이루고 있는 속성 정보를 찾고 각 속성의 상대적 중요도를 정한 후 각 속성 값의 효용과 중요도를 곱한 후 이를 모두 더해 한 대안의 효용을 구하게 된다(<표 7-1> 참조). 그러나 135만 원의 노트북이 나에게 어느 정도의 효용을 갖는지를 평가하는 것이 말처럼 쉽지는 않다. <표 7-1>의 예에서는 3개의 속성 정보만 고려했지만 보통 인터넷으로 검색을 하면 한 노트북당 10~15개의 속성 정보가 제시된다. 이 속성들의 상대적 중요도를 고려하고 각 속성 값의 효용을 정하여 이를 상대적 중요도와 곱하고 더한다고 해 보자. 연필과 종이 없이 머리로만 생각하기에는 쉽지 않다. 앞에서 언급하였듯이 정보를 처리하는 단기기억은 그 용량이 제한적이다. 한꺼번에 많은 대안 정보를 처리할 수 없다. 또한 사람들은 인지적 구두쇠로 머리 쓰기를 싫어하기도 한다. 너무 많은 정보에 압도되어 정보의 탐색이나 평가를 포기하고 최근에 노트북을 산 친구한테 어떤 제품을 샀는지 물어보고 사용 후기를 물어본 후 별 문제가 없다고 하면 그냥 똑같은 제품을 구매하기도 한다.

✎ **표 7-1 다속성 효용이론의 적용 예**

속성	노트북 A	노트북 B	노트북 C
가격(50)[a]	135만 원(3)[b]	120만 원(4)	115만 원(5)
무게(30)	1.28kg(5)	1.99kg(2)	1.5kg(3)
하드용량(20)	500GB(5)	400GB(4)	400GB(4)
효용	50×3+30×5+20×5=400	50×4+30×2+20×4=340	50×5+30×3+20×4=420

[a] 속성의 상대적 중요도를 고려하여 100점을 나눈 값
[b] 135만 원의 가격이 갖는 효용 정도를 5점 만점으로 나타낸 값

이처럼 경제학적인 관점은 정보의 탐색이나 효용의 계산에 인지적으로 전혀 제한을 받지 않는 전지전능한 사람을 가정한다. 그러나 인지심리학의 연구 결과는 사람들의 정보처리능력이 제한되어 있을 뿐 아니라 특정한 방식으로 정보를 처리함을 보여 준다. 이에 마케팅 연구는 경제학적 관점 대신 인지적 관점을 취하고 사람들의 정보처리능력과 처리방식을 고려한 선택행동을 연구하게 되었다. 이 연구 분야를 행동적 의사결정이론(behavioral decision theory: BDT)이라고 한다. 이 분야는 이후 '행동경제학(behavioral economics)'이라고 불리기도 하는데, 이 분야의 연구를 재정적으로 지원해 주면서 성장에 큰 기여를 한 미국 Russell Sage 재단의 대표는 이 분야의 이름이 '인지경제학(cognitive economics)'으로 불려져야 했다고 언급하기도 했는데(Lambert, 2006), 이는 이 분야에 대한 인지심리학의 영향을 잘 보여 준다.

그렇다면 소비자들은 실제로 어떤 식으로 제품을 평가하고 선택할까? 앞의 다속성 효용이론은 보완적 모델(compensatory model)이라고 한다. 찾은 속성 정보가 다 사용이 되기 때문에 한 대안이 가지고 있는 장점과 단점이 서로 보완되어 보완적 모델이라고 불린다. <표 7-1>에서 노트북 C는 가격이 다른 대안에 비해 저렴하다는 장점이 있지만 하드용량이 적다는 단점을 갖는다. 대개 한 대안이 다른 대안보다 모든 속성에서 좋은 지배대안이 있기보다 어떤 속성은 뛰어나지만 다른 속성은 다른 대안보다 못한, 즉 장점과 단점을 모두 가지고 있는 경우가 일반적이다. 중요한 제품 선택의 경우 이와 같이 보완적으로 제품을 평가하기도 한다. 그러나 많은 경우 일부 정보만 보고 선택을 하는데, 이런 선택 방식을 비보완적 모델이라 하고 여기에는 여러 방식이 있다. 다음은 몇 가지 예를 제시한다.

제품 간 품질 차이가 크지 않다고 생각하여 자신의 예산 범위 안에서 구매를 하는 것이 제일 중요하다고 생각해서 가격에 근거해 선택을 할 수도 있는데, 이처럼 제일 중요한 속성 정보를 보고 하나의 대안을 선택하는 것을 사전편집식(lexicographic rule)이라고 한다. 만약 가장 중요한 속성에서 두 대안이 같은 속성 값을 가지고 있다면 그다음으로 중요한 속성을 보면 된다. 반면, 중요한 속성 몇 가지에 대해 기준을 세우고 이를 충족시키지 못하는 대안을 제거해 가면서 남는 대안을 선택할 수도 있는데, 이는 순차적 제거식(sequential elimination rule)이라고 한다. 때로는 중요도에 따라 속성을 보지 않고 무선으로 눈에 들어오는 속성을 보면서 기준을 충족시키지 않는 대안을 제거해 나갈 수도 있는데 이는 속성에 의한 제거식

(elimination by aspects rule)이라고 불린다. 이처럼 탐색한 속성 정보를 다 사용하지 않고 일부 속성만 보고 선택을 하는 비보완적 모델은 일부 속성만 처리하기 때문에 인지적 부담이 적고 보다 빨리 선택을 할 수 있다. 그러나 이런 방식으로 선택을 하며 어떤 속성을 먼저 보느냐에 따라 동일한 고려상표군에서 선택을 하더라도 선택 결과가 달라질 수 있다.

마케터들은 자사 제품이 속한 제품군의 여러 제품이 어떤 방식으로 평가되는지 아는 것이 필요하다. 소비자들이 어떤 속성 정보를 중요하게 생각하는지, 또 적어도 이 정도는 되어야 한다고 생각하는 속성 기준이 있는지 등을 알아야 한다. 또한 자사 제품뿐 아니라 경쟁 제품들의 속성 정보에 대해서도 알 필요가 있다. 평가는 대개 상대적으로 이루어지기 때문에 경쟁 제품과 비교해서 우리 제품이 우위 또는 열위에 있는 속성이 무엇인지를 파악해야 자사 제품이 처한 시장 상황이나 개선 방안, 마케팅 커뮤니케이션에서 어떤 속성을 부각시킬 것인지를 결정할 수 있기 때문이다. 소비자들이 한 제품군에서 중요하게 생각하는 속성에서 자사 제품이 경쟁 제품들보다 장점을 가지고 있다면 시장기회를 가지고 있는 것이며 이를 광고를 통해 소비자들에게 적극적으로 알리는 것이 필요하다. 반면, 소비자들이 중요하게 생각하는 속성에서 자사 제품이 다소 떨어지고 경쟁 제품들이 우수하다면 시장에서 경쟁적 열위에 있게 되므로 이 속성을 개선시키기 위한 노력이 필요하고 광고에서는 이 부분을 직접적으로 언급하기보다 다소 중요하지 않더라도 경쟁 제품보다 우위에 있거나 차별적인 속성을 내세워 광고를 하는 것이 보다 나을 수 있다.

프로스펙트 이론

소비자를 합리적인 존재로 보고 최대 효용을 주는 대안을 선택하는 것으로 보는 경제학의 기대효용이론 대신 소비자의 인지적 특징을 반영하여 대안의 가치를 평가하는 방식을 설명한 대안적 모델은 프로스펙트 이론(prospect theory)이다. 이 이론은 기대효용이론과 마찬가지로 수리모델이지만 모델 안에 들어가는 함수가 사람들의 심리적 특징을 잘 반영하여 기대효용이론이 설명하지 못하는 사람들의 실제 선택행동을 설명하는 심리적 모델이다. 다음 두 식은 각각 기대효용이론(수식 1)과 프로스펙트 이론(수식 2)이다.

$$EU(\text{X}) = \Sigma_i\, u(x_1) \times p(x_1) \quad (1)$$

$$V(\text{X}) = \Sigma_i\, v(x_1) \times \pi(p_i) \quad (2)$$

앞의 식에서 X는 하나의 대안을 가리키고 x_i는 그 대안을 이루는 세부 사건 또는 속성을 가리킨다. 예를 들어, 주사위를 던져 1이 나오면 만 원을 받고 6이 나오면 9천 원을 잃는 게임이 있다고 해 보자. X는 이 게임을 가리키고 x_1은 1이 나오는 사건, x_2는 6이 나오는 사건을 가리킨다. 한편, X를 제품이라고 보면 앞서 다속성 효용이론에서 언급한 것처럼 x_i는 가격, 무게와 같은 속성을 가리킨다. 앞의 두 식을 보면 구성 방식은 동일하지만 식을 이루는 함수가 다름을 알 수 있다. 기대효용이론에서는 효용함수($u(x_i)$)와 확률(p)이 들어가는 대신 프로스펙트 이론에서는 가치함수($v(x_i)$)와 결정가중치가 들어간다($\pi(p_i)$). 프로스펙트 이론이 심리적 모델로 불리는 것은 바로 가치함수와 결정가중치가 사람들의 심리적 특성을 반영하기 때문이다. 다음 [그림 7-4]는 효용함수와 가치함수의 차이를 보여 준다.

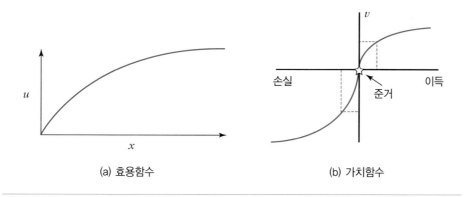

(a) 효용함수   (b) 가치함수

[그림 7-4] 효용함수와 가치함수의 비교

효용함수는 객관적 부(x)가 증가할수록 효용이 증가하는 정도가 감소하는데, 이를 한계효용 체감의 법칙이라고 한다. 이는 가치함수도 마찬가지이다. 객관적 부의 절댓값이 커질수록 가치가 증가하는 정도는 감소하며 이를 민감성 체감이라고 한다. 반면, 가치함수는 객관적 부를 이득과 손실로 구분한다. 이득에 대한 주관적 가치인지 손실에 대한 주관적 가치인지에 따라 함수의 모양이 다른 것을 볼 수 있는데, 손실 영역에서 함수가 더 급격하게 변하기 때문에 5천 원을 얻을 때의 즐거움보다 5천 원을 잃는 것에 대한 손실감이 더 크게 느껴지고, 이를 손실혐오(loss aversion)라고 한다. 두 함수의 또 다른 차이점은 기준점이다. 효용함수는 절대 영점에서 시작해서 최종 자산에 대한 효용이 결정되지만 가치함수는 현재 자산 상태가 준거점이 되어 변화에 반응한다. 동일한 만 원이라도 2만 원을 가지고 있다가 만 원을 잃어버려 만 원이 된 경우와 한 푼도 가지고 있지 않다 만 원이 생긴 경우 두 만 원의 가치는 다르게 느껴진다. 가치함수는 이러한 심리적 차이를 준거점을 기준으로 이득과 손실의 영역을 구분하여 반영하지만 효용함수는 최종 자산 상태인 만 원에 대한 효용만을 고려하기 때문에 두 경우 효용은 동일하다.

한편, 세부 사건이 일어날 가능성에 대한 확률의 경우 효용함수는 바로 객관적 확률(p)을 곱하지만 프로스펙트 이론에서는 사람들이 확률을 주관적으로 지각하는 방식을 나타내는 결정가중치($\pi(p_i)$)가 사용된다. 결정가중치는 [그림 7-5]와 같다. 그림에서 직선은 우리가 객관적 확률을 있는 그대로 지각할 때 나타날 수 있는 관계를 나타내며 곡선은 우리가 객관적 확률을 주관적으로 지각하는 방식을 나타낸다. 즉, 작은 확률은 과대평가되고 큰 확률은 과소평가됨을 알 수 있다. 그러나 1로 가까이 갈수록 변화하는 정도가 커짐을 볼 수 있는데, 이러한 변화는 .7에서 .8로 확률이 변하는 것보다 .9에서 1로 변하는 것이 심리적 영향력이 큼을 보여 준다. 이는 똑같은 .1의 차이라도 가능성이 커지는 것과 가능성이 큰 것에서 확실해지는 것 사이에는 심리적 차이가 있음을 잘 보여 준다.

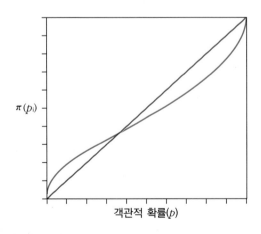

[그림 7-5] 결정가중치

프로스펙트 이론은 마케팅에 많이 활용된다. 특히 손실혐오는 소비자행동에 대한 유용한 통찰을 제공해 주는데, 제품 구매 후 제품이 맘에 들지 않으면 환불을 보장해 주는 제도는 소비자로 하여금 쉽게 구매 결정을 내리도록 하지만 막상 환불을 하는 소비자는 그렇게 많지 않다. 물론 제품에 불만족하는 정도가 크다면 환불을 하겠지만 웬만한 경우에는 계속 사용하는 경우가 많은데 이는 제품을 반납하고 얻게 될 이득보다 제품을 내어 줌으로써 느끼는 손실감이 더 크기 때문이다. 또한 보험이나 자동차처럼 옵션이 있는 제품의 경우 전체 옵션을 다 넣어 놓고 필요하지 않은 것을 빼게 하는 것(opt-out)과 기본 옵션만 넣어 놓고 필요한 것을 추가하게 하는 것(opt-in)은 선택 결과에 차이를 가져온다. 옵트아웃(opt-out)의 경우 사람들이 더 많은 옵션을 선택하게 되는데, 이는 사람들이 뭔가 빼는 것에 대해 손실감을 느끼면서 주어진 대로 받아들이는 경향(이는 현상유지편향이라고도 불린다)이 있기 때문이다.

가격지각과 관련해서도 프로스펙트 이론이 적용될 수 있다. 한때 권장소비자가격이 많이 사용되었는데, 이는 가치함수의 준거점을 활용한 것이다. 권장소비자가격을 실제 판매가격보다 높게 잡아 놓으면 사람들은 그 가격으로 품질을 추론하면서 할인된 가격을 이득으로 지각하기 때문에 판매가격이 더 매력적으로 느껴지게 된다. 또한 관련 제품을 별도로 판매하기보다 패키지로 묶어 묶음가격을 제시하는 것도 소비자에게 더 매력적으로 보일 수 있다. 앞서 언급하였듯이 가격이 높아질수록 사람들은 변화에 둔감해진다. 따라서 개별 제품을 구매해서 지불되는 금액이 개개의 손실로 지각되는 것보다 하나의 큰 가격으로 지각되는 것이 손실감이 적은데, 신용카드의 결제 방법이 바로 이에 해당한다.

맥락효과

기대효용이론이나 다속성 효용이론에 의하면 한 대안의 효용은 그 대안이 가지고 있는 속성 정보와 속성의 확률이나 상대적 중요도에 의해 결정이 되므로 평가시 다른 대안의 영향을 받지 않는다. 즉, 대안이 가지고 있는 정보 자체로 효용이 결정되는데, 이는 한 대안의 절대평가가 가능하다고 보는 것이다. 그러나 행동적 의사결정 연구에서 보여 준 여러 맥락효과는 한 대안에 대한 평가가 같은 고려상표군 내에 있는 다른 대안의 영향을 받음을 잘 보여 준다.

마케팅 분야에서 가장 연구가 많이 이루어진 맥락효과는 유인효과(attraction effect)이다(Huber, Payne, & Puto, 1982). 사람들에게 <표 7-2>의 커피원두 A와 B를 보여 주고 선호하는 것을 선택하도록 한다고 가정해 보자. A는 맛이 좋은 만큼 가격이 더 비싸다. 반면, B는 가격이 A보다 저렴한 만큼 맛이 다소 떨어진다. 어떤 소비자들에게는 맛이 더 중요할 수 있고 어떤 소비자에게는 가격이 더 중요할 수도 있으므로 선택 비율이 대략 50:50으로 나뉜다고 해 보자. 이때 A, B로 이루어진 고려상표군에 세 번째 대안 C를 제시하고 세 개 중에 하나를 고르도록 한다. 경제학에서는 정규성(regularity) 가정으로 대안의 수가 많아지면 그 대안들이 시장점유율을 나누어 가져야 하므로 대안의 수가 적을 때보다 선택 비율이 커질 수 없다고 본다. 그러나 실제 사람들의 선택은 이 정규성 가정을 위반한다. C의 등장으로 B가 더 매력적으로 보이면서 B의 선택 비율이 A와 B 두 개의 대안만 있을 때보다 높아지게 되는데, 이를 유인효과라고 한다. B가 더 매력적으로 보이는 것은 여러 가지로 설명될 수 있는데, A와 B만 있을 때는 맛의 차이가 2점이지만 C의 등장으로 맛의 속성 값이 나타나는 범위가 3점으로 커지면서 A와 B의 맛 차이가 상대적으로 적어 보이면서 B가 더 매력적으로 보일 수도 있고, C의 등장으로 B, C가 위치한 곳이 인기가 있는 제품 위치라고 생각되어 거기에서 하나를 고르다 보니 B의 선택 비율이 높아진다고 설명되기도 한다. 이 외에 다른 설명들도 있는데, 유인효과는 주로 속성이나 대안의 상대적 위치에 대한 지각적 정보처리의 결과로 나타나는 것으로 설명된다. 이러한 지각적 정보처리는 비교적 자동적으로 처리가 되어 선택을 하는 사람이 이러한 비대칭 우위관계를 의식하지 못하고 선택을 하는 경우가 많으며 인지과부하 상태가 되면 오히려 유인효과가 증가하기도 한다.

또 다른 맥락효과는 타협효과(compromise effect)로 유인효과와 비슷하게 두 개의 대안(예, A와 B)만 있을 때보다 세 개의 대안으로 구성될 때(예, A, B, D) 대안 B의 선

✎ 표 7-2 맥락효과의 예

속성	커피원두 A	커피원두 B	커피원두 C	커피원두 D
가격(200g 기준)	16,000원	12,000원	12,000원	10,000원
맛(10점 만점)	9점	7점	6점	6점

택 비율이 높아지는 현상이다(Simonson, 1989). 선택 비율이 높아지는 대안은 세 개의 대안 중 상대적으로 가격도 중간, 맛도 중간인 두루두루 무난한 대안이다. 사람들은 양극단에 있는 대안보다는 중간 대안을 선호하는데, 이러한 중간 대안은 소비자들이 자신의 선택을 정당화하거나 설명하기가 쉽다는 장점을 갖는다. 타협효과는 유인효과보다 의식적인 정보처리의 결과로 나타나므로 처리해야 할 정보의 양이 많은 인지과부하 상태에서는 줄어든다.

맥락효과는 대안의 평가가 절대적으로 이루어지기보다 같이 제시된 다른 대안의 영향을 받음을 잘 보여 준다. 다음에 소개하고자 하는 현상은 통상적으로 맥락효과로 불리지는 않지만 대안의 평가모드, 즉 대안을 하나씩 보고 평가하는 단독평가(separate evaluation)이냐 아니면 두 개를 함께 보고 평가하는 공동평가(joint evaluation)이냐에 따라 대안의 평가가 달라지는 것을 가리키므로 함께 소개하고자 한다. 다음의 중고 음악사전의 예를 보자.

> 사전 J: 수록되어 있는 단어의 수는 20,000개이지만 겉표지의 일부가 찢어진 상태
> 사전 S: 수록되어 있는 단어의 수는 10,000개이지만 겉표지가 온전한 상태

대안을 하나씩만 주고 평가를 하게 하면 사전 S가 더 좋게 평가된다. 음악사전의 경우 일반적으로 사용되는 사전이 아니므로 수록되어 있는 단어의 수가 몇 개여야 충분한지 알기 어렵다. 그러다 보니 겉표지가 온전한 사전이 더 좋게 보인다. 그러나 두 개를 동시에 주고 평가를 하게 하면 사전 J에 대한 평가가 높아지게 된다. 하나만 보고 평가하기 어려웠던 단어의 수라는 속성이 이제 비교할 수 있는 대안이 생기고 상대 평가가 가능해지면서 음악사전을 평가하는 데 더 중요한 속성이 되기 때문이다. 이처럼 속성의 상대적 중요성은 평가가 용이한지 아닌지에 따라 달라질 수 있는데, 이러한 평가용이성(evaluability)은 평가모드에 따라 달라진다(Hsee, Loewenstein, Blount, & Bazerman, 1999).

그런데 공동평가의 상황이라고 하더라도 과제가 무엇이냐에 따라 속성의 상대적인 중요성이 달라지기도 한다(Nowlis & Simonson, 1997). 두 개의 대안이 동시에 주어진다고 하더라도 각 대안이 얼마나 매력적인지 100점 만점 또는 10점 만점으로 평가를 하게 하는 경우와 두 개 중에 하나를 선택하게 하는 경우 속성의 성격에

따라 상대적 중요성이 달라질 수 있다. 평가를 하게 하는 경우 아무래도 하나의 대안 자체에 집중하게 되는데, 이때는 브랜드와 같이 그 자체로 다양한 지각적 추론이 가능한 풍부한 속성(enriched attribute)이 더 가중치를 받게 되는 반면, 선택을 하게 하는 경우에는 두 개 대안을 비교하게 만들기 때문에 가격과 같이 비교가 용이한 속성(comparable attribute)이 더 가중치를 받게 된다. 예를 들어, 애플의 아이폰과 LG의 스마트폰이 있다고 해 보자. 이 둘을 보여 주면서 각각을 평가하게 하면 애플의 아이폰을 더 높게 평가하지만 선택을 하게 하면 가격이 좀 더 매력적인 LG의 스마트폰을 선택할 가능성이 높아진다. 이는 제품의 판매 방식에도 시사점을 제공하는데 자산으로서의 가치가 높은 브랜드는 단독매장에서 판매를 함으로써 제품의 가치 지각을 더 높일 수 있는 반면, 자산으로서의 가치가 다소 떨어지면서 가격에서 유리한 브랜드는 여러 브랜드를 함께 비교하면서 판매하는 방식이 제품 판매에 더 유리할 수 있다. 이처럼 소비자들이 제품을 어떤 식으로 평가하고 선택하는지에 대한 인지심리학적인 이해는 제품의 진열이나 판매 방식에도 유용한 시사점을 제공한다.

생각 상자

🔍／소비를 하면서 느끼는 행복은 절대적으로 평가될까? 상대적으로 평가될까?

　우리는 돈이 생기거나 물건을 사거나 여행을 가서 즐거운 경험을 할 때 행복감을 느낀다. 그런데 이런 행복감은 어떻게 평가되는 것일까? 그 자체로 평가가 가능한 절대평가가 이루어질까 아니면 비교를 통한 상대평가가 이루어질까? Hsee 등(2009)은 무엇에 대한 행복이냐에 따라 평가가 달리 이루어진다고 제안한다. 이들의 실험에는 네 가지 조건이 있는데, 먼저 가난한 나라와 부자 나라가 있고 각 나라에는 가난한 사람과 부자가 있다. 그런데 나라 간에는 비교가 불가하지만 한 나라 안에서는 비교가 가능하여 가난한 사람은 부자가 얼마를 가지고 있는지, 부자는 가난한 사람이 얼마를 가지고 있는지를 비교할 수 있다. 이들은 이런 네 조건에서 돈의 소유와 소비경험, 물건의 소유와 소비경험 등을 비교한다. 실험 1에서는 돈 대신 쿠폰을 사용했는데, 이 쿠폰으로 분유가루를 교환할 수 있고 각 조건에서 받은 쿠폰과 분유의 양은 다음 표와 같다.

나라	가난한 나라		부자 나라	
사람	가난한 사람	부자	가난한 사람	부자
쿠폰	1장	2장	5장	10장
분유 양	1숟가락	2숟가락	5숟가락	10숟가락

쿠폰과 분유를 나눠 준 후 쿠폰을 받은 사람들에게는 쿠폰을 받은 것에 대한 행복감을 보고하도록 하였고 분유를 받은 사람들에게는 이 분유를 동일한 물의 양에 타서 마신 후 분유를 먹은 것에 대한 행복감을 보고하도록 하였다. 사람들이 보고한 행복감은 다음 그림과 같았다.

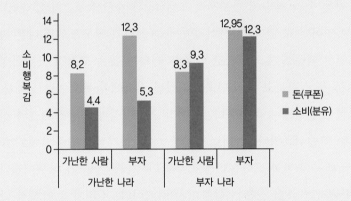

이 그림을 보면 돈은 각 나라 안에서 비슷한 평가를 보인다. 나라 간에는 비교를 할 수 없지만 나라 안에서는 비교를 할 수 있기 때문에 나라에 따른 돈의 양의 차이는 평가에 영향을 미치지 못하지만 각 나라 안에서 가난한 사람과 부자 간에는 평가에 차이가 있다. 이는 돈의 소유에 대한 평가가 상대적으로 일어남을 보여 준다. 반면, 분유를 마신 소비경험에 대한 평가 결과를 보면 나라와 사람에 따라 달라지는 분유 양에 따라 점진적으로 행복감이 커지는 것을 볼 수 있는데, 이는 소비경험에 대한 평가가 절대적으로 이루어짐을 보여 준다. 이들은 추가 연구를 통해 돈과 물건을 소유하는 것에 대한 평가는 상대적으로 일어나는 반면, 경험에 대한 평가는 절대적으로 일어남을 보여 주었다. 이는 돈이나 물건을 소유하는 것으로는 지속적으로 행복감을 느끼기 어려움을 보여 준다. 상대적으로 평가가 되다 보니 나보다 더 많이 가진 사람을 보면 행복감이 떨어진다. 반면, 경험에 대한 평가는 내가 체험적으로 느끼는 것을 평가하다 보니 비교 없이 절대적으로 평가가 가능하고 이로 인해 행복감도 보다 지속될 수 있다.

소비자의 학습

소비자로 살아가면서 우리는 소비와 관련된 많은 지식을 습득하게 된다. 이런 지식은 여러 경로를 통해 습득되는데, 직접 경험이나 부모, 친구들, TV 등으로부터의 관찰을 통하거나 때로는 부모와 함께 쇼핑을 하면서 제품 구매와 관련된 여러 지식을 전달받기도 한다. 이런 학습과정은 소비자 사회화(consumer socialization)라고 불리는데, 아이들이 성인이 되어 소비자로서의 역할을 수행할 수 있도록 소비와 관련된 여러 기술이나 지식, 태도 등을 습득하는 것을 가리킨다.

직접 경험을 통한 학습에는 고전적 조건형성과 수단적 조건형성, 대리학습, 인지적 학습이 모두 일어날 수 있다. 자신이 좋아하는 스타가 광고모델로 나온 광고를 반복적으로 보면서 제품에 호의적으로 반응하게 되는 것은 고전적 조건형성에 해당하고, 어떤 제품을 소비하고 무척 만족스러웠던 경험에 반복적으로 구매를 하게 되는 것은 수단적 조건형성에 해당한다. 고전적 조건형성과 수단적 조건형성은 행동주의에 기초한 학습이론이다. 실제로 학습은 매우 인지적인 활동임에도 불구하고 행동주의에서 행동의 변화를 학습이라고 부르면서 많은 연구가 이루어졌다는 이유로 인지심리학에서는 다소 소홀히 다루어진 주제이다. 소비자의 인지적 학습은 반복적인 경험을 통해 제품에 대한 여러 관련 지식을 습득하게 되는 것을 가리키는데, 예를 들면 어떤 제품군에서는 어떤 브랜드가 좋다는 식의 지식과 같은 것이다. 이러한 학습은 가설 검증(hypothesis testing)의 과정으로 이해된다.

제품과 관련된 지식은 계속 바뀌어 갈 수 있다. 시장에 신제품이 계속 소개되기도 하거니와 소비자의 기호도 바뀌어 가기 때문이다. 그래서 이런 지식은 하나의 사실로 머릿속에 저장되기보다 일종의 가설로 저장되고 이후 경험을 통해 가설이 맞는지 틀리는지를 검증하게 된다. 그런데 검증 과정에서 모든 가능성이 동등하게 고려되기보다 자신의 가설이 맞음을 보여 주는 예에 더 주의를 기울이고 이를 선택하는 경향을 보이는데, 이를 확증 편향(confirmation bias)이라고 한다. 과학에서의 가설 검증은 확증의 예보다는 반증의 예로 이루어진다. 자신의 영가설이 맞는 것을 보여 주기보다 틀리다는 것을 보여 줌으로써 대안 가설을 잠정적으로 받아들이는 식으로 검증을 하는 것이다. 그러나 소비자의 가설 검증은 반증보다는 확증을 통해 이루어지는 경우가 대부분이다. 애플의 아이폰이 삼성의 갤럭시보다 더 좋다는 가설을 가지고 있는 소비자의 경우 삼성의 갤럭시를 써 보고 실제로 좋지 않은지를 확인하기보다 자신이 좋다고 생각하는 애플의 아이폰을 구매하고 소비함으로써 역시 애플이 좋다고 생각하고 자신의 기존 생각을 계속 유지하는 경우가 많다. 즉, 자신의 가설을 확증하는 예를 통해 가설을 검증하는 것이다.

소비자들의 이러한 가설 검증 성향은 시장선도 제품과 열위 제품에 공평하지 않은 학습 기회를 주게 된다. 소비자들이 자신의 직접 경험이나 광고 또는 주위 사람들의 얘기를 듣고 시장선도 제품이 좋을 것이라는 가설을 가지게 되면 열위 제품의 구매를 시도하려고 하지 않기 때문이다. 사용해 보지도 않고 지레짐작으로 별로 좋지 않을 것이라고 생각하면서 학습 기회 자체를 피하게 된다. 이런 이유로 열위 제품은 시음 또는 시용, 가격 이점이나 여러 판촉물의 제공을 통해 자사 제품의 구매 또는 경험을 유도하고자 노력한다. [그림 7-6]에 나와 있는 광고를 보면 이런 차이가 잘 드러나 있다. 시장선도 제품인 칠성 사이다의 경우 칠성 사이다의 주요 연상 중의 하나인 '맑고 깨끗함'을 환경과 관련지어 광고를 하는 반면, 열위 제품인 킨 사이다는 소비자의 제품 경험을 유도하는 광고 메시지를 제시하고 있음을 잘 볼 수 있다.

한편, 이미 습득된 지식이 새로운 제품이나 소비영역으로 전이되기도 하는데, 이 과정은 유추에 의한 학습으로 이해되기도 한다(Gregan-Paxton & John, 1997). 유추에 의한 학습은 익숙한 영역에서의 지식이나 문제해결 방법을 새로운 영역에 적용해서 새로운 영역을 이해하거나 문제를 해결하는 것이다. 예를 들어, 오프라인 웹

[그림 7-6] 광고 예

리더(reader)라는 소프트웨어를 처음 접했다고 해 보자. 이 소프트웨어는 온라인 웹 페이지를 저장장치에 저장하도록 해 주는 소프트웨어인데 소비자는 이 프로그램의 기능이며 편익을 바로 이해하지 못할 수 있다. 이때 판매원이 이 소프트웨어가 하는 일이 비디오로 TV프로그램을 녹화해서 이후 자신이 보고 싶을 때 볼 수 있는 것과 비슷한 것이라고 설명을 해 주면 쉽게 이 소프트웨어의 특징을 이해할 수 있을 것이다. 그런데 유추에 의한 학습이 일어나기 위해서는 익숙한 영역과 새로운 영역 간에 관계적 대응(relational mapping)이 이루어져야 한다. 익숙한 제품이 갖는 여러 특징이 새로운 제품의 특징에 대응이 되어야 하는데, 이때 단순히 표면적으로 유사한 것보다는 익숙한 제품의 속성 간의 구조적 관계가 신제품이 갖는 속성 간에도 나타나는 것이 중요하다. 그래야 유추를 통해 신제품의 속성을 정확히 이해할 수 있게 된다. 이처럼 유추에 의한 학습의 인지적 과정과 특징을 이해하고 마케팅에 적용함으로써 신제품 또는 기존 제품군으로 범주화하기 힘든 혁신제품의 수용을 촉진할 수 있다.

　지식의 전이는 신제품의 수용뿐 아니라 브랜드 확장을 이해하는 데도 도움이 된다. 브랜드 확장이란 자산으로서의 가치가 있는 브랜드를 활용하는 것인데, 기존의 성공적인 브랜드를 새로운 제품군에 적용하여 사용하는 것이다. 예를 들어, 나이키는 운동화 브랜드로 시작하여 현재는 스포츠웨어, 스포츠용품 등 다양한 제품군에 사용이 되고 있다. 이러한 브랜드 확장은 여러 이점이 있다. 새로운 브랜드를 도입하는 데 따르는 비용을 절감할 수 있고 소비자들의 기존 지식에 근거해 새로운 제품군의 수용을 용이하게 할 수 있다. 그러나 이러한 브랜드 확장이 항상 성공적인 것은 아니다. 인스턴트 수프로 유명한 캠벨은 파스타를 만드는 데 사용되는 토마토 소스와 페이스트로 사업 영역을 확장하면서 기존의 캠벨 브랜드를 사용하였다. 그런데 수프는 국물에 해당하고 당연히 물이 들어간다. 그리고 캠벨은 인스턴트 수프의 대명사처럼 여겨지는 대표 브랜드이다 보니 수프와 강한 연상을 가지고 있는데, 수프와 물과의 연상이 토마토 소스와 페이스트에 전이가 된 것이다. 즉, 토마토 소스나 페이스트가 진하지 않고 물기가 있을 것 같다는 부정적 연상을 불러일으킨 것이다. 결국 캠벨은 기존의 브랜드 확장을 철회하고 Prego라는 별도의 브랜드를 시장에 소개하였다.

　브랜드 확장이 성공적이기 위해서는 기존 브랜드의 제품군과 확장하려고 하는 제품군 간의 지각된 적합성(perceived fit)이 중요하다. 즉, 두 제품군 간의 관련성을 지각하는 것이 필요하고 그래야 기존 브랜드의 긍정적 연상이 확장 제품에 전이될 수 있다. 사람들이 어떤 방식으로 유사성을 지각하는지에 대한 인지심리학 연구는 언제 브랜드 확장이 성공하고 실패하는지 이해하는 데 실질적인 통찰을 제공하며 성공적인 브랜드 확장 전략을 세우는 데에도 도움을 줄 수 있다.

맺음말

이 장에서는 마케팅에서 사용되는 인지심리학 개념과 이론들을 소개하였다. 마케팅의 대상은 소비자이다. 소비자가 어떻게 제품이나 기업에 대한 정보를 처리하고 기억하는지를 이해하는 것은 성공적인 마케팅 프로그램을 설계하는 데 실제로 큰 도움이 된다. 인지심리학의 내용이 다소 추상적이기 때문에 다소 어렵게 느껴지는 경우가 많지만 소비자의 일상생활 곳곳에 활용될 수 있다. 정보처리자로서의 소비자를 이해하는 데 인지심리학이 큰 도움이 되지만 일상생활에서 재미있게 접할 수 있는 마케팅 이야기가 인지심리학을 이해하는 데도 도움이 되었으면 하는 바람이다.

 요약

소비자를 이해하기 위해 마케팅 속에 인지심리학의 여러 개념이 어떻게 활용되고 있는지 소개하였다. 소비자의 제품 구매를 문제해결과정으로 이해하는 것으로 시작해서 노출, 주의, 이해의 정보처리과정, 그 과정에서 작용하는 기억의 특징, 처리된 제품 정보를 바탕으로 소비자가 어떻게 제품에 대한 평가와 선택을 하는지, 마지막으로 소비자의 학습을 설명하는 인지심리학 이론들을 소개하였다.

생각할 거리

• 이 장에 소개한 마케팅 속의 인지심리학 개념들은 이전 오프라인 환경에서의 구매의사결정 과정을 바탕으로 한 것이다. 최근에는 많은 마케팅 활동이 온라인상에서 이루어지고 있는데, 온라인상에서의 효과적인 마케팅 활동을 위해서는 소비자 정보처리에 대한 어떤 이해가 필요할지 생각해 보자.

• 이 장에 소개되지 않은 인지심리학 개념 중 마케팅 활동에 활용될 수 있는 것이 무엇이 있을 수 있는지 생각해 보자.

• 일부에서는 마케팅 활동을 '제품을 더 많이 팔기 위해 소비자에게 영향을 미치거나 소비자를 조정하는' 것이라고 부정적으로 생각하기도 한다. 마케팅 활동의 긍정적 측면이나 기여하는 바가 무엇일지 생각해 보자.

적법절차를 위한 인지심리학

사법절차와 인지심리학

수사

사실인정

맺음말

　사법절차(legal procedure)는 사회에서 발생한 피해(혹은 부당한 손해)의 여부와 규모를 인지하고, 피해에 대한 책임의 소재와 정도를 확정하여, 피해를 복구하거나 해소하는 일련의 공식적 과정이다. 피해의 발생을 인지하는 절차, 책임을 판단하는 절차, 발생한 피해를 복구하는 절차는 모두 정당한(just) 법의 공정한(fair) 집행과 적용에 의해 이루어져야 한다. 국가는 개인의 자유, 그리고 법에 의해 보장된 개인의 모든 권리를 보호하기 위해서 정당한 법을 공정하게 집행하고 적용할 의무를 가진다는 원칙을 적법절차(due process)라고 부른다(대한민국 「헌법」 제12조).

　법을 집행하고 적용하는 사람의 불공정은 의식적이거나 의도적일 수도 있지만, 그보다는 인간의 경험과 기억, 그리고 정보처리능력의 한계 때문에 부지불식간에 생기는 경우가 더 많다. 법정에서 진실만을 말할 것을 선서하고, 자신의 직접 경험을 진술하는 사람(증인)의 증언은 '증거(evidence)'이다. 독일 태생의 미국 심리학자(하버드 대학교) Hugo Münsterberg는 1908년에 출판된 저서 『증언대에서(On the Witness Stand)』에서, 연합과 암시가 지각과 기억에 미치는 영향에 관한 실험심리학의 여러 가지 발견을 인용하면서, 범인을 직접 목격한 사람, 즉 목격자의 말을 믿고, 피고인의 유무죄를 판단하는 것이 얼마나 위험한 것인지를 보여 주었다. 만약 실제로 목격자의 지각과 기억이 부정확한 경우가 많다면, 형사재판에서 목격자의 증언을 증거로 간주하는 것은 법의 공정한 적용이 아니다. 공정한 재판을 받을 인간의 헌법적 권리를 침해하는 것이고, 적법절차를 와해하는 것이다. Münsterberg의 저서 『증언대에서』는 이후 법정심리학(forensic psychology)과 법심리학(psychology and law)의 발전을 촉진하는 계기가 되었다.

사법절차와 인지심리학

법정심리학은 법의 공정한 집행과 적용을 위해 필요한 심리학적 이해와 지식을 특정 상황에 일반화될 수 있도록 가공한 후, 사법절차에 제공하는 응용심리학 분야다. 따라서 법정심리학의 관심대상은 법이 집행되고 적용되는 대상과 동일하다. 즉, 계약당사자, 고소인, 용의자, 피고인(민사재판에서는 원고인), 피해자(사망한 사람 포함), 증인, 증거 등이다. 법정심리학자는 신뢰롭고 타당한 심리학 연구들에 기초하여 사법기관에 체포된 용의자가 자신의 법적 권리를 이해하고 행사할 수 있는가, 피고인이 재판받을 능력을 가진 사람인가, 자백이 자발적인가, 사망한 사람이 자살한 것인가, 피해자의 진술을 신뢰할 수 있는가, 증인의 진술이 거짓말인가, 범인의 DNA와 일치하는 DNA를 가진 피고인이 실제 범인일 확률은 얼마나 되는가 등을 사실판단자(판사와 배심원)가 정확하고 공정하게 평가할 수 있도록 조력한다. 그 조력은 전문가 의견의 형태로 사법기관과 법원에 제공되거나, 법정심리학자가 전문가 증인(expert witness)의 신분으로 재판에 출석해서 진실만을 말할 것을 선서한 후, 직접 구두(口頭)로 진술하기도 한다. 후자의 경우에는 법정심리학자의 증언이 그 사건의 결론을 위한 하나의 증거이다.

법심리학은 법 자체와 법을 집행/적용하는 사람들의 감각, 지각, 인지, 판단, 행동을 실증적으로 연구하는 분야이다. 즉, 법심리학은 법과 사법제도를 이해하기 위한 응용심리학이다. 따라서 법심리학은 형사재판에서 실체적 진실을 발견하는 것이 가능한가, 무죄와 유죄를 구별하는 기준은 무엇인가, 미필적 고의(의도하지는 않지만, 초래될 결과를 알고 하는 행위)를 어떻게 판단하는가, 강도(폭행 후 재물탈취)와

준강도(재물탈취 후 폭행)의 비난가능성과 죄질은 같은가, 범죄자를 처벌해야 하는가, 치료해야 하는가, 정직한 수사관이 어떻게 자기도 모르게 목격자의 진술(즉, 증거)을 조작해 내는가, 배심원과 판사는 무엇을 단서로 거짓말을 판단하는가, 재판에서 제시된 증거능력이 없는 정보(가십, 언론의 범죄 보도 등)가 심지어 그 정보는 증거능력이 없다는 것을 잘 알고 있는 배심원과 판사의 사실판단을 좌우하는 이유는 무엇인가 등의 의문에 관한 실증과학적 연구들로 구성된 학문 분야이다. 법심리학자는 사법기관이나 법정에 전문가 의견을 제공하는 경우가 드물다. 대신 법심리학자의 역할은 더 포괄적인 바, 심리학의 사실발견 방법(research methods)을 활용하여 정당한 법이 만들어지고 그 정당한 법이 공정하게 집행 및 적용되는 사법절차와 제도의 구축, 즉 적법절차의 구현에 장기적으로 기여하는 것이다.

사법절차와 제도는 인지심리학과 불가분의 관계를 가진다. 예를 들어, 억울한 당사자가 항소·상고할 수 있는, 소위 삼심제도의 최종심 법원인 대법원에서는 하급법원과는 달리 사실판단(유무죄 판단)을 하지 않는다. 대법원이 판단하는 것은 하급심에서의 판단이 적법절차에 맞게 이루어진 것인지의 여부이다. 즉, 대법원의 판단은 하급심 법원의 생각을 생각하고, 판단을 판단하는 상위인지(메타인지, metacognition)이다. 사람의 상위인지가 자기생각의 현실성을 생각하고 자기판단의 정확성을 판단하여 결국 목적을 달성하거나 긍정적인 결과를 얻으면, 그 상위인지는 나중에 비슷한 상황이 도래했을 때 또 사용된다(Morgan, Kornell, Komblum, & Terrace, 2014). 마찬가지로 대법원의 판단은 이후에 유사한 사건에서의 하급심 판단을 지도하는 이정표, 즉 판례(precedent)가 된다.

이 장에서는 형사사법절차를 크게 수사(조사, investigation) 절차와 사실인정(fact-finding) 절차로 구분하고, 각 절차에서 인지심리학의 지식과 방법이 적법절차를 위하여 어떤 역할을 하고 활용될 수 있는지 예시하고자 한다. 수사절차는 신뢰할 수 있고, 진단성을 가진(즉, 사실판단에 유용한) 정보를 수집하는 사법절차의 단계이다. 반면에 사실인정절차는 수사절차에서 수집된 정보들을 가공, 분류, 보정, 분석하여 '무엇이 사실인가?', 즉 유무죄 여부를 공식적으로 판단하는 절차이다. 다시 말해서, 이 장에서는 사법절차를 인간이 감각하고, 지각하며, 이해하고, 판단해서, 행동하는 일련의 과정과 동일하다고 간주하고, 그 과정에 관여하는 대표적인 인지적 요소들을 예시하고자 한다.

수사

　범죄 수사는 범죄 행위와 특정 인물을 관련시키는 과정이며, 범죄의 발생과 경과를 직접 경험한 사람(피해자, 목격자, 범인 등)의 진술을 중심으로 관련성 있는 정보와 증거를 확인 및 확보하는 사법절차이다. 따라서 범죄의 전모 혹은 일부를 직접 경험한 사람의 감각, 지각, 이해, 기억, 판단에 의한 진술(행동)이 범죄 수사를 좌우하는 핵심이다. 피해자의 사체에 남은 상흔, 사체의 부패 정도도 범죄 경험에 대한 피해자의 기억이고, 기록이다. 그러한 피해자의 기억과 기록이 여러 가지 각기 다른 의미로 동시에 해석될 수 있고, 시간의 흐름과 환경적 조건에 따라서 희미해지거나, 변질되거나, 사라질 수 있듯이, 범죄를 직접 경험한 사람의 기억과 진술도 전후 상황과 조건에 따라서 변질되고 왜곡될 수 있다. 범죄를 직접 경험한 사람의 진술이 왜곡되면 수사 전체가 왜곡되거나 실패할 수 있고, 더 나아가서 재판의 불공정과 오류를 초래할 수 있다. 따라서 수사절차에서 적법절차는 범죄를 정확히 파악하고 범죄자를 정확히 특정할 수 있는, 왜곡되거나 변질되지 않은 유용한 정보(물적 증거와 진술증거)를 수집하는 것이다. 즉, 진단성(diagnosticity, 사실판단을 위한 유용성)과 정확성을 가진 증거를 수집하는 것이 수사의 적법절차이다.

　수사의 적법절차를 구현하기 위해서는 인지심리학이 필수적이다. 단적인 예로, 용의자가 수사관에게 임의적으로(자발적으로) 한 자백은 증거이다. 반면, 수사관이 용의자에게 겁을 주어(협박, 강압) 자백하게 만드는 것은 적법절차 위반, 즉 불법이다. 그 이유는 겁주기가 허위자백, 즉 부정확한 증거를 만들어 낼 수 있기 때문이다. 수사관이 용의자를 조사하는 것은 그 자체가 다소간의 겁주기를 동반하는데, 그렇다고 해서 용의자 조사에 의해 이루어진 모든 자백이 허위자백인 것은 아니다. 용의자가 겁이 나서 한 자백 중 어떤 것이 적법한 증거인가? 수사의 적법절차를 구현하기 위해서는 어떤 사람이, 어떤 상황에서, 누구에게, 어떤 협박과 강압을 가했을 때 허위자백이 만들어질 수 있는지 알아야 한다. 그것을 알아내는 것이 인지심리학이다.

기억

범죄 사건에 대한 기억은 시간과 장소를 비롯하여 그 사건에 관련된 다양한 요소들, 즉 당시 경험한 정서 및 주변의 분위기 등을 명시적으로 회상해 낼 수 있는 기억을 말한다. 인간의 기억은 사실을 있는 그대로 저장해 두었다가 필요할 때 그대로 꺼내 볼 수 있는 사진이나 동영상과는 달리 그것이 만들어지는 순간, 즉 사건 및 지식이 인식되는 순간부터 계속해서 새롭게 구성되고, 재구성된다.

구성적이고 재구성적인 기억은 종종 불완전하고 부정확하다. 매우 충격적이고 중요한 범죄 사건에 대한 기억도 부정확하고 불완전하기는 마찬가지이다. 사람들은 범죄 사건을 구성하는 세부사항의 15%에서 30% 정도만 기억할 수 있고, 범죄 사건에 대한 기억의 정확률은 약 65~85% 정도이다.

1) 주의

불완전한 기억의 원인 중 하나는 제한적인 주의 능력이다. 한 범죄 사건을 완전히 기억하기 위해서는 무엇보다 사건과 관련된 모든 세부사항을 지각할 수 있어야 한다. 그러나 사람들은 주의를 기울인 대상만을 지각하고 기억할 수 있다. 사람들은 자주 주의를 기울이지 못하여 지각하지 못하고, 따라서 그 대상을 기억하지 못하는 현상(무주의맹, inattentional blindness)을 경험하지만, 이 현상을 경험했다는 것을 깨달았을 때 매우 놀란다. Daniel J. Simons의 실험에서 약 40%의 피험자들이 비디오에서 사람들이 농구공을 주고받는 횟수를 세는 데 집중하여 그 사람들을 가로질러 가는 검은색 고릴라 복장을 한 사람을 잘 알아채지 못하였다(Simons & Chabris, 1999). 이와 마찬가지로, 사람들은 범죄 사건의 어떤 측면에 대해서는 정확히 기억하지만 다른 측면에 대해서는 전혀 기억하지 못하기도 한다. 목격자들은 범죄 사건의 일부, 즉 그들이 주의를 기울였던 세부사항에 대해서만 기억할 수 있다.

2) 각성

범죄가 발생했을 때, 목격자들은 긴장감, 두려움, 놀람, 불안 등의 정서를 경험할 수 있다. 즉, 이들의 기억은 스트레스 상황이나 정서적으로 각성되어 있는 상태에서 만들어진다. 스트레스는 범죄 사건에 대한 목격자의 기억 정확성에 영향을 미치는 중요한 요인이다. 백화점이 무너지거나 한강의 다리가 무너지는 것과 같은 대형 사고를 직접 목격했던 기억은 강한 정서를 동반한다. 이런 유형의 기억을 심리학에서는 섬광기억(flashbulb memory)이라고 하며, 비교적 오래된 연구 결과에 따르면 섬광기억은 마치 섬광 아래에서 찍힌 사진처럼 머릿속에 선명하고 생생하게 오랫동안 남아 있을 것이다. 그러나 보다 최근의 연구(Conway, Skitka, Hemmerich, & Kershaw, 2009)에서는 강한 정서를 유발하는 사건에 대한 기억은 오히려 더 많은 오류를 포함할 가능성이 있다는 것을 보여 주었다. 따라서 범죄 사건과 같이 강한 정서가 동반되는 사건에 대한 기억은 부정확할 가능성이 있다.

3) 목격조건

범죄가 발생한 상황의 물리적인 조건도 목격자들의 기억 정확성에 영향을 미친다. 특히 목격 당시의 주변이 어두울수록, 범인과의 거리가 멀수록, 범인의 특성에 대한 기억과 범죄 사건의 세부사항에 대한 기억 정확성은 낮아진다. 그러나 범죄는 예기치 않게 발생하기 때문에 목격자는 조명 수준과 범인과의 거리를 정확히 알 수 없다. 게다가 사람들은 어떤 대상과의 거리를 추정할 때 실제보다 더 가까웠던 것으로 추정하는 경향이 있기 때문에, 목격자가 스스로 보고하는 조명 수준과 범인과의 거리는 목격자 기억의 정확성에 대한 신뢰할 수 있는 지표가 될 수 없다.

4) 무기와 시간

무기의 존재는 목격자의 주의를 압도하여 사건이 일어난 장소의 세부사항이나 범인의 특성과 같은 요소가 지각될 가능성을 낮춘다. 목격자의 주의가 무기에 집중되는 것을 일컬어 무기초점 효과(weapon focus effect)라고 한다. 그러나 관련 연구들을 종합한 메타분석 결과에서는 무기초점 효과가 범인식별절차에서의 범인지목 정확성을 크게 감소시키지는 않는 것으로 나타나기도 하였다(Steblay, 1992).

시간 또한 범죄 사건에 대한 기억의 정확성과 관련된 중요한 요인이다. 범죄 사건에 대한 영상을 본 피험자들은 영상을 본 시간이 길수록 라인업에서 범인을 정확히 지목하는 비율이 높아졌다(Memon, Hope, & Bull, 2003). 그뿐만 아니라, Ebbinghaus의 망각곡선이 보여 주는 것처럼, 범죄 사건을 목격한 후 시간이 경과함에 따라 목격자의 기억은 서서히 약화된다. James Sauer 등의 연구에서는 범인을 목격한 직후에 진행된 라인업에서의 지목 정확성은 62%였던 반면, 한 달 후에 진행된 라인업에서의 정확성은 47%로 감소하였다(Sauer, Brewer, Zweck, & Weber, 2010).

면담

목격자들은 무엇이 사건해결에 중요한 정보인지 알지 못하기 때문에, 그들이 범죄 수사에 필요한 정보들에 선택적으로 주의를 기울이고 기억할 것으로 기대할 수 없다. 따라서 목격자의 기억과 수사관이 필요로 하는 정보 사이에는 빈 곳이 있기 마련이다. 이 빈 공간은 주로 수사면담에서 발견된다.

1) 도식

수사관의 암시가 없다면, 목격자의 단편적인 기억 조각들 사이의 공백은 일반적으로 목격자가 이미 지니고 있는 도식(scheme)으로 채워지기 쉽다. 도식은 익숙한 상황에 대한 기억을 향상시킬 수도 있지만, 도식에 의해서 인출된 기억이 사실과 다른 경우도 매우 흔하다.

Bartlett(1932)의 연구는 도식이 기억의 완전성은 증가시키지만, 정확성을 감소시킬 수 있다는 것을 잘 보여 주었다. 그는 영국의 학생들에게 아메리칸 인디언의 이야기를 읽게 한 후, 학생들의 기억을 확인하였고, 인디언에 친숙하지 않았던 학생들은 '카누'를 '보트'로, '물개 사냥'은 '낚시'로 대체하여 기억하였다(Bartlett, 1932). 도식이 낯선 소재의 이야기를 더 기억하기 쉬운 방향으로 왜곡시킨 것이다.

2) 질문

수사면담에서 가장 중요한 것은 목격자의 기억을 최대한 오염되지 않은 상태로 이끌어 내는 것이다. 수사면담에서는 목격자의 기억을 목격자가 자유롭게 회상하는 방법을 통해 인출하도록 유도해야 한다. 그러나 목격자가 회상한 기억은 거의 언제나 수사관을 만족시키지 못하고, 수사관은 목격자에게 특정한 사항에 대해 질문하는 것을 피할 수 없다. 질문의 유형에 따라 기억의 회상률이나 정확성이 달라지기 때문에 수사면담에서 질문의 유형은 매우 중요하다.

수사 면담에 대한 경험적 연구들에서는 면담에서 수사관이 실제로 사용하는 질문들을 몇 가지 유형으로 구분하고 있다. 첫 번째 유형은 개방형 질문으로, 질이 좋은 진술을 확보할 수 있기 때문에 수사관에게 주로 사용하도록 권고되는 가장 바람직한 형태의 질문 유형이다. 예를 들면, "무슨 일이 있었는지 말해 주시겠습니까?"와 같은 질문이 이 유형에 속한다. 이 질문을 통해서 얻은 정보가 충분하지 않은 경우, 보다 완전한 정보를 수집하기 위해 직접적 질문을 활용할 수 있다.

두 번째 유형인 직접적 질문은 육하원칙에 해당하는 사항들을 확인하기 위한 질문이다. 예를 들어, 개방형 질문을 통해 목격자가 "그 사람은 모자를 쓰고 있었어요."라고 진술했다면, "그 모자는 무슨 색이었나요?"라는 직접적 질문을 통해 상세한 정보를 수집할 수 있다. 이 질문은 적절히 사용되는 경우, 즉 개방형 질문을 통해 얻은 진술의 보다 구체적인 사항을 확인하기 위해서 사용되는 경우라면 좋은 질문이 될 수 있다.

세 번째 질문 유형은 선택형 질문이다. 이 질문에서 제공하는 선택의 범위는 예/아니요, 또는 몇 개의 제한된 선택지들이다. 이 질문의 문제는 목격자의 응답을 제한하거나 목격자가 추측하여 대답하도록 유도할 수 있다는 것이다. 예를 들면, "그 사람이 모자를 쓰고 있었나요?"(예/아니요 응답) 또는, "그 사람의 모자가 검은색이었나요, 파란색이었나요?"(검은색/파란색으로 응답)와 같은 형태의 질문이 이 유형에 포함된다. 선택형 질문을 사용하면 피면담자에게 질문자의 추측, 선입견 등을 암시하기 쉽고, 기억이 불분명한 목격자는 그 암시에 의해 질문자의 추측을 확인해 주는 답변을 하기 쉽다. 개방형 질문에 응답하기 위해서는 자유회상을 통하여 범죄사건에 대한 기억을 인출해야 하는 반면, 선택형 질문에 응답하기 위해서는 제시된 선택지들의 내용을 기억 내용과 비교하여 재인하는 방법으로 정보를 인출해야 한다. 재인된 기억은 회상된 기억보다 덜 정확하고(Orbach & Pipe, 2011), 정보의 양도 적은 경향이 있다(Lamb, Orbach, Hershkowitz, Horowitz, & Abbott, 2007).

3) 암시

면담 중에 사용된 질문에 목격자가 말하지 않았던 사건 관련 정보가 암시(전제)된다면, 암시된 정보는 목격자의 기억에 영향을 줄 수 있다. 암시된 정보가 정확한 정보인 경우, 그 정보는 목격자의 기억 인출을 도울 것이다. 그러나 암시된 정보가 부정확하거나 허위인 경우, 목격자의 기억은 왜곡될 것이다. 사건이 발생한 이후에

사실과 다른 정보가 제시되거나 암시되어 사건 기억의 왜곡을 유발하는 것을 오정
보 효과(misinformation effect)라고 한다.

　Elizabeth Loftus의 실험에서 참가자들은 붉은색의 승용차가 표지판이 있는 교차
로를 향해 주행하던 중 우회전하면서 횡단보도를 건너던 보행자와 부딪히는 장면
을 묘사한 30장의 컬러 슬라이드([그림 8-1] 참조)를 보았다. 슬라이드를 본 직후 참
가자 중 반은 "빨간 승용차가 정지 표지판에 서 있을 때, 다른 차가 지나갔습니까?"
라는 질문을, 나머지 반은 "빨간 승용차가 양보 표지판에 서 있을 때, 다른 차가 지
나갔습니까?"라는 질문을 받았다. 그러고 나서 처음에 봤던 슬라이드에서 교차로
에 세워져 있던 표지판이 정지 표지판이었는지, 양보 표지판이었는지를 묻는 재인
기억 검사를 수행하였다. 그 결과, 질문에 포함된 오정보에 노출되지 않은 참가자
들의 75%가 처음에 슬라이드에서 보았던 표지판을 정확하게 선택한 반면에, 오정
보에 노출된 참가자들 중 41%만이 슬라이드에서 보았던 표지판을 정확하게 선택
하였다(Loftus, Miller, & Burns, 1978).

[그림 8-1] Loftus의 실험에서 사용된 슬라이드의 예(Loftus, 2005)

참가자들 중 절반은 '정지' 표지판이 있는 슬라이드(A)를 본 후 '양보' 표지판을 암시받았으며, 나머
지 절반은 '양보' 표지판이 있는 슬라이드(B)를 본 후 '정지' 표지판을 암시받았다.

거의 모든 수사면담에서 실제로 암시적 질문이 사용되고 있다. 개방형 질문은 가장 적게 사용되며, 선택형 또는 직접적 질문이 가장 많이 사용된다. 암시적 질문의 사용 빈도는 연구에 따라 차이가 있지만, 이 질문이 사용되지 않는 수사면담은 거의 없다. 암시적 질문은 수사면담에서 그 사용 빈도가 높지는 않지만 항상 사용되고 있으므로, 수사관은 오정보가 목격자의 기억에 미치는 영향을 반드시 인지하고 있어야 한다. 오정보 효과는 사건에 대한 원래의 기억이 뚜렷하지 않은 경우나 특정한 세부사항에 애초에 주의를 기울이지 못해 그 세부사항이 부호화되지 못한 경우에 더 크게 나타난다. 또한 목격자의 연령, 피암시성, 지적 능력 등도 오정보효과의 발생에 영향을 미치는 주요 요인이다. 일반적으로 연령이 낮고, 피암시성이 높고, 지적 능력의 수준이 낮은 목격자들의 기억은 오정보에 취약한 경향이 있다. 특히 아동의 경우 성인들보다 목격한 사건의 의미를 명확히 이해하지 못하기 때문에 약한 기억을 가지기 쉽고, 암시에 더 취약하다.

범인식별

범죄 수사의 궁극적인 목표는 범인과 범죄를 관련시키는 것이다. 수사면담이 사건의 정황을 확인하고 용의자를 찾아내기 위한 과정이라면, 범인식별절차는 목격자의 기억을 바탕으로 용의자가 범인일 가능성을 다시 한 번 확인하는 과정이다. 누군가가 범인이라는 목격자의 증언은 그 사람과 범죄를 직접 관련시킬 수 있는 직접증거(direct evidence)이다. 그만큼 범죄 사건의 해결에 중추적인 역할을 한다. 그렇기 때문에, 오염되었을 때 그 위험성이 매우 크다.

1) 절차

범인식별절차는 흔히 우범자 사진첩(mug book)을 이용하는 방법, 쇼업(show-up), 사진을 이용하는 라인업(photo line-up) 또는 실물 라인업(live line-up) 등의 방식으로 진행된다. 모든 범인식별절차에서 목격자는 기억 속 범인과 제시된 사진 속 인물 또는 그의 실물을 비교하고 그 사람이 자기가 본 범인인지 여부를 판단해야 한다. 이 과제는 정답이 알려져 있지 않고, 올바르지 못한 선택의 대가가 많은 사람에게 커다란 불행을 초래할 수 있다는 점을 제외하면 재인기억 검사와 유사하다. 재인기억 검사에서 제시되는 선택지의 수, 검사 환경, 피검사자의 능력 등이 검사결과에 영향을 주는 것처럼, 범인식별절차도 절차의 유형이나 진행방식, 목격자의 기억 능력 및 성격 등의 요인으로부터 많은 영향을 받는다.

우범자 사진첩은 과거에 경찰의 용의자였던 적이 있는 사람들의 얼굴 사진들을 모아 둔 책이다. 이 책에 있는 사진들은 그 양이 방대하기 때문에 이 책을 이용하는 범인식별절차에서 목격자들은 많은 사진 속 얼굴들과 자신의 기억 속 범인의 얼굴을 비교해야 한다. 쇼업 절차에서는 목격자에게 단 한 장의 사진 또는 단 한 명의 용의자를 제시하고, 목격자는 그 사람이 범인인지를 확인한다. 이 절차는 범인으로 지목될 위험이 한 사람에게 집중되고, (제시된 사람이 범인이라는) 암시성이 매우 높기 때문에 특별한 경우에만 제한적으로 실시되어야 한다. 그럼에도 불구하고, 이 절차는 자주 사용되는 경향이 있고(범인식별절차의 약 40~80%), 제시된 사람이 범인이라고 판단하는 비율, 즉 지목률이 매우 높다. 한 연구에 따르면, 실제 현장에서 제시된 쇼업에서 용의자에 대한 지목률(76%)은 사진을 이용한 라인업의 지목률(48%)보다 훨씬 높았다(Behrman & Davey, 2001). 또한 비교적 빨리 범인식별절차를 구성할 수 있기 때문에 범인에 대한 목격자의 기억이 약화되기 전에 범인을 확인할 필요가 있는 경우 특히 많이 이용된다. 라인업에는 언제나 경찰이 범인이라고 믿는 용의자가 포함되며, 라인업은 이 용의자와 유사한 외모를 가진 몇 명(5~8명)의 다른 인물들과 함께 구성된다. [그림 8-2]는 실제 용의자와 유사한 특성, 즉 흑인이면서 사시인 인물 사진이 부재하여 컴퓨터 프로그램으로 해당 특성을 조합해서 만든 사진을 사용했던 명백히 편파적인 라인업의 예이다.

2) 라인업

라인업은 두 가지 방식으로 진행될 수 있다. 첫 번째는 라인업 구성원들을 동시에 제시하여 목격자가 그들 중 범인을 지목하도록 하는 방식이고, 두 번째는 라인업 구성원들을 차례로 제시하면서 각각의 구성원이 범인인지의 여부를 판단하도록 하는 방식이다. 전자의 방식을 동시적(simultaneous) 라인업, 후자의 방식을 순차적(sequential) 라인업이라고 한다. 동시적 라인업은 다양한 선택지가 제시되는 하나의 선택형 문제와 같다. 목격자는 라인업에 있는 구성원들을 서로 비교하여 기억 속 범인과 더 유사한 인물을 지목한다. 즉, 상대적인 비교를 통해 판단하는 것이다.

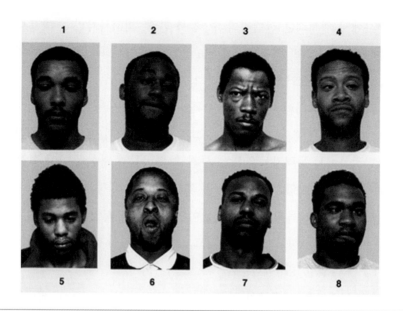

[그림 8-2] 특성을 조합하여 제작한 사진과 실제 용의자의 사진으로 구성된 편파적인 라인
업의 예(https://public.psych.iastate.edu/glwells/badandgoodlineups.htm)

반면에 순차적 라인업에서 목격자는 개별적으로 제시되는 라인업 구성원들을 기억
속 범인과 일대일로 비교하여 범인인지 여부를 판단하므로 이 방식은 모든 질문에
예/아니요로 응답해야 하는 문제와 같다. 순차적 라인업에서 범인을 지목하기 위
해서는 절대적 비교를 해야 한다. 순차적 라인업은 동시적 라인업보다 우월한 것으
로 간주되는데, Steven Clark는 라인업 방식에 대한 메타분석 연구에서 순차적 라
인업에서의 틀린 지목 비율은 10%로, 동시적 라인업에서의 17%보다 낮다는 것을
보여 주었다(Clark & Godfrey, 2009). 보다 최근의 연구에서는 순차적 라인업과 동
시적 라인업의 옳은 지목 비율은 유사하였지만(27.3% vs. 25.5%), 무고한 사람에 대
한 틀린 지목은 순차적 라인업에서 유의하게 감소하는(동시적 라인업의 18.1%에서
12.2%로 감소) 것으로 나타났다(Wells, Steblay, & Dysart, 2011). 이 결과는 순차적 라
인업이 정확성은 유지시키면서, 무고한 용의자를 범인이라고 판단하는 오류(제1종
오류)를 감소시키는, 보다 우수한 범인식별절차라는 것을 시사한다.
　선택형 질문을 받았을 때 무언가를 선택해야만 할 것 같은 압력을 느끼듯이, 동
시적 라인업에 참여하는 목격자들도 라인업 구성원들 중 누군가는 실제 범인이며,
그 누군가를 반드시 선택해야 한다는 압력을 느낀다. 따라서 경찰이 무고한 용의

자를 의심하여 실제 범인이 존재하지 않는 라인업, 특히 동시적 라인업을 사용한다면 이는 무고한 사람에게 죄를 덮어씌우는 도구로 전락할 수 있다. 그렇기 때문에 심리학자들은 라인업을 진행할 때, 라인업에 범인이 없을 수도 있다는 것을 반드시 목격자에게 미리 알려 주어야 한다는 것을 강조한다. 라인업 진행을 위해 사용되는 지시문에 대한 22개의 연구들을 종합한 메타분석 결과, 경찰의 용의자, 즉 표적이 없는 라인업에서 목격자들이 누구라도 지목하는 비율은 60%에 이르지만, 범인이 없을 수도 있다고 알려 줌으로써 이 비율이 35%로 감소되었다(Steblay, 1997).

라인업을 진행하는 수사관이 유의해야 하는 또 하나의 문제는 라인업에서 목격자의 지목 정확성은 목격자가 보여 주는 지목 확신감과의 관련성이 매우 낮다는 것이다. 사람들은 자신의 기억에 대해 과도한 확신감을 가지는 경향이 있다. 한 연구에서는 정확성이 60% 정도인 기억에 대한 확신감이 90%에 가까운 것으로 나타나기도 하였다(Shaw & McClure, 1996). 또한 목격자의 확신감은 라인업 진행자의 피드백에 따라 달라지기도 한다. 라인업을 진행하는 수사관의 언어적/비언어적 반응(누군가를 선택했을 때 "잘했어요."와 같은 말 또는 긍정의 눈빛으로 쳐다보거나 고개를 끄덕이는 행동)이 목격자의 확신감을 증폭시킬 수 있다. 피드백에 의해 증가된 확신감은 다시 실제 범인에 대한 희미한 기억을 라인업에서 자신이 (틀리게) 선택했던 사람에 대한 명료한 기억으로 변형시킬 수 있다.

권리

범인식별절차를 통하여 용의자가 특정되면, 경찰은 그를 체포하여 집중적인 신문(interrogation)을 시작하기 전에 용의자의 권리를 고지해야 한다. 미란다 권리(Miranda Rights)로 불리기도 하는 용의자의 권리는, 용의자가 자신에게 불리한 진술을 하지 않을 권리(묵비권 포함), 자신의 진술이 초래할 수 있는 결과를 알 권리, 그리고 변호인의 조력을 받을 권리를 말한다. 미란다 권리는 허위자백의 위험으로부터 용의자를 보호하기 위한 것이지만, 범죄 수사과정에서 오히려 용의자에게 죄를 덮어씌우기 위한 도구로 사용되기도 한다. 실제로 유죄인 용의자가 이 권리를 포기하고 진술한 내용이 법정에서 그가 유죄라는 것을 밝히는 데 사용되는 것은 아무런 문제가 되지 않는다. 그러나 무고한 용의자가 이 권리를 포기하는 것은 자칫 스스로를 유죄판결에 이르게 할 수 있다. 무고한 용의자는 미란다 권리를 주장하는 것이 자신에 대한 혐의를 더욱 강화할 것으로 믿고, 자신이 결백하기 때문에 범죄 사건에 대해서 숨길 것이 없고, 사실대로 이야기하면 그 내용이 자신의 무죄를 증명하기 위해 사용될 것으로 기대한다. 그렇기 때문에 오히려 무고한 사람이 실제 범인보다 이 권리를 포기하는 경우가 더 많다. 미란다 권리를 포기함으로써 용의자는 범죄 사건에 대해 진실이든 거짓이든 이야기하겠다는 의사를 표현한 것이므로 이제 수사는 강도 높은 신문으로 이어지기 쉽다.

부인과 인정

범죄와 범인을 관련시키는 가장 좋은 방법은 실제로 범행을 저지른 사람, 즉 범인에게 자백을 받는 것이다. 범행을 저지른 자가 스스로 범행을 고백한다면, 그 이상 좋은 증거는 없다. 그러므로 자백은 용의자의 유죄를 나타내는 황금기준이고 '증거의 여왕'으로 간주된다. 그러나 실제 범인은 수사의 대상이 되면 거짓말을 하기 일쑤이고 범행을 부인하는 용의자의 말이 거짓인지 진실인지를 가려내는 것은 범죄 수사의 중요한 과제이다. 상상하기 어렵지만, 범죄 수사에는 범행을 부인하는 거짓말과 함께 범행을 인정하는 거짓말도 있다. 허위자백이 바로 그것이다. 범죄 수사에서는 이 두 종류의 거짓말을 탐지해 내는 일이 무엇보다 중요하다.

범죄 사건에 대한 정보를 수집하기 위한 목적으로 진행되는 수사면담과는 달리 신문은 용의자를 대상으로 하기 때문에 그들로부터 범행을 인정한다는 진술을 받는 것이 궁극적인 목적이다. 이 목적을 달성하기 위해 신문 동안에 수사관은 용의자의 행동적·언어적 반응을 관찰하여 용의자와 범죄 행위를 관련시키고자 노력한다. 대부분의 신문과정은 두 단계로 구분된다. 첫 번째 단계에서 수사관은 범인과 무고한 용의자를 가려내는 것에 집중하고, 두 번째 단계에서는 범인이라고 여겨지는 사람에게서 범죄 사실에 대한 인정을 얻어 내기 위해 노력한다.

1) 거짓말

신문의 첫 번째 단계에서 수사관은 진실한 용의자와 거짓말하는 용의자를 구별해야 한다. 수사관은 용의자의 말과 행동에 의존하여 용의자의 진실성을 판단할 수도 있고, 보다 정교한 측정치를 사용하는 거짓말 탐지 기법에 의존하여 판단할 수도 있다.

수사관은 용의자의 반응과 행동을 바탕으로 용의자의 진실성을 판단할 수 있다고 믿는다. 수사관이 사용하는 대표적인 단서는 시선회피이다. 그러나 연구에 따르면, 시선회피뿐만 아니라 다른 신체적 단서들, 예를 들면 자세 바꾸기, 다리를 꼬고 앉기와 같이 거짓말을 나타내는 지표라고 사람들이 널리 믿고 있는 행동들과 실제 거짓말 여부는 관련이 거의 없다(DePaulo et al., 2003). 이러한 행동적 지표들은 신문 상황에서 진실한 용의자와 거짓말하는 용의자의 서로 다른 긴장상태에 의해 유발될 것으로 가정되는 행동들이다. 그러나 실제 범행 여부와 관계없이 누구나 신문 상황에서는 긴장할 수 있고, 이 긴장은 무고한 용의자를 실제 범인처럼 보이도록 할 수 있다. 이것이 수사관이 거짓말 단서들을 이용한 거짓말 탐지에 실패하는 주된 원인이다.

더 정밀한 방법으로 거짓말 여부를 판단하고자 하는 수사관은 용의자에게 거짓말 탐지 검사를 실시할 것을 요구할 수 있다. 20세기 초, Benussi가 거짓말과 생리반응의 관련성을 주장하기 시작하면서 거짓말 탐지를 위한 기법들은 다양하게 개발되어 왔다. 모든 거짓말 탐지 기법은 공히 '거짓말을 하는 사람과 진실을 말하는 사람은 심리적·행동적·생리적으로 다른 반응을 보인다.'는 가정에 기초한다. 이 가정을 바탕으로, 각각의 거짓말 탐지 기법에서는 뇌 반응을 비롯하여 피부전도, 호흡, 혈압 등의 중추신경계 반응 또는 '반응시간'으로 대표되는 행동적 반응 등을 측정하여 거짓말을 탐지한다. 비교질문 검사(comparison question test)와 죄지식 검사(guilty knowledge test)가 대표적인 거짓말 탐지 기법이다.

이 기법들의 오류 긍정 비율(false positive rate), 즉 거짓말하지 않는 사람을 거짓말하는 것으로 판단하는 비율은 75%에 이르기도 한다. 이러한 높은 오류율은 무고한 사람이 유죄판결을 받을 확률을 높인다. 그뿐만 아니라 거짓말 탐지 검사를 거부했다는 것은 용의자에 대한 더 큰 의심을 불러일으킨다. 이러한 편파적인 영향력은 거짓말 탐지 검사의 결과가 법정에서 증거능력을 인정받지 못하게 하는 중요한 원인이다. 그럼에도 불구하고 거짓말 탐지 검사는 수사실무에서 많이 사용되고 있다. 그 이유는 거짓말 탐지 검사는 용의자를 위협하여 자백을 받아 내기 위한 수단이 될 수 있기 때문이다.

2) 허위자백

어떤 방법에 의존하든 수사관은 신문의 초기에 용의자의 유죄성에 대한 판단을 하게 된다. 신문의 두 번째 단계에서는 용의자로 하여금 죄를 인정하도록 만들기 위한 시도가 이루어진다. 이 시도는 강압, 위협, 협상의 제안, 회유 등 다양한 방식으로 나타날 수 있다. 이러한 시도들은 무고한 용의자로 하여금 자신이 저지르지 않은 범행을 스스로 인정하도록 만들기도 한다.

일반적으로 사람들은 범죄를 저지르지 않은 사람이 범행을 인정할 리가 없다고 생각하지만, 재판에서 유죄 판결을 받아 복역하다가 DNA 증거에 의해 면죄된 사람들 4명 중 1명은 허위로 자백하거나 스스로에게 불리한 발언을 한 사람이다(http://www.innocenceproject.org). 범행을 부인하는 범인을 알아내는 것과 마찬가지로, 범행을 인정한 사람이 무고한 사람은 아닌지 알아내는 것도 사법절차의 공정성과 타당성을 높이기 위해 매우 중요한 일이다. 허위자백을 이끌어 낼 수 있는 요인들은 오랫동안의 감금, 강압적인 면담, 약물에 의한 심신미약, 현실감시 능력의 부족, 정신적 손상, 법적 무지, 폭행에 대한 두려움, 무거운 형량에 대한 두려움, 상황에 대한 이해 부족 등으로 매우 다양하다.

Saul Kassin은 허위자백의 유형을 세 가지로 구분하였다(Kassin & Wrightsman, 1985). 첫 번째 유형인 자발적 허위자백은 아무런 외부적인 압력이 없이도 일어나며, 주로 반사회적 성향과 관련되어 있다. 자발적인 허위자백은 언론에 집중적으로 보도된 악명 높은 사건의 주인공이 되고자 하는 병적인 열망, 이전의 범죄에 대한 의식적이거나 무의식적인 자기처벌 욕구, 정신장애에 의한 현실감시 능력의 결여, 실제 가해자를 보호하려는 의도 등에 의해 발생한다(Kassin & Gudjonsson, 2004). 두 번째 유형은 강압에 의한 허위자백이다. 강압에 의해 자백하는 사람들은 혐오스러운 신문 상황 또는 어떤 피해로부터 벗어나거나 특정한 이익을 얻기 위해 자백한다. 신체적인 강압은 물론이고, 심리적으로 강압적인 신문은 허위자백을 이끌어 내기 쉽다. 특히 수면박탈은 개인의 인지적 조작 능력을 손상시키고, 통제 기능을 감소시켜서 위험한 결정을 하도록 하고, 자신의 결정이 어떤 결과를 가져올지에 대해 합리적으로 생각하고 예측하는 것을 방해함으로써 무고한 사람이 허위자백을 할 가능성을 높인다. 세 번째 유형은 강압에 의해 내재화된 허위자백으로 인지적으로 취약한 사람들이 암시적인 신문을 받았을 경우 발생할 가능성이 높다. 이때 자백한 사람은 자신이 범행을 저질렀다고 진심으로 믿게 되며, 내재화된 허위자백은 종종 허위기억을 동반한다.

Gisli H. Gudjonsson은 내재화된 허위자백이 '기억 불신 증후군(memory distrust syndrome)'의 결과로 나타난다고 하였다(Gudjonsson & MacKeith, 1982). 자신의 기억에 대한 불신이 유발된 상황에서는 실제로 일어나지 않았던 일에 대한 기억, 즉 허위기억이 만들어지기 쉽다는 것이다.

생각 상자

기억 불신 증후군은 어떻게 허위자백을 유발할까?

기억 불신 증후군을 경험하는 사람들은 그들이 겪었던 사건의 맥락과 내용에 대한 스스로의 기억이 정확한지를 의심한다. 그렇기 때문에 이들은 외부 정보의 영향을 받아 자신의 기억을 재구성하기 쉽다. 모든 사람이 종종 자신의 기억에 대해 불확실함을 느끼지만, 이들은 자신의 기억과 완전히 반대되는 정보를 제공받으면 그들의 모든 기억을 새로운 정보로 대체할 정도로 낮은 확신감을 가지고 있다. 기억 불신 증후군과 허위기억, 피암시성, 허위자백이 관련되는 것이 바로 이러한 특성 때문이다. 아이슬랜드 출신의 범죄심리학자 Gisli H. Gudjonsson(2003)은 기억 불신 증후군이 나타날 수 있는 두 가지 조건을 제시하였다. 첫 번째는 알코올 문제 또는 해리성 문제가 있는 경우이고, 두 번째는 경찰 신문 과정에서 지속적으로 자신의 알리바이에 대해 공격을 받음으로써 스스로의 기억에 대한 확신감이 매우 약해진 경우이다. 전자의 경우 기억 불신 증후군은 개인의 특성에 의해 야기된 것이라고 할 수 있다. 그러나 후자의 경우는 특정한 상황에 의해서 기억 불신 증후군이 야기될 수 있다는 것을 시사하며, 이것은 일반인들도 기억 불신 증후군을 경험할 수 있다는 것을 의미한다. 이러한 상황에서는 허위자백의 가능성이 그만큼 증가한다.

사람들에게 어떤 일을 상상해 보라고 요구하거나 조작된 사진을 보여 주는 것만으로도 전혀 경험하지 못한 일을 기억하도록 만들 수 있다. Kimberley Wade 등(Wade, Garry, Read, & Lindsay, 2002)의 연구에서 참가자들은 어린 시절의 자신이 열기구 안에 타고 있는 조작된 사진을 본 직후, 첫 번째 면담에서는 누구도 이 사건에 대해 자발적으로 회상해 내지 못했다. 그러나 첫 번째 면담 이후 참가자들은 열기구를 탔던 사건에 대해 매일 밤 생각해 보라는 지시를 받았고, 세 번의 면담 끝에

열기구에 탑승했던 경험에 대해 자발적으로 상세히 보고하기 시작하였다. 피험자들 중 누구도 열기구를 타 본 경험이 없었다. 열기구에 탑승했던 허위기억에 대한 확신감은 평균 44%로 높은 편은 아니었지만, 어떤 연구에서는 허위기억에 대한 확신감이 실제 기억에 대한 확신감 만큼이나 높게 보고되기도 하였다.

앞서 언급한 것처럼 자백은 범죄 사건의 해결에 결정적인 증거이기 때문에 수사관이 자백을 허위자백으로 판단하는 경우는 극히 이례적이다. 허위자백을 판단하려는 의지를 가지는 경우에도 그것을 정확히 가려내는 비율은 우연 수준에 지나지 않는다. 허위자백에 근거하여 무고한 사람에게 죄를 덮어씌우는 일은 사법체계가 가장 피하고 싶어 하는 결말이다. 이 결말을 피하기 위해서 범죄 수사절차와 사실인정절차에서 중요한 역할을 하고 있는 사람들은 허위자백의 가능성을 항상 염두에 두어야 한다.

3) 협상

수사관은 용의자에게 합리적으로 보이는 제안을 할 수도 있다. 용의자가 스스로 범죄 혐의를 인정하면, 법에서 정하고 있는 처벌보다 관대한 처벌을 받게 해 주기로 약속하는 것이다. 수사관의 제안을 받아들이는 것은 곧 자백을 하겠다는 것을 의미한다. 이 자백은 진실일 수도, 허위일 수도 있다. 이러한 협상은 성사될 경우 재판에 소요되는 시간적 · 사회경제적 비용을 줄일 수 있다는 이점을 가진다. 그렇지만 무고한 용의자에게 제안된 협상은 허위자백을 유발할 가능성을 내재하고 있다는 점에서, 수사관은 협상을 제안할지의 여부를 결정하는 데 신중해야 한다. 협상은 수사과정의 어느 시점에서든 일어날 수 있지만, 특히 신문과정에서 제안되는 협상은 다른 시점에서 제안되는 것보다 더 위험할 수 있다.

미란다 권리를 포기한 용의자는 신문에서 강도 높은 비난과 질문들에 대응해야 한다. 이 과정에서 용의자는 인지적 · 정서적 · 신체적으로 스트레스와 피로를 경험하기 쉽다. 이렇게 심신이 모두 지친 상태에서 용의자는 합리적인 의사결정을 하기 어려울 수 있다. 더욱이 용의자를 범인이라고 믿는 수사관은 용의자에게 스스로 죄를 인정하고 형량을 감경받아 현재의 상태에서 벗어나는 것이 가장 합리적이고 이성적인 결정이라고 설득할 것이고, 용의자는 자백하기로 결정했기 때문이든 신문 상황에서 벗어나고 싶기 때문이든 그 말을 쉽게 믿게 될 수 있다.

용의자의 위기의식과 수사관의 진정성이 맞물려 이루어지는 협상은 양자의 의도가 없어도 부지불식간에 생길 수 있다. 그러나 협상은 정확한 사실을 발견하는 방법이 아니다. 따라서 수사기관과 용의자 사이의 협상을 통해서 이루어진 유죄인정 혹은 자백은 적법한 증거가 아니고, 그러한 자백을 만들어 내는 수사절차는 적법절차가 아니다. 인지심리학은 어떤 수사절차에서 그러한 협상이 부지불식간에 이루어질 수 있는지 알아내야 한다.

사실인정

형사재판의 핵심은 한 군데만 허약해도 전체가 한꺼번에 부서지는 적법절차 구조에서 이루어지는 사실인정이다. 사실인정이 이루어지는 적법절차 구조는 부서지기 쉽기 때문에, 의식적으로 엄격히 지켜져야 한다. 사실인정은 ① 피고인이, ② 범죄구성요건에 해당하는 행위를 했는지 여부를, ③ 검사(국가)가 제시하는, ④ 증거에 근거해서, ⑤ 사실판단자가 결정하는 것이다. 사실인정을 구성하는 모든 요소에서 적법절차, 즉 정당한 법의 공정한 적용이 준수되어야 한다.

피고인

형사재판에서는 누구도 피고인의 무죄를 입증할 능력과 책임이 없기 때문에, 피고인은 유죄로 결정되기 전까지는 재판 중이라도 무죄로 추정되는 사람이다. 따라서 유죄결정이 이루어지기 전에 사실판단자에게 피고인이 유죄라는 선입견을 주거나 암시할 수 있는 절차는 적법절차가 아니다. 대한민국의 많은 형사법정에서는 피고인이 죄지은 자의 상징인 수의(죄수복)를 입고, 포승에 묶인 채, '피고인'이라는 명패가 놓인 피고인석에 앉아서 재판을 받는다. 피고인의 유죄가 기정사실이라는 암시를 주는 이러한 절차관행은 목격증인의 (법정 내) 범인지목에 편파적 영향을 주는 것으로 알려졌다(Sobel, 1981). 미국의 일부 형사재판에서 피고인측 변호인들이, 법정모독죄로 처벌받을 것을 불사하고, 재판 중에 진짜 피고인이 아닌 다른 변호사를 피고인석에 앉아 있게 하였는데, 범죄피해를 당할 당시 범인을 목격한 검사측 증인(피해자)이 법정에서 증언하면서 피고인석에 앉아 있는 사람을 자신을 폭행한 범인으로 지목하였다. 지목 후, 변호인들은 지목된 사람이 피고인이 아니라는 것을 밝혔고, 판사는 변호인들에게 법정모독죄를 적용하여 유죄를 선고하기도 하였다(People v. Simac, 1994). 피고인의 유죄가 기정사실이라는 암시를 주는 절차관행이 범죄현장에서 범인을 직접 보았던 목격증인의 기억을 왜곡할 정도라면, 범인을 본 적이 없는 사실판단자의 사실인정에도 당연히 편파적 영향을 줄 수 있다.

피고인은 또한 자신에 대한 범죄혐의가 사실이 아니라면, 그 혐의에 대항해서 효과적으로 반박할 수 있는 능력이 있어야 한다. 지능이 현저히 낮거나 정신적인 문제가 있어서 재판이 무엇을 하는 것인지, 법정에서 사람들이 무슨 대화를 하는지, 재판의 결과가 자신에게 어떤 의미를 가지는지를 정확하고 명료하게 이해하지 못하거나 이해하더라도 효과적으로 대항할 수 없는 사람을 재판하는 것은 공정한 법적용, 즉 적법절차가 아니다. 그러나 대한민국의 법과 사법제도는 '재판받을 능력(fitness to stand trial)'의 개념을 인지하지 않는다. 이것은 아마도 죄지은 자를 반드시 처벌한다는 의지 때문일 것이다(그 의지를 실체진실주의라고 부른다. '죄지은 자를 반드시 처벌하고, 죄 없는 자를 절대로 처벌하지 않는다.'는 실체진실주의는 대한민국 형사소송법의 최고지도이념이다; 헌법재판소, 1996). 피고인이 재판받을 능력을 가진 사람인지를 판단하는 데 법정심리학자가 중요한 기여를 한다.

구성요건

검사가 주장하는 사건은 법에 정해진 범죄의 구성요건을 충족하는 사건이다. 그래서 예를 들어, 고의(intention) 혹은 미필적 고의(willful negligence)가 없으면 사람을 죽음에 이르게 했어도 살인(murder)이 성립하지 않는다. 대부분의 구성요건도 그 충족 여부를 사실판단자가 자유롭게 판단한다. 예를 들어, 미필적 고의란 행위의 결과를 의도하지는 않았지만, 그 결과가 초래될 것을 인식하고 하는 행위를 의미한다. 따라서 피고인의 과거 행위에 미필적 고의가 있었는지에 대한 판단은 예측적 인식, 즉 예견에 의해 좌우된다. 사실판단자는 피고인 행위의 전후 상황과 정황을 고려해서 피고인이 자신의 행위가 피해자의 죽음을 초래할 것을 예견했었다고 판단하면 미필적 고의를 인정해야 한다. 그런데 피고인이 실제로 예견을 했다면,

그 예견은 죽음이 발생하기 전에 한 것이지만, '피고인이 예견했었다.'는 사실판단
자의 판단은 죽음이 발생한 후의 것이다.

사회심리학자 Barush Fischoff는 대학원 학생이던 1970년대에 '회견편파
(hindsight bias)'로 불리는 인지적 정보처리 현상에 대한 연구들을 하였다. 후견편
파, 사후해석편향, 사후과잉확신편향 등 여러 가지 용어로 번안되는 이 현상은 특
정의 결과, 사실, 사건, 사고의 발생을 미리 예견하거나 기대하지 못한 경우에도 그
것이 발생한 후에는 그전에 미리 예견, 기대했다고 느끼는 현상을 의미한다. 사람
들이 "그럴 줄 알았어!"라고 말하는 현상("knew-it-all-along" effect)에 관여하는 인
지적 편파이다. 회견편파가 생기는 이유는 인간의 인지적 정보처리에 개입하는
두 가지 휴리스틱(heuristic) 때문이다(Tversky & Kahneman, 1973). 하나는 가용성 휴
리스틱(availability heuristic)이고, 다른 하나는 대표성 휴리스틱(representativeness
heuristic)이다. 가용성 휴리스틱은 마음에 가장 쉽게, 빨리 떠오르는 예(example)를
일반화하여 현상과 개념 등을 직관적으로 이해하고 판단하는 경향을 의미하고, 대
표성 휴리스틱은 외형적인 유사성에 의존해서 특정 대상이 특정 범주에 속할 귀납
확률을 높게 추정하는 경향을 의미한다. 이해하기 어려운 사건의 발생을 이해하기
위한 손쉬운 방법은 자신이 이미 알고 있거나 상상할 수 있는, 외형적으로 유사한
과거 사건들 중 자신이 이해할 수 있었던 사건에서의 그 이해를 일반화하는 것이
다. 그 '이해할 수 있었던 사건'은 대부분 사람의 의도나 기대와 일치하는 사건이다.
간단히 말해서, 사람들이 논리가 아닌 경험에 의존해서 사건의 발생을 이해할 때
회견편파가 생긴다.

누구에게나 죽음은 간과할 수 없는 특별한 사건이다. 세상의 모든 죽음은 반드시
설명되고 이해되어야 한다. 이해할 수 없는 죽음은 절대 그냥 방치되지 않는다. 그
래서 이해할 수 없는 죽음, 설명하기 어려운 죽음, 당연하지 않은 죽음, 즉 불확실
한(uncertain) 죽음일수록 사람들은 많은 휴리스틱을 사용해서 그것을 이해하려고
애쓴다. 죽음이 안타깝거나, 처참하거나, 그 수가 많을수록 더욱 그렇다. 형사재판
에서 다투어지는 죽음은 바로 그러한 불확실한 죽음의 가장 대표적인 것이다. 그렇
기 때문에 살인사건에서 예견가능성을 기준으로 이루어지는 미필적 고의의 판단에
는 회견편파가 개입되기 쉽다. 범죄의 구성요건에 대한 판단이 인지적 편파에 의해
좌우될 수 있는 절차는 공정한 법적용이 아니고 적법절차가 아니다. 사실판단자가

구성요건의 충족을 공정하게, 정확히 판단하기 위해서는 행위 당시와 그 전후 상황과 정황에 대한 많은 세밀한 증거가 있어야 한다. 범죄의 구성요건에 대한 검사의 입증책임은 제도적으로 특히 강화되어야 한다.

입증책임

형사재판은 국가를 대표하는 검사의 기소에 의해 개시된다. 따라서 오직 검사만 피고인의 죄를 증명할 입증책임(burden of proof)을 가진다. 검사만 입증책임을 가지는 법적 이유는 무죄추정원칙(presumption of innocence), 즉 적법절차 때문이다. 유죄가 결정되기 전까지 무죄로 추정되는 피고인은 재판에서 아무것도 입증할 책임이 없다. 검사만 입증책임을 가지는 인지적 · 심리적 이유는 두 가지이다. 하나는 인간의 인식능력이 가지는 한계 때문이고, 또 하나는 사실인정의 공정성에 대한 인간의 지각적 특성 때문이다.

인간은 부존재(없는 것)를 경험할 수 없기 때문에 무엇인가가 없다는 주장은 입증가능성이 없고, 반증가능성(falsifiability)만 있다(Popper, 1959). 반증은 어떤 주장의 반대를 경험해서 그 주장이 거짓임을 증명하는 것이다. 예를 들어, 피고인이 살인하는 것을 현장에서 촬영한 동영상은 피고인의 무죄주장을 반증하고, 검사의 유죄주장을 입증한다. 따라서 피고인은 완벽한 알리바이가 없는 한 자신의 무죄를 입증할 수 없기 때문에 검사의 유죄주장을 반증할 수 없다(완벽한 알리바이가 있는 경우는 대부분 재판까지 이르지 않는다). 반면에 검사는 자신의 유죄주장을 입증하여 피고인의 무죄주장을 반증할 수 있다. 검사만 입증책임을 가지는 두 번째 인지적 이유는 영미 보통법(common law) 전통의 당사자주의 사법제도(adversarial system)가 가지는 특성이다. 당사자주의 사법제도에서 사실인정절차는 서로 상반되는(양립할 수 없는) 주장을 하는 사람들이 사실판단자를 구두(말)로 설득하는 절차이다. 첨예하게 대립하는 당사자들이 설득을 위해 경쟁하는 상황에서 사람들은 문제를 먼저 제기하는 당사자가 더 많은 입증책임을 가지는 것이 공정하다고 믿는다(Bailenson & Rips, 1996). 양당사자가 자신들의 주장을 동일한 정도로 입증하면, 문제를 먼저 제기한 당사자는 사실판단자를 설득할 수 없다는 의미이다.

입증책임을 가진 검사가 피고인의 유죄를 합리적 의심을 초월하는 정도로 증명

(proof beyond reasonable doubt: PBRD)하지 못하면, 무죄가 입증되지 않았더라도 피고인의 무죄가 결정되어야 한다. 검사의 증명이 미진하지만, 피고인의 무죄를 또한 확신할 수 없어서 유죄를 결정하면 안 된다. 그것은 적법절차의 명백한 위반이다. 그러한 적법절차 위반이 발생할 가능성은, 역설적이게도, 실체진실(material truth)과 일치하는, 즉 정확한 유무죄 판단을 하려는 사실판단자의 동기가 강할수록 더 높아진다. 왜냐하면 죄지은 자를 놓치지 않으려는 강한 동기가 유죄결정을 쉽게 하도록 만들기 때문이다(박광배, 김상준, 안정호, 2017; Park, Seong, Kim, & Kim, 2016). 검사의 증명이 부족한데도 이루어지는 유죄결정의 근저에는 실체진실발견의 동기가 내재하기 때문에 사실판단자 스스로 자신의 유죄결정이 적법절차 위반에 의한 것이라는 의식을 가지지 못한다. 인지심리학은 어떤 유형의 사건과 어떤 제도적 환경에서 그러한 적법절차 위반이 쉽게 무의식적으로 발생할 수 있는지를 파악해야 한다.

증거

죄의 입증은 증거능력(admissibility)과 증명력(probative value)을 가진 증거에 의해서 이루어져야 한다. 증거능력은 사건과 관련성이 있고, 편파 혹은 편향을 유발하지 않는 것을 말한다. 증거의 증거능력은 법으로 정한다. 예를 들어, 경찰이 불법적인 수단으로 취득한 증거(예, 용의자 집에 몰래 들어가서 찾아낸 피 묻은 칼), 증인이 남에게 전해 들은 것을 말하는 증언(hearsay)은 증거가 아니라고 법으로 정해져 있다.

사실판단자가 증거능력 없는 정보에 의존해서 유죄판단을 하는 것은 적법절차의 위반, 불공정한 법적용이다. 그러나 현실에서는 증거능력이 없는 정보도 사실인정에 영향을 주며, 이것은 사실판단자가 그 정보에 의존해서 판단하면 안 된다는 것을 잘 알고 있는 경우에도 마찬가지이다. 신경심리학과 사회인지심리학의 많은 연구에 의하면, 사실판단자들이 '정합성추론(coherence-based reasoning)'에 의해 사실인정을 하기 때문이다.

정합성추론은 서로 논리적으로 관련되지 않은 일련의 증거들(예, 차량절도 사건에서 목격자 진술, 피고인의 범행 모티브 등)이 서로 모순 없이 조화롭게 유죄판단 혹은 무죄판단 중 하나로 수렴되는 게슈탈트(Gestalt) 혹은 전체(whole)로 이해되는 것을 의미한다. 게슈탈트 이해에서는 증거, 정보, 판단들 사이에 모순과 충돌이 있어서는 안 되기 때문에 사실판단자가 특정 판단을 지지하는 강력한 증거에 노출되면, 다른 모든 증거가 그 특정 판단을 향하는 것으로 해석될 수 있고, 유무죄 판단(결론)과 증거들의 해석(전제)이 서로 양방향으로 영향을 준다. 예를 들어, 검사 측 목격증인이 자신의 증언에 대해 높은 확신감을 표현하면, 피고인의 알리바이 주장을 증명하는 피고 측 증인의 진술에 대한 신빙성이 낮게 느껴지고(McKenzie, & Chen, 2002), 범인의 몽타주와 피고인이 더 많이 닮은 것으로 보인다(Charman, Lee, Gregory, & Carlucci, 2009). 또한 피고인이 평소에 충동적이고 폭력적인 행동을 자주 하여 친구가 없는 외톨이였다는 소문이 알려지면 그 소문은 증거가 될 수 없음에도 불구하고, 피고인 평소 행실에 대한 경찰, 피해자 부모, 사회복지사 등의 증언은 유죄판단을 더 뒷받침하는 것으로 해석된다(Hope, Memon, & McGeorge, 2004). 증거능력 없는 편파정보는 판단자의 사건이해에 포함된 모든 증거의 의미와 중요도를 변화시키기 때문에 판단자가 판단을 위한 고려대상에서 그 편파정보를 의식적으로 배제하더라도 그 영향에서 벗어나기 힘들다. 다시 말해서, 일단 뇌에 들어온 편파정보는 정합성추론에 의해 광범위한 소위 '정신오염'을 초래한다(Wilson & Brekke, 1994). 사실판단자가 증거능력 없는 정보에 노출될 가능성을 최소화할 수 있는 사법절차제도가 구축되어야 한다.

증거능력이 법으로 부인되지 않더라도 판단자의 편파 혹은 편향을 유발할 가능성이 높은 증거는 증거능력이 없다. 예를 들어, 잔혹하게 살해되어 토막 난 피해자의 시신을 찍은 사진이나 동영상은 피고인의 유죄를 판단할 확률을 현저히 (두 배 이상) 높인다(Bright & Goodman-Delahunty, 2006). 그러한 사진이나 동영상이 피고인이 범인임을 의미하지 않는데도 불구하고, 사실판단자의 분노, 적개심, 복수심 등의 부정적 감정을 유발하기 때문이다. 사실판단자가 그런 편파적 증거에 노출되는 것 또한 제도적으로 막아야 한다. 배심원이 사실인정을 하는 국가에서는 판사가 증거들을 미리 검토하여 편파성을 가진 증거의 제시를 불허한다. 말하자면, 판사가 편파적 증거의 법정 내 출입을 통제하는 문지기인 것이다. 그러나 대한민국은 증거의 편파성을 검토하는 사람과 사실인정을 하는 사람이 동일하다. 증거의 편파성을 검토한 판사가 그 사건의 사실인정을 할 때, 이 판사가 배심원과는 달리 그러한 편파적 증거에 면역력을 가지는지도 인지심리학이 판단해야 하는 과제이다.

증명력은 사실과 비사실을 변별하는 증거의 정보가치 혹은 진단력(diagnostic)을 말한다. 증거의 증명력은 법으로 정하지 않고, 사실판단자가 자유롭게 판단한다. 이 원칙을 자유심증주의라고 부른다. 자유심증주의의 예외가 되어야 하는, 즉 규범 적으로 증명력이 부정되어야 하는 증거도 있다. 소위 '유일한 증거'이다.

미국 실용주의의 아버지로 불리는 Charles Sanders Peirce는 특정 사실에 대한 '가장 좋은 설명의 추론'을 '개연적 의심(abduction)'이라고 불렀다. 개연적 의심은 '당연히 그럴 수 있는(matter of course)' 의심이다. 화창한 아침에 정원이 젖어 있 는 것을 보고 간밤에 비가 왔다고 의심하는 것은 개연적 의심이다. 만약 간밤에 비 가 왔다면, 아침에 정원이 당연히 젖는다. 그런데 설명하는 의심에 대해서 설명되 는 사실은 증명력을 가지지 않는다. 화창한 아침에 정원이 젖어 있는 것을 보고 간 밤에 비가 왔다고 의심하였다면, 젖어 있는 정원으로 간밤의 비를 입증할 수 없다. 즉, 의심을 초래한 사실은 그 의심에 대한 증명력이 없다. 그 의심이 그것을 초래한 사실에 의해 반증될 가능성을 가지지 않기 때문이다.

따라서 범행도구에서 피고인의 지문이 검출되어 피고인을 범인으로 의심하였다 면, 그 지문은 유죄의심에 대한 증명력이 없다. 또한 피해자의 고발에 의해 피고인 을 범인으로 의심하였다면, 피해자 진술은 요증사실을 입증하는 증거가 아니다. 피 고인을 의심하게 한 정보를 유죄증거로 사용하는 것의 순환논증적 오류를 인식하지 못하는 일반인들이 유일한 증거에 의한 재판에서 피고인에게 유죄판단을 하는 비율 은 이 오류를 인식하고 있는 일반인들보다 두 배 이상 높다(한유화, 박광배, 2017).

자백에 의해 유죄의심을 하게 된 때에는 자백의 임의성(자발성)을 특별히 신뢰할 수 있는 상황에서도 그 자백이 유죄의심을 입증하지 못한다. 모든 유일한 증거가 마찬가지이다. 유일한 증거에 의한 재판은 증명력 있는 증거가 없는 재판이다. 증 거 없는 재판은 당연히 불공정한 재판이고 적법절차 위반임에도 불구하고 현실에 서는 피해자 진술, 자백, 지문 등 유일한 증거만 있는 경우에도 피고인이 유죄로 결 정되는 형사재판이 매우 많다. 이것은 사람들이 유일한 증거의 증명력을 높게 추정 하기 때문일 수 있으며(한유화, 박광배, 2017), 여기에는 죄지은 자를 반드시 처벌하 려는 사실판단자들의 의지(실체진실주의)가 강하게 영향을 줄 수 있다.

증거가 증명력을 가지기 위한 한 가지 전제조건이 신빙성(reliability)이다. 믿을 수 없는 증거는 증명력을 가질 수 없다. 형사재판에서는 양당사자측의 증인들이 서로 상반되는 증언을 하는 경우가 흔하다. 그리고 그 상반된 증언들 중 적어도 한쪽은 증인의 착각이거나, 거짓말인 경우도 흔하다. 그래서 사실판단자는 자신의 생활경험과 세상에 대한 이해 및 지식을 이용해서, 자유롭게, 증인의 진술이 사실인지, 아니면 증인의 착오거나 거짓인지, 즉 신빙성을 판단해야 한다.

사실판단자들은 거짓말을 간파할 수 있는 능력이 없다. 거짓말하는 사람과 진실을 말하는 사람을 구별하는 실험연구의 데이터를 신호탐지이론에 적용하여 민감성(d′)을 계산하면 거의 0이 산출된다(DePaulo, Stone, & Lassiter, 1985). 사람들이 거짓말 신호와 거짓말처럼 보이는 잡음을 구별하기 위해 사용하는 직관적인 단서의 성능이 '동전 던지기'의 성능과 유사하다는 뜻이다. 거짓말을 간파하지 못하는 것은 경력이 많은 직업 경찰관도 다를 바 없다. 사실판단자가 증인의 거짓말을 탐지하지 못하는 이유는 거짓말과 참말을 구별하기 위해 일반적으로 사용되는 단서 때문이다. 사람들은 진술이 거짓인지를 판단하기 위해서 흔히 진술의 일관성(consistency)과 증인의 자신감(confidence)을 단서로 사용한다. 하나뿐인 진실을 말하는 사람은 아무리 많이 반복하더라도 당연히 같은 말을 할 것이고 주저함 없이 당당히 말할 것이라는 믿음을 가지고 있기 때문이다. 그러나 실제로는 경험을 진술하는 사람의 진술 일관성과 진술의 정확성은 상관이 거의 없고, 자신감과 정확성의 상관은 최대가 0.5 미만이다(Tomes & Katz, 2000).

증명력을 오인하여 사실인정을 하는 것은 불공정한 법적용, 적법절차의 위반이다. 어떤 사실을 증명하는 증거가 없는 것을 반대사실을 증명하는 증거로 오인하는 것도 마찬가지이다. 사람들은 범죄혐의를 받아서 심대한 처벌 가능성에 직면한 사람이 정말 무고하다면 범죄 발생 시점에 자기가 어디서 무엇을 했는지, 즉 알리바이를 정확하게 밝힐 수 있어야 하고 밝히는 것이 당연하다는 믿음을 가진다. 그러나 범죄혐의를 받는 무고한 사람이 자신의 알리바이를 확실하게 확보하는 것은 매우 어려운 일이고, 대부분은 운이 정말 좋아야 가능한 일이다. 인간의 기억이 가지는 속성이 그 첫 번째 이유이다. 범죄가 발생했을 때 다른 곳에서 다른 일을 무심히 하고 있었던 무고한 사람은 나중에 그때와 그 장소에 대해서, 그리고 그 정황과 상황에 대해서 기억해야 할 이유가 없다. 억울한 범죄혐의를 받을 것에 대비해서 편의점 영수증, 공원 입장권 등의 물증을 보관하지도 않는다. 인색한 뇌는 쓸데없는 것을 기억하려 하지 않는다. 1~2년만 지나면 기억에서 새카맣게 사라지기도 한다. 또한 인간의 기억은 시간의 흐름을 그대로 따라가지 않는다. 기억 속에서는 사건들의 앞뒤가 바뀌거나, 건너뛰는 경우가 비일비재하다. 그래서 특히 일정한 직업이 없거나 불규칙한 생활을 하거나 일정한 거처와 가족이 없는 사람일수록 엉뚱한 범죄혐의를 받기는 쉽지만, 알리바이를 기억해 내기는 어렵다. 수년 혹은 수십 년을 감옥에서 보내다 여러 가지 연유로 누명을 벗은 사람들 중에도 범죄가 있었던 당시의 자기 알리바이를 기억해 낸 사람은 많지 않다(Garrett, 2011). 무고한 사람은 알리바이 기억이 희미하거나 없는 것이 보통이지만, 범죄혐의를 받는 상황에서는 추정에 의한 애매한 알리바이라도 그 자리에서 제시해야 할 것 같은 압박감을 느낀다. 그래서 스스로 확신할 수 없는 알리바이를 성급하게 제시하면("아마 ……였을 거예요."), 경찰의 조사에 의해 사실이 아닌 것으로 판명되거나 맞든지 틀리든지, 미궁에 빠지기 십상이다. 알리바이가 경찰의 조사로 확인되지 않으면 혹은 사실이 아닌 것으로 확인되면, 그 자체가 범행을 은폐하려는 의도로 간주되고 범행을 증명하는 증거처럼 취급된다.

대부분의 증거는 물적 증거든 진술 증거든 인간에 의해 만들어지고, 인간에 의해 가공되어 인간에 의해 법정에 현출된다. 그러한 증거의 증명력을 오인하면 심대한 적법절차 위반이 될 수 있다. 많은 증거의 증명력이 상식에만 의존해서 정확히 판단될 수는 없다. 그렇기 때문에 사실판단자인 판사는 증거가 생성되고 현출되는 과정에 대해서 세밀한, 그리고 과학적인 지식을 가져야 한다[미국에서는 이 원칙을 '다우버트 증거규칙(Daubert standard)'이라고 부른다]. 특히 증거의 생성과 현출에 개입되는 인간의 심리적 과정에 대해서 깊은 통찰력을 가져야 한다. 배심재판의 판사는 소송지휘와 '배심설시(jury instruction)'를 통해서 자신의 그러한 공부와 통찰력을 사실판단자인 배심원들에게 전수해 주어야 한다.

기준

형사재판의 사실인정은 낚시찌의 움직임을 보고 물고기가 미끼를 물었는지 탐지하는 낚시꾼의 판단과 같다. 때로는 빈 낚시를 잡아채기도 하고, 때로는 찌가 움직이는 것을 무시하고 있다가 월척을 놓치기도 하는 낚시꾼의 판단은 신호탐지이론(signal detection theory; Birdsall & Fox, 1954; Tanner Jr. & Swets, 1954)이 가정하는 판단이다. 신호탐지이론은 두 가지 판단오류를 전제하는데, 오경보(false alarm)와 누락(miss)이다. 오경보는 [그림 8-3]에서 세로 빗금으로 표시된 특정 사실이 부재할 때 존재한다고 판단하는 오류이고, 누락은 가로 빗금으로 표시된 그 반대의 오류이다. 신호탐지이론은 판단자가 판단기준(standard; β)을 조절하여 오경보와 누락의 발생을 통제하는데, 그 판단기준의 조절은 두 가지 판단오류가 초래하는 상대적 손실(cost)에 따라 정해진다고 가정한다. 그래서 오경보의 발생을 줄여야 하는 판단자는 특정 사실이 존재한다는 판단(예, '물고기가 물었다')을 하기 위해 엄격한 판단기준(예: 낚시찌가 크게 움직일 때만 판단)을 적용하는데, 그러면 누락이 많이 발생한다. 반대로 느슨한 판단기준(예, 낚시찌가 조금만 움직여도 판단)을 적용하면 누락의 발생은 줄지만 오경보 발생이 늘어난다.

검사가 기소하는 피고인의 행위는 더 이상 직접 경험할 수 없는(볼 수 없는) 과거의 사실이다. 또한 증거를 보고 그 행위를 판단하는 주체(trier of fact)는 행위자를 전혀 알지 못하는 배심원 혹은 판사이다. 따라서 사실인정에 의해 두 가지 오판이 불가피하게 발생할 수 있는데, 죄지은 자를 놓치는 무죄오판(누락)과 죄 없는 자를 처벌하는 유죄오판(오경보)이다. 그래서 낚시꾼의 판단과 마찬가지로 사실인정을 위해서는 판단기준이 있어야 한다. 그 판단기준은 무죄오판과 유죄오판이 초래하는 상대적 손실 혹은 사회적 비용에 의해 결정된다. 적법절차는 무죄오판에 비해 유죄오판이 초래하는 손실과 비용이 훨씬 더 크다고 간주하는 이념에 의해 탄생한 절차다. 오래전 미국의 대법관 William Blackstone은 그 이념을 "한 명의 죄 없는 사람을 처벌하는 것보다 열 명의 죄인을 놓치는 것이 더 낫다."고 표현하였다(Alexander, 1997).

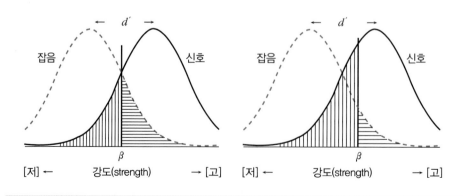

[그림 8-3] 신호탐지이론에서 가정하는 분포와 판단기준(β)에 따라 변화하는 오경보(▦) 및 누락(▤)의 비율(박광배 외, 2017)

적법절차는 '합리적 의심을 초월하는 증명(PBRD)'을 판단기준으로 사용하는 절차이다. 그 기준은 검사가 피고인의 죄를 합리적 의심이 없을 만큼 증명한 때만 유죄를 결정해야 한다는 규범(법)이다. 그 판단기준의 핵심은 두 가지이다. 즉, ① 무죄를 판단하지 않고, 유죄를 판단한다. 그리고 ② 법에 존재하는 모든 판단기준들 중 가장 엄격한 기준이다. 그래서 형사재판의 사실판단자는 피고인이 무죄인지 아닌지를 판단하면 안 된다. 유죄인지(guilty) 아닌지(not guilty)를 판단해야 한다. 또한 검사의 증명이 합리적 의심이 없을 정도에 이르지 못한 때는 피고인이 범인이라는 의심이 있어도(그러한 의심은 모든 형사재판에 당연히 항상 있다) 사실판단자는 무죄를 결정해야 한다.

배심원이든 판사든 사실판단자가 적법절차 기준, PBRD를 온전히 적용해서 사실인정을 하는 것은 쉽지 않다. 무죄인지 아닌지를 판단하려는 본능적 충동이 있고, 검사의 증명에 합리적 의심이 있어도 피고인의 유죄를 암시하는 증거를 무시할 수 없기 때문이다. 피고인이 범인일지도 모른다는 선입견 혹은 예단이 강할수록 더욱 그렇다. 그래서 사실판단자의 정보처리과정에서 PBRD 기준은 의식적 · 무의식적으로 변질되고 왜곡될 수 있다(Park et al., 2016). 그러나 PBRD 기준의 자의적인 변질과 왜곡은 적법절차가 아니다. 인지심리학이 PBRD 기준의 심리적 의미가 무엇인지, 그것의 변질과 왜곡을 초래하는 원인이 무엇인지, 사실판단자가 그 기준을 온전히 적용하기 위해서 무엇이 필요한지 등에 대한 과학적 통찰력을 제공해 주어야 한다.

맺음말

사법절차의 시작부터 끝까지, 적법절차를 구현하는 주체는 법과 사람이다. 법은 정당해야 하고, 법을 집행 · 적용하는 사람의 감각, 지각, 인지, 판단, 행동은 공정해야 한다. 법이 정당하지 않거나, 정당한 법을 사람이 편향적으로 집행, 적용하면, 발생한 피해 혹은 손해는 회복되지 않고, 더 큰 피해와 손해가 새롭게 발생하며, 사법절차는 와해되고, 그래서 건전한 사회의 존립이 위험에 노출된다. 예를 들어, 형사재판에서 죄 없는 피고인을 유죄로 판단하고 처벌하는 것은 관련법이 정당하지 않거나 사실판단자가 법을 공정하게 적용하지 않기 때문이다. 형사재판에서 유죄 오판이 이루어지는 것은 실정법 체계와 제도가 불량하다는 신호다. 사람들에게 불량한 사법제도를 강요하는 것은 국가가 선량한 사람에게 고통과 피해를 주는 범죄를 저지르는 것과 다름이 없다. 인지심리학은 사람들의 인지적 한계와 불완전한 사법절차에도 불구하고 정당한 법의 공정한 적용이 이루어지도록 하는 토대가 되어야 한다.

 요약

이 장에서는 사법절차를 수사 절차와 사실인정 절차로 구분하여 적법절차를 구현하는 과정에 개입하는 인지적 요소들을 검토하였다. 수사 절차에서는 범죄 사건에 대한 목격자의 기억이 만들어지는 데 관여하는 인지적 · 상황적 요인들과 그 기억의 인출에 영향을 미치는 요인들, 용의자 신문과정에서 발생할 수 있는 일들을 신문의 목적에 기초하여 기술하였다. 사실인정 절차에서는 적법한 사실판단을 위해 고려되어야 하는 법적 규칙들과 재판의 피고인에 대한 유무죄 판단에 영향을 미치는 사실판단자들의 인지적 특성에 대해 소개하였다.

생각할 거리

• 법의 공정한 적용이란 구체적으로 무엇을 말하는 것인가? 그것이 사람의 심리와 무슨 관계가 있는가?

• 범죄 수사에는 어떤 인지심리학적 요소들이 어떻게 개입할 수 있는가?

• 형사재판의 피고인이 무죄인지, 아닌지를 판단하는 것이 공정한 법 적용이 아닌 이유는 무엇인가?

사고와 인간 오류의 인지심리학

사고 발생의 모형
인간 오류의 유형
오류의 인지적 기제
사고와 오류에 대한 심리학적 대책
맺음말

한국은 한때 자칭 사고 공화국이라고 불릴 정도로 많은 사고와 재난을 겪어 왔다. 2003년 2월 대구지하철 화재 참사에 뒤이어(곽호완, 박창호, 2005; 박창호, 곽호완, 2005 참조), 최근에는 세월호 참사(2014. 4. 16.)가 있었고, 같은 해 고양 종합터미널 화재(5. 26.)와 전남 장성군 요양원 화재(5. 28.), 판교 테크노밸리 야외공연장 환풍구 붕괴 사고(10. 17.), 메르스 사태(2015년), 경부고속도로 언양 근처 관광버스 사고(2016. 10. 13.), 동탄 메타폴리스 화재(2017. 2. 4.), 경부고속도로 만남의 광장 근처 연쇄추돌 사고(2017. 7. 9.), 창원터널 입구 유조차 폭발사고(2017. 11. 2.), 밀양 세종병원 화재(2018. 1. 26.) 등이 잇따랐다.

안전 문제를 전담하는 부서가 신설되기도 했으나 안전에 대한 인식과 위험한 관행은 여전히 개선되지 않고 있다. 예를 들면, 앞에서 언급한 고양 종합터미널 화재는 용접 중에 발생했고 동탄 메타폴리스 화재는 산소 절단기 사용 중에 발생했는데, 두 경우 모두 스프링클러는 작동하지 않았다. 경보기가 있어도 작동시키지 않거나 위험 물질 근처에서 주먹구구식으로 작업하는 행동은, 많은 안전 규정 혹은 매뉴얼을 무색케 한다. 고속도로에서 벌어지는 많은 교통사고의 원인으로 차량 결함, 운전수의 과로, 과적 등이 반복적으로 지적되고 있는데도 사고는 줄어들지 않고 있다. 이런 사례는 일상 작업에서 위험과 안전에 대한 근본적인 이해와 관심이 부족하다는 것을 보여 준다.

산업 장면에서 발생하는 사고의 상당 부분은 인재(人災)로 치부되어 왔다. 화재나 교통사고는 대표적인 인재에 속하는 편이다. 대형 사고들과 핵발전소 처리제어 및 비행과 같은 복잡한 시스템 사고의 주요 요인 중 60~90%가 인간 오류에 기인한다고 한다(Wickens, Gordon, & Liu, 2001). 사고의 원인과 그 비율을 정확히 분석하는 것은 어려운 일이지만, 인간 오류가 종종 직간접적인 원인이 된다는 점은 의심할 여지가 없다.

'오류는 인간적이다(To err is human).'라는 말이 있듯이, 누구나 인간 오류(human error)[1]를 저지를 수 있고, 그 결과 인재가 발생할 수 있다. 그러나 오류가 늘 인간의 책임인 것은 아니다. 때때로 인간은 누구라도 오류를 저지를 수밖에 없는 상황에 놓이기도 한다. 그리고 기계나 시스템, 혹은 제도상의 오류가 인간에게 전가되는 경우도 있다. 예를 들어, 시스템 조작에서 일반적으로 범하게 되는 오류들은 인간의 부주의한 행동에 기인한다기보다는 오류를 낳게 하는 잘못된 시스템 인터페이스에 기인하는 점이 크기 때문이다(Wickens, Hollands, Banbury, & Parasuraman, 2017). 중요한 것은 사고가 '인재'인지 아닌지를 분류하는 것이 아니라, 인간 오류의 발생 가능성까지 고려하여 인간 오류를 줄이는 제도와 시스템을 만드는 것일 것이다.

인간 오류는 사고의 주요한 원인일 가능성이 있지만, 반드시 그렇지는 않을 것이다. 사고에 대한 몇 가지 모형은 인간 오류가 사고 발생에 상이한 방식으로 관여한다고 보는데, 다음 절에서는 이들을 살펴본다. 그런 다음 인간 오류의 분류와 그 심리적인 기제에 대해 살펴보고, 사고와 인간 오류를 줄이기 위한 인지심리학적인 대책에 대해 생각해 볼 것이다.

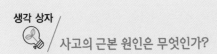

생각 상자
사고의 근본 원인은 무엇인가?

Klein(1998), Chiles(2008), Perrow(2013), Norman(2016) 등에는 세계적으로 널리 알려진 사고 사례들이 언급되어 있다. 예를 들면, 구축함 벤센즈호(USS Vincennes)의 이란 민항기 격추 사건(1988), 우주왕복선 챌린저호(Challenger)의 폭발 사건(1986) 등이 있다. 한국에서도 삼풍백화점 붕괴(1995), 괌비행기 추락사고(1997), 대구지하철 화재 참사(2003), 이천시 물류센터 폭발(2008), 세월호 참사(2014) 등 많은

---

1 이 글에서 오류(error)는 인간의 잘못을 가리키는 가장 종합적인 용어로 사용된다.

사고가 있었다. 특히 주요한 외국 사례에 대해서는 인터넷의 위키피디아나 안전 관련 사이트에 재난 통계나 사고 경과가 소개되어 있다. 한국에서 발생한 사고의 원인에 대해서도 최근에는 전보다 자세한 기사가 제시되고 있으며, 국민재난안전포털(www.safekorea.go.kr)에는 현황 자료가 소개되고 있다.

관심이 있는 사고 사례를 하나 선택해서 사고의 경과와 사고 원인을 조사해 보자. 이때 사고와 오류를 기록하고 분석하는 기법을 미리 확인하면 도움이 될 것이다 (Dekker, 2014). 사고에 대한 전문 자료나 학술적 보고서가 있는지도 가급적이면 살펴보자. 사고의 원인은 매스컴에서 알려 주는 것보다 더 복잡한 경우가 많다. 종종 사고에 관한 기사들은 분석적인 대신 기자나 보통 사람의 통념을 되풀이하는 경우가 있다. 그리고 표면적인 원인 배후에는 제도적이거나 시스템적인 여건이 깔려 있는 경우도 있다. 여러 수준의 요인들이 있을 수 있으며, 관점에 따라 사고 원인은 다른 방향 혹은 다른 수준으로 해석될 수 있음을 유의하라. 사고에 대한 자신의 이해 방식을 친구나 가족 등 다른 사람의 이해 방식과 비교해 보자.

사고 발생의 모형

2014년 5월 터키의 소마탄광에서 발생한 화재 사고에 대해서, 터키 총리는 "이런 사고는 종종 일어나곤 하는 것"이라고 발언하여 민심을 들끓게 하였다. '사고란 일어나기 마련'이라는 관점은 사고에 대한 대책에 소홀하게 만들고, 관련 당사자나 피해자를 무력감에 빠지게 만든다. 그러나 만일의 사고 가능성을 철저히 제거하려고 한다면, 무한히 많은 비용이 들 것이기 때문에 현실적으로는 사고의 발생 가능성에 대한 어느 정도의 예측에 근거해서 대책을 세우게 된다. 사고의 원인을 제대로 파악함으로써 대처할 수 있는 사고의 비율을 높이고, 또 사고로 인한 피해를 줄일 수 있을 것이다.

사고[2]에 대한 모형(accident model)은 여러 수준에서 기술된다. 경제학적인 모형 (예, Bilateral Accident Model)은 안전 확보에 드는 비용을 줄이고 또한 위험 행동에 대한 책임을 줄이려는 과정에서 사고가 발생한다고 본다. 다른 모형들은 사고가 그

---

2 사고는 예기치 않은, 원치 않은 사건을 가리키는데, 사고가 반드시 상해나 재난으로 이어지는 것은 아니다. 상해나 재난을 포함하는 모형은 더욱 복잡할 수밖에 없다.

원인을 적시하기는 어렵지만, 여러 원인(의 계열)에 의해 발생하는 것으로 보는데, 소위 사고의 인과관계를 설명하고자 하는 모형이다. 심리학적인 기제나 행동은 사고의 인과 사슬의 한 부분을 담당할 것이지만, 또한 시스템이나 환경 요인도 사고의 원인을 제공할 것이다. 이와 같이 복합적이고 '비선형적인' 인과관계를 다루는 모형(예, STAMP, FRAM)도 제안되고 있으나, 이 글에서는 심리학적인 기제에 초점을 둔 사고 모형의 소개에 초점을 두고자 한다.

Heinrich의 도미노 모형

1930년대 보험 청구를 위해 제출된 자료를 조사하던 Heinrich는 사고의 88%가 작업자 자신에 의해 유발되며(Dekker, 2014), 심각한 상해 혹은 사망 사고 1건이 발생할 동안, 사소한 상해 사고 29건과 상해가 없는 사고가 300건 일어난다는 것을 보여 주었다([그림 9-1] 참조). 이것을 Heinrich의 원리라고 하는데, 사고가 확률적으로 불가피하다는 생각을 함축한다. 그러나 이 자료는 보험 청구된 사고를 기초로 하기 때문에 현재의 여러 사고에 그대로 적용할 수는 없다.

Heinrich의 다른 주장은 심각한 사고에 이르는 일련의 인과과정이 있다는 것이다. 즉, 선행하는 사건이나 사회적 환경이 있고, 여기에 사람의 결점이 작용해서, 안전하지 않은 행위를 하면, 사고가 생기고, 사상이 발생한다는 것이다. 이 사건 경과는 필연적이지는 않더라도, 먼저 번 것이 발생하면 그다음 것이 '도미노'처럼 차례대로 발생한다고 주장했다. Heinrich의 모형은 잠재적인 사고 원인이 단계적으

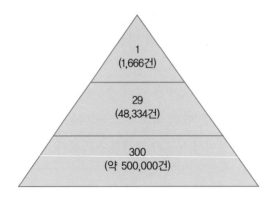

[그림 9-1] 사고 비율에 관한 Heinrich의 원리

로 현실화되는 것을 가정하는데, 만일 이 단계들 중 어느 하나가 수정되면 사고는 발생하지 않을 것이다.

도미노 모형은 사고의 직접 혹은 근접 원인은 개인의 불안전한 행위이지만, 그 행위는 환경적 조건에 의해 영향을 받는다고 가정한다. 그러나 모든 사고가 도미노처럼 순차적으로 전개되지는 않으며, 잠재적으로 불안전한 조건에서 사고가 발생하지 않기도 한다. 어떤 사고는 위기일발의 상태로 끝나기도 하며, 다른 사고는 사고의 발생 과정에서 적절한 대처에 의해 차단되기도 한다. Heinrich의 모형은 단순 사고를 설명하는 데에는 적절할지 몰라도, 조직적인 관리의 측면을 충분히 고려하지 않아서 현대의 작업장에서 벌어지는 사고를 설명하는 데에는 한계가 있다. 산업 장면의 사고를 이해하기 위해서는, 조직의 여러 수준 그리고 시스템의 여러 조건들 간의 관련성에 대한 고찰이 필요할 것이다.

Reason의 스위스 치즈 모형

사고가 발생하기까지 여러 원인이 개재하는 경우가 많은데, 특히 복잡한 시스템이나 조직에서 그럴 가능성이 높다. 사고의 인과관계의 끝에, 즉 사고 현장 또는 사고 시점에 가장 가까이 있는 작업자의 오류가 주목 받는 동안, 그동안 잠복해 왔던 사고의 다른 원인들은 종종 간과된다. 경영자는 안전 설비를 위한 지출을 꺼려했고, 관리자는 직원에게 적절한 휴식을 제공하지 않았으며, 상급자는 규정을 종종 무시했을 수 있다. 이런 여러 수준의 나쁜 조건 중 어느 하나에 의해 반드시 사고가 일어나는 것은 아니지만, 이런 나쁜 조건들이 도중에 통제되지 않는다면 사고는 피할 수 없을 것이다. 즉, 사고는 여러 요인 혹은 조건의 결합에 의해 발생하는 것이다(systemic models).

이러한 관점을 대표적으로 보여 주는 것이 영국 심리학자 Reason(1990)이 제안한 스위스 치즈 모형(Swiss Cheese Model)이다. [그림 9-2]에서 각각의 네모는 각 단계의 조건을 말하는데 거기에 있는 구멍은 각 단계에 있는 허점들을 가리킨다. 마치 구멍이 있는 치즈를 여러 조각 겹친다고 해서 뻥 뚫려 보이는 경우가 잘 없듯이, 각 단계의 허점들은 한꺼번에 발생하기가 어렵다. 그러나 그런 일이 벌어지면, 즉 여러 허점이 동시에 발생하면, 사고가 발생한다는 것이다. 예를 들면, 평소에는 계기

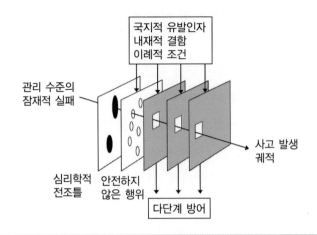

[그림 9-2] 스위스 치즈 모형(Reason, 1990)

각 방어벽은 상이한 수준을 나타내며, 구멍은 방어벽의 결함을 나타낸다. 치즈 구멍들이 일직선상에 놓이면, 즉 어떤 실패가 도중에 차단되지 않으면 사고가 생긴다.

판을 정확하게 점검하지 않아도 문제가 없었는데, 그동안 정비가 부실했거나 시스템에 과부하가 걸리거나, 혹은 다른 부분의 고장과 겹치면서, 이번에는 그 부주의가 (다른 원인과 함께) 사고를 불러일으킨다는 것이다.

　Reason(1990)의 모형은 사고의 잠재 원인들과 더불어 사고에 대한 방어들도 포함한다. 일상적으로 '안전하지 않은 행위'를 한다고 해서, 그것이 반드시 사고로 이어지지는 않는데, 그 이유는 여러 단계의 방어(예, 안전장치, 감독자의 발견과 조치)가 사고 발생을 차단하기 때문이다. 그러나 이런 방어에도 허점이 있을 수 있다. 게다가 다단계 방어는 관계자들에게 '안전하지 않은 행동이 반드시 사고를 일으키는 것은 아니'라고 오해하게 만들 수 있다. 많은 안전장치가 사람들을 더 무모하게 행동하게 만드는 경우를 생각해 보라.

Rasmussen의 시스템적 관점

　복합적인 설비가 크게 증가하고 많은 시스템이 서로 연관되어 있는 요즘에는, 사고를 포함한 더 폭넓은 개념인 위험(risk)의 관리가 중요해졌다. 사고와 위험 문제는 사회의 여러 층위와 관련되는데, 이들의 관점은 예컨대 사회적 요구, 법률적 관점, 기관이나 회사의 이익, 관리자의 의무, 그리고 개인의 안전과 책임 등에 대해 언제나 조화롭지는 않다. 그러므로 사고와 위험을 이해하기 위해, 개별적인 인간 행동보다 더 포괄적인 틀을 도입할 필요가 생긴다. Rasmussen은 조직적 · 경영적 · 사회적 수준 간의 영향을 고려하는 사회-기술적 모형(Socio-Technical Model)을 도입하고, 사고를 여러 수준 간의 상호작용 결함의 결과로 보았다(Rasmussen, 1997). 시스템의 작동은 특정한 개인의 소관을 넘어서, 경영, 법률 및 사회문화적 압력에 놓인 기관이나 조직에 의해 통제된다.

Rasmussen의 관점은 현대의 복합 시설에서 벌어지는 사고의 이해에 기초를 제공한다. 조직의 목적은 경영의 이익과 효율성을 추구하지만, 기술적 수준에서는 그런 목적의 달성에 어떤 한계가 있는 것이 분명하다. 그 사이에 시스템이 정상적으로 작동하기 위해서는 작업자의 노력과 주의가 크게 요구되지만, 언제나 성공적이지는 않다. Rasmussen은 작업 행동을 크게 기술 기반(skill-based), 규칙 기반(rule-based) 및 지식 기반(knowledge-based)의 세 수준으로 구별하였다. 이 세 수준은 행위가 정형화된 정도와 반비례하는 것처럼 보인다.

첫 번째, 기술 기반 행동은 숙련자들이 타자를 치거나 운전할 때처럼 의식적인 주의를 별로 요구하지 않는 숙련된 행동을 말한다. 숙련자들은 기술 기반 행동을 하면서 동시에 다른 일을 할 수 있는데, 이런 주의 분산으로 인해 숙련 행동이 붕괴할 수도 있다. 두 번째, 규칙 기반 행동은 문제 상황에 대한 규칙을 기반으로 수행하는 행동인데, 운전자들이 교통규칙에 따라 차를 제어하는 행동이 그 예이다. 규칙은 'if(조건), then(행위)'의 구조를 갖는 일종의 절차로 이해될 수 있다. 이런 절차 혹은 규칙은 반복되면 잘 기억되어서 신속하게 인출될 수 있으므로 많은 심적 자원을 요구하지 않는다. 그러나 규칙이 복잡하면(예컨대, 여러 가지를 동시에 고려해야 하거나, 조건이 논리적으로 복잡하면) 규칙의 적용은 많은 심적 계산을 필요로 하고 이 과정에서 주의 혹은 심적 자원이 크게 소모될 수 있다. 세 번째, 지식 기반 행동은 새롭거나 불확실한 상황에서 여러 방면의 지식을 동원하여 해결책을 찾는 행동을 말한다. 예를 들면, 자동차에서 낯선 소음이 들리거나 냄새가 나면, 문제의 원인을 찾기 위해 여러 방면의 지식을 동원한다. 지식 기반 행동은 많은 배경지식과, 때로는 갈등적이거나 불확실한 여러 정보를 바탕으로 사려 깊은 판단을 요구한다. 그러므로 가장 높은 수준의 인지 역량이 필요한 행동으로 보인다.

Rasmussen의 세 수준의 행동은 또한 사고의 원인이 될 수 있는 세 수준의 오류를 함축한다. 기술 기반 오류는 작업자의 숙련된 행동에서의 실수로 종종 나타날 것이며, 규칙 기반 오류는 규정을 따라야 하는 작업자 혹은 하위 관리자에게 발생하기 쉬울 것이다. 반면에 지식 기반 오류는 문제 상황을 전반적으로 판단해야 하는 관리자 수준에서 나타나기 쉬울 것이다. 이런 구별은 직무의 분담이 잘 발달한 큰 조직에서 드러나기 쉽지만, 작은 조직에 속하거나 독립적으로 활동하는 작업자는 세 수준의 오류를 모두 범할 수 있다. Rasmussen의 시스템적 관점에서 보면 사고는 여러 수준의 요인들이 상호작용한 결과이며, 단지 선형적인 혹은 순차적인 과정에 의해 결정된 것이 아니다.

인간 오류의 유형

앞에서 살펴보았듯이, 복합 시스템에서 발생하는 사고는, 사람을 포함한 시스템의 여러 성분 간의 상호작용의 결과인 경우가 많다. Reason(1990)은 잠재적 오류와 작용적 오류를 구별하였다. 잠재적 오류는 사고 배후에 있는 잘못된 설계, 훈련 미비, 감독 태만, 의사소통 문제, 편익 위주의 관행, 불합리한 규정이나 제도 등을 말한다. 작용적(active) 오류는 사고 현장 인력에 의해 범해지며 즉각적 결과를 낳는 오류이다. 흔히 말하는 인간 오류는 대부분 작용적 오류이다. 인간 오류의 종류에 따라 상이한 방식으로 사고가 발생하기 쉬우므로 인간 오류의 분류는 사고 분석과 대책 수립의 기초를 제공할 것이다.

실수, 실책, 과실, 착각, 착오, 오판 등 원치 않는 결과를 불러일으키는 심리과정에 대한 용어는 매우 다양한데,[3] 이 글에서는 이들에 대한 총칭으로 인간오류(human error) 혹은 오류를 사용한다. 다양한 용어가 암시하는 것은 오류의 원인이 되는 심리과정이 여러 가지라는 것이다. 오류의 심리기제에 대한 초창기 연구 중 일부는 일상생활의 오류를 수집하고 배후의 인지과정을 묘사하는 것이었다(Broadbent, Cooper, Fitzgerald, & Parkes, 1982; Norman, 1981; 박창호, 강희양, 2011). 다른 연구들

---

3 영어에서 여러 종류의 오류를 가리키는 용어들의 정의는 아직 충분히 합의되어 있지 않으며, 한국어 번역어도 충분히 통일되어 있지 않으므로, 문헌을 참조할 때에는 원어와 정의를 확인할 필요가 있다.

은 산업 현장에서 발생하는 오류를 수집하고 분류하였다(Rasmussen, 1991). 그러나 오류의 보고는 부정적인 결과가 의식될 때의 내적 경험 자료에 의존하는 경우가 많기 때문에 오류의 원인은 사후적으로 귀인된 것일 가능성이 있다. 그리고 오류를 실험적으로 만들어 내기는 쉽지 않고 그 범위에도 한계가 있다. 이런 이유로 오류의 심리기제를 세밀하게 파악하는 것은 어려운 문제이다. 따라서 오류의 분류는 다소 편의적인 경향이 있어 보인다. 여러 가지 분류 방식은 점차 통합되어서, 요즘은 대체로 5~6가지의 범주로 오류가 구분되고 있다(박창호, 2013; 이전의 분류에 대해서는 Esgate & Groome, 2008).

Norman(1981)은 실수(slip)와 착오(mistake)를 구별하였는데, 실수는 행위(수행)의 오류로서 의도와 다른 결과를 가져오는 것이고, 착오는 사고(판단)의 오류로서 잘못된 의도나 계획을 가지는 것이다. Reason(1990)은 기술 기반 오류로서 실수와 과실을 들었는데, 과실(lapse)은 수행해야 할 행위를 망각해서 발생한 오류를 가리킨다. 그리고 그는 착오를 규칙 기반 착오와 지식 기반 착오로 구분하였는데, 이것은 각각 Rasmussen(1991)이 언급한 규칙 기반 및 지식 기반 수준에서 발생하는 것이다. Rasmussen의 영향은 Wickens 등(2017)이 지식 기반 착오, 규칙 기반 착오, 실수, 과실 및 모드 오류를 구별하는 데에도 반영되었다. 최근에 Norman(2016)은 실수 범주 안에 행위-기반 실수, 기억-과실 실수를 넣고, 착오 범주 안에 규칙-기반 착오, 지식-기반 착오, 기억-과실 착오를 넣음으로써 자신의 초기 분류(실수와 착오)와 Rasmussen의 세 수준을 통합하려는 시도를 하였다.

여러 연구자의 분류에서 공통적으로 추출할 수 있는 개념은 실수, 과실, 규칙 기반 착오, 지식 기반 착오이다. 규칙 기반 착오는 규칙을 제대로 인출하지 못하거나 잘못 적용하는 것인데, 흔히 말하는 규칙 위반(rule violation)에 해당한다. 지식 기반 착오는 올바른 판단에 필요한 지식의 결함이나 판단 과정의 오류를 말하는데 좀 더 일상적인 용어는 오판(misjudgment)이다. Norman(2016)은 기억 인출의 실패로 인한 착오를 기억-과실 착오라고 구분하였으나 실제적으로 지식의 결함과 구별하기 어려우므로, 이것도 오판에 넣을 수 있다. 기존 분류들은 사건이나 사고를 지각하는 과정을 단순하게 보는 듯한데, 예컨대 지각의 오류는 언급되지 않으며 그런 사례는 가끔 오판의 예로 간주된다. 그러나 건물에서 나는 둔한 소리(삼풍백화점 붕괴 사고), 트럭 밑에 비치는 불빛(창원터널 트럭 폭발 사고) 등을 알아보는 문제는, 여러 정보를 바탕으로 상황을 판단하거나 행위를 결정하는 판단의 문제와 구별되는 것이 더 적절해 보인다. 그래서 필자는 사건이나 사고를 잘못 알아보는 오인(misperception)을 다른 오류들로부터 구별하고자 한다.

Wickens 등(2017)이 언급한 모드(mode) 오류는 시스템의 상태(예, 현시간 모드, 설정 모드)를 망각하거나 혼동해서 발생하는데, 이것도 오인의 일종으로 파악될 수 있다. 이상의 논의에 따르면 오류의 유형은 실수, 과실, 규칙 위반, 오판, 오인 등으로 분류될 것이다. 오류 유형은 인간 정보처리과정들과 관련지어 파악될 수 있다. [그림 9-3]은 Norman(2016)의 행위의 7단계 모형을 약간 수정한 것인데, 각 단계는 특정 오류와 밀접하게 관련되는 것으로 보인다.

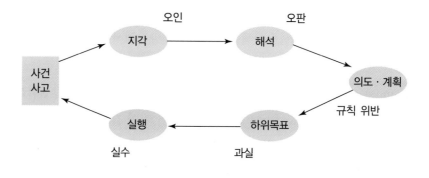

[그림 9-3] 사건, 사고에 대한 행위 사이클에 바탕을 둔 인간 오류의 분류

실수

실수라는 하위 범주에 대해서는 연구자들 간에 이견이 없다. 실수는 올바른 의도가 잘못 실행되는 경우에 발생하는 오류이다. Norman(1981)은 실수를 행동의 오류로 보고, 여러 하위 유형을 세세하게 구별하였다. 예컨대, 어떤 노래를 흥얼거리다 후반부에는 다른 '더 익숙한' 노래를 이어 부르는 포착 오류(capture errors), 커피 병 뚜껑으로 설탕 병을 닫으려고 하는 묘사 오류(description errors), 전화번호를 말하려는데, 눈앞에 보이는 계좌번호(자료)를 읽는 자료주도적 오류(data-driven errors) 대화에서 연상되는 생각을 맥락과 무관하게 내뱉는 연상 활성화 오류(associative activation errors) 등을 구별하였다. 이런 실수들은 대상에 대한 주의를 적절히 주지

못하거나, 생각 중인 내용에 대한 주의 통제가 실패하여 발생한다. 실수는 행동의 피드백을 통해 비교적 쉽게 탐지되므로 빨리 수정될 수 있는 편이다.

과실

과실은 행동 수행을 망각하는 것이다(Reason, 1990). 예컨대, 자동금전출납기(ATM)에서 돈을 찾은 다음, 카드를 꺼내 오지 않는 것이다. Norman(2016)은 기억-과실 착오와 구별하기 위해, 이런 일을 기억-과실(memory-lapse) 실수라고 불렀지만, 그냥 과실이라 하는 것이 낫겠다. 과실은 일련의 행동 계열을 중단하였다가 다시 시작하거나, 행동 목표가 달성된 후 종결 행동을 해야 하는 경우에, 또 자동적으로 수행되는 행동을 변경하려 할 때 발생하기 쉽다. 또한 실수와 더불어 혹은 그 결과로 발생할 수 있다. 과실은 실수보다 탐지와 수정이 더 어렵다. 왜냐하면 엉뚱한 행동인 실수와 달리 '행동의 누락(omission)'인 과실은 그 결과가 눈에 쉽게 띄지 않기 때문이다. 그 때문에 중요한 과실(예, 비행기의 착륙기어를 내리지 않는 것, 전기나 가스를 차단하지 않는 것)이 치명적 결과로 이어질 수 있다. 과실은 주의 분산으로 인해 목표 대상 혹은 사건에 충분한 주의를 주지 못하거나, 기억의 활성화가 충분하지 않아서 발생할 수 있다.

오인

사건이나 사고를 잘못 알아보는 것을 오인이라고 한다. 예를 들면, 전방에 있는 작은 크기의 차는 (멀리 있으면 작게 보인다는 법칙에 따라) 보통 크기의 차보다 더 멀리 있는 것으로 지각되기 때문에 추돌 사고를 일으키기 쉽다. 경사로의 기울기는 주변 풍경에 따라 달리 지각될 수 있다(예, 제주도의 도깨비도로). 디스플레이나 기기에 있는 빨간색 불빛은 중요한 정보를 가리키는 경우가 많지만 그것의 정확한 의미는 제대로 파악되지 않아서, 어떤 경우에는 '작동 중'을 가리키고 다른 경우에는 '위험'을 의미한다. 이처럼 지각이나 재인(recognition)이 애매한 경우가 많으며, 또한 맥락, 특히 일치하지 않는 맥락의 영향을 받아 오인이 발생할 수 있다.

사람들은 실재 세상이 아니라 '인식된' 세상을 기초로 행동한다. 현재 상황이 실재와 다르게 인식되면 (다른 상황에서는 맞지만) 지금 여기에서는 틀린 행위를 수행하게 된다. 실제로 비행기는 뒤집혀서 날고 있는데 조종사는 올바른 자세로 날고 있다고 착각해서 조종간을 당기는 경우이다. 이처럼 상황에 대한 인식, 즉 상황인식(situation awareness)에는 여러 측면이 있지만, 그중 지각적인 측면을 오인이라고 할 수 있다. 상황의 착각(오인)은 환경 단서가 부족한 바다나 공중, 혹은 설경에서 그리고 물리적 단서가 빈약한 사이버공간에서 더 자주 발생할 것이다.

규칙 위반

규칙 위반(rule violations)은 대체로 이미 숙달한 규칙(혹은 규정)을 잘못 적용하는 것이다. 고의적인 위반과 고의적이지 않은 규칙 기반 착오의 구별(Reason, 1990)은 법적으로는 중요하지만, 이 장에서는 구별하지 않는다. 규칙은 특정 조건(예, '빨간 신호등')과 행위(예, '정지') 간의 관계로 이해될 수 있다. 복잡한 규칙은 여러 개의 조건이 동시에 충족될 것을 요구하며, 복잡한 행위는 여러 행위가 동시에 혹은 순차적으로 수행될 것을 요구한다. 이때 여러 조건을 적절히 식별하지 못하였거나, 규칙을 제대로 인출하지 못하거나, 요구되는 행위를 완수하지 못하는 것이 규칙 위반이다. 셀프서비스 식당에서 자리에 앉아 서비스를 기다리는 것은 단순히 규칙을 몰라서 발생한다. 반면에 비보호 좌회전이 되는 교차로에서 맞은편에 차가 없으면 신호등을 확인하지 않고 으레 좌회전하는 복잡하고 종종 고의적인 규칙 위반이 있다.

규칙 위반은 종종 고의적이지 않다. 일일이 기억하기 어려운 많은 세세한 규정들이 있을 때, 작업자가 충분히 훈련받지 않았을 때, 혹은 피로, 스트레스, 약물 등의 영향을 받았을 때, 결과로 보면 규칙 위반이지만 그것이 실수, 과실 혹은 오판의 결과일 수 있다. 이런 경우에는 규칙 위반 측면뿐만 아니라 그 원인이 되는 심리과정 혹은 오류를 함께 다루어야 할 것이다. '잘못된 절차'나 '수칙을 따르지 않는 것'과 같은 규칙 위반은 사고를 일으키는 빈번한 오류 유형의 하나이지만(김정오, 2005), 규칙의 준수가 언제나 실제적으로 용이하지도 최선의 선택이지도 않은 경우가 있다. 예컨대, 어떤 일반 규칙이 특수 상황에서 더 이상 맞지 않는 경우이다. 자동차 앞 유리창이 더럽다면 보통 워셔 단추를 눌러 청소하는 것이 맞지만, 매우 추운 날에 청소하면 워셔액은 얼어붙어 시야를 가릴 것이다(Reason, 1990).

오판

오판(misjudgment)은 여러 연구자가 지식 기반 착오라고 부른 것인데, 상황을 제대로 해석하지 못하여, 혹은 잘못 진단하여 부적절한 행위를 의도하는 오류이다. 자동차에서 나는 냄새가 공장 지대를 지나가는 탓으로 여겼는데 알고 보니 오일이 새고 있는 경우가 오판의 예이다. 혹은 시스템의 설정을 거의 끝낸 다음 최종 확인 메시지를 잘못 읽고 리셋(reset) 단추를 눌러 버리는 것이다. 오판은 상황을 판단하는 데 필요한 지식이나 정보가 부족하거나, 중요한 요인들이나 가능한 대안들을 충분히 고려하지 못할 때 생긴다. 잘못된 계획을 수행하는 동안에는 잘못을 알아차리기가 쉽지 않으므로, 오판을 재빨리 교정하기가 쉽지 않다. 시간이 경과하면 오판의 결과로 상황이 달라지기 때문에 원상회복이 어렵고, 이것이 또 다른 오판의 원인이 될 수 있다.

판단의 문제는 통상적이지 않거나 복잡하거나 불확실한 상황에서 제기된다. 그런 경우에 올바른 판단을 내리기 위해서는 많은 경험이나 전문적 지식이 필요하며 때로는 통찰력과 정신적인 제어가 필요할 것이다. 잘못된 판단은 돌이킬 수 없는 파국적 결과를 낳을 수 있으므로, 그에 해당하는 권한과 책임은 종종 상급 관리자에게 부여된다. 그러나 이런 직무 규정은 때때로 현장과 멀리 떨어진 사람에게 판단을 맡기는 상황을 초래하여, 더 적절한 판단을 어렵게 만들기도 한다.

Reason의 스위스 치즈 모형의 다단계 방어벽(치즈 조각)에서 엿볼 수 있듯이 어떤 종류의 오류를 범하기 쉬운가는 시스템에서 어떤 사람이 맡은 일(직무)의 성격과 관련될 것이다. 기기를 직접 다루거나 시스템의 말단에 있는 작업자들은 실수, 과실 혹은 오인을 범하기 쉬울 것이며, 감독자나 팀장은 과실, 규칙 위반, 혹은 오판을 범하기 쉬울 것이다. 복잡한 상황에서 결정을 내려야 하는 경우 책임자는 오판을 저지를 수 있다.

생각 상자

인간 오류의 연구법: 일기연구법

실험실에서 사람들은 틀린 반응도 하며, 또 어느 정도는 사람들이 오류를 범하도록 유도할 수는 있지만(Reason, 1990), 그러한 사람이 저지르는 다양한 오류를 실험실에서 관찰하기는 쉽지 않다. 현실의 여러 맥락에서 벌어지는 오류는 여러 방법으로 연구되는데, 특정한 오류가 발생하는 상황을 기록하거나, 사고의 원인으로서 오류를 분석하는 방법 등이 있다. 특히 오류의 발생과 그 주변 상황을 기록한 자료는 오류의 연구에 유용하게 사용된다.

Norman(1981)은 자신과 지인들이 저지르는 1,000여 개의 실수들을 수집하여 행위 실수들을 분류하였다. 실수는 발생 즉시 기록된 것만을 자료로 수집했는데, 기억에 의해 왜곡되는 것을 피하기 위해서였다. Reason(1984)도 대학생들에게 의도와 다른 행위와 상황들을 기록하게 했다. 이러한 연구법을 일기(연구)법(diary method, diary studies)이라고 한다. 일기법은 특정 경험을 표집한다는 의미에서 경험표집방법(experience sampling method: ESM)이라고 불리기도 한다.

일기법의 문제점은 사람들이 다른 급한 일에 빠져 있을 때에는 오류를 의식하지 못하거나, 의식하더라도 오류를 기록할 생각을 못 할 수 있다는 것이다. 혹은 당사자가 적극 참여하지 않거나 어떤 사건의 발생을 숨길 수도 있다. 자료를 얻는 일반적인 방법은 사건이 발생하거나 특정 경험을 할 때 종이나 전자기기에 기록을 남기는 것이다. 그러나 기억 오류를 피하기 위해, 무선장치(예, 휴대폰, 삐삐)를 써서 특정한 시점에서 혹은 그 시점까지 벌어진 사건을 기록하도록 요구할 수 있다. 예를 들어, 매일 오후 6시에 문자를 줘서, 그때까지 일어난 오류를 기록해서 응답하도록 하는 것이다. 신호를 주는 시간간격을 줄이면, 기록은 점점 더 정밀해질 것이다. 이런 경우에는 신호가 관찰자의 정상적 활동을 방해할 가능성이 높아지는 문제점이 있다.

오류의 인지적 기제

앞에서 여러 가지 오류를 분류해 보았는데, 오류의 분류와 관련 통계는 사고의 원인을 분석하고, 대처 방안을 마련하는 데 도움을 줄 것이다. 오류의 분류는 비록 배후의 심리과정을 고려하고는 있지만, 양자가 반드시 긴밀하게 대응하는 것은 아니다. 그리고 오류는 주로 사고라는 결과를 중심으로 분류되는 탓에, 행위자에게 주어지는 입력 정보와 심리과정은 다소 간과되기 쉽다. 여기에서는 오류 발생에 주로 작용하는 주요한 인지과정에 대해 간단히 살펴보고자 한다.

인간은 환경으로부터 정보를 수집하고 가공해서 환경에 대한 판단을 내리고, 필요한 행위를 결정하고 수행하는 시스템으로 볼 수 있다. Norman(2016)은 이 과정을 7단계로 구분하였는데, 그것은 '(세상의) 지각 → 상태 해석 → 기대와의 비교 → 목표 형성 → 의도·계획 생성 → 행위계열(하위목표) 명시 → 실행' 등으로 구성된다(수정된 버전은 [그림 9-3] 참조). 이 단계들은 세상을 평가하는 전반의 3단계와, 목표 형성 이후 그것을 실행하는 후반의 3단계로 구별된다. 사건, 사고에서는 비교 단계('정상 상태 여부')와 목표 단계('안전 확보')가 비교적 분명하므로 [그림 9-3]에서는 이 두 단계가 생략되어 있다. 행위의 단계들을 감안해서, 인간 오류의 주요 기제를 살펴보자.

지각과 주의

야간 운전의 사망률은 주간 운전의 사망률보다 서너 배나 높은데, 이는 일부분 우리의 시각체계의 특성과 관련이 있다(Wickens, Gordon, & Liu, 2001). 낮에는 중심 시각(추상체)과 주변 시각(간상체)을 모두 사용하지만, 조명이 낮은 밤에는 주로 주변 시각에 의존한다. 길 찾기와 같은 운동 방향의 탐지에는 주변 시각이 사용되므로 주간이든 야간이든 큰 문제가 없다. 그러나 보행자 탐지와 장애물 식별 등에는 중심 시각이 필요한데, 밤에는 잘 작동하지 않는다(사실, 대부분의 운전자들이 사고 전에 보행자를 발견하지 못했다고 말한다). 노화가 진행되면 시력이 저하될 뿐만 아니라 시야도 좁아지는데 이런 시각적·지각적 요인도 노인 운전자의 사고와 관련이 있을 것이다.

환경 지각과 사물 식별의 문제는 착각(illusion)과 같이 순수하게 지각적인 원인에서 비롯되기도 하지만, 많은 경우 주의(attention)의 부족과 깊은 관련이 있다. 예를 들어, 초보 운전자가 도로를 주행할 때 시야가 좁아져서 주변의 다른 차들을 알아차리지 못하는 현상, 즉 터널시각(tunnel vision)의 문제는 관심 있는 대상에 지나치게 초점 주의를 기울이기 때문에 발생하는 경향이 있다. 적절한 수준의 주의를 주지 않으면, 다른 자극(대상)으로 주의가 팔리거나 혹은 유사한 자극과 혼동하는 일이 벌어질 수 있다. 예를 들어, 인터넷에서 정보 검색을 하다가 엉뚱한 광고에 정신이 팔리거나, 설탕 병을 소금 병으로 착각하는 경우이다. 나아가서 주의의 부족은 명백한 대상도 제대로 인식하지 못하게 할 수 있다. 이른바 '보이지 않는 고릴라' 시범으로 유명한 무주의맹(inattention blindness) 현상은 주의를 주지 않으면 눈앞에 지나가는 고릴라 분장도 알아차리지 못할 수 있다는 것을 보여 준다(Chabris & Simons, 2011).

무주의맹 현상은 자극이 아예 감각기관에 등록되지 않아서 발생한 것이 아니라, 그것이 의미 있는 대상으로 해석되지 않았기 때문에 발생한 것으로 보인다. 둘 이상의 다중과제(multitask)에 주의 자원이 분할되면, 어느 한 과제의 수행에 필요한 주의 자원이 부족해져서 정보처리가 제대로 일어나지 않을 수 있다. 실제로 지난 2014년 7월 22일 태백역 인근에서 강릉행 열차와 서울행 열차가 정면충돌한 사고는, 서울행 열차 기관사가 스마트폰을 사용하느라고 기본업무를 수행하지 않아서 발생한 것으로 조사되었다(강원일보, 2014. 12. 30.).

상황인식

상황인식은 세상 혹은 주변 환경의 상태가 어떠한지에 대한 의식을 말한다. 상황인식의 오류는 많은 재난과 사고의 원인이 된다. 상황인식에는 상황의 지각(알아차리기), 이해, 전망(기대)의 세 측면이 있는데(Wickens et al., 2017), 지각과 주의, 기억, 판단 등의 여러 요소가 관련되는 것으로 보인다. 건물 안에서 비상벨이 울렸을 때, 사람들은 즉각 대피하지 않고, 대피 시간의 2/3(약 5분)를 그 자리에서 또는 주변에서 머뭇거리며 보냈다(Winerman, 2004). 그 이유는 경보가 시험용으로 혹은 기계적 고장으로 잘못 울리는 등, 비상벨 소리의 의미가 분명하지 않기 때문이다. 다른 예는 운전자가 올바른 방향으로 운전한다고 믿고 있고, 도로 표지판 식별이나 운전 행동을 제대로 수행하고 있으나, 전체적으로는 엉뚱한 방향으로 운전하는 경우이다.

사람들은 상황과 불일치한 잘못된 마음갖춤새(mindset)를 가지고 있는 경우에 확증 편향(confirmation bias)이 보여 주는 것처럼 자신의 믿음에 일치하는 정보를 더 잘 수집하고 그렇지 않은 정보를 무시하기 쉽다. 또한 상황의 변화에 따라 상황인식도 계속 개정될 필요가 있다. 이를 무시하고 기존의 상황인식을 고집하는 것(인지적 결속, cognitive lockup/hysteresis)은 상황 착각을 유발한다. 항공 사고에 대한 분석은 상황인식의 중요성을 보여 주었다. 뉴질랜드 항공의 관광용 비행기는 매우 낮은 고도로 날고 있었는데도 화이트아웃(white out) 상태에 빠져 높은 고도로 날고 있는 것으로 착각하여 산에 추락했다(Perrow, 2013). 해상 충돌사고 등 많은 해난 사고는 해상교통과 선박들이 진로에 대해 잘못된 상황 판단을 하는 것에 기인하는 경우가 많다. 교통, 화학공장, 발전소 등 역동적 시스템에서는 변화하는 요소에 대한 주의와 핵심 특징에 대한 기억이 중요한데 혼동되는 상황 요소가 많거나, 여러 상태가 혼잡하게 혹은 덜 분명하게 표시되거나, 한 디스플레이를 여러 모드로 사용하면, 주의와 지각, 그리고 기억에 큰 부하가 주어져서, 상황 착각이 발생하기 쉽다.

상황인식은 종종 환경을 자각하는 과정에서 종합적으로, 때로는 암묵적으로 생겨난다. 그래서 문제가 생기기 전까지 상황인식을 재검토하고, 잘못된 상황인식에서 벗어나는 것이 쉽지 않은 경우가 많다. 시스템이 현재 상태를 명시적으로 표시하고 미래 사태를 적절하게 예측할 수 있게 해 주며, 시스템의 상태(변화)를 잘 파악할 수 있다면 상황 착각이 줄어들 것이다.

기억

사무실 문을 잠갔는지 기억나지 않거나, 할 일이 생각나지 않는 것은 누구나 종종 겪는 일이다. 인간 오류의 많은 부분은 기억의 실패에서 비롯되는데, '과실'이란 용어는 이런 측면을 반영한다. 기억은 두뇌에 일시적 혹은 장기적으로 저장되어 있는 내용이면서, 실제로는 기억 내용으로 부호화하거나 그것을 의식할 수 있는 상태로 인출하는 활동이다. 기억의 부호화와 인출에 중요한 역할을 하는 작업기억(working memory)의 용량은 제한되어 있기 때문에 인간의 기억은 완벽할 수 없다.

일반적으로 우리는 망각을 문제 삼는다. 어떤 단어가 생각나지 않거나, 갑자기 할 말이 생각나지 않는 경우이다. 늘 쓰는 동전의 정확한 모양을 잘 기억하지 못하듯이, 세부사항은 정확하게 기억하기가 어려운 것이 사실이지만, 기억의 대상이나 의미에 대해서는 전반적으로 잘 기억한다. 그래서 적절한 힌트(즉, 기억단서)가 주어지면 쉽게 기억을 떠올릴 수 있다. 보통 제품이나 시스템에는 많은 기억단서가 있는데, 예를 들면 단추의 명명, 색깔, 도형 등과 같이 외현적인 것도 있으며, 분위기나 공간적 배치와 같이 비교적 암묵적인 것도 있다. 이런 단서들이 인간의 기억 부담을 줄이고 행동을 자연스럽게 유도하는 경우에는 우리는 기억의 문제를 별로 겪지 않는다. 반면에 단추나 이름 표시가 별로 없는 IT 기기들에서 보듯이 단서가 빈약하면 사용자는 적극적으로 기억을 해내야 한다. 그러나 임의적인 관계를 잘 기억하기 위해서는 많은 연습이 필요하다.

틀린 정보를 기억하는 것, 즉 오기억이 망각 못지않게 큰 문제가 된다. 예를 들면, 의사가 주사약의 용량을 잘못 기억하는 경우이다. 오기억은 단순한 혼동인 경우도 있겠지만, 주변 정보에 의해 유도되기도 한다. 예를 들면, Loftus와 Palmer(1974)가 연구한 오정보효과가 그것이다. 자동차가 충돌하는 필름을 본 후, 질문을 받았는데, 질문 내용(예, 유리창이 깨짐)에 따라 자동차 속도의 추정치가 달라졌다. DMR 과제에서는, 예컨대 '잠'으로부터 연상되는 여러 단어를 들려주면서 정작 '잠'이란 단어는 들려주지 않았는데, 많은 실험 참가자가 '잠'이 제시된 것으로 기억했다. 이런 현상들은 기억의 인출이 정확한 것이 아니라, 여러 주변적 혹은 맥락적 정보의 영향을 받는다는 것을 보여 준다. Norman(2016)과 Wickens 등(2017)이 언급한 모드 오류는 두 가지 모드가 비슷해 보이기 때문에 행위를 실행하려 할 때 엉뚱한 것이 인출되어 발생하는 문제로 볼 수 있다.

잘 기억하는 내용들도 정신적인 충격을 받거나 오랜 스트레스에 노출되면, 기억에 문제가 생길 수 있다. 자동차 사고를 겪은 피해자는 사고 전후의 몇 분 혹은 그 이상의 사건들에 대해 망각을 보인다. 그 정도는 아니더라도 큰 충격으로 공황 상태에 있는 사람은 친숙한 내용도 잘 기억하지 못할 수 있다. 그러므로 중요한 내용은 과잉학습될 필요가 있으며, 또는 기억을 도와줄 수 있는 수단이 필요하다.

지식

심리학 이론에서 지식은 종종 기억의 문제와 혼동되는데, 여기에서는 올바른 판단에 필요한 정보와 지식의 획득 여부를 다루고자 한다. 관련 지식의 부족이 수행의 저하를 불러온다는 것은 직관적으로 보인다. 예를 들어, 어떤 분야의 전문가가 되기 위해서는 약 1만 시간의 훈련이 필요하다는 연구(Ericsson, 2006)는 운동 수행뿐만 아니라 지적 영역에도 어느 정도 적용된다. 초보자와 전문가의 문제해결 차이를 보이는 연구들은, 전문가는 문제의 핵심 특징을 재빨리 추출하여 문제를 구조적으로 이해하는 반면에 초보자는 문제의 피상적인 측면에 현혹되기 쉽다는 것을 보여 준다. 초보자는 관련 지식을 갖고 있지 않아서 사용하지 못하는 것이 아니라, 관련 지식을 어떻게 적용해야 하는지를 잘 모르는 경우가 많다. 그러므로 어떤 지식(정보)의 기억 능력을 지식의 적용 능력과 동일시하는 것은 곤란하다. 전문가에 대한 연구는 한 영역에서 충분한 지식을 보유하고 능숙하게 적용하기 위해서는 장기간의 훈련이 필요하다는 것을 보여 준다.

지식의 적용은 종종 여러 가지 방식으로 방해를 받는다. 문제해결의 여러 연구는 선행하는 경험으로 인해 올바른 해결책으로의 접근이 종종 차단될 수 있음을 보여 준다. 스리마일즈 원자력 발전소 사고의 경우, 비상 급수 펌프가 가동 중이라는 신호를 믿었기 때문에 다른 경보들에도 불구하고 발전소 운전자들은 실제로 급수 파이프가 닫혀 있어 원자로가 과열될 가능성을 검토하지 못하였다(Perrow, 2013). 새로 투입된 운전자 팀들이 비로소 그 믿음을 의심할 수 있었고 문제를 제대로 진단할 수 있었다. 이런 예는 지식이 다음에 볼 판단의 문제와도 긴밀히 관련된다는 것을 시사한다.

판단

사건의 성질을 파악하거나 행위의 선택지에 대해 결정하는 것을 여기에서는 판단(judgment)이라고 한다. 상황을 올바르게 판단하기 위해서는 적절한 지식이 뒷받침되어야 한다. 마찬가지로 문제에 대해 올바르게 대처하고, 적절한 계획을 세우기 위해서도 대안들과 그 문제점들에 대한 지식이 필요하다. 오판은 이런 지식이 있음에도 불구하고, 그릇된 판단을 하는 경우를 말한다.

어떤 종류의 판단은 암묵적이며 비교적 즉각적이다. 예를 들어, 고층 빌딩의 최상층에 설치된, 아래가 비치는 강화유리 발판을 디딜 때 느끼는 두려움은 즉각적이며 합리적인 설득으로 잘 완화되지 않는다. 이와 비슷한 성질의 판단이 주변에서 발생하는 여러 사건에 대해 적용될 수 있다. 그중 한 가지 문제가 위험지각(risk perception)이다. 비행기 사고, 자동차 사고, 전염병 발병, 방사능 누출, 화학 공장 화재 등과 같이 많은 사건, 사고에 대한 우리의 직관적 판단(즉, 위험지각)은 언제나 통계적 지표와 일치하지 않는다(기저율 무시 현상). 이에 관해서 Tversky와

Kahneman(1982)은 그런 사건, 사고를 기억해 낼 수 있는 가용성(availability)의 차이가 위험지각의 왜곡을 불러일으킨다고 보았다. 위험지각은 단순히 확률의 문제가 아니라, 피해의 심각성, 사회적 영향 등도 고려되어야 하므로 사람들의 왜곡된 지각에는 나름대로 이유가 있을 수도 있다(Gigarentz, 2008). 그리고 최근 연구는 사회문화적 요인도 기여한다는 것을 보여 주었다(이영애, 이나경, 이현주, 2013). 위험지각은 사람들의 행동을 안내하는 역할을 하므로, 올바른 위험지각이 필요하다. 그러나 일반인들은 잘 설득되지 않고, 자신의 신념을 잘 바꾸지 않는다는 문제가 있다. 이에 반해 전문가들은 좀 더 객관적 지표에 신뢰를 두지만, 두 부류의 사람들 간의 의사소통은 활발하지 않다.

다른 종류의 판단은 의식적이고 순차적인 심적 조작을 통해 전개된다. 예를 들어, 영화 〈판도라〉(2016)에 나오는 것처럼 과부하가 걸린 원자력발전소 시스템을 어떻게 다루어야 할 것인가와 같은 문제는, 상황에 대한 정확한 진단은 물론 특정 조치가 미칠 영향과 파급효과까지 고려해야 하므로 매우 어려운 인지적 과제이다. 보통 사람들은 많은 요인과 그 상호작용까지 동시에 인지적으로 계산할 수 있는 능력이 없다. 게다가 사람들은 '인지적 구두쇠'이므로 문제를 복잡하게 풀기보다는 그것을 단순한 문제로 대체하여 해결하려는 경향을 보인다. 이 과정에서 중요한 많은 변수가 간과될 수 있다(예, 특정한 소음의 원인을 찾기보다 기계가 오래된 탓이라고 설명해 버리기). 그러면 하위목표를 수행하는 동안 목표의 수정과 임기응변이 종종 발생한다. 이런 과정은 느린 해결책을 낳기 때문에 시간 압박이 발생하고, 그 결과로 상황은 변화하고 기존의 해결책은 무력화된다.

Klein(1998)은 수많은 경험을 통한 직관적인 판단을 중시하는 인식촉발결정 모형(Recognition Primed Decision Model)을 제안했다. 예에서 화재 현장에 도착한 소방관은 지하에서 불이 났는데, 천장에서 연기가 새어나오는 것을 보고 직감적으로 건물이 붕괴할 것이라고 판단하고 불끄기를 단념하고 빨리 사람들을 구출하는 것으로 전략을 바꾼다. 최근에 전남 완도에서 탱크로리에 불이 붙었을 때(연합뉴스, 2017. 9. 27.) 소방관은 탱크로리에서 나는 소리를 듣고서는 화재를 진압하기보다는 사람들을 대피시켰는데, 곧 탱크로리가 폭발했다. 이러한 판단은 신중한 단계적 의사결정을 통해서 일어나기보다는 여러 차례의 화재 진압 경험으로부터 얻어지는 직관적 판단에 따른 것이다. 즉, 소방관이 화재에서 더 결정적인 요인들, 즉 화재의 원인, 건물의 구조, 피해자의 소재, 화재의 전개 양상 등을 즉각 판단하여 적절한 대책을 즉시 수립한 결과이다.

사람들은 자신의 능력에 대해 과신하는 경향이 있는데, 이것은 위험 상황에서 적절한 판단을 무디게 할 수 있다. 전과 같이 앞으로도 별 일 없으리라 믿는 '심리적 관성'도 마찬가지이다. 여러 가지를 동시에 고려하거나 여러 단계의 사고를 필요로 하는 숙고적인(reflective) 사고에는 주의가 필요하다. 방해자극 혹은 오정보는 이러한 사고를 붕괴시킬 수 있는 것과 마찬가지로 스트레스와 정서적인 충격도 숙고적인 사고에 위협적이다.

행동 제어

행동 제어는 의도나 목적에 따라 행위를 선택하고, 실행하고, 중지하는 것을 말한다. 한 개뿐인 단추를 그냥 누르는 것과 같은 단순 행위에는 오류의 소지가 별로 없을 것이다. 이것보다 여러 개의 단추 중 (조건에 따라) 맞은 것을 선택해서 누르는 경우는 좀 더 어렵다. 만일에 일련의 조작을 연속 수행해야 한다면 어려움이 가중될 것이다. 그럴 경우, 매 단계에서 수행해야 하는 행위, 즉 하위목표를 머릿속에 유지해야 하는 인지적 부하가 증가한다. 예를 들어, 어떤 앱의 사용법을 보고 따라 하려다 보면 도중에서 다음 번 조작이 기억나지 않는 경우가 있다. 만일 상황에 따라 매 단계에서 다른 선택을 해야 한다면, 매 단계에서 많은 제어(control)가 필요하게 되고 이때의 인지적 부하는 매우 높아진다. 각 단계의 식별, 선택지에 대한 평가, 수행해야 할 조작 등이 매 단계에서 달라지기 때문이다. 이런 행위에는 조작 수행의 성분보다 선택지의 판단이 더 큰 비중을 차지한다. 또한 행위의 수행에는 때맞춤(timing)이 필요한 경우가 많다. 단추를 눌렀는데 시스템이 빨리 반응을 하지 않아, 같은 단추를 또 누르면, 이전 조작이 취소되는 경우가 있다. 혹은 교차로에서 왼쪽과 오른쪽을 차례대로 보고 출발하는데, 이 행동이 느리면 고개를 돌리는 사이, 왼쪽에서 차가 출현할 수 있다.

일련의 조작들이 일정한 순서대로 실행될 때에는 반복 연습에 의해 수행 과정의 자동화(automatization)가 발생할 수 있는데, 여러 조작이 마치 한 덩어리인 것처럼 끊어지지 않고 수행되는 현상이다. 자동화의 예는 타자, 운동, 구구셈 등 우리가 반복적으로 하는 여러 행위에서 관찰된다. 자동화된 행위를 수행할 때에는 주의가 별로 요구되지 않기 때문에 우리는 동시에 여러 가지(예, 말하면서 운전하기)를 할 수 있는 것처럼 보인다. 그러나 이런 행위도 주의가 부족해지거나 하위 과제에 부하가 생기면(예, 교통 체증), 자동적으로 수행하기가 어려워진다. 자동화된 행동에 대한 의식적인 주의는 자동화된 수행을 오히려 방해할 수 있다. (하나하나의 키에 주의를 주면서 타자를 해 보라.) 그러므로 긴장 상태에서는 단순한 조작에서도 실수가 발생할 수 있다.

사고와 오류에 대한 심리학적 대책

인간은 여러 가지 방식으로 사고에 개입될 수 있다. Reason(1990)이 말한 잠재적 오류(p. 250 참조)는 사고 발생 오래전부터 환경적, 조직적 및 제도적인 사고 원인이 잠복하고 있을 가능성을 가리킨다. 이와 더불어 현장에 있는 작업자(들)의 스트레스나 정서적인 불안정, 심리장애, 성격 특성, 혹은 집단적 심리과정이 사고의 직간접적인 원인이 될 수도 있다. 이런 요인들이 상호작용하여 인지과정에 심각한 방해나 결손을 일으켜 오류가 발생할 수 있다. 고의적이지 않은 인간 오류의 대부분은 주로 인지적 기제에 의한 것으로 보인다. 인지심리학적 관점에서 사고와 오류에 대해 몇 가지 대책을 살펴보자.

인간 정보처리 시스템은 언제나 정밀한 처리를 목표로 하지 않는다. 오히려 주어진 문제의 해결에 충분한 만큼의 일을 하려고 한다. 이러한 경향은 많은 과제를 효율적으로 처리하는 데 유리하지만 어느 정도의 오류를 불가피하게 만든다. 인간의 오류는 많은 사람이 가장 정확할 것으로 믿는 지각 단계를 포함하여, 인간 행위의 모든 단계에서 발생할 수 있다. 인간은 내적 정보처리과정에 대해 정확한 관찰자가 아니기 때문에, 자신의 행동을 감시하고 점검한다고 해서 작용적 오류를 완전히 제거할 수 없다. 장기적 관점에서 작용적 및 잠재적 오류를 줄이려는 노력이 필요하다.

디자인 개선

환경은 적절한 행동에 대한 단서를 주고, 행동을 안내할 수 있다. 많은 오류가 잘 식별되지 않거나, 제대로 주의하지 못하거나, 필요한 정보를 기억하지 못하는 것과 연관이 있다. 인간이 유관한 정보를 더 잘 처리할 수 있도록 환경과 시스템의 올바른 디자인(설계)이 필요하다. 디자인과 관련하여 일차적으로 인체측정학적 원리를 참조할 필요가 있지만, 그 이상의 고찰이 필요하다. 과제를 수행하는 작업자는 시스템의 물리적 외관에만 접하는 것이 아니라, 시스템과 협동적이고 상보적인 정보처리의 흐름 속에 있어야 하기 때문이다. 이 일을 원활하게 하기 위해서 인간의 지각, 주의, 기억, 의사소통, 문제해결, 행위 수행 등을 잘 지원할 수 있도록 시스템이 디자인되어야 할 것이다(관련 내용은 제3장 참조; Wickens et al., 2001; Wickens et al., 2017).

여기에서는 디자인의 일반 원리를 언급하고자 한다. 사용자가 잘 쓸 수 있도록 하자는 디자인 접근을 인간중심 디자인(human-centered design)이라고 하는데, 사용자 중심 디자인, 사용자 친화적(user-friendly) 디자인, 스마트 디자인도 결국 비슷한 개념이다. 이런 디자인의 개발을 위해서는 사용자의 요구와 행동에 대한 연구, 즉 사용자 연구가 필요하다. 설계자(디자이너)의 의도 혹은 시스템의 용도(기능)와 다르게 사용자는 행동할 수 있다. 혹은 양자 간에 오해가 있을 수 있다. 연구자들은 이런 문제를 해결하기 위해 디자인에 대한 일반 지침을 고안해 왔다.

최근에 Norman(2016)은 자신의 1988년 제안을 발전시켜, 디자인의 일반 원리로 발견가능성(discoverability: 시스템의 조작부와 신호 등을 발견하기 쉬운가), 적절한 기표(signifiers: 어떤 표시나 신호의 의미가 얼마나 잘 전달되는가), 행위지원성(affordance: 적절한 행위를 얼마나 잘 안내 또는 유도하는가), 제약(constraints: 부적절한 행위가 제한되어 있는가), 대응(mappings: 조작부와 시스템 부분 간의 대응이 적절한가), 피드백(feedback: 행위의 결과가 피드백되는가) 및 개념적 모형(conceptual model: 시스템의 작동원리가 잘 파악되는가) 등을 제안했다. 다른 지침들에 대해서는 박창호(2007)를 참조하기 바란다. 이런 원리 혹은 지침은 인간의 지각, 주의, 기억, 사고의 부담을 덜어 주는 효과를 낳는다.

예컨대, panic bar([그림 9-4] 왼쪽 참조)는 가로대를 밀기만 하면 문이 열리게 디자

[그림 9-4] Panic bar와 지하로 내려가는 것을 차단하는 문[Norman(2016)의 그림 4.7에 기초함]

인되어 있기 때문에 화재로 공황 상태에 빠진 사람들이 쉽게 탈출할 수 있게 한다. 대피자들은 계단을 계속 내려오다가 종종 지하에 갇히는데, [그림 9-4]의 오른쪽과 같이 지하실로 내려가는 계단을 차단하는 문은 그런 행동을 제지할 뿐 아니라, 그 아래는 지하라는 것을 알려 준다. 또한 레버의 회전 방향에 빨간 점을 붙이는 것처럼 사소한 표시도 적절한 행위를 암시하는 힌트가 될 수 있다. 이런 예들은 디자인을 개선하면 더 안전해질 수 있음을 보여 준다. 이런 디자인의 원리가 무시되는 많은 예가 멋진 시스템이나 최신 빌딩 등에서 종종 발견된다.

안전 지식과 규칙

앞에서도 보았듯이 우리의 안전 지식은 왜곡되었을 가능성이 있다. 어떤 행위의 결과가 좋으면, 그 행위도 적절하다고 판단하는 결과 편향(outcome bias)이 있는데, 예컨대 이전에는 이렇게 해도 문제가 없었다고 생각하기 때문에 계속 안전에 소홀하게 된다. 반면, 사고가 발생하면 사고의 원인은 분명하고 그 때문에 사고는 일어날 수밖에 없었다고 생각하는데, 이것을 후견지명 편향(hindsight bias; Fischhoff, 1982)이라고 한다. 그러나 바로 그 원인 혹은 징조가 사고 전에는 무관하거나 애매한 것으로 보였을 것이다. 이처럼 사고 전에는 안전해 보이는 행동이 사고 후에는 극히 위험한 행동으로 판정될 수 있다. 이런 왜곡은 사고의 원인을 일상 사건과 분리시킴으로써 그것을 객관적으로 보는 것을 방해할 수 있다. 이런 현상은 사고의 원인에 대한 판단이 선입견과 판단의 관성에 의해 크게 왜곡될 가능성이 있음을 시사한다.

안전 지식을 안전 규칙에 대한 지식과 안전에 관한 전반적 지식으로 나누어 볼 수 있다. 안전 규칙은 중요하다고 생각되면서도 모든 사람이 따르지는 않는다. 종종 규칙들은 사람의 관점에서가 아니라 법적 및 경영적 관점에서, 다시 말해 책임 소재를 가리거나 면책 목적으로 만들어진다. 이럴 경우의 안전 규칙은 매우 형식적이고 실천하기가 어려운 경우가 많다(사고가 날 때마다 매뉴얼을 고치겠다는 대책만큼 미봉책은 없다). 게다가 규칙은 일방적이어서 왜 그런 규칙이 있는가에 대한 설명이나 암시를 제공하지 않는 경우가 많은데, 알다시피 사람들은 이해하기 힘든 규칙을 기억하기도 힘들어하고 또 맹목적으로 따르려 하지도 않는다. 규칙 속에 배경지식을 넣기가 힘들다면, 교육이나 매체를 통해 배경지식을 널리 보급할 필요가 있다. 체험이나 시뮬레이션, 혹은 구체적인 사례 제시 등이 도움이 될 것이다.

규칙에 대한 지식이 중요한 것이 아니라 규칙의 실천이 중요하다는 것은 명백하다. 규칙은 간명하고 잘 조직되어야 한다. 만일에 너무 많은 단계들로 구성되거나 복잡한 논리적 조작을 요구한다면(예, '······ 혹은 ······ 혹은 ······' '~이 아니면, ~일 때' 등) 규칙이 제대로 이해되거나 수행되기가 어려울 것이다. 특히 작업부하가 높아지거나 인지적 붕괴가 일어날 경우, 조작자는 규칙 대신 편법에 의존할 것이다. 그러므로 규칙을 준수하도록 시스템이 행동을 유도한다면 도움이 될 것이다. 혹은 특정 규칙이 필요가 없도록 시스템을 개선할 수 있을 것이다(예, 운전자의 사각지대를 없애는 LCD 창).

규칙을 명시적으로 적용하기가 힘든 불확실한 상황이 있다. 이때에는 여러 조건을 고려한 종합적 판단을 할 수밖에 없는데, 판단은 유관 지식, 상황적 제약, 실천 가능성 등 여러 요인에 의해 제약을 받을 수 있다. 예컨대, 세월호 참사(2014. 4. 16.) 때 왜 많은 학생은 배가 제법 기울었는데도 탈출할 생각을 하지 않았을까? 기다리라는 지시도 있었지만, 상황 판단이 잘 되지 않았기 때문일 것이다. 그 이후 홍도 관광유람선 좌초 사고(2014. 9. 30.)에서 승객들은 재빨리 탈출하였다. 대구지하철 화재 참사에서도 최초의 화재를 방관하다가 큰 불이 생겼는데, 그 사고 이후에 다른 지하철 방화는 시민들에 의해 제지되었다. 이런 예들은 비록 규칙이 없어도 상황을 판단할 수 있는 적절한 심적 모형이 있으면 사람들은 행동한다는 것을 보여 준다. 이런 심적 모형의 제공에 전형적인 사건에 대한 스토리(혹은 시나리오)가 유용할 것이다. 혹은 깊은 정서적 인상을 남기는 자료 화면(예, 자동차가 참혹하게 부서진 모습)도 유용하다. 이런 정보는 관련 사고의 발생가능성을 좀 더 높게 지각하게 할 것이다.

훈련

안전 지식과 규칙은 실제 상황에서 적용되어야 비로소 가치가 있다. 그러나 지식은 여러 가지 이유로 적용되지 않을 수 있다. 게으름, 비용, 부주의 등의 이유로 적용하지 않기도 하고, 긴급하거나 당황하여 제대로 적용하는 데 어려움이 생기기도 한다. 이런 장애 요인을 극복하고 안전 행동을 하기 위해서는 충분한 훈련이 필요하다. 훈련은 올바른 상황 판단을 위한 경험과 지식의 축적, 그리고 실제 행동의 숙달이라는 두 측면으로 나누어 생각해 볼 수 있다.

첫 번째로 훈련은 경험과 지식의 변화를 일으킨다. 단지 좋은 규칙이 있다고 해서 규칙을 제대로 적용할 수 있는 것은 아니다. 특히 상황이 복잡한 경우에는 관련되는 규칙도 여러 가지가 있고 어느 것이 우선적인지가 불분명하다. 이럴 경우 올바른 판단을 신속하게 내리려면 일종의 통찰이 필요하다. 그것은 많은 경험이 축적된 결과로 짧은 시간 내에 최적의 해결책에 접근하는 것을 말한다. Klein(1998)은 인식촉발결정 모형을 세웠다. 예를 들어, 소방관은 많은 화재 진압 경험으로부터 화재에서 더 결정적인 요인들을 더 빨리 식별하고 적절한 시나리오(대책과 전개과정)를 신속히 선택할 수 있게 된다. 이런 능력은 자주 발생하는 사고나 재난의 전개 과정을 여러 가지 패턴(혹은 시나리오)으로 파악하고 이에 대한 대응을 반복 훈련하는 것과 더불어 현장에서의 오랜 경험을 통해 개발된 것이다.

두 번째 측면의 훈련은 행동적 수준에서 벌어진다. 안전 행동 혹은 위험 대처 행동을 훈련하는 문제는 매우 중요하지만, 여러 장면에서 경험하듯이 훈련을 제대로 하지 않는 경우가 많다. 교실에서 강연 위주의 훈련은 실제적인 행동을 학습하는 데 별로 도움이 되지 않는다. 사고를 경험해 본 사람들이 공통으로 말하는 것 중 한 가지는, 당황하게 되면 아무 생각도 나지 않는다는 것이다. 이 때문에 피해자들은 본능적인 대처를 하는 경우가 많다. 그러므로 안전 행동 및 대처 행동은 '충분히' 훈련되어야 한다. 특히 비행기 승무원이나 119 구조원의 경우처럼, 안전 요원의 조치(행동)는 과잉학습되어 거의 자동적으로 수행될 수 있어야 한다. 이런 훈련의 효과는 가급적 사실적인 장면을 도입함으로써 배가될 수 있는데, 여기에 실제적인 훈련장, 시뮬레이션 장치, 가상현실 등을 이용할 수 있을 것이다.

작업부하와 스트레스 관리

처리해야 할 과제(일)의 양은 작업부하로 드러난다. 동시에 혹은 빠른 시간 내에 처리해야 할 일이 많을수록 작업부하가 높아진다. 작업부하가 어느 수준까지 증가하는 동안에는 인간은 가외의 심적 자원을 동원하는 식으로 대응할 수 있으며 작업부하는 수행이나 오류에 별 영향을 미치지 않는다. 그러나 어떤 한계를 넘으면 수행의 붕괴가 일어난다는 것은 명확하므로, 작업부하를 적절한 수준으로 관리하는 것이 필요하다. 작업부하는 여러 가지 방법으로 측정된다(Wickens et al., 2017). 작업부하가 매우 높아지면 주의 자원이 고갈되기 시작하므로, 주변 정보를 이용하거나 더 효율적이거나 융통성 있는 전략을 구사하는 데에 어려움이 생긴다. 이럴 때 지능적인 지원 시스템이 도움을 줄 수 있다.

작업부하의 증가나 여러 상황적 변인은 작업자에게 스트레스를 유발한다. 스트레스는 단순히 정서적인 반응으로 그치는 것이 아니라 인지과제의 수행에 악영향을 미칠 수 있다(Wickens et al., 2017). 예컨대, 페르시아만에서 교전 중이던 미 전함 밴센즈 호는 접근하는 이란의 여객기를 적기로 오인하여 격추시켰다. 이에 대한 한 분석은 레이더를 보는 승무원이 전투로 인한 스트레스를 크게 받아, 적기와 민간기를 식별하는 데에 소홀하였다는 것이다(다른 의견도 있다). 환경적 요인(예, 소음), 신체생리적 요인(예, 피로, 수면 부족) 및 심리적 요인(예, 작업 과부하) 등에 기인하는 스트레스는 단독으로 혹은 누적되어 수행에 심각한 결손을 초래할 수 있다. 스트레스의 수준이 높아지면, 주의 협소화(터널시각)가 발생하거나 주의가 산만해지고 쉽고, 각성 수준의 유지와 작업기억에도 문제가 생기기 쉽다. 이로 인해 수행이 떨어지고 결과적으로 스트레스 수준이 더 높아지는 악순환이 생길 수도 있다. 그러므로 안전한 수행을 위해서는 스트레스에 적절한 대응을 하는, 혹은 일정 수준 이내로 스트레스를 관리하는 방안을 도입할 필요가 있다.

재조직화

조직(organization)은 업무를 여러 구성원에게 분담시킨다. 각 구성원이 맡은 업무는 다른 구성원이 수행하는 업무와 종횡으로 연결되어 있다. 그래서 조직의 구조는 구성원이 수행하는 업무를 통해서 유추될 수도 있다.

스위스 치즈 모형은 위계상에서 구분되는 몇 가지 업무를 보여 준다. 업무는 적절하게 조직되어야 하며, 담당자는 업무에 걸맞게 행동해야 한다. 또한 최종 결정권자가 현장에서 멀리 떨어져 있다면, 상황이 급변할 때 상황을 제대로 파악하기도 힘들 뿐만 아니라 적절한 대처는 더욱 힘들 것이다. 어떤 중요한 업무가 상호 점검되지 않도록 조직되어 있다면, 어떤 잘못이 오랫동안 진행되어도 탐지가 힘들게 된다. 상황 판단 팀과 후속 조치 실행 팀이 소통되지 않는다면 효과적인 대책 수립이 어려울 것이다. 조직의 위계 혹은 비공식적인 권위는 의사소통과 업무 수행을 왜곡할 수 있다. 과거 비행기 사고들 중에는, 기장이 부기장의 지적을 무시하거나, 부기장이 기장의 권위를 두려워하여 중요한 보고를 하지 못하는 등, 의사소통의 부실로 인한 것이 많았다. 이런 일은 병원에서 의료 사고의 원인도 된다(Vicente, 2007). 추가되는 방어벽은 기존의 방어벽과 독립적일 필요가 있다. 제3의 독립기관이나 감독자에 의한 점검이 안전 문제를 더 잘 발견하고 대책을 세울 수 있다. 그리고 여러 가지 위험 요인을 감지하고 종합 관리하며, 강력한 경보 기능을 갖는 지능적 시스템의 개발도 필요할 것이다.

여러 성원이 협동해서 수행해야 하는 일에서 아주 중요한 것 중 하나는 성원들이 상황인식을 공유하는 것이다. 여기에 배경지식의 공통기반과 의사소통이 결정적이다. 포틀랜드(Portland, US) 인근에 추락한 UA 173기의 경우에도 승무원 간의 의사소통 부재로 연료 고갈이란 상황이 늦게 파악된 것이 간접적인 원인이었다. 조종사와 부조종사가 상대방이 무엇을 하는지를 서로 모르는 경우를 생각해 보라(실제로 이런 일이 있었다). 오랫동안 함께한 조작자와 조수의 경우에는 거의 말이 필요 없이 협업이 이루어지지만, 그렇지 않은 경우에는 많은 말로도 의사가 제대로 전달되지 않을 수 있다. 의사소통이 정확하고 효율적으로 이뤄지도록 지원하기 위한, 단순한 해결책으로는 당사자들의 관점을 일치시키는 것이다. 예컨대, (PC의) 원격 치료 서비스처럼 고객과 서비스요원이 같은 화면을 보게 하는 것이다. 혹은 원격 회의의 경우처럼 육성만이 아니라 표정과 자세를 화면으로 보여 줌으로써 비언어적인 정보가 더 많이 제공되면, 의사소통의 질이 더 좋아질 수 있다.

맺음말

사고와 재난의 발생과 대처에서 인간은 전보다 더욱 복잡하게 개입하고 있다. 인간은 단순히 부주의하게 사고를 유발하는 경우도 있지만, 잘못 설계된 시스템에 의해 오류를 낳도록 유도되기도 한다(Wickens et al., 2017). 그런 사고를 인재라 치부하고 근본 원인의 분석을 게을리한다면, 잘못 명명된 인재는 되풀이될 수밖에 없을 것이다. 미국의 국립교통안전위원회(NTSB)는 사고에 대한 객관적이고 철저한 분석으로 유명한데, 이런 분석을 바탕으로 한 개선책은 실질적으로 사고를 줄이는 효과를 내고 있다.

사회가 복잡해지고 시스템이 거대해지면서 한 사고가 연쇄적인 파급효과를 내며, 재난을 초래하는 경향이 나타나고 있다. 사고는 단순히 확률의 문제가 아니다. 확률이 매우 낮은 사고, 소위 블랙스완(black swan)은 예측하기 어려운 반면, 발생한다면 치명적인 피해를 일으킬 수 있다(Perrow, 2013). 2016년 자율 주행하던 테슬라 전기차가 컨테이너와 충돌하여 운전자가 사망하였다. 밝은 색 컨테이너가 배경 하늘과 잘 구분되지 않은 것으로 분석되었다. 이처럼 많은 요소가 얽혀 있는 복잡한 시스템일수록 크고 작은 사고의 발생을 예측하기 힘들며, 시스템의 작동은 종종 인간이 예상하는 범위를 벗어난다. 모든 오류를 완벽하게 제거하는 시스템일수록, 많은 비용을 요구할 뿐만 아니라, 인간의 개입을 배제함으로써 더 치명적인 결과를 초래할 수 있다. 그러므로 사고를 방지하고 위험 요인을 제거하려는 노력의 일부분을, 안전과 위험을 적절한 수준에서 관리하는 데 돌릴 필요가 있다. 즉, 잠재적 사고의 원인이 될 수 있는 위험 요인들과 그 영향이 조절될 수 있는 범위 내에 들어오도록 하는 것이다.

사회와 시스템이 놓여 있는 상황은 가변적이며, 어떤 변동 혹은 사고가 발생하더라도 시스템이 그 목적을 가급적 유지하면서 탄력적으로 대응하고 변화에 적응할 수 있도록 하는 것이 필요하다. 시스템의 이런 속성을 탄력성이라 하며, 이에 주목하는 접근을 탄력성 공학(resilience engineering)이라고 한다(Hollnagel, Pariès, Woods, & Wreathall, 2011). 시스템을 구성하는 인간과 그 조직은 시스템의 탄력성과 관련하여 중요한 역할을 한다. 구성원들이 예민하고, 관련 경험과 지식이 풍부하고, 적극적으로 대처할 때, 시스템은 더 적응적이고 탄력적이게 된다.

복잡한 시스템에서 인간은 피동적인 한 성분으로 그치지 않는다. 예상되거나 사소한 많은 사고는 시스템에 의해 제어될 수 있고, 이런 경우 인간에게 주목할 만한 역할이 없어도 문제가 해결될 것이다. 그러나 시스템의 제어로 해결되지 않는 복잡하거나 예외적인 사고에서는 인간이 결정적으로 중요한 역할을 할 수 있다. 시스템 자동화의 경우처럼 인간의 개입을 계속 배제하다 보면, 정작 개입이 필요한 경우에 인간은 무능력하게 될 것이다. 현명하게 개입할 수 있도록 인간은 시스템 작동에 계속 참여할 필요가 있다. 인간은 때로 오류를 범하지만, 그것을 수정해 나가는 과정에서 더 치명적인 사고를 막을 가능성도 높아진다. 재난이 발생하여 많은 조직이 와해되고 혼란스러운 경우 소수 리더의 역할이 피해를 줄이는 데에 큰 도움을 주었다(Reason, 2008). 조직과 사회에서 사고와 안전에 대한 태도도 실제의 사고 발생과 대처에 중요한 지렛대가 된다(박창호, 2013). 앞으로 안전과 관련하여 여러 심리학 연구의 협동이 필요할 것이다(이강준, 권오영, 2005; 이종한, 2003).

요약

현대 사회는 사고와 재난으로 위협 받고 있다. 사고의 원인으로는 주로 인간 오류가 언급되어 왔다. 사고 발생 모형에 따라 인간 오류는 각기 다르게 해석되는데, 스위스 치즈 모형은 오류가 발생하는 여러 층위를 상정하며, 시스템적 관점은 조직적 · 사회적 · 개인적 수준의 영향을 복합적으로 고려할 것을 주장한다. 인간 오류는 실수, 과실, 오인, 규칙 위반 및 오판으로 구별될 수 있는데 이들은 인간 정보처리 과정과 관련이 있다. 오류의 배후에 있는 인지심리학적 과정(기제)으로서는 지각과 주의, 상황인식, 기억, 지식, 판단, 행동 제어 등이 있다. 사고와 인간오류를 줄이기 위한 심리학적 대책으로서, 디자인 개선, 안전 지식과 규칙 학습, 훈련, 작업부하와 스트레스 관리, 재조직화 등을 논의하였다. 사고와 재난에 대처하기 위해서는 사고의 근본 원인 분석, 위험 관리와 시스템의 탄력성, 그리고 여러 분야의 종합적인 노력이 필요하다.

생각할 거리

- 사고가 전혀 일어날 수 없는 완벽한 시스템과 사회를 만들 수 있을까? 아니면 어느 정도의 위험과 사고를 감당해야 하는가?

- 오류의 다섯 가지 분류는 매우 단순화된 것이며, 많은 사고는 여러 가지 오류들이 복합적으로 발생한 결과이기 쉽다. 일상에서 한 가지 오류가 다른 종류의 오류를 연쇄적으로 낳는 예를 찾아보자.

- 당신이 자주 범하는 오류나 주변에서 경험한 사고의 원인이 무엇인지를 인지심리학적 관점에서 분석해 보라.

- 사고가 났을 때를 대비한 당신의 판단 및 행동 지침은 무엇인가? 이 지침은 인지적 한계를 잘 고려하고 있는가?

- 사고를 줄이기 위해서 우리 사회가 가장 시급히 노력을 기울여야 할 한두 부문은 무엇인지 토의해 보자.

제10장

환경요소들과 인지행동

물리적 환경요소의 지표
지표적 관점에서 대표적인 물리적 환경요소와 인지행동의 관계
기타 물리적 환경요소
맺음말

인간은 환경과 끊임없이 상호작용하면서 삶을 살아간다. 이러한 적응(adaptation)과정에 있어 먼저 환경요소들은 사람들에게 주어진 환경 특성에 맞추어 변하도록 요구한다. 그러나 인간은 이와 같은 수동적인 형태의 적응과정에 머무르지 않고 적응과정의 경험 지식을 활용하여 실제로 인간이 원하는 상태에 맞는 물리적 환경을 만들기 위한 작업에 더 많은 시간과 노력을 할애하곤 한다. 즉, 적응과정은 환경에 대한 지각과 환경 조절이라는 일련의 과정들이 반복되는 것이라고 할 수 있다. 따라서 이 장에서는 인간의 인지행동(주의, 학습)과 관련된 환경요소들에는 어떤 것들이 있는지 살펴보고, 이 요소들로 인해 인간의 인지행동 변화는 어떤 형태로 나타났으며, 이를 토대로 환경요소들은 어떻게 조절되는 것이 적절한지의 시사점을 다루고자 한다.

물리적 환경요소의 지표

일상생활 속에서 우리는 오랫동안 물리적 환경에 노출되어 있다. 즉, 주로 인공적으로 형성된 주택, 사무실 등의 실내 공간에서 하루의 약 80% 이상의 시간을 보내고 있는 것이 현실이다(김보성, 민윤기, 민병찬, 김진호, 2011a). 이러한 행동 패턴은 사람들이 자연환경에 주로 노출되어 수동적으로 환경에 적응했던 상황과 달리, 물리적 환경의 요소들을 세분화하고 이를 측정하여 인간에게 적합한 형태로 조절함으로써 능동적으로 환경에 적응하고자 하는 노력에 기여한 바가 크다고 할 수 있다.

그렇다면 능동적 환경적응의 관점에서 대표적 물리적 환경요소에는 어떤 것들이 있을까? 이를 알아보기 위해 19세기 말부터 꾸준하게 개발되어 온 물리적 환경요소의 지표에 대한 역사를 간략하게 살펴보도록 하자. 그 시작은 1923년 Houghton과 Yaglou가 창안한 유효온도(effective temperature: ET)부터 시작된다(Houghton & Yaglou, 1923; [그림 10-1] 참조). 이들이 제안한 유효온도(ET)는 온도계의 수감부(temperature sensing element)를 햇볕에 직접 닿지 않도록 대기 중에 노출하여 측정하는 건구온도(dry bulb temperature: DBT; 대기 중의 상대습도가 100% 이하일 때 측정된 온도)와 상대습도(일정한 부피의 공기에 포함될 수 있는 최대의 수증기량에 대비해 현재 포함하고 있는 수증기량의 비율) 그리고 기류 속도(공기가 움직이는 속도)를 조합하여 만든 물리적 환경지표이다. 이 지표는 상대습도가 100%이며, 기류 속도가 0m/s인 기준 환경에서 지각되는 열감을 다른 환경에서 동일하게 느낄 수 있도록 하는 온도를 유효온도(ET)로 정의함으로써 다른 물리적 환경의 상태와 쉽게 비교할 수 있다는 장점이 있다. 그러나 실내 환경을 구성하기 위한 벽면이나 바닥의 재질이 머금고 있었던 열을 대기 중으로 방출하게 되는데, 이 과정에서 발생하는 복사열은 유효온도(ET)에서 고려하지 못한다는 제한점을 가지고 있다. 또한 기온이 낮은 환경에서는 상대습도의 영향이 상대적으로 과대평가된다는 점 역시 제한점으로 지적되었다.

이러한 제한점을 보완할 수 있는 다른 형태의 물리적 환경지표의 개발이 요구되었고, 1934년에 Bedford와 Warner에 의해서 유효온도를 수정 보완한 수정 유효온도(corrected effective temperature: CET)가 창안되었다(Bedford & Warner, 1934). 수정 유효온도(CET)는 앞서 유효온도(ET)에서 사용된 건구온도 대신에 태양으로 인

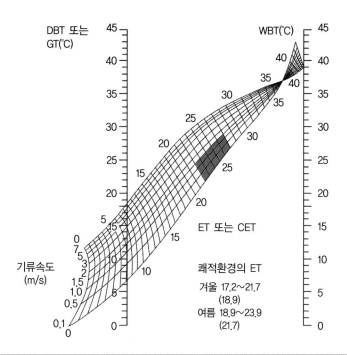

[그림 10-1] ET와 CET를 쉽게 평가하는 노모그램(http://home.snu.ac.kr/Html/comfort/comfort_030.htm)

좌측 DBT는 일반 온도계로 측정할 수 있는 건구온도이며, 우측 WBT는 습구온도(wet bulb temperature: 온도계의 온도 측정부위를 물로 적신 헝겊으로 싸면 이 부위에서 물이 증발하면서 최대 수증기량, 즉 상대습도가 100%가 되었을 때의 온도)를 의미한다. 또한 그물처럼 보이는 선들의 세로축에 표시된 0.1~7은 기류 속도를 의미한다. 이 그림에서 현재 실내의 건구온도와 습구온도, 그리고 기류 속도를 알면 ET 또는 CET를 계산할 수 있으며, 계산된 ET 또는 CET가 쾌적하다고 느낄 수 있는 영역(색칠된 영역)에 포함되어 있는지를 확인할 수 있다.

한 직사량과 대기 중 산란에 의한 복사량을 포함하는 흑구온도(복사되는 열을 잘 흡수하는 흑구를 이용하여 복사열에 의해 변화되는 정도를 측정하는 온도)를 사용함으로써 복사열에 의한 영향을 고려할 수 있도록 한 물리적 환경지표이다. 이 지표는 건구온도, 습구온도, 상대습도 등의 관계를 좌표로 표시한 습공기선도([그림 10-2]에서 상대습도에 따라 타원을 이루면서 펼쳐진 선들)에 유효온도(ET)를 표시함으로써 물리적 환경의 비교 및 평가가 쉽게 이루어질 수 있다는 장점이 있다. 그런데도 실제 지표 사용에 있어서 세부 요소들의 계측상 어려움이 존재하는 까닭에 유효온도를 수정 보완한 수정 유효온도(CET)보다 오히려 유효온도(ET)를 더 사용하는 회귀 현상이 나타나게 되었다.

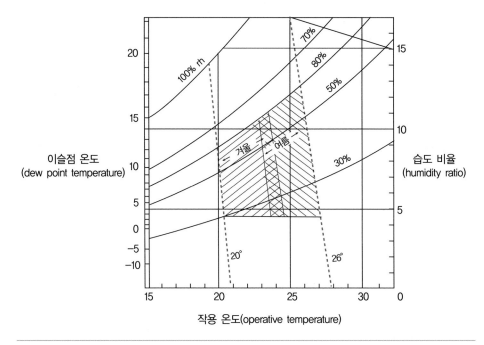

[그림 10-2] SET과 ASHRAE에서 설정한 쾌적범위의 관계(http://home.snu.ac.kr/Html/comfort/comfort_030.htm)

좌측 축은 이슬점으로 수증기가 물방울이 되는 온도(dew point temperature)를 의미하며, 포물선의 숫자는 각각 상대습도를 표시한다. 우측 축은 습도를 무게로 나타낸 것이다. 작용온도(operative temperature)는 습도의 영향을 반영하지 않기 때문에 습도를 고려하여 신유효온도(ET*; 점선으로 표시)가 산출되며, 계절은 ASHRAE에서 설정한 계절별 쾌적 범위를 표현한 것이다.

그러나 1971년 일본의 Nishi와 미국의 Gaugge는 물리적 환경이라 하더라도 그 환경에 사람이 들어가서 생활하고 있기 때문에 환경과 인간의 상호작용 관점이 물리적 환경지표에 포함되어야 한다는 논리를 제시하면서, 열평형 모델(heat balance model)에 기초하여 인간의 심장부와 피부의 열 요소를 고려한 신유효온도(new effective temperature: ET*)를 창안하였다(Nishi & Gaugge, 1971). 이 지표는 인체 피부에서 현재 열 요소와 잠재적인 열 요소의 교환이 유발되며 상대습도가 50%인 가상적 공간의 온도를 반영한 지표이다. 그러나 실제적 공간이 아닌 가상적 공간의 온도를 반영한 지표이다 보니 특정 공간에 머무르고 있는 인간의 직접적인 온감 또는 냉감을 표시하지 못한다는 단점을 가지게 되었다. 그런데도 물리적 환경요소들을 이해하는 데 인간과의 상호작용 특성을 고려했다는 점에서 그 의의가 크다고 할 수 있다.

환경과 인간의 상호작용 관점을 반영한 신유효온도(ET*)의 기조는 이후 표준화된 표준 신유효온도(standard new effective temperature, SET*)에도 지속해서 반영되었다 ([그림 10-2] 참조). 표준 신유효온도(SET*)는 신유효온도(ET*)를 서로 다른 환경 간에 비교하기 위해서 표준화한 지표로서 1972년 실내 환경의 냉·난방 공조설계의 표준 지침인 ASHRAE Standard 55-74와 ASHRAE Standard 55-81이 제정되었다. 이 지표는 한 사람이 착용한 의복들 각각의 열 저항치(CLO)를 모두 합쳐 0.6에 해당하도록 한 상태(일반적으로 여름에 가볍게 입을 수 있는 의복 정도)에서, 기류 속도가 0.1m/s이고 상대습도가 50%인 표준조건하에 실내에 머무르고 있는 사람이 경험하는 온도와 동일한 열 조건을 나타내는 지표이다. 신유효온도(ET*)를 표준화하면서 인체 피부의 열 교환이 이루어지는 가상적인 환경을 의복 열 저항치를 활용하여 현실적으로 구체화하긴 했지만, 그런데도 실제로 측정하여 쉽게 활용하기에는 어려움이 있었다.

그런 가운데, 1984년 국제표준으로 제정된 ISO-7730에는 Fanger에 의해서 제안된 PMV(predicted mean vote) 지표가 등장하였다(ISO-7730, 2005; [그림 10-5] 참조). 이는 Fanger가 1970년에 이미 제시한 지표로, 이 지표에 포함된 물리적 환경요소 여섯 가지가 존재한다(Fanger, 1970). 이 요소에는 실내온도, 상대습도, 기류 속도, 평균 복사온도(mean radiant temperature: 실내의 벽면에 존재하는 벽체의 표면 온도), 착의량(clothing or thermal resistance: 의복은 단열재이기 때문에 피부로부터 발열되는 열을 얼마만큼 손실시키지 않고 가졌는지를 반영하는 값으로 CLO라는 단위로 표시; [그림

[그림 10-3] 착의량의 예시(http://www.blowtex-educair.it/downloads/thermal%20comfort.htm)

10-3] 참조) 및 활동량(또는 대사량, metabolic rate: 인체는 음식물을 소화시키거나 근육을 움직여 열을 생산하게 되는데, 이러한 대사작용을 통해 발산되는 열의 양으로 MET라는 단위로 표시; [그림 10-4] 참조)이 포함된다.

결국 PMV 지표는 신유효온도(ET*)와 표준 신유효온도(SET*)에서 사용된 환경요소들에 추가로 인간의 열 부하량과 활동량을 활용하여 인체의 열부하를 계산하고, 신체의 체내 온도가 일정하게 유지되는 정상상태의 열평형 상태를 기준으로 온·냉감을 통계적으로 구함으로써 다른 지표들에 비교해 민감하다고 평가받고 있다. 다른 지표들이 실제적 측정 및 활용도가 떨어지는 단점들이 존재하는 가운데 PMV는 ISO-7730에 PMV 계산식을 제공함과 동시에 각 의복의 열 저항치도 자세하게 제시하였으며, 사람의 다양한 활동에 따른 대사량을 제시함으로써 전체적으로 쉽게 측정 및 활용할 수 있도록 했다는 점에서 의의가 크다고 할 수 있다. 결국 이러한 장점들로 인해 현재까지 가장 많이 활용되고 있는 물리적 환경지표이며, 국내 표준으로도 번안되어 제정되어 있다.

이러한 물리적 환경지표의 역사를 고려해 볼 때, 모든 지표에서 공통으로 거론되는 실내온도와 상대습도가 가장 대표적인 물리적 환경요소로 구분될 수 있다. 물론 유효온도(ET)에서는 건구온도를, 그리고 신유효온도(ET*)에서는 흑구온도를 활용했다. 그러나 건구온도는 일반적으로 온도를 측정하는 온도계를 통해 쉽게 측정할 수 있지만, 흑구온도는 손쉽게 측정하거나 활용하는 데 어려움이 존재하기 때문에 실내온도로 수렴화될 수 있는 요소들이라고 평가할 수 있다. 가장 최근까지 활용되고 있는 PMV 지표가 실내온도를 물리적 환경요소로 포함하고 있다는 점은 앞서와 같은 관점을 반영한 것이라 할 수 있다.

[그림 10-4] 활동량(대사량)의 예시(http://www.blowtex-educair.it/downloads/thermal%20comfort.htm)

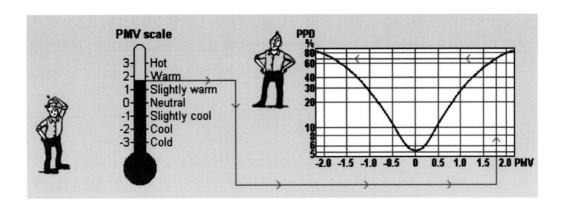

[그림 10-5] PMV 지표(http://www.blowtex-educair.it/downloads/thermal%20comfort.htm)

우측 그림의 가로축은 PMV 지표 값을 의미하며, 세로축은 예상 불만족도(predicted percentage of dissatisfied)로서 노출된 환경의 열감에 대해 얼마만큼의 사람들이 만족스럽지 못하다고 평가하는 정도를 의미한다. 예를 들어, PMV 지표 값이 1.8이라면, 이 환경에 대해 약 68% 사람들이 불만족스럽다고 반응할 것으로 예측된다.

지표적 관점에서 대표적인 물리적 환경요소와 인지행동의 관계

인지행동의 범위는 다소 방대할 수 있다. 그 이유는 흔히 인지 과정에 포함되는 지각, 주의, 기억, 학습, 사고, 지능 등의 내용과 더불어, 이러한 인지 과정에 기반을 둔 행동들을 모두 포함해야 하기 때문이다. 따라서 이 장에서는 주의와 학습의 인지 과정을 반영하는 인지행동으로 범위를 축소하여 지표적 관점에서 대표적인 물리적 환경요소와 이들 간의 관계를 살펴보고자 한다.

실내온도와 인지행동

실내온도와 인지행동의 관계를 다룬 연구들은 주로 학습환경이라는 테두리 안에서 진행되었다. Pepler(1972)는 실제 학습환경인 교실 내에서의 학습 수행과 실내온도와의 관계를 살펴보는 연구를 진행하였다(Bell, Green, Fisher, & Baum, 2003에서 재인용). 그는 이 연구에서 하나의 교실을 선택하여 실내온도를 인위적으로 조절하는 방식을 취하지 않고, 오리건주의 포틀랜드 근처에 있는 학교 중에서 냉·난방 공조기(에어컨, 온풍기 등)가 갖추어져 있는 학교들과 그렇지 않은 학교들을 서로 비교하는 방식으로 연구를 수행하였다. 이러한 조작은 조작의 정밀성 측면에서는 다소 비판을 받을 수 있는 부분이지만, 생태학적 타당성을 높일 수 있다는 점에서는 가치가 있다.

그 결과를 살펴보면, 공조기가 없는 학교들에서는 학생들의 학습 수행의 분산 정도가 기온이 올라가는 날에 커지는 것으로 나타났지만, 공조기가 갖추어져 있는 학교들에서는 이와 같은 현상이 나타나지 않았다. 이는 두 가지로 해석할 수 있는데, 그중 하나는 공조기를 통해 실내온도가 증가하는 것을 조절하게 되면 학생들에게 개인차를 떠나서 일정 수준의 학습 수행을 유도할 수 있다는 해석이다. 반면, 다른 하나는 실내온도의 증가를 공조기를 통해 인위적으로 조절하지 않더라도 학습 수행이 향상되는 학생들도 존재하기 때문에 실내온도의 조절이 학습 수행의 향상을 무조건 유도하지 않는다는 해석이다. 여러 해석의 가능성 및 직접 실내온도를 조절하지 않았다는 방법론적인 한계에도 불구하고, 인간의 인지행동과 물리적인 실내온도와의 관련성을 탐색하고자 하는 관점의 유도에서는 어느 정도 기여한 바가 존재한다고 볼 수 있다.

이후, 직접 실내온도를 조절하고 조절된 온도에 따른 인간의 인지행동의 차이를 살펴보는 연구들이 진행되었다고 볼 수 있다. 김정오, 박민규, 이상훈(1996)은 새로 개발된 공조기의 효과성을 검증하기 위해 기존 공조기와 새롭게 개발된 공조기로 실내환경을 제어하도록 하는 두 종류의 환경조건을 설계하였다. 그런 가운데 실내에 머무르는 사람의 학습 및 탐지과제 수행, 즉 인지행동의 차이를 살펴보는 연구를 진행하였다([그림 10-6] 참조). 이들은 인지행동으로 단어와 숫자를 짝짓는 학습과제(paired-associate learning task)의 수행을 살펴보았는데, 실내온도가 섭씨 23°C와 26°C로 구분된 실내온도 조건 간에는 과제 수행의 차이가 두드러지게 나타나지 않았다. 다만, 공조기에서 나오는 바람의 형태가 서로 다른 조건 간의 인지행동의 차이를 도출하였다. 구체적으로는 기존의 공조기에 비교해 새롭게 개발된 공조기로 제어된 환경에서 더 나은 학습 수행의 결과가 나타났다는 점을 주목하면서 인지행동에 있어 실내온도보다는 바람의 형태에 따른 효과를 강조하였다. 이는 PMV 지표가 가지고 있는 물리적 환경요소 중에서 기류 속도라고 하는 요소와 밀접하게 관련되어 있다고 볼 수 있다. 물론 바람의 형태가 단순히 기류 속도를 조절하는 방식으

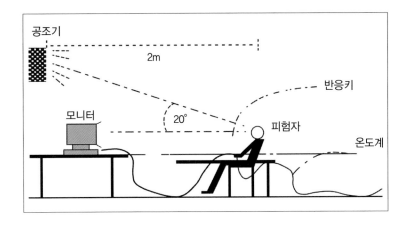

[그림 10-6] 김정오 등(1996)의 연구에서의 실험실 구조

로 이해될 수는 없지만, 그런데도 실내온도가 아닌 기류가 가지고 있는 특성이 인간의 인지행동에 제한적인 영향을 미칠 수 있다는 점에서 눈여겨 볼 부분이다.

한편, Tham과 Willem(2010)은 주의력을 반영하는 trail-making 과제를 활용하여 20℃, 23℃ 그리고 26℃의 세 가지 실내온도 조건에서의 인지행동의 차이를 살펴보는 연구를 진행하였다. trail-making 과제는 무작위적으로 퍼져 있는 25개의 원에 숫자 또는 숫자와 알파벳이 제시되었을 때 이 과제를 수행하는 사람이 숫자의 오름차순 순서 또는 숫자와 알파벳을 번갈아 가며 차례대로 선을 이어 가는 방식으로 진행되는 과제이다(김보성, 김진호, 민윤기, 2011; [그림 10-7] 참조).

이들의 연구 결과에서는 다른 실내온도 조건보다 26℃인 조건에서 trail-making 과제의 반응시간은 빠르고, 오류율은 감소하는 형태, 즉 더 우수한 인지행동의 결과가 도출되었다. 그러나 이 연구와 유사하게 동일한 trail-making 과제를 활용하여 20℃와 23℃의 두 실내온도 조건에서의 인지행동의 차이를 살펴본 최유림과 전정윤(2009)의 연구는 23℃에 비해 20℃의 실내온도 조건에서 더 우수한 과제 수행 결과가 나타났다. 두 연구는 인지행동을 관찰하는 과제도 동일하고, 20℃와 23℃의 실내온도 조건도 서로 중복됨에도 두 실내온도 조건 간에 인지행동의 차이가 나타나지 않는다는 결과와 나타난다는 결과로 상반되는 결과들을 보여 주기도 했다. 최욱(2009)의 주장을 활용하자면, 인지행동의 적정범위의 실내온도가 존재할 수 있기 때문에 실내온도의 변화가 인지행동의 결과에 거의 영향을 미치지 않는 구간을

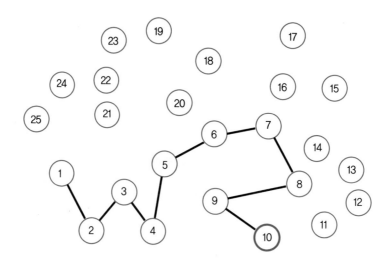

[그림 10-7] trail-making 과제의 예시(http://www.148apps.com/app/1110541801/)

탐색하는 것이 필요할 수 있다. 따라서 최욱(2009)은 학습활동에 필요한 적정 실내온도가 약 22~24℃라고 제시하고, 이 적정 실내온도를 벗어나 1℃씩 상승하면 그에 비례하여 약 7%의 비율로 학습능력이 저하될 수 있다고 주장하였다. 그와 더불어서 28℃ 이상의 실내온도를 설정하여 이 이상의 환경에 학습자가 노출되는 것은 학습에 상당한 지장을 초래할 수 있음도 경고하였다. 이는 Hocking 등(2001)의 연구를 통해 일부 지지가 되었다고 판단할 수 있다. 그 이유는 이들의 연구는 Rey 언어기억검사(Rey auditory verbal learning test: 단어들을 1초 간격으로 불러 주고 이를 기억하도록 하는 검사)를 학습과제로 활용하여 실내온도가 25℃인 조건과 35℃인 조건 간의 수행 차이를 살펴본 결과, 28℃를 크게 웃도는 실내온도 조건에서의 급격한 수행 저하가 나타났기 때문이다.

결국 서로 다른 결과를 보여 주는 연구들을 실내온도와 인지행동의 관계라는 범주로 묶어서 설명하기 위해서는 적정범위를 벗어나는 경계의 실내온도 조건을 탐색하는 것이 우선으로 요구되며, 그 범위 내에서는 인지행동의 변화에 영향력이 큰 변수들이 무엇인지를 규명하여 제안하는 것이 필요하다고 볼 수 있다. 그러나 한편으로는 실내온도 이외의 또 다른 물리적 환경요소들의 영향도 고려해야 한다는 관점을 적용해 볼 수도 있을 것이다. 인지행동에 있어 실내온도보다는 바람의 형태

가 더 중요하다는 김정오 등(1996)의 주장이나, 실내온도 이외의 다른 물리적 환경
요소들의 영향(예, 습도, 평균 복사온도)이 더 클 수 있다는 김보성, 민윤기, 민병찬과
김진호(2011b)의 주장들이 그 근거로서 활용될 수 있기 때문이다.

상대습도와 인지행동

상대습도와 인지행동의 관계를 직접 다룬 연구는 찾기가 어렵다. 이는 주로 온열
환경(thermal environment)이라는 테두리 안에서 실내온도를 중심으로 그 이외에 부
수적인 물리적 환경으로 상대습도를 측정 및 활용해 왔기 때문이다. 그러나 이런 상
대습도가 실내온도와 별도로 중요할 수 있음을 강조한 Kim, Min과 Kim(2013) 연구
를 고려해 볼 때, 상대습도와 인지행동의 직접적 관계를 살펴보는 연구들의 필요성
이 높아질 수 있을 것이다. 그렇다면 Kim 등(2013)의 연구를 먼저 살펴보도록 하자.

Kim 등(2013)의 연구는 앞서 언급했던 PMV 지표의 문제점을 제시하는 데 초점
을 두었다. 여기서 PMV 지표는 몹시 덥거나, 몹시 추운 극단적인 환경이 아닌 일
반적 형태의 Moderate 수준의 환경에서 사람들이 불쾌하지 않고 그 환경에 쾌적하
다고 인식할 수 있는 온열 환경의 기준을 제시한 지표이다. 그러나 사람들이 생활
하고 있는 지역의 계절이나, 기후 등의 외부적 특성과 더불어 사람들의 성별, 연령,
그리고 자신의 경험에 기초한 온열감의 선호 및 기대에 따라서도 PMV 지표가 제
시하는 기준과 다른 조건을 선호할 수 있는 연구들이 제시되었다(김보성 외, 2011;
2011a; 송두삼, 강기남, 가토신스케, 2007; de Dear & Barger, 1998). 결국 Kim 등(2013)
은 사람들이 쾌적하다고 지각하는 환경을 탐색하는 데는 주관적 쾌적감(subjective
comfort sensation)을 중심으로 그에 적합하도록 PMV 지표의 준거를 변경하는 것이
필요하다고 생각하고, PMV 지표 및 그 하위 요소들과 사람들의 주관적 쾌적감 및
온열감 변수들의 관계를 살펴본 것이다. 이 연구에서 발견된 결과는 사람들이 쾌적
하다고 느끼는 주관적 쾌적성과의 관계성이 유의미한 물리적 환경변수로 상대습도
가 도출되었다는 것이다. 이는 온열 환경에 대한 주관적 쾌적성이 인지행동과 관련
성을 가지고 있음을 주장한 Min, Jung과 Kim(2014)의 연구결과를 고려할 때, 상대
습도와 주관적 쾌적성, 그리고 인지행동의 관련성이 존재할 수 있을 것으로 해석할
수 있다. 특히 이들의 연구에서 사용된 과제가 선택적 주의능력을 반영한 시각탐색

과제(visual search task)이기 때문에 인지행동과의 관련성에 있어서 앞선 해석의 타당성은 살펴볼 필요가 있는 주제로 여겨진다. 여기서 사용된 시각탐색과제는 다음과 같은 방식으로 제시되었다. 먼저, 한 변이 뚫려 있는 사각형, 즉 거의 디귿 모양의 사각형들이 적게는 4개에서 많게는 12개까지 제시되었다. 이때 좌측 또는 우측 변이 뚫려 있는 사각형이 목표가 되는 표적 사각형이며, 위나 아래 변이 뚫려 있는 사각형은 표적 사각형을 찾는 과정을 방해하는 방해 사각형에 해당한다. 이 과제에서 참가자들은 방해 사각형 중에서 표적 사각형을 찾아 좌측 변이 뚫려 있을 때는 숫자 키패드의 '1'번 키를, 우측 변이 뚫려 있을 때는 숫자 키패드의 '2'번 키를 누르게 되어 있었다.

상대습도와 인지행동과의 관련성에 가장 적합한 연구 결과를 찾으라면, 김보성 등(2011b)의 연구라 할 수 있다. 물론 앞서 언급한 것처럼 상대습도와 인지행동의 관계만을 살펴보고자 설계된 연구는 아니지만, PMV 지표에서 언급한 실내온도, 상대습도, 기류 속도, 평균복사온도와 Kim 등(2013)에서도 동일하게 사용된 시각탐색과제와의 관련성을 살펴보았기 때문에 상대습도와 인지행동 간의 관계를 설명할 수 있는 연구 결과라 할 수 있다. 이 연구의 초기 목표는 PMV 지표가 쾌적한 환경을 규정하는 기준으로 활용되고 있으니 쾌적한 환경에서의 과제 수행 향상에 있어 세부 물리적 환경요소들의 영향력을 탐색하는 데 두었다. 결국 예상한 결과도 모든 물리적 환경요소들이 과제 수행의 결과와 관련성을 보여 줄 것이며, 다만 정도의 차이만 존재할 것으로 여겼다. 그러나 의외로 실내온도는 정확도와 반응시간으로 측정된 과제 수행의 정도와의 관련성이 유의미한 결과를 보여 주지 못하였지만, 다른 물리적 환경요소보다 상대습도와 과제 수행의 관련성은 상대적으로 높은 결과를 보여 주었다는 사실이다. 이는 사람들의 인지행동에 있어 환경요소로서 상대습도의 영향력이 크게 작용할 수 있음을 반영하는 기초 자료에 해당하는 것이다.

기타 물리적 환경요소

앞서 언급한 대표적인 물리적 환경요소에 해당하는 실내온도나 상대습도 이외에도 다양한 물리적 환경요소가 인지행동의 변화 측면에서 고려될 수 있다. 그중에서 인간의 감각 및 지각기관으로서 중요한 위치에 있는 것이 시각과 청각인데, 이 시각과 청각과 관련된 배경색과 조명, 소리와 음악의 물리적 환경요소들 역시 인지행동의 변화에 있어 영향력을 가지고 있다. 따라서 각각의 소주제를 중심으로 살펴보고자 한다.

배경색과 조명

배경색은 과제 수행에 있어 초점을 두는 항목 주변의 색으로 정의될 수 있다. 그렇기 때문에 초점 항목의 색과 대비되는 정도가 고려대상에 포함될 수밖에 없다. 그러나 일상생활 속에서의 배경색 고려요소는 사람들이 과제를 수행하는 공간의 색 속성에 초점을 두고 있는 것이 일반적이다. 따라서 어떤 계열의 색으로 공간을 디자인하면, 그 공간 내에서 사람들의 과제 수행 변화가 나타난다는 식의 정보들을 활용하고자 하는 데 관심이 있다고 할 수 있다.

이에 대한 기초적 연구로서 김보성(2014)은 인지 과제가 제시되는 화면에서 과제 내용이 제시되는 부분과 이와 상관이 없는 부분을 각각 전경과 배경으로 구분하여 제시했을 때, 전경색과 배경색의 대비에 따른 인지 과제의 수행을 살펴보는 연구를 진행한 바 있다. 여기서 사용된 인지 과제는 작업기억(일시적인 정보를 처리하는 기억으로, 이전에는 단기기억으로 표현되었던 기억)의 용량을 측정하는 데 사용되어 온 OSPAN 과제(operation span task)가 사용되었다(이 OSPAN 과제는 단순히 작업기억의 용량을 측정하는 과제이기도 하면서, 한편으로는 작업기억의 하위 요소 중 하나인 집행능력을 측정하는 과제로서 활용되기도 한다). 예를 들어, 화면에 '(6×7)＋4＝44? 딸기'와 같은 내용이 제시되면, 참가자는 수식 부분을 모두 소리 내어 읽으면서 수식을 머릿속으로 실제 계산해야 한다. 수식 부분을 모두 읽었을 때, 머릿속으로 계산한 수식의 값과 등호 우측에 쓰여 있는 값이 같은지 다른지를 판단하여 같으면 숫자 키패드의 '1'번 키를, 다르면 숫자 키패드의 '2'번 키를 참가자들이 누르도록 하였다. 그런 다음 물음표 우측에 놓여 있는 단어를 소리 내 읽고 넘어가는데, 이와 같은 일련의 시행들이 짧게는 두 번에서 많게는 여섯 번이 지난 후에 읽고 넘어갔던 단어들을 기억하여 답지에 적어 가는 방식으로 진행되었다. 이 과제에서 수식을 계산하는 것과 단어를 기억하는 것은 서로 다른 인지적 노력이 요구되는 것을 알 수 있다. 이렇게 각각 요구하는 것들(계산 그리고 단어암기)을 얼마나 잘 수행하는지, 그리고 특별히 수식을 계산하는 과정에도 불구하고 단어를 얼마만큼 잘 기억하고 있는지가 이 과제에서 중요하게 측정하고자 하는 것이다. 이 연구에서 연구자는 전체 화면을 하나의 색으로 제시하는 통제조건, 전경색과 배경색을 대비하여 제시한 색의 대비조건을 활용하여 OSPAN 과제의 수행 정도를 살펴보았는데, 결과적으로는 통제조건과 전경색과 배경색의 대비조건 간에는 과제 수행에 있어서 유의미한 차이를 보이지 않는 것으로 나타났다.

그러나 앞선 연구처럼 과제의 내용이 제시되는 일부분을 배경색으로 처리하여 과제 수행을 살펴보는 것과는 달리 물리적 환경으로서 고려된 배경색은 다양한 상황에 맞추어 빠르게 변화를 주기가 곤란하다는 특성이 있다. 예를 들면, 학습자의 눈의 피로를 덜어 주며 집중도를 높여 줄 수 있는 배경색이 한색계열로 알려져 있기 때문에 개인적 학습공간의 배경색을 한색계열로 모두 세팅했다고 하자. 그런데 사정이 생겨 이 공간을 다른 용도(예, 침실, 놀이 공간 등)로 변경해야 한다면 그에 맞는 또 다른 배경색으로 변화를 주어야 하는데 이러한 절차는 상당한 번거로움을 유발할 수밖에 없다. 만약 그렇게 변경된 공간을 다시 원 목적의 공간으로 재편성했다면 어떨까 상상해 보자. 이처럼 배경지식은 변화에 시시각각으로 대응하지 못하는 문제점을 배경색은 가지고 있다. 그렇다면 배경색을 전혀 고려하지 않을 것인가, 아니면 공간의 목적에 맞는 변화를 추구하지 않도록 할 것인가로 초점을 돌릴 수 있을지도 모른다.

이러한 배경색의 문제점을 보완하면서도 배경색의 영향을 고려할 수 있는 요소가 등장하는데, 그 요소가 바로 조명이다. 최근에는 다양한 색을 구현할 수 있으면서 에너지 소모도 적은 것으로 알려진 LED가 등장하면서 배경색과 조명을 동시에 고려할 수 있게 되었다. 그러나 LED 조명을 활용한 연구들은 LED 조명 변화를 둔 환경과 행동 또는 감성의 측면에서 주로 연구가 진행되고 있다고 봐도 무방하다고 할 수 있다. 예를 든다면, 정지철(2012)의 '학습공간의 행동패턴별 LED 조명의 색온도, 조도 최적 범위 도출에 관한 연구'는 책 읽기 또는 휴식하기 등 행동의 각각 측면에서 적절한 조명의 색온도는 어느 것이 적절하며, 조도는 어느 정도여야 하는가를 탐색하는 데 초점을 두었다. 또한 박현수, 이찬수, 장자순, 이강희와 김현택(2011)은 '조명심리연구에 대한 고찰과 전망'이라는 제목의 연구를 제시하면서 조명감성, 조명 생리, 조명 행동이라는 카테고리로 구분하여 조명의 영향을 개괄적으로 제시하기도 하였다. 그러나 인지행동의 측면에서 살펴볼 때, 수행과 같은 측정 가능한 인지행동의 변화 특성이 더욱 많이 고려되어야 할 필요가 있다고 판단된다.

이와 같은 측면에서, 몇몇 연구들은 조명과 배경색 그리고 인지행동의 직접적 관계성을 살펴보려는 노력에서 의의를 찾을 수 있었다. 그중 석현정과 김곡미(2010)의 연구는 LED 조명의 물리적 속성 중 색도를 변화시켜 가면서 그 실내 공간에서 사람들이 시간을 얼마나 정확하게 지각하는지, 아니면 실제 시간보다 길거나 짧게 지각하는지의 특성을 살펴보았다. 이때 사용된 LED 조명의 색은 총 6가지로 빨강(red)[1], 초록(green)[2], 파랑(blue)[3], 노랑(yellow)[4], 자홍색(magenta)[5], 청록색(cyan)[6]이 포함되었다[작은 윗첨자는 [그림 10-8]의 색(조명) 공간에서 각 색의 위치를 가리킴].

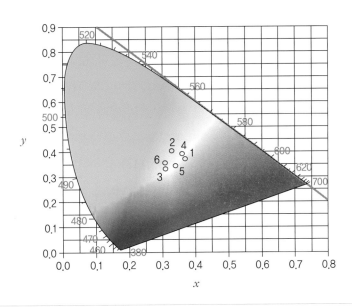

[그림 10-8] LED 조명색의 CIE 다이어그램(석현정, 김곡미, 2010)

CIE 좌표에서 실험에 사용한 LED 조명색의 위치. 번호 1~6. 각 번호에 해당하는 색의 이름은 본문 참조.

이 연구에서 도출된 결과를 살펴보면, LED 조명의 색채가 난색 계열[빨강(red), 노랑(yellow), 자홍색(magenta)]인 경우에는 백색광인 환경에 비교해서 주어진 시간을 더 길게 인지하는 경향을 보였다([그림 10-8] 참조). 예를 들면, 주어진 시간이 5초였는데, 난색 계열의 조명이 제시된 환경에 노출된 사람들은 5.5초가 지난 것으로 지각하는 경향을 보였다는 것이다. 이와 반대로 한색 계열[파랑(blue), 청록색(cyan)]의 LED 조명에 노출된 경우에는 백색광인 환경에 비교해 오히려 시간을 더 짧게 인지하는 경향이 나타났다. 이러한 결과는 난색 계열과 한색 계열의 조명 간의 직접적 비교에서도 동일한 결과가 도출되는 것으로 나타났다. 그러나 20초 이내의 짧은 시간을 인지하는 형태에서는 지루함의 유발요소가 개입될 여지가 상대적으로 낮았으나, 그 이상의 시간에서는 그 지루함의 요소를 상쇄시키기 위해 각자 계산 문제나 단어 연상 문제 등을 활용하도록 해서 이 과제에 대한 주의집중과 같은 인지적 처리가 오히려 시간 인지라는 결과에 영향을 주었을 수도 있음에 대해서는 적절하게 해명하기가 곤란한 약점도 존재하는 것으로 판단된다. 그런데도 시간을 인지하는데 있어 색의 영향을 체계적으로 살펴본 연구라 할 수 있다. 또한 일반적인 조명 환경에 해당하는 백색광 환경과도 비교하여 LED 조명의 효과도 추정해 볼 수 있도록 실험설계를 진행했다는 점에서도 가치가 있는 연구로 분류할 수 있다.

한편, 정우석, 유미, 권대규와 김남균(2007)의 연구는 LED 조명은 아니지만 백색 할로겐 등에 채색 필터를 사용하여 빨강, 노랑, 초록, 파랑, 보라 그리고 백색의 색채조명을 구현하고, 시공간 주의과제와 n-back 작업기억 과제를 활용하여 인지행동을 살펴보았다([그림 10-9] 참조). 앞서 살펴본 석현정과 김곡미(2010)의 연구와 비교해 본다면, LED 조명 대신 채색 필터를 활용하여 조명색을 조절했다는 점이 아쉬운 점이지만, 인지행동에서는 주의와 작업기억이라는 인지적 특성을 반영한 과제를 직접 활용했다는 점에서 나름의 가치를 찾아볼 수 있다. 이 연구에서 사용한 과제는 단서를 주고 그 단서를 기반으로 목표 자극(target)을 찾는 시각탐색과제가 주의과제로 사용되었으며, 낱글자(예, 가, 나, 다 등)를 사용하여 현재 제시된 낱글자가 이전에 제시되었던 낱글자인지를 판단하여 반응하는 과제로서 이 연구에서는 2-back 과제가 사용되었다. 즉, [그림 10-9]의 우측과 같이 '가'라는 단서(cue) 자극이 제시된 후, '라'라는 단서와 다른 자극이 제시된 후에 단서와 일치하는 표적(target)이 제시되었다. 그러나 이 연구에서는 앞과 같은 과제를 명명하는 데 있어서

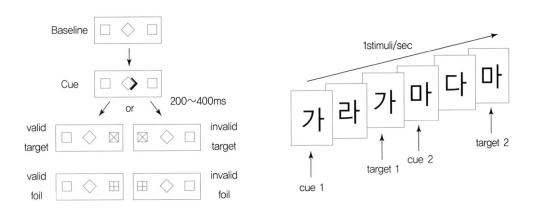

[그림 10-9] 정우석 등(2007)이 사용한 시공간 주의과제(좌)와 기억력 과제(우)

오류를 범했다는 사실을 찾아볼 수 있다. 이 연구자들은 1-back(바로 직전의 단서가 제시된 후 표적이 제시되는 방식) 과제라고 표기하고 있다는 점이다. 물론 이들은 1-back이냐 2-back이냐가 중요했다기보다는 이 과제를 통해 기억력을 측정하고 싶었다는 것을 강조하고 있다고 볼 수 있다. 그러나 심리학 전공자, 특히 인지심리학을 전공하는 전공자들에게 있어서는 2-back과 1-back은 인지적 노력의 차원에서 난이도의 개념으로 차이가 있기 때문에 엄연히 구분되어야 하는 과제일 수 있음을 고려할 필요는 있어 보인다.

이 연구의 결과를 살펴보면, 먼저 백색과 초록색 조명에서 주의과제 반응시간이 보라색 조명에 비교해 빠르다는 결과가 도출되었다. 이는 보라색 조명에 노출된 경우 주어진 단서에 따라 빠르게 찾아야만 하는 자극(목표 자극)을 다른 조명 조건에 비교해 느리게 찾아낼 수 있음을 의미하는 것이다. 또한 빨간색보다 초록색 조명에서의 주의과제 정확률이 높다는 결과도 도출되었다. 이는 초록색 조명에 노출되어 있을 때 단서에 근거하여 목표 자극을 찾는데 그 정확도가 다른 조명 조건에 비교해 높다는 것을 의미한다. 이처럼 빠르기와 정확도는 서로 상쇄되는 경향을 보이기 때문에 일반적으로 각각 살펴보는 경향이 있다. 예를 들면, 어떤 과제를 빠르게 처리하려다 보면 일반적인 속도로 처리하는 경우에 비교해 실수가 느는 경우를 보게 된다. 반면, 너무 정확하게 과제를 처리하려고 보면 반대로 시간의 지체가 나타나는 경우도 보게 된다. 이러한 것을 trade-off라고 명명하는데 속도가 중요한 과제라면 반응시간에 근거하여, 반면 정확도가 중요한 과제라면 정확률에 근거하여, 과제를 살펴보려는 노력이 필요함을 의미한다고 할 수 있다.

이와 더불어 앞 연구의 결과에서 작업기억 과제로서 조명색에 따른 2-back 과제의 결과를 살펴보면, 노란색 조명에서의 2-back 과제 반응시간이 보라색과 초록색 조명에 비교해 빠르고, 파란색 조명에서의 2-back 과제 정확률이 빨간색과 보라색 조명에 비교해 높다는 결과가 도출되었다. 이는 노란색 조명에 노출되었을 때에는 이전에 제시되었던 자극인지의 기억과 비교과정의 처리를 반영하는 작업기억에 있어 그 과정을 더 빠르게 진행하게 할 가능성이 높음을 의미하지만, 파란색 조명에 노출된 경우에는 처리 과정의 신속성보다는 정확성에 근거하여 더 정확하게 주어진 자극을 처리할 수 있음을 의미하는 것이다.

반면, Lee, Min, Min과 Kim(2015)의 연구는 색의 변화를 직접 줄 수 있는 LED 조명을 활용함과 동시에 정우석 등(2007)이 사용한 작업기억 과제와 유사하되 난이도가 높은 3-back 과제를 사용하여 조명과 인지행동의 관계를 살펴보았다([그림 10-10] 참조).

단순 색채 중심으로 구분하여 LED 조명을 나눈 것과는 달리 이 연구에서는 색온도(color temperature)라는 특성을 기준으로 LED 조명을 조절하는 특징을 보였다. 여기서 색온도란 조명의 색을 절대온도를 이용하여 나타낸 것으로 앞서 언급한 난색 계열인 경우에는 색온도의 값이 낮고, 한색 계열인 경우에는 색온도의 값이 높은 형태로 절대온도 단위인 켈빈으로 표시된다. 이러한 색온도를 기준으로 LED 조명을 난색 계열인 빨강(Red; 3862K), 일반 백색광(White; 5052K), 한색 계열인 파랑(Blue; 11,460K)의 3단계로 변화를 줌으로써 LED 조명과 인지행동의 관계를 살펴보았다. 이 연구에서 결과를 살펴보면, 색온도를 기준으로 한 LED 조명색의 차이에 따라서 작업기억 과제 수행의 변화는 두드러지게 도출되지는 않았다. 이러한 결과는 색채 필터를 활용하고 2-back 과제를 사용한 정우석 등(2007)과는 다른 결과를 보여 준 것이라 할 수 있다. 물론 두 연구 간에 독립변수에 해당하는 조명색의 특징도 색을 명명하는 형태로서 유사할 뿐이지, 실제로는 빨간색 색채 필터를 통해 제시된 할로겐 조명과 빨강에 해당하는 색온도의 LED 조명은 서로 다를 수 있다. 또한 작업기억 과제로서 동일한 과제일 수 있으나, 여기에는 난이도 차이가 분명하게 다른 점도 두 연구를 직접 비교하기에는 어려움이 존재한다고 할 수 있다.

한편, 인지행동의 범위를 실용적 측면으로 확장하여 조명과의 관계성을 살펴본

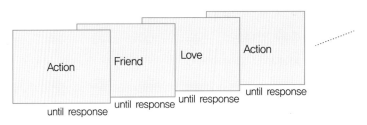

3-back Working Memory Task

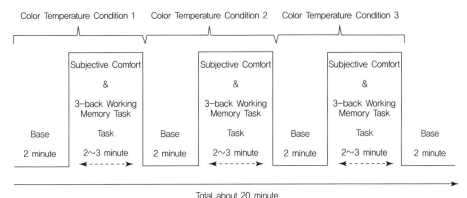

Total about 20 minute

[그림 10-10] Lee 등(2015)의 실험과제 및 절차

3-back 과제는 [그림 10-6]에서 설명한 바와 같이 단서 자극과 표적 자극 사이에 관련 없는 자극이 2개 제시된 과제를 의미한다. 이 연구의 기본적 절차는 색온도가 각각 다른 3개의 조건에서 각각 3-back 과제를 수행함으로써 한 명이 세 조건에 모두 참여하는 일련의 반복측정 방식으로 구성된 절차이다.

연구도 있다. 박종진, 이형철, 김신우(2014)의 연구가 여기에 해당한다. 이 연구는 최근 사람들에게 많이 활용되는 디바이스인 스마트폰을 가지고 스마트폰의 한정된 화면에서 텍스트를 읽어 내는 데 얼마나 불편한지, 즉 가독성 관련 불편감이 얼마나 높은지에 대해서 조명과의 인과관계를 살펴보았다. 조명 환경조건으로는 약 600lux의 형광등을 활용한 실내조명과 7~9만 lux의 태양광을 활용한 실외조명이 각각 활용되었는데, 두 조건에 대한 단순 비교에서 가독성 관련 불편감은 차이를 보이지 않는 것으로 나타났다. 다만, 두 조명 환경조건을 모두 경험토록 해서 변화를 준 경우에는 조명 환경조건의 변화가 제한적으로 가독성 관련 불편감에 영향을 미친다는 결과에는 도달하였다. 이를 앞서 소개한 Lee 등(2015)의 연구와 연관 지어 살펴본다면, 단순하게 조명의 색이나 조명의 밝기의 차별성 자체보다는 대비과

정의 노출이 인지행동에 있어 보다 중요한 차이를 만들어 내는 것일 수 있다는 예측이 가능해진다고 볼 수 있다.

이처럼 조명과 인지행동의 관계에서도 물리적인 세부 속성을 어떻게 통제하느냐에 따라서, 그리고 어떤 형태의 인지행동을 측정하며, 그 인지행동을 측정하는 도구가 어느 것이냐에 따라서도 서로 다른 결과들이 도출된다는 점을 상기해 볼 수 있다. 이 역시 물리적 환경요소들과 인지행동 간의 관계를 탐색하는 데 고려해야 할 부분들이 매우 많다는 사실을 시사한다.

소리와 음악

소리와 관련된 환경 지각의 연구는 크게 사운드 스케이프(soundscape) 연구라 할 수 있다. 다른 말로 청각적 경관이라고 불리는데, 소리가 하나의 환경으로서 고려된다(한명호, 오양기, 2007). 그러나 사람들의 인지행동과의 관련성을 고려하기 위해서는 청각적 경관인 소리를 통제해야 할 필요가 있다. 이러한 관점에서 고려해 본다면, 일반 환경에서 접할 수 있는 다양한 소리를 수집하여 개별적으로 소리를 들려주는 환경조건을 구성하고, 각각의 조건에서의 인지행동을 살펴보는 일련의 연구들이 진행되어야 할 것으로 판단된다. 소음(noise)과 인지행동의 관계를 살펴본 임명호 등(2007)의 연구는 이런 측면에서 그 예가 될 수 있다. 이들은 헬기 비행장 주변, 전투기 비행장 주변, 그리고 대조지역의 초등학교 소음 수준을 측정하고, 각 학교의 초등학생들을 대상으로 인지행동의 범주에 포함될 수 있는 주의력(연속수행능력평가: ADS), 지능(K-WISC III), 읽기 및 어휘력(한국교육과정평가원 국어 읽기 진단/배치검사)을 측정하였다. 결과적으로 보면, 청각 주의력에서는 상대적으로 높은 소음 수준에 노출된 집단(전투기 비행장 주변)의 오류가 높은 것으로 나타났으며, 읽기 능력에 있어서도 유사한 결과가 나타났다. 그러나 시각 주의력, 지능 및 어휘력에서는 차이를 보이지 않는 결과도 공존하고 있는 것이 사실이다. 결국 소음과 인지행동의 관계가 일관된 형태를 보이는 것은 아님을 알 수 있으며, 둘 간의 관계에 대한 의문점을 해결하려는 노력을 자극해야 함을 시사한다.

그런데도 소음이라는 요소를 실험의 형태로서 갖추고 조작하는 데에는 상당한 어려움이 존재하기 때문에 오히려 이와 같은 연구들보다 복합음으로 구성된 음악에 초점을 두고 음악에 따른 인지행동의 특성을 살펴본 연구들이 더 많다. 한편으로는 사람들에게 있어 소음이 부정적인 상태를 유도하지만, 음악은 긍정적인 상태를 유도하기 때문에 인지행동의 긍정적인 변화에 대한 기대심리로서 관련 연구들이 많은 것일 수도 있다고 보인다. 그렇다면 음악과 인지행동의 관계를 살펴본 많은 연구에 있어서, 인지행동이 주가 되는 입장에서 살펴보면 동시에 제시되는 음악은 배경음악으로 구분될 수 있다. 이러한 연구들의 결과들을 보면 크게 배경음악이 인지행동의 저하를 유발한다는 연구들(Fogelson, 1973; Smith & Morris, 1977)과 오히려 인지행동을 촉진한다는 연구들(강갑원, 1993; 송정선, 2000; Hooper & Powell, 1970; Kaltsounis, 1973)이 공존하고 있다. 김보성, 김진호, 민윤기(2012)는 이처럼 배경음악과 인지행동의 관계가 앞서 살펴본 소음과 인지행동의 관계에서처럼 비일관적인 것의 이유를 배경음악에 초점을 두고 찾아야 한다는 주장을 하였다. 결국 배경음악의 속성이 연구마다 다르기 때문에 각각에 의해서 인지행동의 결과가 유사하지 않은 것으로 판단한 것이다.

이런 측면에서 배경음악의 속성을 조절한 염현경(1991)의 연구는 앞선 판단을 일부 지지하는 연구의 예가 될 수 있을 것이다. 염현경(1991)은 배경음악이 가진 속성 중에서 장르에 초점을 두고, 서로 다른 장르의 배경음악 청취가 지능검사의 추리과제 수행에 미치는 영향을 살펴보았다. 이 연구에서 사용된 배경음악의 장르는 한국민요, 서양 고전음악, 그리고 대중가요였으며(<표 10-1> 참조), 추리과제는 언어, 수열 및 도형 추리과제가 사용되었다. 결과적으로 언어 및 수열 추리과제의 수행에서는 서양 고전음악을 청취할 때 더 나은 수행이 나타났고, 도형 추리과제의 수행에서는 한국민요를 청취할 때 더 나은 수행이 나타났다. 더 나은 수행을 보인 배경음악 장르의 입장에서는 배경음악이 인지행동을 촉진할 수 있음을 보여 주는 증거가 될 수 있으나, 반대로 보자면 수행이 저조한 배경음악, 특히 대중가요의 입장에서는 이러한 음악의 청취가 오히려 인지행동의 저하를 유발하는 증거가 될 수 있다. 이러한 해석의 모호함이 존재하기는 하지만, 그런데도 배경음악이 환경요소로 제시되었을 때에 그로 인해 그 환경에 속해 있는 사람들의 인지행동 변화를 유발할 수 있다는 근거로서는 의미가 있다고 할 수 있다.

표 10-1 염현경(1991)의 연구에서 사용된 배경음악

장르	곡 목록	
한국민요	• 〈아리랑〉 • 〈도라지 타령〉 • 〈노들 강변〉 • 〈천안 삼거리〉	• 〈봄 아가씨〉 • 〈한오백년〉 • 〈방아타령〉 • 〈뱃노래〉
서양 고전음악	〈Mozart Symphony No. 40〉	〈Mozart Symphony No. 41〉
대중가요	• 이승환의 〈텅빈마음〉 • 박선주와 조규찬의 〈소중한 너〉 • 최용준의 〈거울이 되어〉 • 김지연의 〈찬 바람이 불면〉 • 봄겨울의 〈어떤 이의 꿈〉	• 박광현의 〈비의 이별〉 • 장필순과 김현철의 〈잊지 말기로 해〉 • 이상우의 〈나만의 그대〉 • 신해철의 〈슬픈 표정 하지 말아요〉

한편, 김보성 등(2012)의 연구도 이러한 시사점에 일부의 증거들을 제시하고 있다고 보인다. 이들은 오히려 염현경(1991)의 연구에서 수행이 저조한 배경음악 장르인 대중가요만을 활용했는데, 그 이유 중 하나는 배경음악이 가진 속성 중에서 배경음악에 대한 청취자의 선호 정도가 그들의 수행에 더 큰 영향을 미칠 것으로 판단했기 때문이다. 즉, 서양 고전음악이나 한국민요는 오히려 선호 정도에서 현저하게 저조한 특성을 가질 확률이 높을 수 있기 때문이다. 그리고 이 연구에서 또 하나 고려한 사항은 인지행동을 측정하기 위해 사용한 과제의 경우에도 사람들의 대뇌 편재화 특성을 반영하여 언어 작업기억 과제와 시각 작업기억 과제를 활용하여 살펴보았다는 점이다([그림 10-11] 참조).

이러한 노력은 배경음악이 가지고 있는 속성과 더불어 그로 인해 영향을 받을 수 있는 인지행동의 특성들도 함께 고려하여 대립하는 연구 결과들에 대한 해석의 모형을 제시하기 위해 고민한 흔적으로 판단할 수 있다. 그러나 결과적으로는 청취자의 선호 정도에 따른 언어 및 시각 작업기억 과제의 수행에서는 유의미한 차이가 나타나지 않았다.

한편, 배경음악을 사용한 연구들을 보면 배경음악에 포함된 가사가 영향을 미칠 수 있다는 생각을 해 볼 수 있다. 다시 말하면, 배경음악 속에 포함된 가사가 언어적 속성을 가지고 있고, 이로 인해 글을 읽거나, 말하거나 하는 과정을 포함하고 있는 인지행동은 당연히 간섭을 받을 수밖에 없다고 본 것이다. 그렇다면 이런 추측

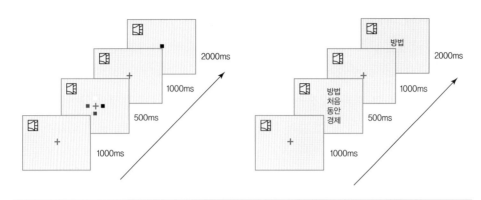

[그림 10-11] 시각 작업기억 과제(좌)와 언어 작업기억 과제(김보성 외, 2012)

시각 작업기억 과제는 각각 다른 색상을 가진 네 개의 사각형이 제시되고, 이후 제시되는 하나의 사각형 색상이 이전에 제시된 네 개의 사각형 색상 중 하나와 동일한지의 여부를 판단하는 과제이다. 한편, 언어 작업기억 과제는 2음절로 제시되는 네 개의 단어가 제시되고, 이후 제시되는 하나의 단어가 이전에 제시된 네 개의 단어 중 하나와 동일한지의 여부를 판단하는 과제이다.

도 가능할 수 있다. 배경음악의 가사가 한국어가 아닌 우리가 전혀 해석되지 않는, 즉 전혀 배워 본 적이 없는 언어로 구성되어 있다면 간섭은 일어나지 않을 수도 있겠다는 것이다. 결국 김보성 등(2012)의 연구는 이러한 일반적 생각을 검증하기 위

생각 상자

물리적 환경의 효과를 대신하는 좀 더 경제적인 방법은 없을까?

앞서 소개한 기타 물리적 환경은 시각과 청각을 자극하는 물리적 환경에 초점을 두었다. 그렇다면 인간의 인지행동에 영향을 미칠 수 있는 이러한 기타 물리적 환경을 사람들이 착각하도록 유도할 수는 없을지 한번 생각해 볼 수 있을 것이다. 이는 물리적 환경이 조성됨으로써 얻을 수 있는 효과를 실제로 물리적 환경을 조성하지 않더라도 얻게 되므로 효율성 측면에서 긍정적이라 판단할 수 있기 때문이다.

한 예로, 우리가 흔히 접할 수 있는 유튜브의 동영상 중 '파도' 또는 '계곡'의 동영상을 시청한 경우에는 시청하지 않은 경우보다 더 시원함을 유발할 수 있다고 보았다 (김보성, 민윤기, 2015). 이는 여름이면 공포영화를 시청함으로써 더위를 잊도록 하는 효과와 유사하다고 할 수 있다.

그러나 이렇게 착각을 통해 유도된 물리적 환경에 대한 지각이 실제로 인지행동에까지 전이될 수 있는지는 조금 더 체계적으로 살펴보아야 할 필요가 있어 보인다.

해서 하나의 대중가요를 선정하여, 가사가 전혀 제시되지 않는 MR(반주곡만 제시되는), 한국어로 된 가사가 존재하는 한국어 버전 음악, 그리고 일본어로 된 가사가 존재하는 일본어 버전 음악 형태에 따라 동일한 과제 수행의 차이를 살펴보는 연구도 진행하였다. 그 결과, 배경음악의 가사 형태에 따른 과제 수행의 차이는 존재하는 것으로 나타났다. 이는 보편적 환경요소로서 배경음악을 거론하기 위해서는 배경음악의 다양한 속성들을 체계적으로 조작하여 그에 따른 다양한 인지행동의 특성을 살펴보는 일련의 연구들이 더 많이 수행될 필요가 있음을 시사한다.

맺음말

이 장에서는 먼저 물리적 환경요소들을 종합적으로 살펴볼 수 있는 지표가 어떻게 개발됐는지에 대한 간략한 역사를 살펴보았다. 그리고 주의나 학습과 같은 일련의 수행 측면에서의 인지행동에 영향을 미칠 수 있는 물리적 환경요소들에 대해서 살펴보되, 물리적 환경요소의 지표에서 중요하게 다루었던 요소 중 실내온도와 상대습도를 대표적인 물리적 환경요소로 구분하여 이들과 인지행동의 관계를 먼저 살펴보았다. 한편, 물리적 환경요소의 지표에는 포함되지 않았으나 환경을 지각하는 인간의 감각 특성에 기초하여, 배경색과 조명의 시각적 환경 그리고 소리와 음악의 청각적 환경과 인지행동의 관계를 살펴보았다. 이러한 일련의 연구 결과들은 인간이 인위적으로 구성하는 환경 구조물에 초점을 두고 있으나, 이 장에서 다루지 않은 녹지나 숲과 같은 자연환경에서 인지적 영역에 해당하는 창의성의 발현 또는 일반적인 심리치료 등의 내용도 환경과 인지행동이라는 측면에서 살펴볼 수 있을 것으로 판단된다.

오늘날 이러한 내용이 심리학, 특히 인지심리학에 관심을 가지고 접근하는 사람들에게 있어 응용적 측면에서 얼마만큼 사고의 확장을 유도하는 데 기여할 수 있을지 의구심이 든다. 그 이유는 더 미시적인 관점에 초점을 두고 있는 인지심리학과 그에 비교해 상대적으로 매우 거시적이라고 볼 수 있는 환경 사이에는 고려해야 할 너무나 무수한 변수들이 존재하고 있기 때문이다. 또한 미시적 접근을 기초로 하여 거시적 특성을 미시적 접근에 맞게 엄밀하게 조작하거나, 아니면 반대로 거시적 접근을 기초로 하여 미시적 특성을 거시적 접근에 맞게 느슨하게 조작하는 방식에서 해석의 오류를 유발할 수 있는 부분들이 남아 있다고 보인다. 그런데도 환경과 인지행동의 관련성에 관한 이슈를 중심으로 살펴보려는 노력은 학문적 경계가 무너지고 융합적 특성이 강조되는 시대적 흐름에서 본다면 적절해 보인다고 할 수 있다. 이는 산업공학의 하위 분야로서 인간공학에 해당하는 영역에 국한될 것으로 보이는 주제들에 심리학의 강점, 특히 인간의 인지적 특성에 대한 엄격한 측정을 적용한 부분일 것이다. 조금 더 확장해서 거론해 본다면, 인지심리학의 응용에 대한 중요성 부각과 더불어 학문적 확장 및 통섭을 이룰 수 있는 중요한 이슈가 이 장의 내용이 될 수 있지 않을까 조심스레 예견해 본다.

 요약

　인간의 인지행동과 관련된 환경요소들을 고려하기 위한 노력으로서 지금까지 제안된 물리적 환경요소의 지표에 대해 간략하게 살펴보았다. 이를 통해 물리적 환경에서 제어에 초점을 두고 중점적으로 살펴보았던 실내온도와 상대습도와 같은 촉각적 환경이 인간의 인지행동에 어떠한 영향을 미칠 수 있는지에 대해 몇몇 연구 결과들을 토대로 알아보았다. 한편, 물리적 환경요소의 지표에서 대표적인 요소는 아니지만, 인간의 관점에서 살펴보았을 때 물리적 환경으로 구분할 수 있는 배경색과 조명(시각적 환경), 소리와 음악(청각적 환경)이 어떻게 인지행동에 영향을 미치는지에 대해서도 각각 간략하게 살펴보았다. 이와 더불어 활용적 측면에서 각 환경요소가 어떻게 고려될 수 있을지에 대한 시사점도 살펴보았다.

생각할 거리

• 인지행동의 변화에 있어 보편적인 환경요소들은 앞으로 어떤 방식으로 접 근하는 것이 적절하다고 판단하는가?

• 응용 인지심리학의 확장 측면에서 환경요소와 인지행동의 관계에 개입될 수 있는 요인들이 존재하는지, 만약 존재한다면 어떤 것들이 가능성이 높다 고 판단하는가?

• 이 장에서 다루지 못한 환경요소 중 인지행동의 변화에 있어 중요하다고 생 각되는 환경요소들은 어떤 것들이 있을 수 있는가?

제11장

인지 수행의 개인차 측정[1]

실험심리학과 상관심리학

마음 작용의 개인차: 언어 이해 과정 사례

인지 수행의 개인차 측정도구 개발

맺음말

　마음이 과학적 탐구의 대상이 될 수 있는가라는 회의를 벗어나, 과학 커뮤니티의 존경을 받는 독립 과학으로 심리학이 자리매김한 지도 130여 년이 흘렀다. 독자들도 알다시피 1879년 Wundt의 출발이 이 시작이다. 물론 이러한 지난 시간이 다른 자연과학에 비교하면 아직 일천한 것일 수 있지만, 자연과학적 발견과 사실들이 공학적·기술적으로 많이 적용되어 우리 인간의 삶을 풍요롭게 만드는 것을 보고 있자면, 실험심리학도의 한 사람으로서 '심리 과학의 발견을 응용하는 그 무언가를 해야 하는데……'라는 생각이 필자의 마음속에 늘 맴돌곤 한다.

　사실, 심리학은 응용의 문제에서 아주 어려운 입장에 처해 있다고 할 수 있다. 예를 들어,

---

1 이 장(논문)은 필자의 실험실에서 이루어진 작업을 소개하는 것이 주된 목적이었기에, 전체 구성과 내용은 필자가 단독으로 집필하였으며, 소개한 결과는 필자의 지도로 이루어진 두 개의 박사학위논문(김영준, 2015; 최광일, 2007)과 한 개의 석사학위논문(이송이, 2011)에서 대부분 인용하였음을 밝혀 둔다. 아울러 이 논문은 필자의 교내 연구년 작업으로 작성되었음을 밝혀 둔다.

어떤 사람이 심리적으로 고통을 받고 있다고 하자. 왜 이런 일이 발생하는지 그 원인과 기제 혹은 과정을 밝혀 주는 과학적 발견과 사실이 아직 없는 상황에서, 무언가를 해 그 사람을 도와주고 싶은 선한 의도로 탐구를 시작할 수 있다. 그리고 나름대로의 추측이나 생각을 가지고 이렇게 저렇게 해 보니 어느 정도는 효과를 얻을 수 있었고, 그 결과 이 작업이 심리학이라는 모습으로 포장될 수 있다. 확고한 과학적 사실이 현실적인 문제해결에 적용되는 것이 아니라, 현실적인 문제해결의 시행착오적인 노력이 거꾸로 심리학이 돼 버릴 수 있다. 물론 이 작업 모두를 사이비라고 매도하자는 것은 아니며 실제 역사적으로 보면, 이런 노력이 추후의 검증을 거쳐 과학적 지식의 위치를 차지하는 경우도 많다.

필자의 생각을 가장 잘 보여 주는 예의 하나가 지능검사라고 할 수 있다. 독자들도 잘 알고 있듯이 19세기 말 프랑스에서 소위 말하는 대중 교육이 시작되었다고 한다. 교육이 모든 계층의 여러 능력과 자질을 가진 아이들에게 개방되며, 어떻게 교육해야 되는지, 어떤 도움이 필요한지 등과 같은 아이들의 지적 능력의 차이를 알아야 하는 현실적인 문제가 생겼던 것이다. 역시 독자들이 이미 알고 있듯이 바로 이것이 초기 지능검사를 개발하게 된 이유이다. 그런데 이 초기 연구자들이 인간의 지적 능력, 혹은 요사이 용어를 쓰자면 인지 과정에 관해서 얼마나 알고 있었을까? 이 선구자들께는 죄송한 표현이지만 아마 거의 모르고 있었으며, 요사이 인지심리학을 수강한 학부생들보다 못했을지도 모른다. 그러기에 이들의 출발은, 학교 장면에서 요구되는 읽고, 이해하고, 나름대로 추리하고, 계산하는 문제들을 만들어 잘하고 못하는 아이들을 구분하는 지적 능력의 개인차 측정도구를 개발하게 되었을 것이다. 그리고 이 도구를 사용해 측정한 것들과 여러 인지 수행을 비교해 왔다. 지능과 학업 성적, 언어능력, 공간지각능력, 기억능력 등등 여러 흥미로운 측정치들 간의 관련성을 탐구해 왔다. 이러한 노력은 여러 측정치 간의 상관에 초점을 두면 개인차를 탐구하는 것이기에 상관심리학이라고 이름 붙일 수 있을 것이다. 이 작업 역시 수많은 연구자의 100여 년에 걸친 노고로 심리학의 영역에 들어온다. 사실, 필자도 대중에게 어필한 심리학의 업적을 하나 꼽으라고 하면 지능검사 개발이라고 말하는 데 망설이지 않는다.

그런데 이런 작업과 거의 같은 시기에, 현실적인 문제해결을 위한 것이 아닌 마음의 작용 자체에 대한 관심과 과학적 탐구, 즉 실험심리학이 시작되었다고 할 수 있다. 마음의 기본 요소를 찾으려는 Wundt의 탐구와, 지각과 사고의 기본 원리를 찾으려는 게슈탈트 심리학자들의 노력이 예가 될 것이다. 비록 이러한 초기 탐구가 별로 생산적이지 못했지만, 이것이 바탕이 되고 1900년대 중반부터 제기된 인간 정보처리 패러다임이 새로운 돌파구를 마련하며 인간의 지적 능력이 이루어지는 과정과 기제에 관한 과학적, 즉 보편적 인지 특성에 관한 법칙 정립적(nomothetic) 탐구가 현재까지 지속되고 있다.

실험심리학과 상관심리학

이미 60여 년 전에 유명한 개인차 연구자인 Cronbach(1957)는 심리학이 실험심리학과 상관심리학이라는 두 분야(disciplines)로 나누어져 있는 문제를 지적하며, 이를 통합하는 시도가 필요하다고 역설한 바 있다. 어떻게 생각하면 이들 두 분야는 사실 같은 주제에 대해 다른 생각과 접근을 하고 있는 것인지도 모른다. 실험심리학도들은 두 처치 수준 간의 평균적인 차이에 보통 관심을 가지며, 실험을 통해 얻은 통계적으로 유의한 차이를 기반으로 이론을 검증하거나 새로운 모형을 만들어 간다. 실험에서 발생하는 개인차는 이들에게는 골치 아픈 문제가 된다. 처치 내의 개인차 변량이 이론적으로 중요한 변인의 수준 차이를 보지 못하게 만들기 때문이다. 부연해서 설명하면, 두 처치 조건 간에 평균의 차가, 예를 들어 10 정도로 큼에도 불구하고 이 차이가 통계적으로 유의한 수준에 이르지 못할 수 있는데 이는 각 조건 내에 점수의 분포, 즉 표준편차가 크기 때문일 수 있다. 그래서 여러 수단을 동원해 처치 내 피험자들이 가능한 동질적이 되도록 노력한다.

하지만 상관심리학도에게는 개인차가 통제해야 할 오차의 근원이 아니라 오히려 탐구의 대상이라고 할 수 있다. 개인차 혹은 집단차란 생물학적 혹은 사회적 환경이 일으킨 효과라고 할 수 있다. 모든 유기체는 환경에 적응해야 하며 이 과정에서 모두가 성공적인 적응을 하는 것은 아니다. 그러기에 어떤 측정을 해도 개인차를 관찰할 수 있다. 유기체의 어떤 특성이 적응의 정도와 방식을 결정한 것인가라는 의문을 제기할 수 있으며 여러 특성 간의 관련성, 즉 상관관계는 풀어야 하는 실타래의 실마리가 되는 것이다.

인지심리학을 수강한 독자라면 우리들이 인간의 지적 능력에 관해 얼마나 많은 사실을 알고 있는가를 굳이 부연해서 설명할 필요는 없을 것이다. 여러 기발한 과제를 통해 지각, 주의, 기억, 학습, 언어 이해, 문제해결, 추리 등의 과정이 어떻게 일어나는가를 이해하게 되었으며 각 과정에서 어떤 요인들과 변인들에 의해 그 과정들이 촉진되거나 저해되는가를 알고 있다. 말하자면 인간의 지적 능력에 관한 여러 현실적인 문제해결(한 예로, '어떻게 하면 읽은 내용을 잘 기억할 수 있는가'와 같은 문제)을 위한 튼튼한 지식을 축적한 것이다. 그렇다면 바로 지금이 앞서 언급한 실

험심리학과 상관심리학이 통합될 수 있는, 적극적으로 통합해야만 하는 시기에 도
달했다고 생각해도 무리가 없을 것이다. 앞서 언급한 Cronbach(1957)가 언급하고
있는 것처럼 "모든 실험 절차는 사실 검사이며, 모든 검사는 실험(All experimental
procedures were tests, all tests were experiments)"일 수 있기 때문이다.

실험심리학 연구와 상관심리학 연구를 합쳐 보려는 혹은 통합해 보려는 시도를
인지 영역 전체에 확장해 보는 것이 이 장의 의도이기에, 우선 이러한 시도를 한 사
례로 최광일(2007), 김영진과 최광일(2010)을 살펴보겠다. 언어 이해 과정에 관한
실험 연구에서 이론적으로 중요한 처치 변인들의 효과를 알아보기 위해 사용되었
던 다양한 실험과제(방법)와 변인들이 과연 개인차를 알아보는 일종의 심리 측정,
즉 검사 도구로 사용될 수 있겠는가를 이 두 연구에서 검토하였기 때문이며, 이를
확장하여 인지 과정 전반에서도 적용될 가능성을 보여 주기 때문이다.

물론 다양한 인지과제를 사용해 개인차를 보려는 시도는 예전부터 있어 왔으며,
대표적인 개인차 변인인 지능 연구에 적용되어 왔다. 점검시간(inspection time)과
같은 여러 실험과제가 특별한 이론적 근거 없이 일종의 지능검사로 사용되기도 했
고, 정보처리모형에 기반을 두고 유추과제(analogy task)가 지능 측정도구로 사용되
기도 했다. 이 지능 측정에 관한 자세한 언급은 이 주제 자체가 중요하고 흥미로운
것이며 광범위하기에, 이 장에서는 생략하겠으며 자세한 개관은 이정모 등(2009)이
나 Sternberg와 Ben-Zeev(2001)를 참조하면 될 것이다. 지능 측정에 전통적인 지
필 검사 대신에 실험과제를 사용한 이 방법이 지능, 나아가 일반적인 인지능력의
개인차를 전통적인 심리검사와는 다른 측면에서 이해하는 데 도움을 주었다고 할
수 있지만, 단편적으로 특정 실험과제를 사용한 것이기에 왜 그 실험과제를 사용해
야 했는지에 관한 이론적 근거를 찾기는 어렵다. 물론 이 시도는 반대로 집단 평균
에 의존하는 실험 연구를 보완하는 역할도 한다고 할 수 있다. 실제로 김청택(2002)
은 개인차 분석법을 통해 실험 결과의 통계적 의미를 확장할 수 있다는 것을 정신
회전(mental rotation) 과제 수행 분석을 통해 보여 주고 있다.

마음 작용의 개인차: 언어 이해 과정 사례

언어 사용(이해)이라는 인지 과정은 비교적 명확한 출발을 보장해 준다. 왜냐하면 언어라는 우리가 받아들이는 자극 자체가 명확한 단위로 구분될 수 있기 때문이다. 소리로 된 말이건 쓰인 글이건 기본이 되는 단위, 즉 음소와 낱자가 있고, 이들이 모여 단어, 다시 이들이 모여 문장을 구성하고, 문장들이 단락 혹은 문단을 만들며 텍스트 혹은 덩이글을 이룬다. 최근까지 언어심리학에서는 언어 이해 과정에서 이들 네 수준에서 어떤 요인 혹은 변인들이 영향을 끼치며 중요한지 탐구해 왔다. 그리고 이들 과정이 어떻게 이루어지는가에 관한 다양한 경쟁 모형(이론)을 만들며 읽기 시간을 측정하거나 안구 운동을 추적하며 각 모형의 타당성을 검증해 왔다. 이 과정에서 많은 변인을 찾아냈고, 여러 다양한 언어 이해 과제를 만들어 왔다.

최광일(2007), 김영진과 최광일(2010)은 이를 바탕으로 개인차를 탐구하는 것을 주된 탐구의 목적으로 삼았다. 즉, 경쟁 모형들의 상대적인 타당성을 검증하고자 하는 것이 아니라, 언어 이해 과정의 개인차를 잘 보여 줄 수 있는 일종의 도구를 만드는 작업이었다. 네 가지 수준 중 어떤 수준에서 개인차가 가장 크고, 각 수준에서는 어떤 변인에 대해 개인차가 가장 크며, 또 어떤 언어 이해 과제에서 개인차가 크게 나올 것인지를 알고자 한 것이었다.

낱자, 단어, 문장, 텍스트 혹은 텍스트 정보를 넘어서는 추론 과정 혹은 모형 형성 과정 등 어느 수준에서 개인차가 클까? 낱자 처리 같은 거의 우리의 의식이 관여하지 않는 자동처리 과정에서도 개인차가 나올까? 단어 접속에 가장 중요한 요인으로 알려진 사용빈도 효과에서도 개인차가 나올까? 역시 거의 반사와 같은 과정이라고 주장하는 연구자도 있는데 문장 분해 과정, 즉 통사처리 과정에서도 개인차를 보일까? 글을 읽고 문장의 의미를 연결하는 과정이나 글 자체의 내용을 넘어 글이 지칭하는 상황에 관한 표상을 형성하는 데도 개인차가 일어날까? 앞서 언급했던 것처럼 언어 자료를 가지고 실험해 본 경험이 있는 연구자라면 분명 어떤 수준에서건 개인차가 일어날 것을 추측할 수는 있을 것이며 혹은 자신의 경험상 어떤 수준이 제일 개인차가 클 것이라고 예측할 수도 있을 것이다.

여기에 곱해 각 수준에서 어떤 변인과 과제를 선택해야 개인차가 잘 드러날까?

대략적으로 계산해서 위에서 언급한 네 가지 수준(즉, 단어, 문장, 덩이글, 모형 형성), 다섯 가지 주요 변인(즉, 낱자 처리의 어려움, 단어 빈도, 문장의 통사처리 어려움, 덩이 글 이해 어려움, 모형 형성의 어려움), 세 가지 사용 가능한 과제(즉, 어휘 판단, 읽기 과 제, 추론 과제)만 고려해도 60개의 가능성을 고려해야 한다. 사실, 이 작업은 아이를 수영장에 집어넣는 것과 같기에 아예 시작을 못하게 하는 압도적인 두려움마저 주 기도 한다. 더구나 이를 다룰 수 있도록 하는 어떤 지침, 즉 이론이나 사전 연구도 없는 형편이었다.

이런 상황에서 할 수 있는 일은 철저하게 경험주의자가 되는 것이다. 즉, 잠정적 으로 각 수준에서 가능한 한 많은 변인과 과제를 잡고 실제 실험을 해 보며 걸러 내 는 작업이다. 그리고 걸러 내는 기준은, 첫째, 기존 언어 심리학 연구 결과와 일치 하는 조건 간의 평균 차이를 신뢰할 수 있게 다시 보여 줘야 하며, 둘째, 개인차 분 석을 통해 이를 극대화하는 변인과 과제를 선발하는 것이다. 셋째, 궁극적으로는 일종의 심리검사처럼 사용되어야 한다는 제약, 즉 문항 수나 실시시간 등도 늘 염 두에 두어야 한다.

자극과 과제의 선정

앞에서 언급한 것과 같은 기준에 입각해 첫 번째 단계에서 선정한 각 언어 이해 과정의 하위 영역별로 선정한 변인과 실험과제가 <표 11-1>에 정리되어 있다.

<표 11-1>에서 단어 길이는 음절 수(1음절, 4음절), 빈도는 고빈도와 저빈도, 표기 심도는 자음동화 여부, 전형성은 범주의 전형성 정도였으며, 관계절 구조는 가운데 삽입 구조와 왼쪽 분지, 다의성은 문장의 복잡도, 어순은 표준과 도치 여부 등으로 비교 조건을 만들었다. 연결처리와 추론 및 정신적 모형 구성과 텍스트 기억과 지 식 통합도 모두 쉬운 조건과 어려운 조건을 만들었다. 지면 관계상 이들의 모든 예 는 최광일(2007)을 참조하기 바라며 다음에 구체적 몇 가지 예만 제시한다.

✎ **표 11-1 독서 이해 과정의 하위 이해 과정과 측정 변인 및 인지과제**

독서 이해 과정	측정 변인	인지과제	측정치
단어 이해 과정	단어 길이	어휘 판단 과제	반응시간
	단어 빈도		
	표기 심도		
	전형성 효과	문장 검증 과제	
문장 이해 과정	관계절 구조	자기 조절 읽기 과제 (창문 이동법)	
	다의성 문장들		
	어순		
텍스트 이해 과정	연결처리	문장 읽기 과제	반응시간
	추론		
	명제의 연결		
	정신적 모형 구성		
	텍스트 읽기		
심성모형	텍스트 기억	질문 과제	정확도
	지식 통합		
	지식 접속		

출처: 최광일, 2007, p. 25.

1. 단어 음절 수: 1음절(꽃, 뱀), 4음절(국회의원, 소금쟁이)

2. 단어 빈도: 고빈도(눈물, 당신, 생산, 만족), 저빈도(판촉, 악상, 상동, 빈축)

3. 자음동화: 시각단어(발명, 감독, 작품, 학습), 음운단어(백년, 입맛, 먹물, 학년)

4. 전형성: 고전형(장롱, 버스, 나비, 사과), 저전형(찬장, 가마, 거미, 자몽)

5. 관계절 구조: 가운데 삽입 구조(참새가 늑대를 때린 공룡을 찾아간다.)
   왼쪽 분지 구조(오리를 때린 토끼가 사슴을 쫓아간다.)

6. 다의성 문장: 어려운 문장(어머니가 예쁜 막내딸에게 삼촌이 사 준 차를 물려주었다.)

   쉬운 문장(아버지가 예쁜 손녀딸에게 고모가 사 준 차를 좋아했다.)

7. 어순: 표준 어순(강아지가 고양이에게 코끼리를 소개했다고 한다.)

   도치 어순(호랑이를 족제비에게 송아지가 소개했다고 한다.)

8. 연결처리: 쉬운 조건(동수가 검은 개를 찾아 다녔다.

   그 개는 작았고 이름은 바둑이였다.

   어제 그 개가 어린 소녀를 물었다.

   그녀는 다쳤지만 심하지는 않았다.)

   어려운 조건(어제 하얀 개가 어린 소년을 물었다.

   그 개는 도망쳤고 철호가 그 개를 찾아 다녔다.

   그 개는 작았고 이름은 멍멍이였다.

   그는 다쳤지만 심하지는 않았다.)

9. 정신적 모형 구성: 쉬운 조건(가방은 도시락 왼쪽에 놓여 있다.

   배개는 우산 오른쪽에 놓여 있다.

   베개는 가방 왼쪽에 놓여 있다.)

   어려운 조건(책상은 난로 왼쪽에 놓여 있다.

   액자는 난로 오른쪽에 놓여 있다.

   구두는 액자 왼쪽에 놓여 있다.)

세 번째와 네 번째 행은 사용한 인지과제와 측정치를 나타내고 있다. 이러한 자극과 과제를 통상적인 언어 이해 과정에 관한 실험 연구와 같은 방식으로 실시하였다. 어휘 판단 과제는 화면에 제시되는 글자가 단어가 되는지를 판단하는 것이고, 문장 검증 과제는 화면에 제시되는 문장이 맞는지를 판단하는 과제이다. 두 과제 모두에서 단어가 되지 않거나 문장이 맞지 않는 조건과 섞어 무선적으로 제시하며 반응시간을 측정하였다. 자기 조절 읽기 과제는 문장의 단어를 하나씩 제시하고 읽은 후 반응 판을 누르면 다음 단어가 제시되는 방식으로 각 단어의 읽기 시간을 측정하였고, 덩이글은 한 문장씩 제시하며 그 문장의 읽기 시간을 측정하였다. 추론 및 정신적 모형 구성에서는 전체 글을 읽고 그 읽은 것에 관한 질문을 하고 정답 여부를 기록하였다.

모든 방식은 통상적인 언어 이해 과정에 관한 실험 연구와 같은 방식으로 실시한 것이며, 차이는 각 과제에서 사용한 자극의 수이다. 실험에서는 피험자뿐만 아니라 단어나 문장과 같은 자극에 대해서도 일반화를 해야 하기에 조건당 충분한 개수의 자극을 사용해야 하나, 본 연구에서는 심리검사라는 요건의 충족을 위해 두세 개 정도의 자극만을 사용하였다.

이 실험 자료가 일종의 심리검사로 사용될 수 있는 가능성을 알아보기 위해 가능한 여러 분석을 시도하였다. 우선, 각 측정 변인별로 어려운 조건과 쉬운 조건 간에 차이가 유의한가를 검증하였으며, 각 측정 변인별로 피험자 간의 차이, 즉 개인차가 유의한지를 설명량(오메가 스퀘어, ω^2)으로 계산해 보았다. 아울러 각 측정치들 간의 상관관계를 계산해 보았으며 이 측정치들로 피험자들의 수행을 구분할 수 있을지에 대해 군집 분석을 해 보았다. 그리고 일종의 구성 타당도를 알아보기 위한 작업의 하나로 확증적 요인분석도 시도하였다. 이는 이 연구에서 설정한 단어, 문장, 덩이글, 모형 구성과 같은 네 가지 수준이 이론적 타당성을 갖고 있는지를 확인하기 위한 분석이라고 할 수 있다.

이러한 분석을 위해서는 반응시간과 응답 정확률 측정치를 어떤 형태로든 통합 혹은 하나의 수치로 환산하는 것이 필요한데, 최광일(2007)은 ① 어려운 조건에서 개인차가 더 잘 나타날 것이며, ② 조건 간의 차이(예, 고빈도-저빈도)가 개인차에 민감할 것이라는 가정하에 전자의 평균 반응시간을 'MmRT'로, 후자에서 조건 간의 차이를 'MdRT'로 환산하였다. 이 두 환산치로 요인분석을 한 결과가 다음 [그림 11-1]에 나와 있다. 모형 구성에서는 단순 질문만 한 것이기에 응답 정확률을 사용하였다.

실험과제를 통한 독서 이해력의 개인차 분석

[그림 11-1]에서 WC(Word Comprehension)는 단어 이해 환산 반응시간, SC(Sentence Comprehension)는 문장 이해 반응시간, TC(Text Comprehension)는 텍스트 이해 반

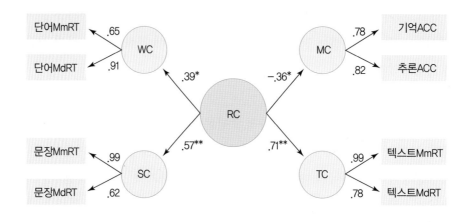

[그림 11-1] 확증적 고차요인분석 모형(최광일, 2007, p. 58)

각 기호에 대한 설명은 본문 참조.

응시간, MC(Model Construction)는 모델 구성 정확반응을 나타낸다. 그림에 나타나 있는 것처럼 각 측정치들이 각기 다른 잠재변인들을 그리고 이들이 하나의 RC (Reading Comprehension, 독서 이해)를 이루는 모델의 적합도를 보여 주고 있다. 한 가지 흥미로운 점은 RC 점수(변동성)를 가장 많이 설명하는 요인이 TC라는 것이다. 즉, .71로 가장 큰 가중치를 보여 준다. 연구대상이 대학생이라는 점을 고려하면 텍스트 이해가 가장 중요한 언어 이해의 개인차 변인임을 확인시켜 주는 것이다. 물론 중고생 혹은 초등학생의 경우 다른 양상을 보일 것임이 틀림없다. 아울러 김영진과 최광일(2010)은 심리검사 도구로서의 사용을 위해 신뢰도를 단어 수준, 즉 어휘처리만 가지고 일반화가능성(generalizability) 계수로 분석하였는데 8개 측정치만으로도 .80에 해당하는 비교적 신뢰로운 결과를 얻었다고 보고하고 있다.

이러한 작업을 통해 얻은 교훈을 정리해 볼 필요가 있다. 첫째로, 인지 연구에서 사용되는 과제와 변인 및 측정치들이 훌륭한 개인차 탐구 도구가 될 수 있다는 점을 확인할 수 있다. 언어 이해 과정의 하위 과정, 즉 단어, 문장, 텍스트, 모델 구성과 같은 인지 과정들이 개인차 측정의 좋은 이론적 구성개념을 이루며 신뢰로운 검사도구가 될 수 있음을 보여 준다. 둘째로, 이러한 경험적 연구를 통해 각 하위 과정에서 어떤 변인과 변인의 어떤 수준, 그리고 어떤 과제와 측정치들이 개인차를 잘 보여 주는가를 확인할 수 있었다. 이 결과를 바탕으로 변인과 수준 및 자극의 개수를 대폭 축소하여 소형의 간편 검사도구를 만들 수 있었고, 이를 통한 실험으로 독서 이해력을 지표화하는 작업을 할 수 있었다. 최광일과 김영진(미발표)은 새로 개발한 독서 이해력 검사를 'AIRCA(Ajou Index of Reading Comprehension Ability)'라고 이름 짓고 후속 연구를 진행하고 있다.

그럼에도 불구하고, 이러한 인지과제를 통한 검사도구가 왜 필요한지 혹은 독해력 지필검사와 어떤 차이가 있는지를 의심하는 독자가 있을지 모르겠다. 괜히 시간만 더 걸리고 복잡하게 알아볼 필요가 있는가라고 비판할 수 있다. 보통 지필 검사에서는 한 개인이나 집단의 언어 지능이 단지 상대적으로 '높다' 혹은 '낮다'의 정보만을 제공하지만 이렇게 개발한 도구를 사용하면 언어 이해의 어느 하위 과정에서 문제가 있고, 어느 하위 과정에서 뛰어난지를 평가할 수 있을 것이다. [그림 11-1]의 대학생 자료는 텍스트 이해가 가장 중요한 독서 이해력의 개인차를 보이는 요인이라는 것을 보여 주고 있으며, 중고생이나 초등학생 집단에서는 다른 양상으로 나타날 것을 예측할 수 있다. 현재로서는 추측이지만 독서 이해력이 완성되지 않은 어린 학생들에게는 모든 요인이 중요할 것이며, 아마도 단어 수준도 중요한 요인이 될 수 있을 것이다. 독서 이해력을 개인 차원에서도 분석할 수 있을 것이다. 이를 위해서는 각 연령별 데이터베이스를 구축하는, 즉 규준(norm)을 만드는 작업이 있어야 할 것이며 이는 추후의 연구 작업이 될 것이다.

마지막으로 측정치의 문제를 생각해 볼 수 있다. 독자들도 이미 알다시피 보통 인지 실험에서는 80~90%의 정확도를 유지한 상태에서 수준 간의 차이 평균 반응시간을 사용한다. 최광일(2007)도 어려운 조건에서의 평균 반응시간(MmRT)과 어려운 조건과 쉬운 조건 간의 차이 평균 반응시간(MdRT)을 사용했으며, 모형 구성은 정확률을 사용하였는데, 이 자료를 군집 분석해 보면, 속도는 느리나 오류가 많은 집단, 평균적인 속도를 보이지만 오류율이 낮은 집단, 처리 속도는 빠르지만 오류율이 평균보다 높은 특성을 보이는 집단으로 나눠짐을 알 수 있었다. 표준적인 실험에서는 반응시간과 정확률을 따로 분석해 볼 수 있지만, 검사도구로 사용하기 위해서는 정확률과 반응시간을 모두 함께 고려하는 측정치를 만들어 낼 필요가 있어 보인다.

인지 수행의 개인차 측정도구 개발

앞에서 했던 작업, 즉 언어 이해 과정의 개인차를 측정하는 도구를 개발하고자 한 작업을 언어 이해라는 한 영역이 아닌 전체 인지 과정에 확장할 수 있겠는가가 바로 이 단락의 주제이다. 앞서 언급했던 것처럼 '언어'는 단어, 문장 등처럼 명확히 구분되는 자극의 단위가 존재한다. 그러기에 각 단위에서 적절한 인지과제를 찾아 도구를 비교적 쉽게 개발할 수 있었다. 하지만 인지 과정은 입력 자극과 수행 과정을 구분하는 것이 쉽지 않다. 쉬운 방법의 하나는 전형적인 인지심리학 교과서의 장 구분 혹은 하위 과정을 출발점으로 삼는 것이다. '지각' '주의' '기억' '언어' '문제해결과 추리' 등으로 우선 구분하고, 이 각 주제별로 개인차를 잘 보여 주는 실험과제를 선택할 수 있을 것이다. 인지심리학을 수강한 독자라면 각 주제별로 이 목적에 맞는 실험과제를 생각해 보길 바란다. 필자도 마찬가지지만 여러분도 아마 쉽게 머리에 떠오르는 과제가 없을 것이다. 실제 우리가 인지심리학을 가르치거나 배우며 이 문제를 생각해 본 적이 없기 때문일 것이다. 더구나 이러한 구분은 강의를 위한 편의적인 구분이지, 실제 인지 과정에서는 이 모든 과정이 함께 작용한다. 예를 들어, 사물 지각은 주의를 필요로 하며, 눈으로 받아들인 정보가 장기기억에 있는 지식 정보와 함께 상호작용하며 일어나는 것이기에 순수한 지각이나 기억을 생각할 수 없다.

혹은 대안적으로 여러 인지 과정 중 개인차에 민감한 인지 과정 하나를 대표 선수로 뽑을 수도 있을 것이다. 필자라면, 망설이지 않고 단기기억 혹은 작업기억의 저장 용량과 처리를 인지 과정 개인차 측정의 대표 선수로 선발할 것이다. 이에 대해서는 322쪽에 있는 〈생각 상자〉를 읽어 보기 바란다. 물론 이 대표 선수가 모든 인지 과정의 개인차를 포괄할 수 있을까는 의심스럽지만 말이다. 필자의 실험실에서 앞서 언급했던 언어 이해 과정의 개인차 측정도구를 개발한 후, 작업기억의 개인차를 측정하여, 언어 이해 과정의 하위 과정인 단어처리, 문장처리, 텍스트처리, 모델 구성 과정과의 관련성을 살펴보았다. 사용한 작업기억의 개인차 측정도구는 읽기폭(reading span) 과제(이병택, 김경중, 조명한, 1996; Daneman & Carpenter, 1980)와 작업폭(operational span) 과제(Turner & Engle, 1989)이었다. 흥미로운 결과는 단어 이해, 텍스트 이해, 정신적 모형 구성 등이 작업기억의 저장과 처리 용량이 큰 피험자와 낮은 피험자 간에 차이를 보이지 않았으며, 문장 이해 과정 중 단어가 생략된 구조와 어순의 변화가 있는 구조에서만 이 두 피험자 집단 간에 의미 있는 차이를 보였다(이송이, 2011). 작업기억의 용량은 보통 지능검사에서도 자주 사용되지만, 이것이 전체 인지 과정을 대표할 수는 없다는 것을 보여 준다고 해석할 수 있다.

그러면 인지 과정 혹은 영역을 어떻게 구분하고, 각 인지 영역에서 무엇을 살펴보고 어떤 실험과제를 선정할 것인가? 사실, 이 문제는 어떻게 보면 모래밭에서 바늘 찾기 같다고 할 수 있으며, 어디서 출발해야 할지가 막연할 수밖에 없기에, 하나의 시도로 필자의 실험실에서 최근 학위논문을 마친 김영준(2015)의 천착을 소개하겠다. 우선, 독자들에게 언급해야 할 것은 이 연구 결과나 제안이 절대적인 것은 아니라는 점이다. 독자들도 인지심리학 지식을 동원해 나름대로의 인지 과정 개인차를 측정하는 도구를 개발할 수 있다. 즉, 누가 '옳고 틀리다'의 문제가 아니라, 어떻게 이론적인 타당성이 있고 측정도구로 효율적으로 사용하느냐가 더 중요한 문제가 된다.

김영준(2015)은 웹이나 앱으로 이미 상용화된 시스템(예, mind360, brainbaseline)을 참조하고, 대학생의 인지 역량 개발을 위한 교육과정 연구(김영진, 2008)를 기반으로 다음과 같은 제안을 하고 있다.

선정된 자극과 인지과제

인지 과정 혹은 인지 영역을 다섯 개의 하위 영역으로 구분한 것이 [그림 11-2]에 제시되어 있다. 이 다섯 개의 영역은 단순히 측정하고자 하는 인지 과정일 뿐만 아니라 추후 측정 후 인지 증진을 위한 과제나 프로그램 개발에도 사용될 가능성을 고려했기에 인지 증진(cognitive enhancement)이라는 표현을 사용하였다. 첫 번째 인지 영역은 감각-운동 협응(sensory-motor coordination)이라고 이름 붙였으며 가장 인지의 기본적인 입출력 과정을 나타낸다. 이 과정은 보통 정확성과 속도 측정을 통해 이루어진다. 두 번째는 수행과 집행 기능(performance-executive function)이라고 부를 수 있는 주로 단기기억 혹은 작업기억의 저장과 처리 용량으로 대표된다. 세 번째는 주의와 (환경) 점검(attention-monitoring)이며, 네 번째는 표상 조작

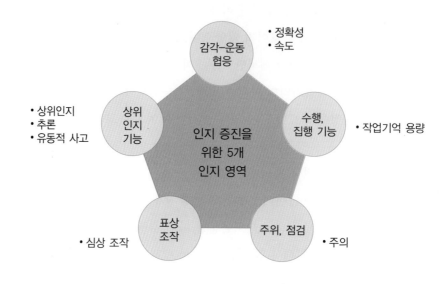

[그림 11-2] 잠정적인 인지 5요인 영역(김영준, 2015, p. 18)
그림 설명은 본문 참조.

(representational manipulation) 과정으로 대표적인 예가 심상 조작이 된다. 다섯 번째 인지 영역은 보통 사고라고 부를 수 있는 과정으로 상위 수준 인지 기능(high-level cognitive function)이라고 부를 수 있으며, 여기에는 추론이나 문제해결과 상위인지(메타인지, metacognition)를 포함시킬 수 있을 것이다.

혹 독자들 중에는 왜 여섯이나 일곱이 아니고 다섯 개의 인지 영역을 선택했는지 의문을 제기할 수 있는데, 이는 앞서 언급했던 것처럼 연구자들의 현실적인 문제해결을 위한 일종의 공학적인 선택이라고 대답할 수밖에 없다. 너무 많은 영역을 설정할 수도 없으며, 망라적일 수도 없기 때문이다. 한 가지 언급할 것은, 언어와 관련된 인지 과정은 제외시켰는데, 이는 앞선 제시했던 언어 이해 관련 도구를 이미 개발해 놓았기 때문이었다. 독자들의 비판적인 평가와 독자들 나름대로의 새로운 모색과 개발이 진행될 수 있는 길을 열어 놓는다는 것 자체가 중요하기 때문이다.

각 인지 영역에 포함시킬 수 있는 인지과제를 찾는 작업 역시 만만하지 않으며, 사실 포함시킬 수 있는 실험과제들이 각 영역에 수십 가지를 넘는다고 해도 과언이 아닐 것이다. 김영준(2015)이 각 영역에 포함시킨 과제는 <표 11-2>와 같다.

표 11-2 인지 영역별 후보 인지과제들

인지 영역	후보 과제	인지 영역	후보 과제
감각-운동 협응	반응시간-정확도	표상 조작	심적 회전
	추적하기		화용적 암시
	시각 탐색		유추 습득
수행과 집행 기능	일반 용량		상징 습득
	수열 탐색	상위 수준 인지 기능	원격 연합
	N-back		공간 추리
주의와 점검	시야 민감도		심적 갖춤새
	수반 자극		하노이 탑
	방해 과제		단어 학습
	회귀억제		
	신호탐지		

출처: 김영준, 2015, p. 19.

다섯 영역에 포함된 과제가 〈표 11-2〉에 제시되어 있다. 대부분의 과제는 인지심리학을 수강한 독자들은 익히 알고 있는 과제라고 되기에 세부사항은 김영준(2015)을 참조하길 바란다.

20개의 과제 중 최종 선택된 10개의 과제에 대해서만 부연 설명을 하겠다. 20개의 과제를 모두 한 피험자에게 시행하는 것은 불가능하기에, 김영준(2015)은 실험 시행 시간이 40여 분 정도 걸리도록 과제 묶음을 만들어 3개의 실험을 실시하였다. 그리고 개인차에 민감한 과제를 찾기 위해 언어 이해 과정 도구 개발에서 사용한 분석 방식을 그대로 따랐다. 각 과제 수행에서 나타나는 피험자의 수행 점수 분포를 검토하는 것을 시작으로 조건 간의 차이를 검증하였고, 특히 피험자들의 차이를 보이는 정도를 각 과제가 얼마나 잘 설명하는지를 오메가 스퀘어(ω^2) 같은 지표를 이용하여 설명량을 검토하였다. 아울러 검사도구로서의 신뢰도를 일반화 가능성을 계산해 보는 방식으로 진행하였다.

분석을 통해 선택된 과제

이러한 분석을 통해 김영준(2015)이 최종적으로 선택한 10개의 과제는 다음과 같다.

감각–운동 협응 영역의 과제는 '반응시간–정확도' 과제가 선택되었으며, 이 과제에서는 100ms 동안 제시된 자극을 방해 자극 후 정확하고 신속하게 맞히도록 한 과제로 [그림 11-3]과 같은 순서를 취했다. 즉, 단서(cue)가 제시된 쪽 낱자를 정확하고 신속하게 누르는 과제이다. [그림 11-3]에서는 오른쪽 낱자, 즉 A를 반응하면 된다.

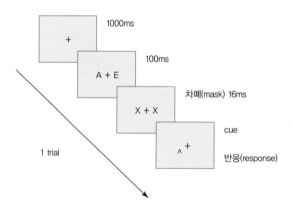

[그림 11-3] 반응시간–정확도 과제의 시행

수행과 집행 기능 영역에서는 '수열 탐색' 과제가 선택되었으며, 이는 Sternberg (1966)를 변형한 것으로 숫자들을 연속적으로 제시한 후 나중에 제시한 숫자가 제시된 자극 집합에 있었는지를 판단하고 반응하는 과제이다. [그림 11-4]에서는 숫자 (9)에 대해 '예' 반응을 하면 된다.

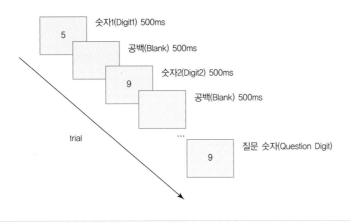

[그림 11-4] 수열 탐색 과제의 시행

　주의와 감시 영역에서는 '시야 민감도' '수반 자극' '회귀억제'의 세 과제가 선택되었다. 시야 민감도는 8개의 자극을 팔각형의 꼭짓점 위치에 제시한 후 그중 한 위치에 있는 자극을 맞히는 과제이다.

　수반 자극 과제는 가운데 제시되는 자극표적의 색에 대해 반응하도록 하는데, 양옆에 제시되는 자극의 색깔과 가운데 제시되는 표적이 일치하거나 일치하지 않는 조건을 비교한 과제이다. 예를 들어, 가운데 자극이 양 옆 별 모양과 일치하며 빨간색이거나 녹색이면 '1'을 누르도록 하고, 일치하지 않은 청색이면 '9'를 누르도록 한다. 그리고 가운데 자극 옆에 있는 자극은 가까울 수도 멀리 떨어져 있을 수도 있다. 회귀억제는 억제 기제를 알아보고자 한 과제로 [그림 11-7]에 제시되어 있는 것

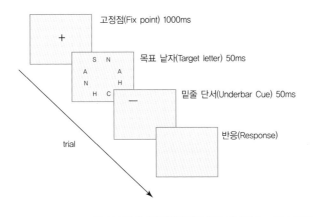

[그림 11-5] 시야 민감도 과제의 시행(목표자극이 S, 단서가 1개, SOA가 50ms인 경우)

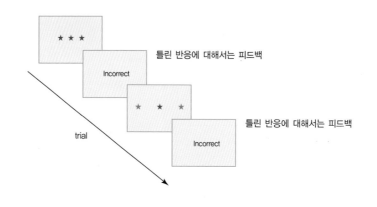

[그림 11-6] 수반 자극 과제의 시행

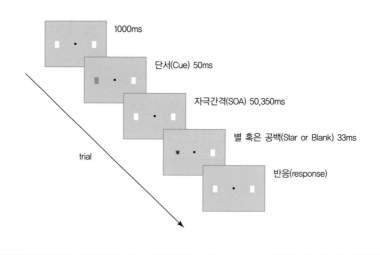

[그림 11-7] 회귀억제 과제의 시행

처럼 흰색 사각형 안에 별표(*)가 나타날 때만 반응하도록 한 과제이다.

표상 조작 영역에서는 '심적 회전'과 '상징 습득'의 두 과제가 선택되었는데, 전자는 설명이 필요 없을 것이며, 후자는 숫자와 낯선 상징을 연합하여 어느 상징이 큰 수에 해당하는지를 맞히는 과제이다(Tzelgov, Yehene, Kotler, & Alon, 2000). 다음 [그림 11-8]에 절차가, <표 11-3>에 연합 예가 제시되어 있다. 즉, 9개의 상징을 1~9로 숫자를 부여하여 학습하고 나중에 상징 간의 비교를 한다.

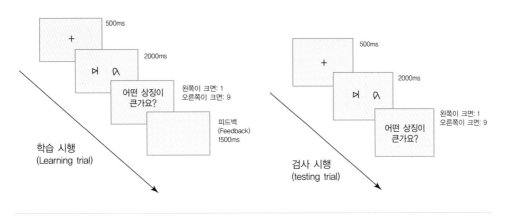

[그림 11-8] 상징 습득 과제의 시행

표 11-3 상징 습득 과제에서 사용된 상징자극들

1	2	3	4	5	6	7	8	9
▷|	↳	⊔	⊣	∈	⊠	⊔	∠	⋒

상위 수준 인지 기능 영역에서는 '원격 연합' '공간 추리' '단어 학습'이 선택되었는데, 원격 연합은 Mednick(1962)에 의해 개발된 창의성 측정도구로, 세 단어를 주고이 모두와 개념적으로 연결되는 단어를 찾는 과제이다(예, 유엔, 전쟁, 비둘기-평화). 공간 추리 과제는 최광일(2007)이 사용한 모형 구성 과제이며, 단어 학습은 한국어-스와힐리어 쌍을 학습하는 과정에서 상위인지를 얼마나 사용하는지(Dunlosky & Metcalfe, 2009)를 측정하는 과제이다. 이들 중 '원격 연합' 과제는 다음 <표 11-4>와 [그림 11-9]에 제시되어 있다.

✏ 표 11-4 원격 연합 과제에서 사용된 자극들

시행	자극	힌트1	힌트2	힌트3
연습시행	1	유엔	전쟁	비둘기
	2	옥수수	염소	턱
본시행	1	오아시스	낙타	터번
	2	노래	PC	비디오
본시행	3	대박	돼지	숫자
	4	떡	케이크	미역국
	5	불놀이	소금	키
	6	과일	타다	고프다
	7	개구리	황사	아지랑이
	8	벌레	짓다	하다
	9	벌레	사탕	의사
	10	전화	크리스마스	연하장
	11	다리	새털	비
	12	미꾸라지	총	오리
	13	김치	컬러	플래시
	14	채팅	콩	소나기

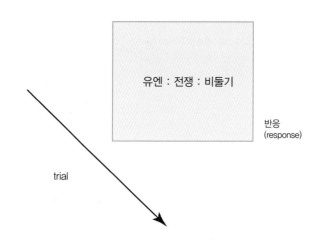

[그림 11-9] 원격 연합 과제의 시행

이들 10개의 과제 수행 점수를 가지고 밑바탕이 되는 요인 구조를 살펴보는 요인 분석과 이 10개의 과제 수행으로 피험자들을 어떻게 묶을 수 있는가의 군집 분석을 할 수 있다. 아울러 이 과제를 가지고 인지 훈련을 하여, 인지 증진 효과가 이들 과제에서 혹은 이 과제들과 유사한 과제들에서도 전이되는지를 분석해 볼 수 있는데, 김영준(2015)은 4회기 정도의 훈련을 시켜 그 효과가 이들 10개 과제와 이 10개 과제 동형적이라고 할 수 있는 유사한 과제 수행에서도 나타난다는 결과를 보고하고 있다. 훈련 기간이 4회기 정도로 짧아 그 효과가 크지는 않았지만 추후 연구를 위해서는 긍정적인 결과라고 할 수 있다.

마지막으로 언급할 것은 측정치 문제이다. 앞서도 언급했던 것처럼, 인지과제에서는 보통 반응시간과 정확률을 얻을 수 있으며, 이 둘은 상보적인 관계를 이룬다. 보통 반응시간이 빠르면 정확률이 떨어지고, 반응시간이 느리면 정확률이 증가한다. 하지만 실제 자료를 검토해 보면 이러한 일반적인 경향을 벗어나는 피험자 혹은 과제를 자주 관찰할 수 있다. 단순한 실험이라면 이 두 측정치를 모두 가지고 보고자 하는 변인들의 효과를 추론할 수 있지만, 검사도구로서 인지과제를 사용한다면 이 두 측정치를 통합하는 것이 필요하다는 생각이 필자의 편향이다.

물론 이 주장에 동의하지 않는 연구자가 필자와 논쟁을 벌인 적도 있다. 김영준(2015)은 이를 위해 각 개인의 반응 최댓값이 정해져 있다고 보고 빠른 추측에 벌점을 부과하는 방법으로 두 측정치를 통합하는 조합점수를 계산한 후, 세 측정치, 즉 반응시간, 정확률, 조합점수 중 어떤 측정치가 개인차를 가장 잘 나타내는지 비교하였다. 필자의 기대와는 달리, 이 세 측정치들 중 하나가 일관성 있게 개인차를 잘 보여 주는 결과를 얻지는 못했다. 과제에 따라 좋은 측정치가 달라지는 것이다. 조합의 방식에 문제가 있는 건지, 조합하지 말아야 하는 건지는 추후 연구의 몫이다.

생각 상자

작업기억의 개인차

　독자들은 지금까지 단어, 문장, 덩이글 같은 언어 자극을 사용한 어휘 판단이나 문장 읽기 시간 같은 실험과제를 사용하여 개인차를 측정하는 연구를 살펴보았다. 그리고 지각, 주의, 기억, 사고 등과 같은 연구에서 사용하는 인지과제를 통한 개인차 측정 시도도 공부하였다. 그리고 아마 그 복잡함에 압도당해 혼란스러워할지 모르겠다.

　혼란을 줄이기 위해 다른 방향에서 생각해 보자. 인지심리학에서 사용하는 여러 과제 중 개인차를 가장 잘 볼 수 있는 과제를 하나만 뽑으라면 여러분은 어떤 과제를 선택하겠는가? 필자도 본문에 이 의문에 대한 단서를 넣어 놓았는데, 아마 여러분의 생각과 필자의 생각이 일치할 것이며 그 과제는 단기기억 혹은 작업기억 과제일 것이다. 사실, 이 과제가 개인차 측정에 가장 많이 사용되었으며 실제로 지능검사에 포함되어 있다는 것은 여러분도 알고 있을 것이다. 간단하게 숫자나 단어를 사용해 그 개수를 늘려 가며 사람들에게 외우도록 하여 몇 개까지 외우는지 계산하고 개인 간의 차이를 볼 수 있다. 즉, 단기기억의 용량 차이를 계산할 수 있다.

　이 방법보다 세련되게, 단순한 용량의 차이뿐만 아니라, 작업기억이라는 개념에 더 적절하게, 처리 과정을 포함시킬 수도 있다. 본문에서 인용했던 것처럼, 문장을 여러 개 읽고 이해하며, 동시에 각 문장의 마지막 단어를 기억해야 하는 '읽기폭 과제'나 숫자 더하기 빼기 계산을 하며 동시에 여러 개의 단어를 외어야 하는 '작업폭 과제'가 예이다. 그런데 사실, 필자와 동료들은 이 작업기억 과제를 의도적으로 언어 과제나 인지과제에 포함시키지 않았다. 왜냐하면 이미 잘 알려진 개인차 측정 과제이기에 이를 통해 새로운 정보를 얻을 수 없기 때문이며, 아울러 이 과제가 찾아내지 못하는 개인차에 관심을 가졌기 때문이다. 실제로 역시 본문에서 인용한 것처럼, 언어 이해 과정에서 작업기억의 개인차는 통사처리 과정과만 상관이 있었으며, 단어나 덩이글 처리와는 상관이 없었다. 즉, 작업기억 과제 수행만으로는 언어 이해의 개인차를 설명하기에 충분하지 않다.

　그러기에 다음과 같은 아주 개략적인 지침이 가능할지 모르겠다. 여러분이 인지 과정의 개인차를 실험과제로 측정한다고 하면 우선 작업기억 과제를 사용하면 된다. 그리고 일반적인 차이를 넘어서, 구체적으로 어떤 인지나 언어 이해의 하위 영역에서 차이를 볼 것인가를 결정한 후, 그 영역에 맞는 과제를 이 장에서 공부한 내용에 기초해 선택할 수 있을 것이다. 혹은 여러분이 새로운 과제를 발굴할 수도 있다. 인지 과정의 개인차는 한 과제의 수행만으로 측정될 수 없기 때문이다.

맺음말

'모든 실험은 검사이다.'라는 신념으로 인지심리학에서 사용되는 실험과제와 변인을 인지 과정의 개인차를 확인하는 검사도구로 사용하려는 절차를 소개하였다. 이 작업이 독자들에게 얼마나 설득력이 있었는지 모르겠다. 사실, 이러한 작업 자체를 실험심리학도와 심리검사 개발자 모두 회의적인 시각으로 쳐다볼 것이라는 게 필자의 추측이다. 왜? 실제로 이러한 시도를 하는 심리학도가 거의 없기에. 실험심리학도들은 인지 과정의 주요 변인을 잡아 그 효과를 확인하고 이를 이론이나 모형 구성에 힘써야 한다고 생각할 것이고, 후자의 연구자들은 가능한 간단한 도구나 방법으로 개인차를 찾는 것이 우선인데 괜한 수고를 하고 있다고 생각할 수 있기 때문이다. 하지만 '어리석은 과학적 탐구는 없다.'는 명제를 믿고 이 작업을 통해 배운 점과 생각해 볼 것들을 정리하며 마무리를 짓겠다.

첫째로, 이 글에서 시도한 실험과제의 검사화 작업은 성공적이었다고 자평한다. 여러 과제가 성공적으로 개인차를 측정해 냈으며, 이론적 타당도나 사용상의 신뢰도 요건을 통과했기 때문이다.

둘째로, 실험과제를 통한 개인차 탐구에서 사용한 실험 설계는 기본적으로 피험자 내 일원변량분석이다. 즉, 실험과제의 변인 효과를 확인하고(보통 실험에서는 여기서 멈춘다) 이어 피험자 간의 차이(보통 실험에서는 대부분 유의하게 나오기에 이를 검증하지 않는다)를 설명량으로 계산하여 그것이 큰 과제를 선택하게 된다. 물론 피험자들의 수행 분포나 여러 과제 간의 수행의 상관에 기초해 중다 변인 분석을 함께 수행하지만 이 설명량이 기본이 된다. 이 설계는 사용한 자극의 수가 충분한지, 즉 신뢰로운지를 일반화 계수를 통해 쉽게 계산해 낼 수 있다는 장점이 있다. 그런데 이러한 분석이 충분할까? 피험자와 실험 변인의 상호작용은 변인의 효과를 검증하는 F 검증의 분모가 되지만, 이 역시 개인차, 즉 피험자에 따라 변인의 효과가 달라진다는 의미의 개인차가 될 수 있다. 이 분석을 위해서는 피험자 집단을 구분하는 설계가 필요하며 서두에서 언급한 Cronbach(1975)의 통찰을 받아들이는 연구가 필요할 것이다.

셋째로, 이 장에서 소개한 작업은 언어 이해와 인지 전반에 걸쳐 개인차를 잘 보여 주는 인지 영역과 실험과제를 찾고자 한, 어떻게 보면 무리한 시도라고 할 수도 있다. 어떤 인지 영역에서 왜 개인차를 측정하며, 이 측정치를 어디에 사용할 것인가가 명확하다면 군이 모든 인지 영역을 포괄할 필요가 없을 것이다. 그러므로 작업기억 혹은 시지각 자극 탐색 등 특정 영역에 한정적인 개인차 도구 개발도 필요할 것이다.

마지막으로, 최근의 ICT 환경은 웹이나 앱으로 인지과제를 구현하는 것을 쉽게 한다. 필자의 실험실에서도 자바스크립트와 같은 언어로 이 글에서 소개한 모든 인지과제를 구현해 갈 가능성을 모색하고 있다. 이를 통해 짧은 시간 안에 대량의 자료를 수집할 수 있을 것이며 이는 인지 연구의 새로운 장을 만들 수도 있을 것이다. 물론 필자가 아직 확신할 수 없는 여러 제한점도 있을 것이지만 ICT 환경 자체가 또 다른 실험 공간이 될 수도 있을 것이다.

 요약

인지심리학에서 사용되는 실험과제를 통해 인지 과정의 개인차를 알아보는 도구를 개발한 과정을 소개하였다. 언어 이해 과정은 단어, 문장, 텍스트, 모형 구성 과정을 어휘 판단 과제와 읽기 과제를 통해 측정하였으며, 이를 검사도구화하기 위한 분석 결과를 제시하였다. 인지 과정도 감각-운동 협응, 수행과 집행 기능, 주의와 점검, 표상 조작, 상위 수준 인지 기능 등 다섯 개의 영역으로 나눈 후 각 영역에 세 개에서 다섯 개의 과제를 포함시켜 모두 20개의 과제에서 피험자들의 수행 결과를 얻었고, 어떤 영역과 과제에서 개인차가 잘 드러나는지를 분석하여 최종 10개의 과제를 선택하는 절차를 소개하였다. 아울러 정확 반응률과 반응시간을 하나의 지표로 점수화할 가능성을 소개하였으며, 이를 통해 추후 실험 인지과제를 사용한 인지 과정의 개인차 측정과 활용 방법, 특히 이렇게 개발한 과제를 인지 증진 훈련에 사용될 수 있는 가능성을 소개하였다.

생각할 거리

• 인지심리학 연구에서 개인차에 초점을 둔 연구 결과를 문헌 탐색을 통해 찾아보자.

• 글을 읽고 이해하는 과정에서 사람들의 교육 수준에 따라 어떤 과정이 가장 크게 나타날지 생각해 보자.

• 주변에 독해력에 어려움을 경험하는 아동이 있으면, 어떤 과정에서 문제가 발생하는지 검토해 보자.

• 인지심리학을 공부하며, 성차 혹은 연령차가 가장 크게 나타날 수 있는 인지 실험과제를 고안해 보자.

• 지능의 차이가 초기 인지 과정인 지각이나 주의 과정에서 나타날지 아니면 지식의 양이나 지식 사용 전략을 측정하는 후기 인지 과정에서 나타날지 생각해 보자.

제12장

인지 실험과제의 임상적 응용

인지 실험과제와 심리검사 개발
회귀억제 과제
변화맹시 및 비교맹시 과제
정서판단 및 정서 스트룹 과제
역행 도약안구운동 과제
연속 플래시 억제 과제
맺음말

심리 장애를 가지고 있거나 이상 행동을 하는 사람들을 임상 집단이라고 한다. 임상심리학의 역사에서 보듯이 임상 집단은 정상적인 보통 사람들과 매우 다른 것으로 간주하여 경원시되고 차별되어 왔을 뿐, 그들을 이해하려는 노력은 지지부진하였다. 정신분석학적 접근은 내적 심리적 갈등이 건전하게 해소되지 못하여 억압된 무의식적 충동에 의해 정신장애가 발생하는 것으로 보았으며, 행동주의 이론은 이상 행동을 잘못 학습된 일종의 적응 행동으로 보았다. 이러한 관점은 임상 집단의 이해에 어느 정도의 기여를 하였으나, 임상 집단에 대한 또다른 선입견을 낳는 결과를 초래하기도 하였다.

임상적으로 심각한 문제를 가지고 있는 경우가 아니라면, 임상 집단은 보통 사람과 근본적으로 다르지 않다. 특히 경미한 문제를 가지고 있는 임상 집단은 쉽게 눈에 띄지 않을 뿐더러 세밀한 조사 없이는 인지 과정이나 행동 특성에서 주목할 만한 차이를 보이지 않기도 한다. 이러한 차이는 심리검사에서 포착될 수도 있지만, 모든 심리검사가 임상 집단의 미묘한 특성을 모두 추출하여 주는 것은 아니다. 그러므로 지금도 임상 집단의 특성을 찾아내기 위한 검사 개발에 많은 연구가 진행되고 있다.

검사 개발의 한 접근은 정상인과 임상 집단이 행동적으로나 심리적으로 차이를 보이는 측면을 조사하는 것인데, 이를 위해 보통 질문지나 행동관찰 자료가 많이 쓰인다. 이렇게 만들어진 검사(대표적으로 MMPI)는 임상 집단의 특성을 드러내기는 하지만, 그런 특성이 왜 나타나는지를 이해하는 데에는 별 도움을 주지 못한다. 그래서 최근에는 임상 집단 혹은 심리 장애 이론에 기반을 둔 검사들이 많이 개발되고 있다. 그러나 질문지를 바탕으로 하는 검사는 임상 집단의 내성적 보고에 의존하는 탓에, 보고의 진실성과 내적 상태의 변별성 여부 등에서 문제점을 지닌다. 이러한 이유로, 더 객관적이고 과학적인 실험심리학적 과제와 방법을 동원해서 임상 집단의 특성을 밝히려는 연구들이 시도되어 왔다.

인지 실험과제와 심리검사 개발

인지심리학은 인간의 내적 정신과정의 구조를 과학적으로 밝히고자 한다. 인간 정신과정은 각기 특화된 정신기능을 담당하는 모듈 구조와 연결망들이 서로 상호작용한다고 가정된다. 또는 인간 정신과정이 정보처리과정으로 묘사되기도 하는데, 감각, 지각, 주의, 기억 및 반응선택과 반응실행 등으로 이루어지는 일련의 흐름도를 가진 것으로 가정된다([그림 1-1] 인간 정보처리 시스템에 대한 모형 참조). 이러한 정보처리과정의 원리를 밝히기 위해 다양한 인지실험과제들이 개발되었다. 초기에는 정신과정의 역능을 평가하기 위한 지능검사의 형태로 개발되었으나, 세부 정신과정의 모형들이 제기되면서 이러한 모형의 이론적 타당성을 검증하기 위한 실험과제로 발전되었다. 특히 특정 정보처리 단계에 영향을 주는 것으로 알려진 다양한 변수의 효과를 독립적으로 검증하는 실험논리가 그 기초가 되었다(Sternberg, 1969, 1975). 이 같은 실험과제들은 원칙적으로 정상인들을 대상으로 규준 모수치를 추정하는 특성을 지니고 있지만, 정상규준에서 벗어난 정도를 측정함으로써 특정 정신기능이나 뇌구조의 이상 유무를 평가하는 신경심리 검사도구로도 발전되었다(Lezak, 1995). 여기서 가정되는 것은 특정 인지기능에서 결함 증상을 드러내는 임상 환자 또는 뇌병변 환자를 대상으로 다양한 인지과제를 적용할 경우, 그 장애에 해당하는 특정 인지과제 지표의 유의미한 패턴이 나타날 것이라는 것이다.

임상군 집단을 대상으로 연구를 할 때 우리가 통상 추구하는 것은 그 대상에 대한 심리학적 진단과 그 적절한 대처이다. 특히 적절한 심리학적 평가를 하기 위해 우선 필요한 것은 그 임상 집단의 증상에 대한 세밀한 분석과 인지심리학적 재해석이다. 다시 말해서, 인간 정보처리모형에 입각한 요소 정신기능과 구조에서 특정 기능이 어떤 결함을 가지고 있는지 심리학적으로 진술되어야 한다. 만약 특정 임상 대상이 주의기능에 문제가 있다면 억제적 주의와 촉진적 주의 중 어디에 결함이 있는지 구체적으로 밝힐 필요가 있고, 기억에 문제가 있다면 단기기억, 장기기억, 서술기억, 절차기억 중 어디에 문제가 있는지, 또는 어떤 시공간 지각, 언어, 작용기억 또는 실행기능에 문제가 있는지를 알아볼 필요가 있다. 예를 들어, 뇌영상법으로 뚜렷한 병변이나 구조이상을 발견할 수 없는 경우에도 이러한 신경심리 과제들을 도입하면 그 증상에 대한 구체적 평가가 가능하다는 장점이 있다.

시중에는 수백 개 이상의 매우 많은 실험과제를 응용한 신경심리검사들이 출시되어 있다(Riccio, Reynolds, & Lowe, 2001; Strauss, Sherman, & Spreen, 2006). 다음에 열거하는 여러 실험과제는 거의 대부분 아직까지 실험인지심리학의 영역에서 심리검사 영역으로 제대로 확장되지 않은 것들이다. 그 이유는 이 실험과제들이 비교적 최근에 개발된 것들이거나, 이전에 개발되고 사용된 것들이라 할지라도 안구운동이나 스마트폰 등 기타 기기나 과제들과 결합된 것들이어서 임상 현장에서 실시하기에 어려운 점이 있고 아직 정상화된 규준도 마련된 것이 없으며, 신뢰도와 타당도 검증이 충분히 이루어지지 않았기 때문이다. 그럼에도 불구하고 이러한 과제들을 소개하는 일이 흥미로운 까닭은 인지심리학과 임상심리학이 임상 장면에서 서로 협력하여 실용적이면서 정교한 진단과 평가도구의 개발과 발전에 기여할 수 있다는 것을 보여 주기 때문이다.

임상 집단에 대한 실험 연구에서 주의할 점은 비록 이러한 연구들이 실험과제를 사용하고 있기는 하지만 그렇다고 해서 엄밀한 실험 연구라고 보기는 어렵다는 점이다. 무엇보다, 임상 집단과 통제 집단의 수행을 비교하는 실험 연구는 통상 의사실험(quasi-experimentation)이라 불리는데, 그 이유는 임상/통제 집단을 구분하는 피험자 간 변수가 조작된 변수가 아니라 선정·할당된 변수이기 때문이다. 즉, 피험자 집단의 무선표집과 무선할당이 이루어지지 않았기 때문에 이러한 집단변수가 엄밀한 의미에서 독립변수로 간주하기 어렵다는 한계가 있다. 그리고 다양한 연령, 성별, 성격, 병력 등의 다양한 외재변수가 결과에 영향을 미칠 수 있는데, 이런 변수의 완벽한 통제가 임상 장면에서는 어렵다. 그 결과로 실험 결과에 대한 엄격한 인과적 해석이 제한된다. 그렇다고 하더라도 이러한 임상 집단에 대한 실험과제의 적용 의의가 없어지는 것은 아니다. 특히 대부분의 연구들은 피험자 내 변수들을 포함하고 있고, 이 변수들이 임상/통제 집단 변수들과 상호작용하는 패턴을 분석하면 전술한 문제점들을 상당 부분 해소할 수 있다.

임상 집단에 인지심리학적인 실험과제를 적용하는 것은 임상 집단의 인지적 특성을 정밀하게 이해하고, 나아가 적절한 수정 혹은 치료를 개발하는 데 기여할 것이다. 여러 가지 실험과제가 응용되고 있는데, 이 장에서는 인지과정에서 주요한 몇 단계들과 관련된 실험과제를 소개하고, 이를 통해 여러 임상 집단의 인지적 특성을 살펴보고자 한다. 이 장에서 소개된 대부분의 실험과제는 필자의 실험실에서 수행한 것이다. 이 장에서 다루어지게 되는 임상 집단의 특성은 매우 다양하기 때문에 특정한 임상 집단에 대한 결론을 도출할 수는 없지만, 임상 집단에 실험과제를 적용하고 그 결과를 분석하는 기법을 이해하는 데에 도움을 줄 것이라고 생각된다.

생각 상자

당신도 모르는 사이에 당신은 검사되고 읽혀진다 – 빅데이터와 인지실험 검사과제의 결합

조지 오웰의 『1984년』을 굳이 떠올리려는 것은 아니다. 그러나 구글, 페이스북, 아마존과 같은 거대 네트워크 기업들은 이미 네트워크 사용자들을 상대로 다양한 방법 (예, 간단한 팝업 설문조사, 다양한 광고창, 인공지능을 이용한 자동 게시판 댓글 달기, 개인 검색로그 수집, 인터넷 물품 구매 내역 수집, 스마트폰 사용 내역, 친구 리스트 특성 수집, 책 구매 특성 수집 등)을 통해 빅데이터를 수집하고 활용하고 있다. 이 거대 자료들을 바탕으로 이 거대 기업들은 사용자의 심리적·행동적 프로파일을 파악하여 향후 그들이 할 가능성이 높은 구매행동이나 취미활동을 예측하게 된다. 거대 자료들 하나하나는 그 행동 예측력이 미미하지만 거대 자료로 모이면 상상하기 어려울 정도로 정확한 예측이 가능하다. 중다 회귀 분석에서 예측변수의 개수가 많아질수록 무조건 예측정확도는 증가하게 되어 있는 것과 같다. 문제는 이 기업들이 수동적으로 자료를 수집하는 데 그치지 않고, 능동적으로 탐사자극(probe)이나 탐사과제를 사용자들에게 부여하여 그 반응패턴을 수집하고 분석하여, 그 행동 예측력을 높이려고 할 뿐 아니라, 사용자들의 행동을 제어·조작하려고까지 하는 데서 그 잠재적 위험성이 증가된다. 이들이 원하는 것은 인간의 행동을 예측하고 제어하려는 것이지 인간의 마음을 이해하고 해석하려는 것이 아니다. 당신은 이런 세상을 바라는가? 당신이 원하는 것을 미리 알아주고, 심지어 추구하는 행동 자체도 마음속에 심어 주는 그런 거대 보모(big baby-sitter)가 당신은 좋은가?

회귀억제 과제

회귀억제(inhibition of return)란 유기체가 시야의 어느 지점에 주의를 집중한 뒤에 다른 지점으로 주의를 옮기고 나면, 원래의 지점에 주의를 다시 되돌리는 것이 새로운 지점으로 옮기는 것보다 어려워지는 현상이다. 이 현상의 배후에는 생태학적으로 유기체가 이미 처리한 자극에 의해 방해받지 않고 새로운 정보를 활용할 수 있도록 돕기 위해 작동하는 기제 때문인 것으로 생각된다(Posner & Cohen, 1984). 회귀억제는 주로 위치에 기초해서 일어나는 특이한 현상으로서 일반적으로 형태, 색 등의 자극 속성에 기초해서는 잘 일어나지 않는다(Kwak & Egeth, 1992).

회귀억제 현상이 흥미로운 점은 우리의 상식에 위배된다는 점이다. 통상적으로 우리는 주의가 주어진 곳에 자극이 나타나면 반응시간이 빨라지는데, 이 회귀억제 현상은 주의가 주어졌던 곳에 나타난 자극에 오히려 반응이 느려지는 현상이기 때문이다. 이 현상이 일어나는 이유는, 특정 위치에 주의가 주어진 후에 일정 시간이 지나면 그 위치에 대한 주의가 다른 곳으로 옮겨져서, 원래의 위치에 자극이 나타나면 주의가 다시 그 위치로 돌아와야 하는데 그 회귀하는 주의이동이 억제되기 때문이다. 회귀억제 현상은 주의의 두 가지 요소인 촉진과 억제 중 억제적 주의를 드러내는 것으로 간주된다(Kwak, 1992).

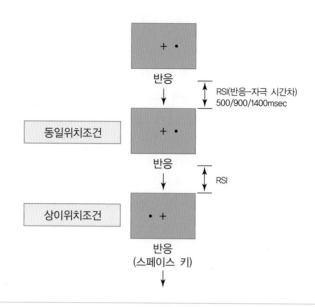

[그림 12-1] 회귀억제 과제 중 연속반응 과제의 실험절차

회귀억제 과제는 일반적으로 두 가지 유형의 과제를 사용한다. 먼저, 단서-표적 과제(cue-target paradigm)는 특정한 위치에 공간적 단서를 제시한 후, 일정 시간 후 표적을 제시하여 단순반응시간을 기록한다. 다른 과제는 연속반응 과제(continuous responding paradigm)로서 참가자는 매 순간 표적이 나타날 때마다 반응단추를 누르게 된다(Maylor & Hockey, 1985). 여기에서 두 가지 과제의 핵심적인 변수는 이전 자극 또는 단서와 표적 간의 위치 동일성이다. 단서-표적 시간차(stimulus-onset-asynchrony: SOA) 또는 반응-자극 시간차(response-stimulus interval: RSI)가 약 1/2초 이상이면 단서-자극의 위치가 동일한 조건이 상이한 조건보다 반응시간이 30ms 정도 느려지는데 이 현상을 회귀억제라고 부른다(단서-표적 시간차가 1/4초 이내이면 주의 촉진효과가 얻어진다).

단서-표적과제의 시행절차는, ① 화면의 좌측 또는 우측에 제시되는 표적(별표)을 탐지한 후 가능한 빠르게 반응단추를 누르도록 지시한다. ② 응시점(+)을 화면 중앙에 제시하여 참가자의 시각적 주의를 통제한다. ③ 이후에 단서자극(사각형)을 화면의 좌 또는 우측에 제시한다. ④ 특정한 단서-표적자극제시 시간차(예, 500 또는 900ms) 후 화면 좌 또는 우측에 표적을 제시하면 참가자는 반응단추를 가능한 한 빠르게 누른다. ⑤ 다음 시행을 반복한다. 여기서 회귀억제량은 이전 표적과 동일한 위치에 제시된 표적에 대한 반응시간(동일위치조건)에서 상대위치에 표적이 제시된 반응시간(상이위치)을 뺀 값이다(Kwak, 1992).

연속반응 과제의 시행절차는, ① 화면의 좌 또는 우측에 제시되는 표적(별표)을 탐지한 후 가능한 한 빠르게 반응단추를 누르도록 지시한다. ② 응시점(+)을 화면 중앙에 제시하여 실험 참가자의 시각적 주의를 통제한다. ③ 이후에 표적자극을 화면의 좌 또는 우측에 제시한다. ④ 반응-표적자극제시 시간차를 달리하여(예, 500, 900, 1300ms 등) 제시하며 실험 참가자의 반응 후에는 자동적으로 다음 시행으로 이어진다([그림 12-1] 참조). 정상집단의 경우 SOA 또는 RSI 500~900ms에서 약 30ms의 회귀억제 효과가 얻어진다(Kwak & Egeth, 1992). 연속반응 과제가 단서-표적과제보다 비교적 짧은 시간에 여러 개의 반응자료를 얻을 수 있다는 점에서 더 효율적이다.

한 연구에서, 노인치매환자에게서 억제적 주의의 결함을 보기 위해 알츠하이머형 노인치매환자에게 회귀억제 과제를 실시하였다(김영환, 진영선, 곽호완, 1995). 그 결과, 정상 집단에서는 모든 반응-자극 시간차 조건에 걸쳐 회귀억제를 보였으나 노인치매 집단에서는 유의한 회귀억제효과가 관찰되지 않았다. 오히려 통계적으로 유의하지는 않았으나 동일위치조건의 반응시간이 상이위치조건보다 약간 빠른 단서촉진효과의 패턴을 보였다. 결론적으로 노인치매환자에게서 회귀억제효과가 관찰되지 않은 것으로 보아 노인성치매의 여러 인지적 기능 저하가 주의장애, 특히 억제적 주의장애에 기인할 수 있다는 가설을 지지한다. 이러한 결과는 치매노인에게서 일반적으로 관찰되는 억제 기능의 저하와 일관되는데, 예컨대 노인들에게서는 부적 점화효과가 정상보다 약하게 관찰된다.

주의력결핍 과잉행동장애(Attention-deficit/hyperactivity disorder: ADHD)의 주된 증상이 주의력 결핍이라는 여러 연구 결과와 관찰에 주목하여, 성인 ADHD 경향 집단을 대상으로 회귀억제 과제를 시행한 결과 ① 주의력 결핍지표를 드러내는 ADHD 증상지표들과 회귀억제량이 부적 상관을 보였는데, 이는 ADHD 증상이 심할수록 회귀억제량이 감소하거나 사라지는 것을 뜻한다(곽호완, 장문선, 2007). ② ADHD 경향 집단이 통제군에 비해 회귀억제를 덜 보이거나 회귀억제가 사라지는 결과가 관찰되었다(정진영, 장문선, 곽호완, 2008). 부가하여 회귀억제의 시간과정을 보면 통제군은 비교적 넓은 RSI 조건에서 회귀억제를 유지하는 데 반해 ADHD

경향 집단은 초기에 약한 회귀억제를 보이다가 RSI 900ms부터 회귀억제가 사라짐을 보였다. 즉, ADHD의 경우 어느 시점에서 급속히 탈억제되어 회귀억제가 해소됨을 시사하는 결과로서, ADHD 경향 집단은 억제적 주의의 결손을 보인다는 것을 알 수 있다.

ADHD에 대한 추가적인 연구에서 아동 ADHD 환자를 대상으로 회귀억제 과제를 실시하였는데, 비록 통계적으로 유의하지는 않았지만 ADHD 부주의 아형군의 회귀억제량이 통제군보다 25ms 정도 적게 관찰되었고, 평균 반응시간, 반응시간 표준편차, 정반응률 등에서 ADHD 부주의 아형집단이 일반집단과 유의한 차이를 보였다. 또한 판별분석 결과 회귀억제 지표 4개가 세 집단을 구분하는 판별정확도가 61.4%로 나타났다(이수경, 박경, 곽호완, 2012).

회귀억제 과제는 스마트폰 중독과 관련된 주의결함도 추출할 수 있음을 보이는 연구도 보고되었다. 김하진 등(2017)은 성인 스마트폰 중독 경향 집단에게 연속반응 회귀억제 과제를 실시한 결과, 중독경향 집단은 통제 집단에 비해 현격히 적은 회귀억제량을 보였다. 즉, 스마트폰 중독경향 집단은 억제적 주의과정에 결함이 있는 것으로 밝혀졌다.

종합하면, 회귀억제 과제는 노인치매, ADHD, 스마트폰 중독 등 다양한 신경임상심리학적 증후군의 주의 억제과정을 보여 주는 민감한 과제이다. 회귀억제 과제는 자극의 출현에 대해 반응단추를 누르는 단순반응 과제의 특징을 지니므로, 반응선택이나 고차 인지 과정의 개입이 거의 없어 초기 시각 정보처리과정과 억제적 주의과정을 비교적 잘 드러낸다. 만일 회귀억제 효과가 얻어지지 않거나 크기가 작게 나온다면 이는 주의의 억제적 요소에 결함이 있는 것으로 볼 수 있다. 유사한 억제효과를 검토하는 스트룹 과제의 경우에는 주의억제 대신 반응억제 또는 간섭효과를 관찰하는 과제이므로 비교적 후기단계 또는 반응단계의 효과를 주로 나타낸다고 할 수 있다. 결론적으로, 회귀억제 과제를 응용한 신경심리검사를 개발하면 유용하고 판별력이 높은 검사가 될 수 있다.

변화맹시 및 비교맹시 과제

맹시(blindness)란 눈이 안 보인다는 뜻이 아니라, 시각적으로 결함이 없음에도 불구하고, 주의나 그 밖의 이유로 자극을 식별하거나 구별하지 못하는 현상을 말한다. Mack와 Rock(1998)은 주의를 제대로 주지 않으면 목전에 제시된 형태도 식별할 수 없다는 것을 실험적으로 보이고, 이런 현상에 무주의 맹시(inattentional blindness)라는 이름을 붙였다. 이후에 여러 연구가 맹시 현상을 다루었는데 그중 널리 사용된 것 하나는 변화맹시(change blindness)이다(Simons & Rensink, 2005). 변화맹시 현상은 시각작업기억(visual working memory)의 용량을 측정하는 데에도 응용되었다.

변화맹시란 시각 장면 내 주목할 만한 변화가 일어난 것을 알아차리는 데 실패하는 현상이다(Simons, 2000). 주의는 정보 추출에서 매우 중요한 역할을 하는데, 주의가 부족하면 어떤 한 장면에서 다음 장면으로 바뀔 때 대상의 변화를 알아차리지 못하는 현상인 변화맹시가 발생한다. 변화맹시는 도약안구운동, 공백화면, 눈감빡임 등에 의해 발생하지만 아직까지 정확한 기제는 밝혀지지 않은 상태이다. 여러 연구는 변화맹시의 발생을 시각단기기억(visual short-term memory) 또는 초점 주의의 실패로 설명하는데, 초점 주의의 실패는 최적이 아닌 환경자극을 차단하려는 노

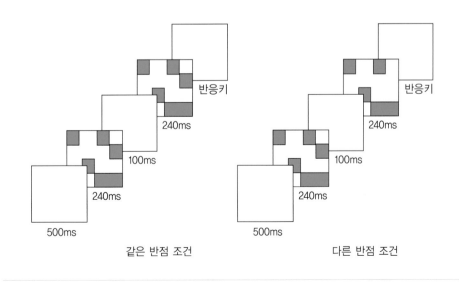

같은 반점 조건   다른 반점 조건

[그림 12-2] 변화맹시 과제의 조건과 절차

력에도 불구하고 외적 환경 정보에 이끌려 주의가 적절한 자극원에 초점을 맞추지 못하는 현상이다. 변화맹시 과제는 부주의(주의력 결함), 시지각과 기억 간의 상호 작용, 시각 기억 용량의 한계 및 주의와 의식 간의 연결 정도를 측정하거나 평가하는 데 사용될 수 있다.

비교맹시(comparison blindness) 과제는 좌우에 동시 제시되는 두 그림자극이 동일한지 아닌지 신속하고 정확하게 판단하는 과제이다(Scott-Brown, Baker, & Orbach, 2000). 두 그림자극을 동시에 비교하기에는 각 그림자극들이 비교적 복잡해서 도약안구운동을 통해 순차적으로 자극을 약호화하고 그 차이(변화)를 탐지해 내야 한다. 그런데 이 도약안구운동을 하는 동안 도약억제(saccadic suppression)가 일어나서 전술한 변화맹시 과제에서 공백화면과 유사한 시지각 처리 상황이 되므로 두 과제가 유사한 처리과정을 밟는다고 할 수 있다(조민경, 곽호완, 2010). 부가하여, 변화맹시 과제는 주로 정반응률을 주된 종속측정치로 사용하는 데 반해, 비교맹시 과제는 피험자가 반응할 때까지 자극을 제시하므로 반응시간을 측정할 수 있고 과제난이도를 낮게 하여 피험자의 과제부하나 스트레스를 줄여 주는 장점이 있다.

변화맹시를 관찰하는 전형적인 실험절차는 ① 화면 중앙에 응시점(+)을 500msec 동안 제시한 후, ② 그림자극을 중앙에 240msec 제시하고, 그다음 100msec 동안 공백화면이 제시된 후, 마지막으로 두 번째 그림자극을 240msec 제시한다. ③ 과제는

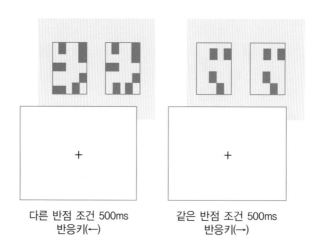

[그림 12-3] 비교맹시 과제의 조건과 절차

순차적으로 제시되는 두 그림자극이 완전히 동일하면 오른쪽 키(→)를, 부분적으로
다른 곳이 있으면 왼쪽 키(←)를 누르게 하는 것으로, ④ 참가자가 반응하면 자동적
으로 다음 시행으로 넘어간다([그림 12-2] 참조).

비교맹시 실험의 시행절차는 ① 화면 중앙에 응시점(+)이 500msec 동안 제시된
후 좌우에 동일한 크기의 그림자극이 나타난다. ② 참가자는 이때 두 그림자극이 동
일(동일 조건)하면 오른쪽 방향키(→)를, 다르면(상이 조건) 왼쪽 방향키(←)를 누르도
록 한다. ③ 참가자가 반응하면 자동적으로 다음 시행으로 넘어간다([그림 12-3] 참조).

변화맹시 과제에서 ADHD 집단이 정상 집단보다 변화탐지 정확률이 떨어진다
는 연구 결과가 보고되었지만(Cohen & Shapiro, 2007), 비교맹시 과제에서 임상 집
단을 대상으로 한 연구는 별로 보고되지 않았다. 조민경과 곽호완(2010)은 비교맹
시 과제에서도 ADHD 진단의 판별력이 유용한 수준에 이르는지를 검토하고자 성
인 ADHD 경향 집단에게 변화맹시 및 비교맹시 과제를 실시하였다. 연구 결과, 대
부분의 ADHD 증상 소척도(부주의-기억, 과잉행동, 충동/정서, 자기개념)와 정반응률
이 부적 상관을 보였고, 특히 비교맹시 과제에서 92%의 판별정확도를 보여 72%를
보인 변화맹시 과제보다 양호한 수치를 보였다. 이는 비교맹시 과제가 변화맹시 과
제보다 ADHD의 진단에 더 유용하다는 것을 시사하는 결과이다. 실제로 순차제시
변화맹시 과제를 알츠하이머 및 경도인지 장애집단에 대해 실시한 결과, 이들이 정
상통제군에 비해 변화탐지 정확률이 낮고 반응시간이 느려지는 등의 수행 저하 패
턴을 보였다(김효진, 이호원, 장문선, 김영은, 곽호완, 2011).

ADHD 아동의 주의력 결함 판별을 위한 웹-기반 신경심리 연구에서, 이수경, 박
경, 곽호완(2012)은 비교맹시 과제를 아동 ADHD 부주의형, 혼합형 및 통제군에 실
시하였다. 비교맹시 측정치 중 반응시간, 표준편차, 정반응률 모두에서 ADHD 소
척도들과 유의한 상관을 보였고, 세 집단 판별분석결과 67.3%의 비교적 높은 판별
정확도를 보였는데, 이는 연속수행 과제(66%), 회귀억제 과제(61.4%)보다 높은 정
확도이다.

변화탐지과제가 드러내는 주의력 저하증상은 비단 ADHD에만 국한되지는 않는
다. 실제로, 다음에 열거하는 정신병질 성향군, 폐쇄성 수면 무호흡증, 스마트폰 중
독 등 다양한 임상 집단에게 비교맹시 및 변화맹시 과제가 유용할 수 있다.

정신병질 성향군의 정서처리 결함을 검토하기 위해 정서가 포함된 얼굴자극들을

화면 좌우에 제시하여 좌우의 차이를 비교하는 비교맹시 과제를 실시하였다(양지은, 장문선, 소준현, 곽호완, 2011). 연구 결과, 정신병질 경향 집단은 통제 집단에 비해 변화탐지 반응시간이 유의하게 느렸다. 이는 정신병질 경향 집단이 사람의 얼굴 정서지각에서 결함이 있음을 시사하며, 향후 얼굴정서 비교맹시 과제가 정신병질자의 진단에 유용한 검사도구로 개발될 가능성을 보인다.

폐쇄성 수면무호흡증(obstructive sleep apnea: OSA) 환자를 대상으로 비교맹시 과제를 실시한 연구에서 수면무호흡증 환자군은 연령이 증가함에 따라 정상 대조군보다 변화탐지가 더 저조함을 관찰하였다(이유경, 장문선, 이호원, 곽호완, 2011). 이는 수면무호흡증에 따른 수면박탈로 주의력이나 실행기능과 같은 인지 영역의 감퇴를 보인다는 것을 시사한다.

폭식증 경향 집단에 대해 비교맹시 과제를 실시한 연구에서 폭식증 경향 집단이 통제 집단보다 유의하게 낮은 정반응률을 보였는데, 이는 폭식증 경향자들이 충동성 영향을 받기는 하지만, 비교맹시 과제 자체가 충동성의 영향을 받지 않는 과제임을 감안하면, 폭식증 경향에 따라 주의력도 점차 결함을 가지게 되는 것으로 생각된다(이선희, 장문선, 곽호완, 2011).

자살사고 경향 집단에 대한 주의력과 정서처리 특성을 검토한 이선주, 장문선, 곽호완(2013)의 연구에서 경향 집단과 통제 집단에게 얼굴정서자극을 사용한 비교맹시 과제를 실시하였다. 연구 결과, 얼굴정서 비교맹시 과제에서 자살사고 경향 집단은 통제 집단보다 유의하게 낮은 정반응률을 보였다. 부가하여, 개별 정서조건에 대한 정반응률의 차이를 사후검증을 통해 살펴본 결과, 공포, 행복, 놀람에 대해서 경향 집단이 통제 집단보다 낮은 패턴을 보였다. 이는 자살사고 경향 집단이 타인의 정서표정, 특히 공포, 행복, 놀람에 대한 판단과 주의력에서 결함을 보인다는 것을 시사한다.

마지막으로, 스마트폰 중독 경향 집단의 스마트폰 관련 자극에 대한 주의 편향을 비교맹시 과제를 활용하여 검토한 연구에서, ① 스마트폰 관련 자극이 변화하는 조건에서 중독 경향 집단은 통제 집단보다 빠른 반응시간과 높은 민감도(d')[1]를 보인

---

1 민감도는 지각적 민감성을 측정하며 낮은 민감도는 부정확한 반응을 의미한다(Epstein, Goldberg, Conners, & March, 1997).

반면, ② 스마트폰 자극 대신 중립자극이 변화하는 조건에서 중독 경향 집단은 통제 집단보다 유의하게 반응시간이 느렸고 낮은 민감도를 나타냈다. 이 결과는 중독 경향 집단이 상대적으로 스마트폰 관련 자극에 대한 높은 내적 활성화 상태 또는 갈망을 가지고 있으며, 그것이 단순히 반응편향의 문제가 아니라 지각 민감도의 변화를 수반하고 있음을 시사한다(조영철, 박형규, 장문선, 곽호완, 2016).

종합하면, 변화맹시 및 비교맹시 과제는 ADHD뿐만 아니라, 정신병질, 수면무호흡증, 자살사고, 스마트폰 중독 등 광범위한 임상적 증후군에 적용 가능하며, 특정 자극이나 표상에 대한 과민감성이나 주의력 결함 등의 제반 임상 특징들을 추출할 수 있다. 특히 다양한 중독이나 불안 증후군에서 특정 자극에 대한 과잉주의 또는 주의결핍 등을 확인할 수 있는 과제이며, 신경심리검사로 개발될 경우 비교적 높은 판별정확도를 보일 것으로 판단된다.

정서판단 및 정서 스트룹 과제

정서란 생리적 각성, 표현적 행동, 사고와 감정을 포함한 의식적 경험을 수반하는 유기체의 반응을 포함한다. 얼굴표정과 같은 비언어적 단서는 다른 사람의 정서적 상태를 추론할 수 있는 중요한 사회적 단서이며 많은 경우 얼굴표정을 토대로 전반적인 정서판단을 하게 된다. 정서처리의 결함은 사회적 인지, 일반적인 인지적 역기능이 반영된 것으로 볼 수 있다.

정서판단 과제(emotion decision task)는 얼굴표정 사진 자극을 보여 주고 그 얼굴에 대한 표정 정서를 판단하는 실험 패러다임을 사용한다. 또는 정서단어 자극을 보여 주고 그 단어에 대한 정서를 평정하는 실험 패러다임을 사용하기도 한다. 화면에 제시되는 정서자극(예, 얼굴표정, 정서단어)을 보고 정서를 판단하여, 신속하고 정확한 반응을 하는지 보는 과제이다.

이 과제의 핵심은 얼굴표정 인식이 상대방의 의도를 파악하는 데 필수 요인이며, 얼굴표정 지각능력은 주의력, 언어/비언어적 기억력, 언어능력과 상관된다는 것이다. 얼굴은 생리학적 기능뿐만 아니라 타인과 정서적으로 교감하는 사회적 기능도 한다. 특정 정서를 처리하는 데 결함을 보이는지 살펴보기 위해 실시하는데, 얼굴표정은 그 사람의 정서 상태와 현재 상황에 대한 인식, 그리고 환경 변화에 따른 정서적 반응을 추론할 수 있는 대표적인 비언어적 단서이다. 이 정서판단 과제는 종종 연속수행 과제의 형식과 결합하여 사용되기도 한다(정란, 박형규, 장문선, 곽호완, 2016).

정서판단 과제의 시행절차는, ① 화면에 제시되는 얼굴자극 또는 정서자극을 보고 그 정서값(예, 긍정 대 부정 정서)을 판단하여 가능한 빠르게 반응단추를 누르도록 지시받는다. ② 그후, 화면 중앙에 응시점(+)을 제시하여 실험 참가자의 시각적 주의를 통제한 후, ③ 정서자극을 제시하고, 참가자의 반응을 기록한다.

정서 스트룹 과제(emotional Stroop task)는 정서적 단어(부정적 혹은 긍정적)의 색상 말하기 시간과 중립적 단어의 색상 말하기 시간을 비교함으로써 정서의 간섭효과를 알아보고자 할 때 사용된다(허효주, 박형규, 장문선, 곽호완, 2017). 정서 스트룹 과제는 자극의 종류와 제시 방법 등을 실험자가 손쉽게 조절할 수 있고 비교적 시행이 간단하여, 정서 장애에서 나타나는 인지편향 현상을 탐색하는 데 널리 사용된다. 정서 스트룹 과제는 전통적인 스트룹 과제와 달리 여러 가지 다른 색으로 쓰여진 정서적으로 불쾌한 단어들을 보고 단어에 채색된 색 이름을 명명하면서 단어가 가진 실제의 의미를 무시하는 것이다. 정서 스트룹 과제는 다른 조건이 주어진 상황에서 평균 반응시간을 조사하여 의미적 내용에 대한 간섭의 '인지적 비용'을 측

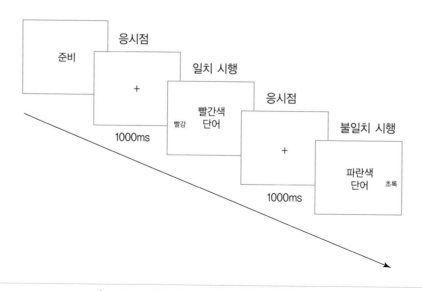

[그림 12-4] 정서 스트룹 과제의 실험절차 예

정한다. 단어의 의미를 무시하고 과제를 수행해야 하지만 만약 단어가 가진 의미에 주의를 기울이게 된다면 반응시간이 유의하게 느려지며, 이것이 중립자극과 비교해서 차이가 날 경우 정서 스트룹 간섭이 관찰된다. 정서 스트룹 과제가 측정하는 주된 인지기능은 정서조절과 관련된 억제기능이나, 정서반응에 대한 간섭의 억제, 선택적 주의 및 인지적 유연성 등이 있다.

정신병질자들이 정서처리에 둔감하다는 일반적 사실에 기초하여, 정신병질 경향 집단에 대해 얼굴정서판단 과제를 실시하였다(양지은, 장문선, 소준현, 곽호완, 2011). 연구 결과, ① 정신병질 경향 집단이 통제 집단에 비해 정서판단 정반응률이 유의하게 낮은 것으로 나타났고, ② 정신병질 경향 집단이 통제 집단에 비해 행복과 놀람표정 자극에서 유의하게 정반응률이 낮았다. 이러한 결과는 정신병질 경향 집단이 행복이라는 긍정정서와 놀람정서, 부정적인 정서를 덜 민감하게 판단한다는 것을 의미한다.

경계선 성격장애 경향 집단에 대해 단어 정서 스트룹 과제를 실시한 다른 연구에서, ① 경계선 성격장애 경향 집단이 통제 집단보다 부정적 정서자극에 대한 반응이 유의하게 느린 결과를 보였다(이종환, 곽호완, 이상일, 장문선, 2013). 이는 경계선 성격장애 경향 집단의 경우 긍정적 또는 중립적 정서보다는 부정적인 정서를 억제하는 능력에 결함이 있음을 시사한다.

정란 등(2016)은 스마트폰 중독 경향과 ADHD 경향을 모두 가진 공병 집단을 대상으로 정서판단 연속수행 과제를 실시하였다. 연구 결과, 공병 집단이 부정적 정서에 대해 통제 집단보다 반응시간이 짧고 정반응률은 저조하였는데, 이는 ADHD 및 스마트폰 중독 경향 집단이 부정정서단서를 부주의하게 인식하고 충동적으로 반응하는 것을 보여 준다.

다른 연구에서, 실패 경험이 자살생각 경향 집단의 정서처리에 미치는 영향을 검토하기 위해 정서 스트룹 과제를 실시하였는데, 자살생각 경향 집단의 부정 정서에 대한 반응시간은 중립적 정서에 대한 반응시간보다 느린 것으로 나타났다(나진형, 이상일, 장문선, 곽호완, 2016).

허효주 등(2017)은 스마트폰 중독 경향 집단의 스마트폰 관련 자극에 대한 주의 편향을 보기 위해 정서 스트룹 과제를 실시하였다. 그 결과, 스마트폰 관련 단어가 포함된 스트룹 과제에서의 반응시간이 중독 경향 집단에서 유의하게 느린 결과를 얻었다. 이 결과는 스마트폰 중독 경향 집단의 경우 스마트폰 관련 자극이나 단어에 대해 사전에 주의가 편향되고 활성화되어 스트룹 간섭을 더 일으키기 때문인 것으로 판단된다.

　정서 스트룹 과제를 사용하여 강박 경향 집단의 강박사고 위협자극에 대한 억제기능을 검토한 연구에서, ① 강박 경향 집단은 위협자극이 제시되었을 때 통제 집단보다 더 큰 간섭을 보이며, ② 특히 위협자극 중에서도 개인적 위협자극에 대한 스트룹 간섭이 더 크게 나타났다(김지현, 이종환, 곽호완, 장문선, 2016). 이는 강박 경향 집단이 부정적 정서유발 요인을 지닌 위협 단어일지라도 개인과 관련성이 없는 자극에는 간섭을 보이지 않지만 자신의 강박증과 관련성이 높은 개인적 위협자극이 주어지면 제시된 자극의 의미에 주의를 기울이게 되어 간섭효과가 나타나는 것으로 해석할 수 있다.

　종합하면, 정서판단 및 정서 스트룹 과제는 다양한 임상 집단에 대해 정서처리의 효율성과 조절능력을 탐색하는 유용한 도구이다. 특히 정서처리의 결함을 드러내기 쉬운 자살고위험군, 경계선 성격장애, 정신병질 경향자, 스마트폰 중독 등의 임상 집단에게 적절하게 기용될 수 있는 실험신경심리과제라고 할 수 있다.

역행 도약안구운동 과제

　역행 도약안구운동(anti-saccadic eye-movement) 과제는 시선의 방향과 반대에 위치한 표적자극으로 시선의 위치를 옮기는 과제로서 정향적 반응을 억제한 후 표적자극을 탐색하고 특정 정서에서는 멈춤 신호로 제시될 수 있다. 도약안구운동은 원래 초점 주의의 이동과 깊은 관련이 있으며, 특히 도약안구운동의 준비와 회귀억제 사이에 관련이 있는 것으로 보고되었다(Rafal, Calabresi, Brennan, & Sciolto, 1989).

　역행 도약안구운동 과제의 전형적 시행절차는, ① 참가자에게 제시된 얼굴자극에서 시선 방향을 파악한 후 얼굴이 긍정정서이면 역행 안구운동을, 부정정서이면 안구운동 없이 중앙을 응시하도록 지시한다. ② 화면 중앙의 응시점(+)을 일정 시간 동안 제시하여 주의를 통제한 후 화면 중앙에 시선-정서 얼굴자극을 제시한다. ③ 실시간으로 참가자들의 안구운동 정보를 기록하여, 역행 도약안구운동의 반응

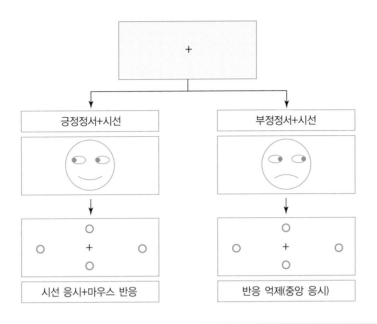

[그림 12-5] 시선 및 정서기반 도약안구운동 과제의 도해

시간, 정지신호 조건에서의 실행오류를 측정한다.

시선 탐지와 정서기반 도약안구운동 과제를 이용하여 성인 ADHD 경향 집단의 비언어적 단서탐지 결함을 검토한 연구의 결과, ① ADHD 경향 집단은 긍정정서 역행 도약안구운동 조건에서 느린 평균 반응시간과 낮은 정반응률을 보였고, ② 안구운동을 억제하고 중앙을 응시해야 하는 부정정서 조건에서 ADHD 경향 집단은 안구운동을 멈추지 못하는 오류를 통제 집단보다 더 많이 나타냈다(이상일, 장문선, 곽호완, 2012).

Lee, Lee, Chang과 Kwak(2015)은 성인 ADHD 경향 집단과 통제 집단에 대해 긍정, 부정 및 중성 얼굴정서자극을 주고, 그 자극이 중성이 아니면 얼굴시선이 가리키는 반대방향으로 역행 안구운동을, 중성자극에 대해서는 안구운동을 정지하도록 지시하였다. 그 결과, 성인 ADHD 경향 집단이 유의하게 더 많은 안구운동 오류를 범하였다. 후속 실험에서 시선단서 얼굴정서자극과 표적 얼굴자극을 동시에 제시하여, 중앙에 제시된 얼굴정서가 긍정이면 시선방향과 동일한 순행 도약안구운동(pro-saccade)을 하게 하였고 부정이면 역행 안구운동을 하게 하였다. 그 후 표적 얼굴정서가 긍정이면 안구운동을 정지하도록 하였고, 부정이면 중앙 단서자극으로 회귀하게 하였다. 흥미롭게도 표적 얼굴자극이 부정일 때 성인 ADHD 경향 집단은 통제 집단보다 누락오류를 유의하게 더 많이 범하였는데, 이는 ADHD가 도약안구운동에 요구되는 상황에서 오류를 더 많이 범한다는 것을 시사한다. 더 흥미로운 것은 표적 시선방향과 두 번째 안구운동 방향이 불일치할 때 ADHD 경향 집단이 더 많은 실행오류를 범했다는 사실이다. 이는 성인 ADHD가 표적 얼굴의 시선방향과 같은 과제와 무관한 방해자극의 영향을 더 많이 받는다는 사실을 보여 주며, 얼굴정서의 재인과 도약안구운동의 기제가 어떤 식으로든 서로 연결되어 상호작용하는 측면이 있음을 시사한다.

연속 플래시 억제 과제

연속 플래시 억제(continuous flash suppression: CFS)는 지각적 착각(perceptual illusions) 현상을 이용하여 관찰자에게 제시되는 가시성이 높은 시각자극을 의식적으로 지각할 수 없도록 한다(박형규, 변신철, 곽호완, 2016). 이 현상을 관찰자의 한쪽 눈에 연속적으로 변화하는 화려한(dynamic) 무늬가 제시될 때 다른 쪽 눈에 제시되는 정적(static) 자극을 의식적으로 자각하지 못하는 현상이다([그림 12-6] 참조). 대부분의 사람은 한쪽 눈에 제시된 정적인 자극을 수(數) 초에서 수 분 동안 보지 못했으며 이러한 억제가 최대 3분까지 지속된 경우도 있었다(Tsuchiya & Koch, 2005). 최근 연속 플래시 억제 현상을 사용하여 수행된 연구에서는 단어 자극을 의식적으로 지각되지 않도록 제시하였을 때 관찰자가 이를 의미적으로 처리하거나(Sklar et al., 2012) 의식적으로 지각되지 않는 나체사진을 제시할 때, 실험 참가자들이 이성의 사진에 주의를 기울이고 동성의 사진에 혐오적 반응을 나타내는 것을 확인하고 의식적으로 지각되지 않는 시각 자극이 관찰자의 정서적 각성수준에 영향을 미친다는 것을 확인하였다(Jiang, Costello, Fang, Huang, & He, 2006).

연속 플래시 억제는 시각자극을 의식적으로 지각하지 못하도록 하는 처치이므로 여러 과제에 적용할 수 있다. 따라서 다음은 연속 플래시 억제 현상을 사용한 실험의 예시이다. 강제선택과제(two-alternative forced-choice task)를 수행하는 데 선행하는 단서의 의식적 지각 수준을 연속 플래시 억제 현상으로 조작하였다. 과제

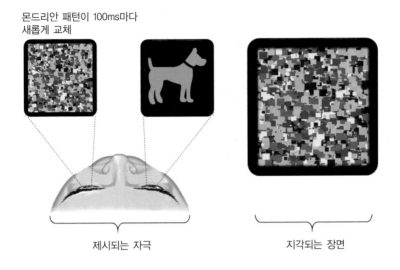

몬드리안 패턴이 100ms마다
새롭게 교체

제시되는 자극   지각되는 장면

[그림 12-6] 연속 플래시 억제 설명

한쪽 눈에 정적인 시각자극이 제시되고 동시에 다른 쪽 눈에 화려한 무늬가 짧은 시간간격(약 10Hz)을 두고 계속해서 교체되면 정적인 시각자극을 의식적으로 지각하지 못하게 된다.

의 시행절차로, ① 실험이 시작되면 지시문을 통해 실험 참가자에게 과제자극이 제 시될 때 가버패치(gabor patch)[2] 기울기의 방향을 판단하도록 지시한다. ② 시계방향 으로 기울어졌을 경우에는 정해진 반응키(X)를 누르고 반시계방향으로 기울어졌 을 경우에는 다른 반응키(Z)를 누르도록 한다. ③ 다음의 단서 제시 화면에서는 한 쪽 눈에 몬드리안 패턴을 100ms마다 다른 패턴으로 교체하여 2000ms 동안 제시한 다. ④ 다른 쪽 눈에 제시된 단서자극은 몬드리안 패턴보다 100ms 늦게 제시되도 록 조정하여 1900ms 동안 제시한다. ⑤ 다음으로 중앙에 응시점이 표시된 빈 화면 을 250ms 동안 제시한 후, 과제자극을 25ms 동안 제시하고 실험 참가자의 키보드 반응을 받은 후 시행을 종료한다.

연속 플래시 억제를 사용하여 성인기 ADHD 경향 집단이 의식적으로 자각할 수 없는 시각자극 처리 특성을 검토한 연구 결과(박형규, 장문선, 곽호완, 2016), ① 의식 적으로 지각할 수 없는 시각자극이 단서로 제시될 때, 타당 조건에서는 ADHD 경

---

2 가버패치는 밝고 어두운 줄무늬가 일정한 주기로 반복되는 형태를 지니며 시각정보가 전달되는 선 조피질(striate cortex)에 민감하게 반응하는 특성을 지니고 있다. 또한 줄무늬가 나타내는 방위를 조 작하여 실험과제를 만들 수 있다.

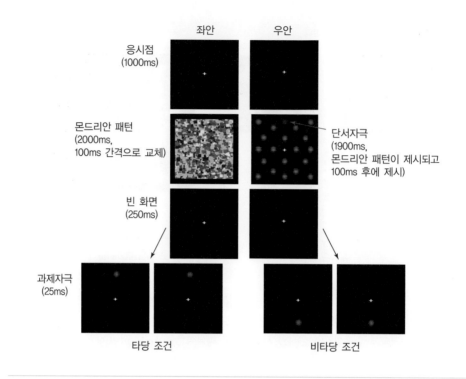

[그림 12-7] 연속 플래시 억제 실험의 자극 제시 순서 및 시간

두 번째 화면에서 단서자극은 12시 방향으로 맨 위에 있는 가버패치인데 빨간색으로 구별된다. 네 번째 화면의 과제자극이 단서자극과 같은 위치에 있으면 타당 조건이고, 그렇지 않으면 비타당 조건이다.

향 집단에 비해 통제 집단의 과제 수행 정확도가 더 높았으며 비타당 조건에서는 더 낮았다. 단서자극이 과제 수행에 영향을 미치는 점을 근거로 하여, 이러한 결과는 ADHD 경향 집단이 통제 집단에 비해 의식적으로 지각할 수 없는 단서자극을 잘 처리하지 못함을 의미한다. ② 민감도 분석에서는 ADHD 경향 집단이 통제 집단에 비해 낮은 민감도를 보였다. 성인기 ADHD 경향 집단의 낮은 과제 수행 정확도와 일치하는 결과이다. 이 결과는 성인기 ADHD 경향 집단이 통제 집단에 비해 의식적으로 자각할 수 없는 시각자극을 처리하는 효율성이 낮은 것을 의미한다.

맺음말

이상에서 임상 집단 연구에 적용한 인지심리학적인 실험과제들을 소개하고 그 연구 결과들을 살펴보았다. 임상 집단에 대한 실험 연구들은 일반적인 지필형 심리검사나 지능검사에서 얻어지기 곤란한 인지 특성들을 드러내어 준다. 임상 집단을 대상으로 이러한 인지 특성들을 추출하고 나면, 이 특성 프로파일이 뜻하는 바가 무엇인지 해석해야 한다. 이때 여러 가지 정보처리모형, 주의과정 이론, 억제과정 모형 등에 의거하여 지각 및 인지 과정 어디에서 장애 또는 결함이 발생하였는지 판단하게 된다.

인지실험과제를 임상 집단에 적용하여 특정 인지 과정의 결함이 발견되면, 이를 기초로 일반화가 가능하도록 표준화와 타당화 과정이 필요하다. 표준화는 일반적으로 다양한 성별, 연령별 규준과 모수치를 추출하는 과정으로 이루어진다. 타당화 과정에서는 현재 개발되는 과제들에서 얻어진 여러 지표들과 기존에 개발된 다양한 신경심리과제에서 얻어진 지표들 간의 상관분석을 통해 내용 타당도 및 구성 타당도를 평가한다. 실제로, ADHD의 진단에 유용한 신경심리검사로 개발된 정지신호과제(stop-signal paradigm)는 역행 안구운동과제의 타당화를 평가하는 데 사용될 수 있고 판별정확률도 높인다(이상일, 장문선, 곽호완, 2012). 다른 예로, 흔히 ADHD 진단에 많이 사용되는 연속수행검사의 경우에도 오류 후 반응 특성을 보거나, 증상 환자 사병-가장(malingering) 집단을 선별하는 검사로 발전시킬 수 있다(이상일, 변신철, 장문선, 곽호완, 2015; 이상일, 장문선, 곽호완, 2016).

인지실험과제의 타당화 목적 이외에도 한 연구에서 여러 가지 인지실험과제를 기용하는 것의 또 다른 장점이 있다. 첫째, 다양한 과제의 조작과 측정은 일련의 수렴조작(converging operation)의 예로서, 연구 결과에 대한 혼입이나 상대가설의 배제에도 기여한다. 둘째, 임상 집단의 여러 지표적 특징들의 해석에서 개개인 혹은 개개 집단 간 차이보다는 여러 측정지표들의 상대적 패턴, 즉 프로파일이 중요하다. 이러한 프로파일의 구성이 특정 임상 집단에 대한 임상적 특징을 잘 드러내어 심리진단 시에 높은 판별력을 보장해 준다. 여러 실험과제의 결과 패턴은 그런 프로파일을 제공해 줄 수 있다.

인지과제를 임상적으로 적용하려면 우선 임상 집단을 선발해야 하는데 이 과정은 매우 많은 일반인을 대상으로 지필검사 또는 문진을 하여 그중 특정 증상을 보이는 대상 집단을 선발하는 노력을 요하는 과정이다. 따라서 이 과정을 좀 더 용이하게 하기 위해 웹-기반 또는 스마트폰 기반 심리검사를 할 필요가 있다(곽지은, 정혜원, 곽호완, 2008; 이정훈, 장문선, 박길흠, 정순기, 곽호완, 2012). 이러한 웹-기반 실험과제의 운용의 결과, 일반적 실험실 연구와는 다르게 수많은 실험자료의 축적이 가능해서, 기존의 평균치 차이 분산분석 이외에도 다양한 중회귀분석, 요인분석, 판별분석, 군집분석 등을 통한 복합적인 임상 집단의 증상이해와 진단감별이 가능하게 된다.

인지실험과제는 인간의 정보처리 각 단계에서의 처리결함을 보여 준다는 점에서 인지능력 저하 또는 치매의 검사로도 활용될 수 있고 다양한 인지능력의 요소들 중 어느 부분에서 결함을 보이는지 확인할 수 있다. 이렇게 추출된 자료를 바탕으로 뇌신경학적 결함의 유무를 판단하기 위해 MRI 또는 fMRI를 보다 효과적으로 실시할 수 있게 된다. 마지막으로 이러한 인지실험과제를 변형시키면 인지능력 저하 집단들의 인지능력 향상을 위한 프로그램으로 발전될 수 있다. 종국에는 각 개인에게 맞춤화된 종합 심리치료 프로그램 및 예후 예측 시스템으로 연결될 수 있다.

🔔 요약

임상 집단에 인지심리학적인 실험과제를 적용하는 것은 임상 집단의 인지 특성을 정밀하게 이해하고 평가하며, 나아가 적절한 개입 또는 치료를 개발하는 데 도움이 될 수 있다. 이 장에서는 인지 실험과제의 예로, 회귀억제 과제, 변화맹시 및 비교맹시 과제, 정서판단 및 정서 스트룹 과제, 역행 도약안구운동 과제, 연속 플래시 억제 과제 등을 소개하고, 각 과제가 어떤 임상적 측면을 드러내는 데 민감한지 개관하였다. 그리고 이 과제들이 임상 집단에 어떻게 적용되는지와 그 적용 결과를 분석하는 기법을 소개하였다.

생각할 거리

• 당신의 스마트폰 사용 세부내역을 분석한다면 당신의 심리상태와 행동 특성을 어느 정도 정확히 알 수 있게 된다고 생각하는가?

• 인지과제를 활용한 심리검사와 심리치료 프로그램의 결합이 어느 정도 가능하다고 생각하는가?

• 빅데이터와 인공지능(예, 알파고)이 결합한 심리검사와 심리치료 프로그램이 가능하다면 어떤 장점과 문제점을 지니게 되는가?

• 사랑(또는 구성요소)을 실험적으로 측정할 인지실험검사가 있는가?

참고문헌

1장

김영진(2007). 인간-컴퓨터 상호작용: 사회문화적 맥락. 박창호 외(2007). 인지공학심리학: 인간-시스템 상호작용의 이해(pp. 423-459). 서울: 시그마프레스.

박창호, 곽호완, 김성일, 김영진, 김진우, 이건효, 이재식, 이종구, 한광희, 황상민(2007). 인지공학심리학: 인간-시스템 상호작용의 이해. 서울: 시그마프레스.

이광오(1996). 실험 및 인지심리학회. 한국심리학회(편), 한국심리학회 50년사(pp. 225-268). 서울: 교육과학사.

이정모, 이건효, 이재호(2004). 사이버 인지심리학의 개념적 재구성: 인공물과 인지의 공진화. 한국심리학회지: 인지 및 생물, 16, 365-391.

Baddeley, A. (2013). On applying cognitive psychology. *British Journal of Psychology*, *104*, 443-456.

Barber, P. (1988). *Applied Cognitive Psychology: An Information-Processing Framework*. London: Methuen & co.

Berger, D. E., Pezdek, K., & Banks, W. P. (1987). *Applications of Cognitive Psychology: Problem Solving, Education, and Computing*. New York: Routledge.

Davis, F. D., Bagozzi, R. P., & Warshaw, P. R. (1989). User acceptance of computer technology: A comparison of two theoretical models. *Management Science, 35,* 982–1003.

Durso, F. T. (Ed.). (1999). *Handbook of Applied Cognition.* Chichester, UK: Wiley & Sons.

Esgate, A., & Groome, D. (2008). 응용인지심리학[*An Introduction to Applied Cognitive Psychology*]. (이영애, 이나경 역). 서울: 시그마프레스. (원전은 2005년 출판).

Herrmann, D. J., Yoder, C. Y., Gruneberg, M., & Payne, D. G. (2009). 응용 인지심리학 [*Applied Cognitive Psychology*]. (이재식 역). 서울: 시그마프레스. (원전은 2006년 출판).

Hoffman, R. R., & Deffenbacher, K. A. (1992). A brief history of applied cognitive psychology. *Applied Cognitive Psychology, 6,* 1–48.

Kahneman, D., Slovic, P., & Tversky, A. (Eds.). (1982). *Judgment under Uncertainty: Heuristics and Biases.* New York: Cambridge University Press.

Kuutti, K. (1996). Activity theory as a potential framework for human–computer interaction contexts. In B. A. Nardi (Ed.), *Context and Consciousness: Activity Theory and Human-Computer Interaction.* Cambridge, MA: MIT Press.

Neisser, U. (1976). *Cognition and Reality.* San Francisco, CA: Freeman.

Norman, D. A. (2009). 미래 세상의 디자인[*The Design of Future Things*]. (박창호 역). 서울: 학지사. (원전은 2007년 출판).

Norman, D. A. (2016). 디자인과 인간심리[*The Design of Everyday Things*]. (박창호 역). 서울: 학지사. (원전은 2013년 출판).

Norman, D. A., & Draper, S. W. (Eds.). (1986). *User Centered System Design.* Hillsdale, NJ: Erlbaum.

Pezdek, K., Deffenbacher, K. A., Lam, S., & Hoffman, R. R. (2006). Cognitive Psychology: Applications and Careers. In S. I. Donaldson, D. E. Berger, & K. Pezdek (Eds.), *Applied Psychology: New Frontiers and Rewarding Careers.* Mahwah, NJ: LEA.

Rasmussen, J. (1986). *Information Processing and Human-Machine Interaction: An Approach to Cognitive Engineering.* New York: Elsevier Science Inc.

Wickens, C. D., Gordon, S. E., & Liu, Y. (2001). 인간공학[*An Introduction to Human Factors Engineering*]. (이재식 역). 서울: 시그마프레스. (원전은 1998년 출판).

Wickens, C. D., Hollands, J. G., Banbury, S., & Parasuraman, R. (2017). 공학심리와 인간수행[*Engineering Psychology and Human Performance* (4th ed.)]. (곽호완, 박창호, 남종호, 이재식 역). 서울: 시그마프레스. (원전은 2013년 출판).

◈ 2장 ◈

Atkinson, R. C., & Shiffrin, R. M. (1968). Human memory: A proposed system and its control process. *Psychology of Learning and Motivation, Vol. 2,* 89-195.

Baddeley, A. D. (2000). The episodic buffer: A new component of working memory? *Trends in Cognitive Sciences, 4,* 417-423.

Bahrick, H. P., Bahrick, P. O., & Wittlinger, R. P. (1975). Fifty years of memory for names and faces: A cross-sectional approach. *Journal of Experimental Psychology, 104,* 54-75.

Barnett, J. E., & Seefeldt, R. W. (1989). Reading something once, why read it again: Repetitive reading and recall. *Journal of Reading Behavior, 20*(4), 351-361.

Bassok, M., & Holyoak, K. J. (1989). Interdomain transfer between isomorphic topics in algebra and physics. *Journal of Experimental Psychology: Learning, Memory and Cognition, 15,* 153-166.

Blanchette, I., & Dunbar, K. (2002). Representational change and analogy: How analogical inferences alter target representations. *Journal of Experimental Psychology: Learning, Memory, and Cognition, 28,* 672-685.

Bower, G. H. (1981). Mood and memory. *American Psychologist, 36,* 129-148.

Buckner, R. L., Kelley, W. M., & Petersen, S. E. (1999). Frontal cortex contributes to human memory formation. *Neuroscience, 2,* 311-314.

Buzan, T. (1989). *Use Both Sides of Your Brain* (3rd ed.). New York, NY: Plenum.

Cohen, B. H. (1963). Recall of categorized word lists. *Journal of Experimental Psychology, 66,* 227-234.

Cowan, N. (2001). The magical number 4 in short-term memory: A reconsideration of mental storage capacity. *Behavioral and Brain Sciences, 24,* 87-185.

Craik, F. I. M., & Tulving, E. (1975). Depth of processing and the retention of words in episodic memory. *Journal of Experimental Psychology: General, 104,* 268-294.

Darwin, C. J., Turvey, M. T., & Crowder, R. G. (1972). An Auditory analogue of the Sperling partial report procedure: Evidence for brief auditory storage. *Cognitive Psychology, 3,* 255-267.

Duncan, C. P. (1949). The retroactive effect of electroshock on learning. *Journal of Comparative & Physiological Psychology, 42,* 32-44.

Engelkamp, J. (1998). *Memory for Actions.* Hove, UK: Psychology Press.

Hay, J. F., & Jacoby, L. L. (1996). Separating habit and recollection: Memory slips, process dissociations and probability matching. *Journal of Experimental Psychology: Learning, Memory and Cognition, 22,* 1323-1335.

Just, M. A., & Carpenter, P. A. (1992). A capacity theory of comprehension: Individual differences in working memory. *Psychological Review, 99,* 122-149.

Kerr, N. H., & Winograd, E. (1982). Effects of contextual elaboration on face recognition. *Memory and Cognition, 10,* 603-609.

Kolers, P. A., & Perkins, D. N. (1975). Spatial and ordinal components of form perception and literacy. *Cognitive Psychology, 7,* 228-267.

Kruger, J., & Dunning, D. (1999). Unskilled and unaware of it: How difficulties in recognizing one's own incompetence lead to inflated self-assessments. *Journal of Personality and Social Psychology, 77,* 1121-1134.

Loftus, E. F., & Palmer, J. C. (1974). Reconstruction of automobile destruction: An example of the interaction between language and memory. *Journal of Verbal Learning and Verbal Behavior, 13,* 585-589.

Miller, G. A. (1956). The magical number seven, plus or minus two: Some limits on our capacity for processing information. *Psychological Review, 63,* 81-97.

Millman, R. P. (2005). Excessive sleepiness in adolescents and young adults: Causes, consequences, and treatment strategies. *Pediatrics, 115,* 1774-1786.

Paivio, A. (1986). *Menial representation: A dual coding approach.* NY: Oxford University Press.

Penfield, W., & Jasper, H. (1954). *Epilepsy and the functional anatomy of the human brain.* Oxford, England: Little, Brown & Co.

Rogers, T. B., Kuiper, N. A., & Kirker, W. S. (1977). Self-reference and the encoding of personal information. *Journal of Personality and Social Psychology, 35,* 677-688.

Rosen, V. M., & Engle, R. W. (1997). The role of working memory capacity in retrieval. *Journal of Experimental Psychology: General, 126,* 211-227.

Smith, S. M., Glenberg, A., & Bjork, R. A. (1978). Environmental context and human memory. *Memory & Cognition, 6,* 342-353.

Sperling, G. (1960). The information available in brief visual presentations. *Psychological Monographs: General and Applied, 74,* 1-29.

Squire, L. R. (1987). *Memory and brain.* New York: Oxford University Press.

Squire, L. R., & Kandel, F. R. (1999). *Memory: From mind to molecules.* New York: Scientific American.

Squire, L. R., Slater, P., & Miller, P. L. (1981). Retrograde amnesia and bilateral electroconvulsive therapy. *Archive of General Psychiatry, 38,* 89-95.

Tulving, E. (1973). Effects of three types of repetition on cued and noncued recall of words. *Journal of Verbal Learning and Verbal Behavior, 12,* 707-721.

Tulving, E., & Pearlstone, Z. (1966). Availability Versus Accessibility of Information in Memory for Words. *Journal of Verbal Learning and Verbal Behavior, 5,* 381-391.

Vogel, E., McCollough, A. W., & Machizawa, M. G. (2005). Neural measures reveal individual differences in controlling access to working memory. *Nature, 438,* 500–503.

Wolfson, A. R., & Carskadon, M. A. (1998). Sleep schedules and daytime functioning in adolescents. *Child development, 69,* 875–887.

⊰ 3장 ⊱

박정순(2012). 제품의 사용자 경험과 디자인. 경기: 한국학술정보.

박창호(2004). 가상공간 탐색의 인지과정. 한국심리학회지: 실험, 16, 403–420.

박창호(2007). 인터페이스와 디자인. 박창호, 곽호완, 김성일, 김영진, 김진우, 이건효, 이재식, 이종구, 한광희, 황상민(2007). 인지공학심리학: 인간-시스템 상호작용의 이해(pp. 171–209). 서울: 시그마프레스.

Chabris, C., & Simons, D. (2011). 보이지 않는 고릴라[*The Invisible Gorilla*]. (김명철 역). 서울: 김영사. (원전은 2010년 출판).

Cole, W. G. (1986). Medical cognitive graphics. In *Proceedings of the ACM–SIGCHI: Human Factors in Computing Systems* (pp. 91–95). New York: Association for Computing Machinery.

Design Council (2017.5.1). The Design Process: What is the Double Diamond? http://www.designcouncil.org.uk/news-opinion/design-process-what-double-diamond 에서 인출.

Egeth, H., & Lamy, D. (2003). Attention. In A. F. Healy, R. W. Proctor, & I. B. Weiner (Eds.), *Handbook of Psychology, Vol. 4. Experimental Psychology.* Hoboken, N.J.: Wiley & Sons.

Gillan, D. J., & Richman, E. H. (1994). Minimalism and the syntax of graphs. *Human Factors, 36,* 619–644.

Goldstein, B. E. (2015). 감각 및 지각 심리학(제9판)[*Sensation and Perception* (9th ed.)]. (곽호완, 김문수, 김정오, 남종호, 도경수, 박권생, 박창호 역). 서울: 박학사. (원전은 2014년 출판).

Hegarty, M. (2011). The cognitive science of visual-spatial displays: Implications for design. *Topics in Cognitive Science, 3,* 446–474.

Nielsen, J. (1993). *Usability engineering.* Cambridge, MA: Academic Press.

Norman, D. A. (1998). 생각 있는 디자인[*Things That Make Us Smart*]. (인지공학심리연구회 역). 서울: 학지사. (원전은 1993년 출판).

Norman, D. A. (2016). 디자인과 인간심리[*The Design of Everyday Things*]. (박창호 역). 서울: 학지사. (원전은 2013년 출판).

Norman, D. A., & Draper, S. W. (Eds.). (1986). *User Centered System Design.* Hillsdale,

NJ: LEA.

Palmer, S. (2003). Perceptual organization and grouping. In R. Kimchi, M. Behrmann, and C. R. Olson (Eds.), *Perceptual Organization in Vision: Behavioral and Neural Perspectives*. Mahwah, N.J.: LEA.

Park, O., & Gittelman, S. S. (1995). Dynamic characteristics of mental models and dynamic visual displays. *Instructional Science, 23,* 303-320.

Peterson, M. A. (2003). On figures, grounds, and varieties of surface complietion. In R. Kimchi, M. Behrmann & C. R. Olson (Eds.), *Perceptual Organization in Vision: Behavioral and Neural Perspectives*. Mahwah, N.J.: LEA.

Pomerantz, J. R., & Cragin, A. I. (2015). Emergent features and feature combination. In J. Wagemans (Eds.), *The Oxford Handbook of Perceptual Organization*. Oxford: Oxford University Press.

Renshaw, J. A., Finlay, J. E., Tyfa, D., & Ward, R. D. (2004). Understanding visual influence in graph design through temporal and spatial eye movement characteristics. *Interacting with Computers, 16,* 557-578.

Roscoe, S. N. (1968). Airborne displays for flight and navigation. *Human Factors, 10,* 321-332.

Schneiderman, B. (1992). *Designing the user interface* (2nd ed.). Addison Wesley.

Seppelt, B. D., & Lee, J. D. (2007). Making adaptive cruise control (ACC) limits visible. *International Journal of Human-Computer Studies, 65,* 192-205.

Treisman, A. M., & Gelade, G. (1980). A feature-integration theory of attention. *Cognitive Psychology, 12,* 97-136.

Tufte, E. (2001). *The Visual Display of Quantitative Information* (2nd ed.). Cheshire, CT: Graphics Press.

Vicente, K. J. (2002). Ecological interface design: Progress and challenges. *Human Factors, 44,* 62-78.

Wickens, C. D., Gordon, S. E., & Liu, Y. (2001). 인간공학[An Introduction to Human Factors Engineering]. (이재식 역). 서울: 시그마프레스. (원전은 1998년 출판).

Wickens, C. D., Hollands, J. G., Banbury, S., & Parasuraman, R. (2017). 공학심리와 인간수행[Engineering Psychology and Human Performance (4th ed.)]. (곽호완, 박창호, 남종호, 이재식, 김영진 역). 서울: 시그마프레스. (원전은 2013년 출판).

❧ 4장 ❧

이재식(1996). 운전자의 속도통제와 정보처리에서의 인간요인: 운전자의 눈높이와 인지부하의 효과. 한국 심리학회지: 실험 및 인지, 8, 345-366.

Aretz, A. J. (1991). The design of electronic map displays. *Human Factors, 33*, 85–101.

DeLucia, P. R. (2005). Does binocular disparity or familiar size information override effects of relative size on judgements of time to contact? *Quarterly Journal of Experimental Psychology, 58A*, 865–886.

DeLucia, P. R. (2007). How big is an optical invariant? In M. A. Peterson, B. Gillam, & H. A. Sedgwick (Eds.), *In the Mind's Eye: Julian Hochberg on the Perception of Pictures, Films and the World* (pp. 473–482). Oxford, UK: Oxford University Press.

DeLucia, P. R. (2008). Critical roles for distance, task, and motion in space perception: Initial conceptual framework and practical implications. *Human Factors, 50*, 811–820.

Denton, G. G. (1980). The influence of visual pattern on perceived speed. *Perception, 9*, 393–402.

Fadden, S., Ververs, P. M., & Wickens, C. D. (2001). Pathway HUDS: Are they viable? *Human Factors, 43*, 173–193.

Foo, P., Warren, W. H., Duchon, A., & Tarr, M. J. (2005). Do humans integrate routes into a cognitive map? Map-versus landmark-based navigation of novel shortcuts. *Journal of Experimental Psychology: Learning, Memory, and Cognition, 31*, 195–215.

Gibson, J. J. (1979). *The Ecological Approach to Visual Perception*. Boston: Houghton-Mifflin.

Grosz, J., Rysdyk, R. T., Bootsma, R. J., Mulder, J. A., van der Vaart, J. C., & van Wieringen, P. C. W. (1995). Perceptual support for timing of the flare in the landing of an aircraft. In P. Hancock, J. Flach, J. Caird, & K. Vicente (Eds.), *Local Applications of the Ecological Approach to Human-Machine Systems* (pp. 104–121). Hillsdale, NJ: Erlbaum.

Harrison, M. C., Warren, W. H., & Tarr, M. J. (2001). The geometry of "cognitive maps": Metric vs. ordinal structure. *Journal of Vision, 1*, 137–137.

Hoyle, F. (1957). *The Black Cloud*. Middlesex, UK: Penguin.

Koenderink, J. J., van Doorn, A. J., & Lappin, J. S. (2000). Direct measurement of the curvature of visual space. *Perception, 29*, 69–79.

Larish, J. F., & Flach, J. M. (1990). Sources of optical information useful for perception of speed of rectilinear self-motion. *Journal of Experimental Psychology: Human Perception and Performance, 16*, 295–302.

Lee, D. N. (1976). A theory of visual control of braking based on information about time-to-collision. *Perception, 5*, 437–459.

Levine, M. (1982). You-are-here maps: Psychological considerations. *Environment and*

Behavior, 14, 221–237.

Loomis, J. M., & Beall, A. C. (2004). Model-based control of perception/action. In L. M. Vaina, S. A. Beardsley, & S. K. Rushton (Eds.), *Optic Flow and Beyond* (pp. 421–441). Boston, MA: Kluwer Academic.

Michon, J. A. (1989). Explanatory pitfalls and rule-based driver models. *Accident Analysis and Prevention, 21*, 341–353.

Owen, D. H., & Warren, R. (1987). Perception and control of self-motion: Implications for visual simulation of vehicular locomotion. In L. S. Mark, J. S. Warm, & R. L. Huston (Eds.), *Ergonomics and Human Factors: Recent Research* (pp. 40–50). New York: Springer-Verlag.

Philbeck, J. W., & Loomis, J. M. (1997). Comparison of two indicators of perceived egocentric distance under full-cue and reduced-cue conditions. *Journal of Experimental Psychology: Human Perception and Performance, 23*, 72–85.

Phillips, F., & Voshell, M. G. (2009). Distortions of posterior visual space. *Perception, 38*, 1045–1052.

Sarter, N. B., & Woods, D. D. (2000). Team play with a powerful and independent agent: A full-mission simulation study. *Human Factors, 42*, 390–402.

Sarter, N. B., Woods, D. D., & Billings, C. E. (1997). Automation surprises. In G. Salvendy (Ed.), *Handbook of Human Factors and Ergonomics* (2nd ed., pp. 1926–1943). New York: Wiley.

Thorndyke, P. W., & Hayes-Roth, B. (1978). *Spatial Knowledge Acquisition from Maps and Navigation*. In San Antonio: Communication at the Congress of Psychonomic Society.

Todd, J. T., & Norman, J. F. (2003). The visual perception of 3-D shape from multiple cues: Are observers capable of perceiving metric structure? *Perception & Psychophysics, 65*, 31–47.

Vo, V., Ning, A., Bhattacharjee, A., Li, Z., & Durgin, F. (2011). Pointing accuracy at a target doesn't require perceiving its location accurately. *Journal of Vision, 11*, 944.

Wagner, M. (2006). *The Geometries of Visual Space*. Mahwah, NJ: Erlbaum.

Warren, W. H. (2004). Optic flow. In L. M. Chalupa & J. S. Werner (Eds.), *The Visual Neurosciences* (pp. 1247–1259). Cambridge, MA: MIT Press.

Wickens, C. D. (1999). Frames of reference for navigation. In D. Gopher & A. Koriat (Eds.), *Attention and Performance XVI* (pp. 113–144). Orlando, FL: Academic Press.

Wickens, C. D., Hollands, J. G., Banbury, S., & Parasuraman, R. (2013). *Engineering Psychology & Human Performance* (4th ed.). Upper Saddle River, NJ: Pearson.

Williams, H. P., Hutchinson, S., & Wickens, C. D. (1996). A comparison of methods for promoting geographic knowledge in simulated aircraft navigation. *Human Factors, 38*, 50–64.

Yeh, M., & Wickens, C. D. (2001). Attentional filtering in the design of electronic map displays: A comparison of color coding, intensity coding, and decluttering techniques. *Human Factors, 43*, 543–562.

⟨⟨ 5장 ⟩⟩

신미경(2008). 생태심리학에 기초한 가변무게 퍼터의 정확성에 대한 학습효과 연구. 한국심리학회지: 실험, 20, 55–71.

Adams, J. A. (1971). A closed loop theory of motor learning. *Journal of Motor Behavior, 3*, 111–150.

Bernstein, N. A. (1967). *The Co-ordination and Regulation of Movements*. Oxford: Pergamon Press.

Bernstein, N. A. (1996). On the dexterity and its development. In M. L. Latash & M. T. Turvey (Eds.), *Dexterity and its Development* (pp. 3–244). Mathewah, NJ: Erlbaum.

Davis, R. (1959). The role of "attention" in the psychological refractory period. *Quarterly Journal of Experimental Psychology, 11*(4), 211–220.

Fentress, J. C. (1973). Development of grooming in mice with amputated forelimbs. *Science, 179*, 704.

Gibson, E. J. (1991). *The Echological Approach: A Foundation for Environmental Psychology*. psycnet.apa.org.

Gibson, J. J. (1966). *The Senses Considered as Perceptual Systems*. Boston: Houghton Mifflin.

Gibson, J. J. (1979). *The Ecological Approach to Visual Perception*. Dallas: Houghton Mifflin.

Gibson, J. J. (2016). 지각체계로 본 감각[*The Senses Considered as Perceptual Systems*]. (박형생, 오성주, 박창호 역). 서울: 아카넷. (원전은 1966년 출판).

Haken, H., Kelso, J. A. S., & Bunz, H. (1985). A theoretical model of phase transitions in human hand movements. *Biological Cybernetics, 51*, 347–356.

Haken, H., & Wunderlin, A. (1990). Synergetics and paradigm of self-organization in biological systems. In H. T. A. Whiting, O. G. Meijer, & P. C. W. Wieringen (Eds.), *The Natural Physical Approach to Movement Control* (pp. 1–36). Amsterdam: VU University Press.

Henry, F. M., & Rogers, D. E. (1960). Increased response latency for complicated movements and a "memory drum" theory of neuromotor reaction. *Research Quarterly, 31,* 448-458.

Hick, W. E. (1952). On the rate of gain of information. *The Quarterly Journal of Experimental Psychology, 4,* 11-26.

Kahneman, D. (1973). *Attention and Effort.* Englewood Cliffs, NJ: Prentice-Hall.

Keele, S. W. (1968). Movement control in skilled motor performance. *Psychological Bulletin, 70,* 387-403.

Kelso, J. A. S. (1984). Phase transitions and critical behavior in human bimanual coordination. *American Journal of Physiology: Regulatory, Integrative and Comparative Physiology, 15,* R1000-R1004.

Kugler, P. N., Kelso, J. A. S., & Turvey, M. T. (1980). On the concept of coordinative structure as dissipative structure. 1. Theoretical lines of convergence. In G. E. Stelmach & Requin (Eds.), *Tutorials in Motor Behavior* (pp. 1-47). Amsterdam: North Holland.

Kugler, P., & Turvey, M. T. (1987). *Informantion, Natural Law, and the Self-assembly of Rhythmic Movement.* Hillsdale, NJ: Erlbaum.

Lashley, K. S. (1917). The accuracy of movement in the absence of excitation from the moving organ. *American Journal of Physiology, 43,* 169-194.

Lashley, K. S. (1951). The problem of serial order in behavior. In L. A. Jeffress (Ed.), *Cerebral Mechanisms in Behavior: The Hixon Symposium* (pp 112-136). New York: Wiley.

Michaels, C., & Carello, C. (1981). *Direct Perception.* Englewood Cliffs, NJ: Prentice-Hall.

Pagano, C. C., Fitzpatrick, P., & Turvey, M. T. (1993). Tensorial basis to the constancy of perceived extent over variations of dynamic touch. *Perception and Psychophysics, 54,* 43-54.

Posner, M. I., Nissen, M. J., & Ogden, W. C. (1978). Attended and unattended processing modes: The role of set for spatial location. In H. L. Pick & I. J. Saltzman (Eds.), *Modes of Processing and Processing Information* (pp. 137-157). Hillsdale, NJ: Erlbaum.

Prigogine, I. (1969). Structure, dissipation and life. In M. Marios (Eds.), *Theoretical Physics and Biology* (pp. 23-52). Amsterdam: North-Holland.

Rothwell, J. C., Traub, M. M., Day, B. L., Obeso, J. A., Thomas, P. K., & Marsden, C. D. (1982). Manual motor performance in a deafferented man. *Brain, 105,* 515-542.

Schmidt, R. A. (1975). A schema theory of discrete motor skill learning. *Psychological Review, 82,* 225-260.

Schmidt, R. A. (1991). *Motor Control and Learning: From Principles to Practice.*

Champaign, IL: Human Kinetics.

Schmidt, R. A., & Lee, T. D. (2005). *Motor Control and Learning: A Behavioral Emphasis*. Champaign, Il: Human Kinetics.

Schöner, G., Haken, H., & Kelso, J. (1986). A stochastic theory of phase transitions in human hand movement. *Biological Cybernetics, 53*, 247-257.

Sim, M., & Kim, J. U. (2010). Differences between experts and novices in kinematics and accuracy of golf putting. *Human Movement Science, 29*, 932-946.

Taub, E., & Berman, A. J. (1968). Movement and learning in the absence of sensory feedback. In S. J. Freedman (Eds.), *The Neuropsychology of Spatially Oriented Behavior*. Homeweed, IL.: Dorsey Press.

Turvey, M. T. (1996). Dynamic touch. *American Psychologist, 51*, 1134-1152.

Turvey, M. T., Burton, G., Amazeen, E. L., Butwill, M., & Carello, C. (1998). Perceiving the width and height of a hand-held object by dynamic touch. *Journal of Experimental Psychology: Human Perception and Performance, 24*, 35-48.

Turvey, M. T., Fitch, H., & Tuller, B. (1982). The Bernstein perspective: 1. The problem of degees of freedom and context conditioned variability. In J. A. Kelso (Ed.), *Human Motor Behavior* (pp. 239-252). Hillsdale, NJ: Erlbaum.

Zannon, P. -G., & Kelso, J. S. A. (1992). Evolution of behavioral attractors with learning: Nonequilibrium phase transitions. *Journal of Experimental Psychology: Human Perception and Performance, 18*, 403-421.

❖ 6장 ❖

김용학, 윤정로, 조혜선, 김영진(2007). 과학기술 공동연구의 연결망 구조: 좁은 세상과 위치 효과. 한국사회학, 41, 68-103.

김사길, 변승남, 이동훈, 정충희(2009). 국내 원자력발전소 인적오류 점검을 위한 Crew Resource Management 교육훈련체제 개발. 대한인간공학회지, 28, 37-51.

양미경(2011). 집단지성의 구현을 위한 협력학습의 원리 탐색. 교육방법연구, 23, 37-51.

Allen, N. J., & Hecht, T. D. (2004). The "romance of teams": Toward an understanding of its psychological underpinnings and implications. *Journal of Occupational and Organizational Psychology, 77*, 439-461.

Börner, K., Contractor, N., Falk-Krzesinski, H. J., Fiore, S. M., Hall, K. L., Keyton, J., Spring, B., Stokols, D., Trochim, W., & Uzzi, B. (2010). A multi-level systems perspective for the science of team science. *Science Translational Medicine, 2*, 1-5.

Brown, V. R., & Paulus, P. B. (2002). Making group brainstorming more effective:

Recommendations from an associative memory perspective. *Current Directions in Psychological Science, 11*, 208–212.

Cannon-Bowers, J. A., Salas, E., & Converse, S. (1993). Shared mental models in expert team decision making. In J. J. Castellan (Ed.), *Current Issues in Individual and Group Decision Making* (pp. 221–246). Hillsdale, NJ: Erlbaum.

Chi, M. T. H. (2009). Active-constructive-interactive: A conceptual framework for differentiating learning activities. *Topics in Cognitive Science, 1*, 73–105.

Clark, H. H. (1996). *Using Language*. Cambridge, MA: Cambridge University Press.

Cohen, E. G. (1994). Restructuring the classroom: Conditions for productive small groups. *Review of Educational Research, 64*, 1–35.

Cress, U., Moskaliuk, J., & Jeong, H. (2016). *Mass Collaboration and Education*. Cham, Switzerland: Springer International.

Cummings, J. N., & Cross, R. (2003). Structural properties of work groups and their consequences for performance. *Social Networks, 25*, 197–210.

Devine, D. J. (2002). A review and integration of classification systems relevant to teams in organizations. *Group Dynamics: Theory, Research, and Practice, 6*, 291–310.

Forsyth, D. R. (2013). 집단역학[*Group dynamics*]. (남기덕, 노혜영, 안미영, 이종택, 이진환, 최훈석 역). 서울: 센게이지러닝코리아. (원전은 2009년 출판).

Grund, T. U. (2012). Network structure and team performance: The case of English Premier League soccer teams. *Social Networks, 34*, 682–690.

Guthrie, J. T., Weber, S., & Kimmerly, N. (1993). Searching documents: Cognitive processes and deficits in understanding graphs, tables, and illustrations. *Contemporary Educational Psychology, 18*, 186–221.

Hackman, J. R. (1993). Teams, leaders, and organizations: New directions for crew-oriented flight training. In E. L. Wiener, B. G. Kanki, & R. L. Helmreich (Eds.), *Cockpit Resource Management*. San Diego, CA: Academic Press.

Hill, G. W. (1982). Group versus individual performance: Are N+1 heads better than one? *Psychological Bulletin, 91*, 517–539.

Hinsz, V. B., Tindale, R. S., & Vollrath, D. A. (1997). The emerging conceptualization of groups as information processors. *Psychological Bulletin, 121*, 43–64.

Hmelo-Silver, C. E., Chinn, C., Chan, C. K. K., & O'Donnell, A. (Eds.). (2013). *International Handbook of Collaborative Learning*. London: Taylor & Francis.

Hutchins, E. (1995). *Cognition in The Wild*. Cambridge, MA: The MIT Press.

Janis, I. L. (1982). *Groupthink: Psychological Studies of Policy Decisions and Fiascoes*. Houghton: Mifflin.

Johnson, D. W., & Johnson, R. T. (2009). An educational psychology success story: Social interdependence theory and cooperative learning. *Educational Researcher, 38*,

365-379.

Karau, S. J., & Williams, K. D. (1993). Social loafing: A meta-analytic review and theoretical integration. *Interpersonal Relations and Group Processes, 65*, 681-706.

Leape, L. L. (1997). A systems analysis approach to medical error. *Journal of Evaluation in Clinical Practice, 3*, 213-222.

Mesmer-Magnus, J. R., & DeChurch, L. A. (2009). Information sharing and team performance: A meta-analysis. *The Journal of Applied Psychology, 94*, 535-46.

Mugny, G., & Doise, W. (1978). Socio-cognitive conflict and structure of individual and collective performances. *European Journal of Social Psychology, 8*(2), 181-192.

Paletz, S. B. F., & Schunn, C. D. (2010). A social-cognitive framework of multidisciplinary team innovation. *Topics in Cognitive Science, 2*, 73-95.

Sacks, H., Schegloff, E., & Jefferson, G. (1974). A simplest systematics for the organization of turn-taking in conversation. *Language, 50*, 696-735.

Scardamalia, M., & Bereiter, C. (2014). Knowledge building and knowledge creation: Theory, pedagogy, and technology. In R. K. Sawyer (Ed.), *Cambridge Handbook of the Learning Sciences*. New York: Cambridge University Press.

Schwartz, D. L. (1995). The emergence of abstract representation in dyad problem solving. *The Journal of the Learning Sciences, 4*, 321-354.

Shirouzu, H., Miyake, N., & Masukawa, H. (2002). Cognitively active externalization for situated reflection. *Cognitive Science, 26*, 469-501.

Stahl, G. (2006). *Group Cognition: Computer Support for Building Collaborative Knowledge*. Cambridge, MA: The MIT Press.

Stasser, G., & Titus, W. (1985). Pooling of unshared information in group decision making: Biased information sampling during group discussion. *Journal of Personality and Social Psychology, 48*, 1467-1478.

Strauss, B. (2002). Social facilitation in motor tasks: A review of research and theory. *Psychology of Sport and Exercise, 3*, 237-256.

van Aalst, J. (2009). Distinguishing knowledge-sharing, knowledge-construction, and knowledge-creation discourses. *International Journal of Computer-Supported Collaborative Learning, 4*, 259-87.

Whitfield, J. (2008). Group theory. *Nature, 455* (October), 720-723.

Wuchty, S., Jones, B. F., & Uzzi, B. (2007). The increasing dominance of teams in production of knowledge. *Science, 316*, 1036-1039.

Zajonc, R. B. (1965). Social facilitation. *Science, 149*(3681), 269-274.

∽ 7장 ∾

한국마케팅학회(2002). http://www.kma.re.kr

Gregan-Paxton, J., & John, D. R. (1997). Consumer learning by analogy: A model of internal knowledge transfer. *Journal of Consumer Research, 24*, 266-284.

Hsee, C. K., Loewenstein, G. F., Blount, S., & Bazerman, M. H. (1999). Preference reversals between joint and separate evaluations of options: A review and theoretical analysis. *Psychological Bulletin, 125*, 576-590.

Hsee, C. K., Yang, Y., Li, N., & Shen, L. (2009). Wealth, warmth, and well-being: Whether happiness is relative or absolute depends on whether it is about money, acquisition, or consumption. *Journal of Marketing Research, 46*, 396-409.

Huber, J., Payne, J. W., & Puto, C. (1982). Adding asymmetrically dominated alternatives: Violations of regularity and the similarity hypothesis. *Journal of Consumer Research, 9*, 90-98.

Keller, K. L (2012). *Strategic Brand Management* (4th ed.). Upper Saddle River, NJ: Pearson Higher Education.

Kruglanski, A. W., Thompson, E. P., Higgins E. T., Atash, M. N., Shar, J. Y., & Spiegel, S. (2000). To "do the right thing" or to "just do it": Locomotion and assessment as distinct self-regulatory imperatives. *Journal of Personality and Social Psychology, 79*, 793-815.

Lambert, C. A. (2006). The marketplace of perceptions. *Harvard Magazine,* March-April, 50-95.

Nowlis, S. M., & Simonson, I. (1997). Attribute-task compatibility as a determinant of consumer preference reversals. *Journal of Marketing Research, 34*, 205-218.

Shah, J. Y., & Kruglanski, A. W. (2003). When opportunity knocks: Bottom-up priming of goals by means and its effects on self-regulation. *Journal of Personality and Social Psychology, 84*, 1109-1122.

Simonson, I. (1989). Choice based on reasons: The case of attraction and compromise effects. *Journal of Consumer Research, 16*, 158-174.

Yang, X., & Smith, R. E. (2009). Beyond attention effects: Modeling the persuasive and emotional effects of advertising creativity. *Marketing Science, 28*, 935-949.

∽ 8장 ∾

박광배, 김상준, 안정호(2017). 무죄론. 서울: 학지사.

한유화, 박광배(2017). 유일한 증거와 일반인의 법적 판단: 순환논증의 오류와 인과추론 경향성. 한국심리학회지: 법, 8, 133-151.

헌법재판소(1996). 선고 94헌바1.

Alexander, V. (1997). N guilty men. *University of Pennsylvania Law Review, 146*, 1, 173-216.

Bailenson, J. N., & Rips, L. J. (1996). Informal reasoning and burden of proof. *Applied Cognitive Psychology, 10*, 7, 3-16.

Bartlett, F. C. (1932). *Remembering: A study in Experimental and Social Psychology.* Cambridge: Cambridge University Press.

Behrman, B. W., & Davey, S. L. (2001). Eyewitness identification in actual criminal cases: An archival analysis. *Law and Human Behavior, 25*, 475-491.

Birdsall, T. G., & Fox, W. C. (1954). The theory of signal detectability. *Proceedings of the IRE Professional Group on Information Theory, 4*, 171-212.

Bright, D. A., & Goodman-Delahunty, J. (2006). Gruesome evidence and emotion: Anger, blame, and jury decision-making. *Law and Human Behavior, 30*(2), 183.

Charman, S. D., Gregory, A. H., & Carlucci, M. (2009). Exploring the diagnostic utility of facial composites: Beliefs of guilt can bias perceived similarity between composite and suspect. *Journal of Experimental Psychology: Applied, 15*, 76-90.

Clark, S. E., & Godfrey, R. D. (2009). Eyewitness identification evidence and innocence risk. *Psychonomic Bulletin & Review, 16*, 22-42.

Conway, A. R. A., Skitka, L. J., Hemmerich, J. A., & Kershaw, T. C. (2009). Flashbulb memory for 11 September 2001. *Applied Cognitive Psychology, 23*, 605-623.

DePaulo, B., Lindsay, J. J., Malone, B. E., Muhlenburck, L., Charlton, K., & Cooper, H. (2003). Cues to deception. *Psychological Bulletin, 129*, 74-118.

DePaulo, B. M., Stone, J. I., & Lassiter, G. D. (1985). Deceiving and detecting deceit. In B. R. Schlenker (Ed.), *The Self and Social Life.* New York: McGraw-Hill.

Douglass, A. B., & Steblay, N. (2006). Memory distortion in eyewitnesses: A meta-analysis of the post-identification feedback effect. *Applied Cognitive Psychology, 20*, 859-869.

Garrett, B. L. (2011). *Convicting the Innocent: Where Criminal Prosecutions Go Wrong.* Cambridge, MA: Harvard University Press.

Gudjonsson, G. H. (2003). Psychology brings justice: The science of forensic psychology. *Criminal Behaviour and Mental Health, 13*, 159-167.

Gudjonsson G. H., & MacKeith J. A. C. (1982). False confessions: Psychological effects of interrogation. In A. Trankell (Ed.), *Reconstructing the Past: The Role of Psychologists in Criminal Trials* (pp. 253-269). Deventer, the Netherlands:

Kluwer.

Hope, L., Memon, A., & McGeorge, P. (2004). Understanding pretrial publicity: Predecisional distortion of evidence by mock jurors. *Journal of Experimental Psychology: Applied, 10*, 111-119.

Kassin, S. M., & Gudjonsson, G. H. (2004). The psychology of confessions a review of the literature and issues. *Psychological Science in the Public Interest, 5*, 33-67.

Kassin S. M., & Wrightsman L. S. (1985). Confession evidence. In S. M. Kassin, L. S. Wrightsman (Eds.), *The Psychology of Evidence and Trial Procedure* (pp. 67-94). Beverly Hills, CA: Sage

Lamb, M. E., Orbach, Y., Hershkowitz, I., Horowitz, D., & Abbott, C. B. (2007). Does the type of prompt affect the accuracy of information provided by alleged victims of abuse in forensic interviews? *Applied Cognitive Psychology, 21*, 1117-1130.

Loftus, E. F. (2005). Searching for the neurobiology of the misinformation effect. *Learning & Memory, 12*, 1-2.

Loftus, E. F., Miller, D. G., & Burns, H. J. (1978). Semantic integration of verbal information into visual memory. *Journal of Experimental Psychology: Human Learning and Memory, 4*, 19-31.

Memon, A., Hope, L., & Bull, R. (2003). Exposure duration: Effects on eyewitness accuracy and confidence. *British Journal of Psychology, 94*, 339-354.

McKenzie, C. R. M., Lee, S. M., & Chen, K. K. (2002). When negative evidence increases confidence: Changes in belief after hearing two sides of a dispute. *Journal of Behavioral Decision Making, 15*, 1-18.

Morgan, G., Kornell, N., Kornblum, T., & Terrace, H. S. (2014). Retrospective and prospective metacognitive judgments in rhesus macaques (Macaca mulatta). *Animal Cognition, 17*(2), 249-257.

Orbach, Y., & Pipe, M. E. (2011). Investigating substantive issues. In M. E. Lamb, D. J. La Rooy, L. C. Malloy, & C. Katz (Eds.), *Children's Testimony: A Handbook of Psychological Research and Forensic Practice* (pp. 147-164). Chichester: Wiley-Blackwell.

Park, K. B., Seong, Y. R., Kim, M. J., & Kim, J. H. (2016). Juror adjustment to the reasonable doubt standard of proof. *Psychology, Crime, and Law, 22*, 599-618.

People v. Simac (1994). 641 N.E.2d 416, 161 Ill. 2d 297, 204 Ill. Dec. 192.

Popper, K. (1959). *The Logic of Scientific Discovery*. New York: Basic Books.

Sauer, J., Brewer, N., Zweck, T., & Weber, N. (2010). The effect of retention interval on the confidence-accuracy relationship for eyewitness identification. *Law and Human Behavior, 34*, 337-347.

Shaw, J. S., & McClure, K. A. (1996). Repeated postevent questioning can lead to elevated levels of eyewitness confidence. *Law and Human Behavior, 20*, 629-653.

Simons, D. J., & Chabris, C. E (1999). Gorillas in our midst: Sustained inattentional blindness for dynamic events. *Perception, 28*, 1059-1074.

Sobel, N. R. (1981). *Eyewitness Identification: Legal and Practical Problems* (2nd ed.). New York: Clark Boardman Company.

Steblay, N. M. (1992). A meta-analytic review of the weapon focus effect. *Law and Human Behavior, 16*, 413.

Steblay, N. M. (1997). Social influence in eyewitness recall: A meta-analytic review of lineup instruction effects. *Law and Human Behavior, 21*, 283-297.

Tanner Jr., W. P., & Swets, J. A. (1954). A decision-making theory of visual detection. *Psychological Review, 61*, 401-409

Tomes, J. L., & Katz, A. N. (2000). Confidence-accuracy relations for real and suggested events. *Memory, 8*, 273-283.

Tversky, A., & Kahneman, D. (1973). Availability: A heuristic for judging frequency and probability. *Cognitive Psychology, 5*, 207-232.

Wade, K. A., Garry, M., Read, J. D., & Lindsay, S. (2002). A picture is worth a thousand lies: Using false photographs to create false childhood memories. *Psychonomic Bulletin & Review, 9*, 597-603.

Wells, G. L., Steblay, N. K. M., & Dysart, J. E. (2011). *A Test of the Simultaneous vs. Sequential Lineup Methods: An Initial Report of the AJS National Eyewitness Identification Field Studies.* American Judicature Society.

Wilson, T. D., & Brekke, N. (1994). Mental contamination and mental correction: Unwanted influences on judgments and evaluations. *Psychological Bulletin, 116*, 117-142.

http://www.innocenceproject.org
https://public.psych.iastate.edu

❧ 9장 ❧

강원일보(2014.12.30.). 하늘에선 헬기 추락 땅에선 열차 충돌. http://www.kwnews.co.kr/nview.asp?s=501&aid=214122900099에서 인출.

곽호완, 박창호(2005). 대구지하철 화재사고에 대한 분석 1: 인간에러와 시스템. 한국심리학회지: 실험, 17, 311-326.

김정오(2005). 오류의 심리과정. 한국심리학회지: 실험, 17, 245-263.

박창호(2007). 인터페이스와 디자인. 박창호, 곽호완, 김성일, 김영진, 김진우, 이건효, 이재식, 이종구, 한광희, 황상민(저), 인지공학심리학: 인간-시스템 상호작용의 이해(pp.

171-209). 서울: 시그마프레스.

박창호(2013). 인간오류와 안전에 대한 심리학적 조망. 사회과학연구(전북대), 37, 159-191.

박창호, 강희양(2011). 한국판 인지실패 질문지의 타당화: 대학생을 대상으로. 한국심리학회지: 일반, 30, 341-355.

박창호, 곽호완(2005). 대구지하철 화재사고에 대한 분석 2: 행동과 인지 측면. 한국심리학회지: 실험, 17, 327-341.

연합뉴스(2017. 9. 27.). "200m 밖으로 대피하라"…'폭발 예견' 인명 피해 막은 소방관. http://www.yonhapnewstv.co.kr/MYH20170927019300038/?did=1825m에서 인출.

이강준, 권오영(2005). 안전시스템 구축과 심리학의 적용. 한국심리학회지: 실험, 17, 299-310.

이영애, 이나경, 이현주(2013). 한국인의 위험지각. 경기: 나남.

이종한(2003). 사고공화국에 대한 심리학적 제의: 안전사고의 심리적 기제와 대안 모색에 관한 여덟 편의 논문을 안내하면서. 한국심리학회지: 사회문제, 9(특집호), 1-14.

Broadbent, D. E., Cooper, P. F., Fitzgerald, P., & Parkes, K. R. (1982). The cognitive failures questionnaire (CFQ) and its correlates. *British Journal of Clinical Psychology, 21,* 1-16.

Chabris, C., & Simons, D. (2011). 보이지 않는 고릴라[*The Invisible Gorilla*]. (김명철 역). 서울: 김영사. (원전은 2010년 출판).

Chiles, J. (2008). 인간이 초대한 대형참사[*Inviting Disaster*]. (황현덕, 홍창미 역). 서울: 수린재. (원전은 2002년 출판).

Dekker, S. (2014). *The Field Guide to Understanding Human Error* (3rd ed.). Farnham, UK: Ashgate.

Ericsson, K. A. (2006). The influence of experience and deliberate practice on the development of superior expert performance. *The Cambridge handbook of Expertise and Expert Performance, 38,* 685-705.

Esgate, A., & Groome, D. (2008). 응용인지심리학[*An Introduction to Applied Cognitive Psychology*]. (이영애, 이나경 역). 서울: 시그마프레스. (원전은 2005년 출판).

Fischhoff, B. (1982). For those condemned to study the past: Heuristics and biases in hindsight." In D. Kahneman, P. Slovic, & A. Tversky (Eds.), *Judgment under Uncertainty: Heuristics and Biases.* Cambridge, MA: Cambridge University Press.

Gigarentz, G. (2008). 생각이 직관에 묻다[*Gut feelings*]. (안의정 역). 경기: 추수밭. (원전은 2007년 출판).

Hollnagel, E., Pariès, J., Woods, D., & Wreathall, J. (Eds.). (2011). *Resilience Engineering in Practice: A Guidebook.* Farnham, UK: Ashgate.

Klein, G. (1998). *Sources of Power.* Cambridge, MA: MIT Press. (약간 다른 버전이 '인튜이션'으로 번역됨)

Loftus, E. F., & Palmer, J. C. (1974). Reconstruction of automobile destruction: An example of the interaction between language and memory. *Journal of Verbal Learning and Verbal Behavior, 13,* 585-589.

Norman, D. A. (1981). Categorization of action slips. *Psychological Review, 88,* 1-15.

Norman, D. A. (2016). 디자인과 인간심리[*The Design of Everyday Things*]. (박창호 역). 서울: 학지사. (원전은 2013년 출판).

Perrow, C. (2013). 무엇이 재앙을 만드는가?[*Normal accidents*]. (김태훈 역). 서울: 알에이치코리아. (원전은 1999년 출판).

Rasmussen, J. (1991). 인터페이스의 인지공학[*Information Processing and Human-Machine Interaction: An Approach to Cognitive Engineering*]. (이근철 역). 서울: 기전연구사. (원전은 1986년 출판).

Rasmussen, J. (1997). Risk management in a dynamic society: A modelling problem. *Safety Science, 27,* 183-213.

Reason, J. (1984). Lapses of attention. In R. Parasuraman & R. Davies (Eds.), *Varieties of Attention.* New York: Academic Press.

Reason, J. (1990). *Human Error.* New York: Cambridge University Press.

Reason, J. (2008). *The Human Contribution: Unsafe Acts, Accidents and Heroic Recoveries.* Farnham, UK: Ashgate.

Tversky, A., & Kahneman, D. (1982). Availability: A heuristic for judging frequency and probability. In D. Kahneman, P. Slovic, & A. Tversky (Eds.), *Judgment under Uncertainty: Heuristics and Biases.* Cambridge University Press.

Vicente, K. (2007). 호모파베르의 불행한 진화[*The Human Factor*]. (윤정숙 역). 서울: 알마. (원전은 2003년 출판).

Wickens, C. D., Gordon, S. E., & Liu, Y. (2001). 인간공학[*An Introduction to Human Factors Engineering*]. (이재식 역). 서울: 시그마프레스. (원전은 1998년 출판).

Wickens, C. D., Hollands, J. G., Banbury, S., & Parasuraman, R. (2017). 공학심리와 인간수행[*Engineering Psychology and Human Performance* (4th ed.)]. (곽호완, 박창호, 남종호, 이재식, 김영진 역). 서울: 시그마프레스. (원전은 2013년 출판).

Winerman, L. (2004). Fighting fire with psychology. *Monitor on Psychology, 35,* 28-30.

☙ 10장 ❧

강갑원(1993). 자극성ㆍ진정성 음악이 긍정적ㆍ부정적 정서의 유발에 미치는 영향. 교육심리연구, 7, 1-14.

김보성(2014). 학습항목의 한난 색채대비가 학습자의 학습수행에 미치는 영향. 한국산학기술학회 논문지, 15, 1442-1447.

김보성, 김진호, 민윤기(2011). 온열 지각 민감도가 난이도별 학습과제 수행에 미치는 영향.

Journal of the Korean Data Analysis Society, 13, 2513-2522.

김보성, 김진호, 민윤기(2012). 인지과제 수행에 있어 배경음악의 효과. *Journal of the Korean Data Analysis Society, 14*, 283-294.

김보성, 민윤기(2015). 시청각 동영상을 활용한 재실자의 실내 온열쾌적 유도 가능성 탐색. *Journal of the Korean Data Analysis Society, 17*, 2153-2161.

김보성, 민윤기, 민병찬, 김진호(2011a). 공조방식에 의한 예상 온열감 반응(PMV) 변화에 따른 심리/생리적 감성반응의 변화. 감성과학, 14, 645-652.

김보성, 민윤기, 민병찬, 김진호(2011b). 물리적 온열환경 요소들이 선택적 주의 기제의 행동 반응에 미치는 영향. *Journal of the Korean Data Analysis Society, 13*, 2523-2533.

김정오, 박민규, 이상훈(1996). 공조기로 제어된 환경이 학습 및 탐지과제 수행에 미치는 영향. 한국심리학회지: 실험 및 인지, 8, 331-343.

박종진, 이형철, 김신우(2014). 화소 밀집도, 화소 하부구조, 휘도, 조명 조도가 스마트폰 가독성에 미치는 영향. 감성과학, 17, 3-14.

박현수, 이찬수, 장자순, 이강희, 김현택(2011). 조명심리연구에 대한 고찰과 전망. 한국심리학회지: 일반, 30, 23-43.

석현정, 김곡미(2010). LED 조명 색도에 따른 시간 인지에 대한 연구. 감성과학, 13, 69-78.

송두삼, 강기남, 가토신스케(2007). 에너지절감을 위한 실내 온열환경 Adaptive Model의 검토. 한국생활환경학회지, 14, 253-262.

송정선(2000). 배경음악과 분위기에 일치하는 학습 효과: 음악은 학습에 영향을 미치는가? 서울대학교 대학원 석사학위논문.

염현경(1991). 배경음악이 과제 수행에 미치는 영향. 이화여자대학교 대학원 석사학위논문.

임명호, 박영현, 이우철, 백기청, 김현우, 김현주, 노상철, 김혜영, 권호장(2007). 만성 항공기 소음 노출과 아동의 지속주의력과 연속수행능력 및 인지기능. 소아청소년정신의학, 18, 145-153.

정우석, 유미, 권대규, 김남균(2007). 색채 조명 자극이 인지기능에 미치는 영향에 관한 연구. 한국정밀공학회지, 24, 131-136.

정지철(2012). 학습공간의 행동패턴별 LED 조명의 색온도, 조도 최적범위 도출에 관한 연구. 충남대학교 대학원 석사학위논문.

최욱(2009). 물리적 학습 환경의 인간공학 모형과 설계 전략. 교육공학연구, 25, 85-116.

최유림, 전정윤(2009). 실내 온도가 재실자의 주의집중력에 미치는 영향에 관한 연구. 대한건축학회논문집: 계획계, 25, 411-418.

한명호, 오양기(2007). 청각선호도에 미치는 청각적 경관의 요소, 특징, 인상 요인과 계절의 상호작용 효과. 한국음향학회지, 26, 306-316.

Bedford, T., & Warner, C. G. (1934). The globe thermometer in studies of heating and ventilating. *Journal of Hygiene, 35*, 458-473.

Bell, P. A., Greene, T., Fisher, J., & Baum, A. S. (2003). 환경심리학[*Environmental*

Psychology]. (이진환, 홍기원 역). 서울: 시그마프레스. (원전은 2001년 출판).

de Dear, R. J., & Barger, G. (1998). Understanding the adaptive approach to thermal comfort. Final Report on ASHRAE Transactions; Atlanta Vol. 104.

Fanger, P. O. (1970). *Thermal Comfort.* In Analysis and Application in Environmental Engineering. Copenhagen: Danish Technical Press.

Fogelson, S. (1973). Music as a distracter on reading-test performance on eight grade students. *Perceptual and Motor Skills, 36,* 1265-1266.

Hocking, C., Silberstein, R. B., Lau, W. M., Stough, C., & Roberts, W. (2001). Evaluation of cognitive performance in the heat by functional brain imaging and psychometric testing. *Comparative Biochemistry and Physiology: Part A, 128,* 719-734.

Hooper, P. P., & Powell, E. R. (1970). Influence of musical variables on pictorial connotations. *Journal of Psychology, 76,* 125-128.

Houghton, F. C., & Yaglou, C. P. (1923). Determining of the comfort zones with further verification of effective temperature within this zones. *ASHVE Transactions, 29*(9), 515-536.

ISO-7730. (2005). *Ergonomics of the thermal environment: Analytical determination and interpretation of thermal comfort using calculation of the PMV and PPD indices and local thermal comfort criteria.*

Kaltsounis, B. (1973). Effect of sound on creative performance. *Psychological Reports, 33,* 737-738.

Kim, J. H., Min, Y. K., & Kim, B. (2013). Is the PMV index an indicator of human thermal comfort sensation? *International Journal of Smart Home, 7,* 27-34.

Lee, Y. C., Min, Y. K., Min, B. C., & Kim, B. (2015). Changes of behavioral and physiological responses caused by color temperature. 감성과학, 18, 37-44.

Min, Y. K., Jung, W. H., & Kim, B. (2014). The effect of indoor thermal comfort on visual search task performances in a personal learning environment. *Psychology and Behavioral Sciences, 3,* 185-191.

Nishi, Y., & Gaugge, A. P. (1971). Humid operative temperature: A biophysical index of thermal sensation and discomfort. *Journal de Physiologie, 63,* 365-368.

Smith, C. A., & Morris, L. W. (1977). Differential effects of stimulative and sedative music on anxiety, concentration, and performance. *Psychological Reports, 41,* 1047-1053.

Tham, K. W., & Willem, H. C. (2010). Room air temperature affects occupants' physiology, perceptions and mental alertness. *Building and Environment, 45,* 40-44.

http://www.blowtex-educair.it
http://home.snu.ac.kr
http://www.148apps.com

◈ 11장 ◈

김영준(2015). 인지과정의 개인차 측정을 위한 인지 측정 모듈의 구축. 아주대학교 대학원 박사학위논문.

김영진(2008). 핵심 역량 교육 프로그램 개발 및 운영(미발표 보고서). 경기: 아주대학교.

김영진, 최광일(2010). 인지과제를 통한 독서이해력의 개인차 연구. 한국심리학회지: 인지 및 생물, 22, 233-245.

김청택(2002). 개인차 분석법을 이용한 실험결과의 통계적 분석 확장. 한국심리학회지: 실험 및 인지, 14, 107-126.

이병택, 김경중, 조명한(1996). 읽기폭에 따르는 언어처리의 개인차: 작업기억과 언어이해. 한국심리학회지: 실험 및 인지, 8, 59-85.

이송이(2011). 독서이해과정에서 작업기억의 역할. 아주대학교 대학원 석사학위논문.

이정모, 강은주, 김민식, 감기택, 김정오, 박태진, 김성일, 신현정, 이광오, 김영진, 이재호, 도경수, 이영애, 박주용, 곽호완, 박창호, 이재식(2009). 인지심리학(제3판). 서울: 학지사.

최광일(2007). 독서이해과정의 개인차: 인지 과제 수행과 안구운동 패턴. 아주대학교 대학원 박사학위논문.

최광일, 김영진(미발표 자료). *AIRCA* (Ajou Index of Reading Comprehension Ability).

Cronbach, L. J. (1957). The two disciplines of scientific psychology. *American Psychologist, 12,* 671-684.

Cronbach, L. J. (1975). Beyond the two disciplines of scientific psychology. *American Psychologist, 30,* 116-127.

Daneman, M., & Carpenter, P. A. (1980). Individual differences in working memory and reading. *Journal of Verbal Learning and Verbal Behavior, 19,* 450-466.

Dunlosky, J., & Metcalfe, J. (2009). *Metacognition.* LA: Sage.

Mednick, S. (1962). The associative basis of the creative process. *Psychological Review, 69,* 220.

Sternberg, S. (1966). High speed scanning in human memory. *Science, 153,* 652-654.

Sternberg, R. J., & Ben-Zeev, T. (2001). *Complex Cognition.* New York: Oxford.

Turner, M. L., & Engle, R. W. (1989). Is working memory capacity task dependent? *Journal of Memory and Language, 28,* 127-154.

Tzelgov, J., Yehene, V., Kotler, L., & Alon, A. (2000). Automatic comparisons of artificial digits never compared: Learning linear ordering relations. *Journal of Experimental Psychology, 26,* 103-120.

❧ 12장 ❧

곽지은, 정혜원, 곽호완(2008). 웹 기반 심리 평가의 타당화. 한국심리학회지: 실험, 20, 321-337.

곽호완, 장문선(2007). 성인 ADHD 경향성에 대한 웹기반 실험신경심리 연구: 회귀억제, 스트룹 및 내생-외생 주의과제. 한국심리학회지: 임상, 26, 1039-1056.

김영환, 진영선, 곽호완(1995). 회귀억제효과로 본 알쯔하이머형 노인치매환자의 억제적 주의장애. 한국심리학회지: 실험 및 인지, 7, 131-142.

김지현, 이종환, 곽호완, 장문선(2016). 강박성향군의 강박사고 위협자극에 대한 억제기능. 한국심리학회지: 건강, 21, 107-128.

김하진, 박형규, 장문선, 곽호완(2017). 성인 스마트폰 중독 경향군의 억제 결함: 읽기 폭 과제와 회귀억제 과제를 활용하여. 한국심리학회지: 인지 및 생물, 29, 41-62.

김효진, 이호원, 장문선, 김영은, 곽호완(2011). 인지기능 저하를 보이는 노인군에서 시각 주의력 및 운전수행 손상. 한국심리학회지: 임상, 30, 93-112.

나진형, 이상일, 장문선, 곽호완(2016). 실패 경험이 자살 생각 경향 집단의 정서처리에 미치는 영향. 한국심리학회지: 건강, 21, 317-337.

박형규, 변신철, 곽호완(2016). 시각적으로 자각되지 않는 단서자극이 변화 탐지 수행에 미치는 효과: 연속 플래시 억제를 사용하여. 인지과학, 27, 1-25.

박형규, 장문선, 곽호완(2016). 성인 ADHD 경향집단의 의식적으로 자각할 수 없는 시각자극 처리 특성: 연속플래시억제를 사용하여. 한국심리학회 연차학술대회 발표논문집(2016. 8. 19.).

양지은, 장문선, 소준현, 곽호완(2011). 정신병질 성향군의 정서처리. 한국심리학회지: 일반, 30, 357-375.

이상일, 변신철, 장문선, 곽호완(2015). 성인 ADHD 성향군의 오류 후 행동 특성. 한국심리학회지: 인지 및 생물, 27, 519-542.

이상일, 장문선, 곽호완(2012). 안구운동추적과 주의력 신경심리검사를 이용한 성인 ADHD 변별과제 개발. 한국심리학회지: 일반, 31, 1211-1230.

이상일, 장문선, 곽호완(2016). 성인 ADHD 증상 가장 집단의 연속수행과제 수행 특성. *Korean Journal of Clinical Psychology, 35*, 41-433.

이선주, 장문선, 곽호완(2013). 자살사고경향군의 주의력 및 정서처리 특성. 한국심리학회지: 상담 및 심리치료, 25, 603-620.

이선희, 장문선, 곽호완(2011). 폭식경향 집단의 충동성과 주의력 결함. 한국심리학회지: 임상, 30, 537-551.

이수경, 박경, 곽호완(2012). ADHD 아동의 주의력 결함 판별을 위한 웹-기반 신경심리 연구. 한국심리학회지: 임상, 31, 203-216.

이유경, 장문선, 이호원, 곽호완(2011). 폐쇄성 수면무호흡증 환자의 주의력 결함 및 수면다원검사 특징. 한국심리학회지: 건강, 16, 557-575.

이정훈, 장문선, 박길흠, 정순기, 곽호완(2012). 스마트폰기반 심리설문검사 및 신경심리 검사의 개발과 타당화. 한국심리학회지: 일반, 31, 941-960.

이종환, 곽호완, 이상일, 장문선(2013). 경계선 성격장애 성향군의 정서조절 능력-억제 기능, 과민반응, 조절곤란을 중심으로. 한국심리학회지: 임상, 32, 553-575.

정란, 박형규, 장문선, 곽호완(2016). ADHD 경향 유무에 따른 스마트폰 중독집단의 주의력 및 억제 결함: 정서 단서 중심으로. 한국심리학회지: 인지 및 생물, 28, 593-615.

정진영, 장문선, 곽호완(2008). 성인 ADHD 성향군의 회귀억제와 반응억제 결함. 한국심리학 회지: 일반, 27, 179-196.

조민경, 곽호완(2010). 변화맹시과제 제시방법에 따른 성인 ADHD 성향군의 주의력 결함. 한국심리학회지: 인지 및 생물, 22, 355-368.

조영철, 박형규, 장문선, 곽호완(2016). 스마트폰 중독 경향집단의 스마트폰 관련 자극에 대한 주의 편향: 비교맹시 과제를 활용하여. 한국심리학회지: 인지 및 생물, 28, 25-43.

허효주, 박형규, 장문선, 곽호완(2017). 스마트폰 중독 경향집단의스마트폰 관련 자극에 대한 주의편향: 정서스트룹 및 탐침 탐사과제를 중심으로. 한국심리학회지: 건강, 22, 137-153.

Barber, P. J. (1988). *Applied Cognitive Psychology: An Information Processing Framework*. London: Methuen.

Cohen, A. L., & Shapiro, A. K. (2007). Exploring the performance differences on the flicker task and the Conners' Continuous Performance Test in adults with ADHD. *Journal of Attention Disorders, 11*, 49-63.

Epstein, J. N., Goldberg, N. A., Conners, C. K., & March, J. S. (1997). The effects of anxiety on continuous performance test functioning in an ADHD clinic sample. *Journal of Attention Disorders, 2*, 45-52.

Jiang, Y., Costello, P., Fang, F., Huang, M., & He, S. (2006). A gender-and sexual orientation-dependent spatial attentional effect of invisible images. *Proceedings of the National Academy of Sciences, 103*, 17048-17052.

Kwak, H. W. (1992). *Inhibitory and Facilitatory Components of Orienting Attention to Locations and to Features*. Unpublished Doctoral Dissertation, Johns Hopkins University, Baltimore.

Kwak, H.-W., & Egeth, H. (1992). Consequences of allocating attention to locations and to other attributes, *Perception & Psychophysics, 51*, 455-464.

Lee, Y.-J., Lee, S. Chang, M., & Kwak, H.-W. (2015). Saccadic movement deficiencies in adults with ADHD tendencies. *Attention Deficit and Hyperactivity Disorders, 7*, 271-280.

Lezak, M. D. (1995). *Neuropsychological Assessment* (3rd ed.). Oxford University Press.

Mack, A., & Rock, I. (1998). *Inattentional Blindness*. Cambridge, MA: MIT Press.

Maylor, E., & Hockey, R. (1985). Inhibitory component of externally controlled covert orienting in visual space. *Journal of Experimental Psychology: Human Perception and Performance, 11,* 777-787.

Posner, M., & Cohen, Y. (1984). Component of visual orienting. In H. Bouma & D. G. Bouwhuis (Eds.), *Attention & Performance X,* 531-556. Hillsdale, NJ: Erlbaum.

Rafal, R. D., Calabresi, P. A., Brennan, C. W., & Sciolto, C. W. (1989). Saccade preparation inhibits reorienting to recently attended locations. *Journal of Experimental Psychology: Human Perception and Performance, 15,* 673-685.

Riccio, C. A., Reynolds, C. R., & Lowe, P. A. (2001). *Clinical Application of Continuous Performance Test: Measuring Attention and Impulsive Responding in Children and Adult.* New York: Wiley & Sons.

Scott-Brown, K. C., Baker, M. R., & Orbach, H. S. (2000). Comparison blindness. *Visual Cognition, 7,* 253-267.

Simons, D. J. (2000). Current approaches to change blindness. *Visual Cognition, 7,* 1-15.

Simons, D. J., & Rensink, R. A. (2005). Change blindness: Past, present, and future. *Trends in Cognitive Sciences, 9,* 16-20.

Sklar, A. Y., Levy, N., Goldstein, A., Mandel, R., Maril, A., & Hassin, R. R. (2012). Reading and doing arithmetic nonconsciously. *Proceedings of the National Academy of Sciences, 109,* 19614-19619.

Sternberg, S. (1969). The discovery of processing stages: Extension of Donders' method. *Acta Psychologica, 30,* 276-315.

Sternberg, S. (1975). Memory scanning: New findings and current controversies. *Quarterly Journal of Experimental Psychology, 27,* 1-32.

Strauss, E., Sherman, E. M. S., & Spreen, O. (2006). *A Compendium of Neuropsychological Tests: Administration, Norms, and Commentary* (3rd ed.). Oxford University Press.

Tsuchiya, N., & Koch, C. (2005). Continuous flash suppression reduces negative afterimages. *Nature Neuroscience, 8,* 1096-1101. doi:10.1038/nn1500

찾아보기

[내용]

저자 소개

박창호(Park, Chang Ho) | 1장, 3장(공동), 9장 담당 |
서울대학교 대학원 심리학과 졸업 (문학 박사)
한국 인지 및 생물심리학회 회장, 편집위원장, 자격관리위원장
현 전북대학교 사회과학대학 심리학과 교수

곽호완(Kwak, Ho Wan) | 12장 담당 |
미국 존스홉킨스대학교 실험심리학 박사 (Ph.D)
한국 실험 및 인지심리학회장, 학회지편집위원장
현 경북대학교 심리학과 교수

김보성(Kim, Bo Seong) | 10장 담당 |
충남대학교 대학원 심리학과 졸업 (문학 박사)
공주대학교 그린홈에너지기술연구소 연구교수
한국감성과학회 학술위원장
한국생리인류과학회 편집위원장
현 동의대학교 철학상담 · 심리학과 조교수

김영진(Kim, Young Jin) | 11장 담당 |
미국 켄트주립대학교 졸업 (인지심리학 박사)
현 아주대학교 교수

남종호(Nam, Jong Ho) | 3장(공동) 담당 |
미국 러트거스뉴저지주립대학교 심리학과 졸업 (Ph.D.)
캘리포니아대학교 Irvine 박사후 연구원
현 가톨릭대학교 심리학과 교수

박광배(Park, Kwang Bai) | 8장(공동) 담당 |
미국 일리노이대학교(시카고) 졸업 (철학 박사)
현 충북대학교 심리학과 교수

신미경(Shin[Sim], Mi Kyong) | 5장 담당 |
미국 코네티컷주립대학교 대학원 심리학과 졸업 (심리학 박사)
국립군산대학교 스포츠과학연구센터 연구교수
현 고려대학교 세종캠퍼스 강사

안서원(Ahn, So Won) | 7장 담당 |
미국 시카고대학교 심리학 석박사
한국소비자광고심리학회 학회장
현 서울과학기술대학교 경영학과 부교수

이재식(Lee, Jae Sik) | 4장 담당 |
미국 아이오와대학교 심리학과 졸업 (철학 박사)
미국 아이오와대학교 CCAD & IDS 연구원
현 부산대학교 사회과학대학 심리학과 교수

이태연(Lee, Tae Yeon) | 2장 담당 |
서울대학교 대학원 심리학과 졸업 (문학 박사)
한국 인지 및 생물심리학회 자격관리위원장
현 한서대학교 보건상담복지학과 교수

정혜선(Jeong, Hei Sawn) | 6장 담당 |
미국 피츠버그대학교 졸업 (인지심리학 박사)
한국 인지 및 생물심리학회 이사, 자격관리위원장 등
한국 교육심리학회 부편집위원장, 이사
한국 코칭심리학회 이사
국제학습과학회(International Society of the Learning Sciences) 이사, 차기 회장
현 한림대학교 심리학과 교수

한유화(Han, Yu Hwa) | 8장(공동) 담당 |
충북대학교 대학원 심리학과 졸업 (문학 박사)
미국 뉴욕시립대학교 존제이 칼리지 심리학과 ABD 및 박사후 과정
현 충북대학교 인간심리연구소 초빙객원교수(학술연구교수)

응용 인지심리학
Applied Cognitive Psychology

2018년 8월 30일 1판 1쇄 발행
2022년 11월 25일 1판 2쇄 발행

지은이 • 박창호 · 곽호완 · 김보성 · 김영진 · 남종호 · 박광배
　　　　신미경 · 안서원 · 이재식 · 이태연 · 정혜선 · 한유화
펴낸이 • 김진환
펴낸곳 • ㈜ **학지사**
　　　　04031 서울특별시 마포구 양화로 15길 20 마인드월드빌딩
대표전화 • 02)330-5114　　　　팩스 • 02)324-2345
등록번호 • 제313-2006-000265호

홈페이지 • http://www.hakjisa.co.kr
페이스북 • https://www.facebook.com/hakjisa

ISBN 978-89-997-1631-7 93180

정가 22,000원

저자와의 협약으로 인지는 생략합니다.
파본은 구입처에서 교환해 드립니다.

이 책을 무단으로 전재하거나 복제할 경우 저작권법에 따라 처벌을 받게 됩니다.

이 도서의 국립중앙도서관 출판시도서목록(CIP)은 서지정보유통지
원시스템 홈페이지(http://seoji.nl.go.kr)와 국가자료공동목록시스템
(http://www.nl.go.kr/kolisnet)에서 이용하실 수 있습니다.
(CIP 제어번호: CIP2018024991)

교육문화출판미디어그룹 학지사

심리검사연구소 **인싸이트** www.inpsyt.co.kr
원격교육연수원 **카운피아** www.counpia.com
학술논문서비스 **뉴논문** www.newnonmun.com
간호보건의학출판 **학지사메디컬** www.hakjisamd.co.kr